生态安全与社会治理丛书

张银花 李金华 ◎ 主编

XIANGCUN ZHENXING SHIYU XIA NONGCUN FAZHI JIANSHE YANJIU

乡村振兴视域下
农村法治建设研究

周红格 乌日韩 刘晓豹 等 ◎ 著

中国农业出版社
北 京

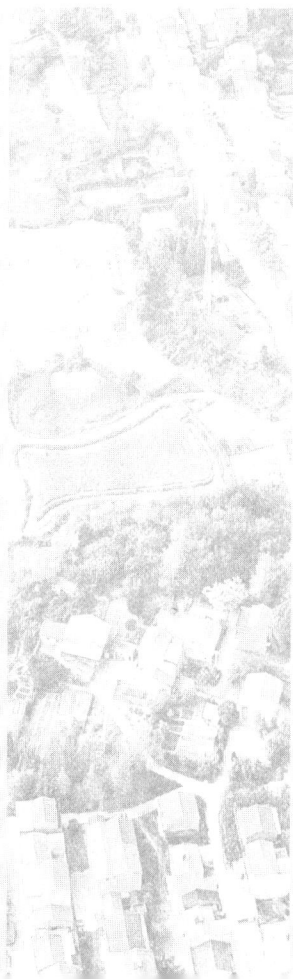

生态安全与社会治理丛书

SHENGTAI ANQUAN YU SHEHUI ZHILI CONGSHU

编　委　会

乡村振兴视域下农村法治建设研究

XIANGCUN ZHENXING SHIYU XIA NONGCUN
FAZHI JIANSHE YANJIU

本书著者名单

周红格　乌日韩　刘晓豹　宝乐尔

姜爱茹　阿茹罕　齐彬言　珠勒花

总 序

把内蒙古自治区建设成我国北方重要生态安全屏障、祖国北疆安全稳定屏障，建设成国家重要能源和战略资源基地、农畜产品生产基地，打造成我国向北开放重要桥头堡，是习近平总书记和党中央为内蒙古自治区确立的战略定位。

2022 年，值此内蒙古农业大学建校 70 周年校庆之际，人文社会科学学院组织编纂“生态安全与社会治理丛书”，旨在更好地反映办学成果，总结发展经验，传承文化精神，向母校 70 华诞献礼。

七十载栉风沐雨，七十载春华秋实。内蒙古农业大学作为一所以农林为主，以草原畜牧业为重点办学特色，具有农、工、理、经、管、文、法、艺 8 个学科门类的多科性大学，认真贯彻落实习近平总书记重要讲话精神，高度重视与生态环境保护、资源可持续利用、社会治理相关的学科专业建设，草学、水土保持与荒漠化防治等学科专业在全国范围内都具有一定的影响力，公共管理、社会工作、法学等学科专业的教师也开展了一系列有关自治区生态文明建设、农村牧区社会治理方面的调查研究与决策咨询，产生了良好的社会效益。2021 年，在自治区党委宣传部和教育厅的大力支持下，哲学社会科学重点研究基地“筑牢祖国北疆生态安全屏障研究基地”“内蒙古牧区治理现代化研究中心”依托内蒙古农业大学人文社会科学学院建设，为更好地服务自治区生态治理、社会治理提供了新机遇。

党的二十大报告将推动绿色发展、建设美丽中国，完善社会治理体系、健全社会治理制度作为全面建设社会主义现代化国家的内在要求，强调指出要“推动绿色发展，促进人与自然和谐共生”“健全共建共治共享的社会治理制度，提升社会治理效能”。“生态安全与社会治理丛书”从高校基层党建、公共管理学科建设、行政管理、社会工作和法学专业发展五个方面对学院的各项工作做了全面的总结。本次出版的《高校基层党建理论创新与典型案例分析》《基层公共治理实践与创新》《边疆地区基层社会治理研究》《生态、治理与社会工作》《乡村振兴视域下农村法治建设研究》五册书作为“两个基地”的中期成果，不仅有助于为“两个屏障”建设提供智力支持，还将对学院的教育教学、人才培养、科学研究起到助推作用。在此，衷心感谢各位编委、作者、读者多年来对学院发展的关心和支持！

是为序。

内蒙古农业大学人文社会科学学院　张银花　李金华

2022年10月28日

目录

绪论　以习近平法治思想指导农村法治建设

一直以来，“三农”问题是关系党和国家事业发展的全局性和根本性问题。2017 年 10 月 18 日，习近平总书记在党的十九大报告中指出“中国特色社会主义进入了新时代”，同时提出了乡村振兴战略。2018 年 9 月 26 日，中共中央、国务院印发的《乡村振兴战略规划（2018—2022 年）》围绕乡村振兴做出了具体规划。其中，针对农村法治问题，提出“法治为本”，揭示了农村法治建设与乡村振兴的基本关系。

农村法治是运用法律制度与手段治理农村，从而达到和谐有序的农村社会状态①。农村法治建设是以政府为主导，以农民为主体，以法治乡村为目标，通过科学的制度、途径和手段，推动在我国农业领域和农村地域内实现法治化治理的建设过程。党的二十大提出全面推进乡村振兴，坚持农业农村优先发展，坚持城乡融合发展，畅通城乡要素流动，扎实推动乡村产业、人才、文化、生态、组织振兴。同时指出全面建设社会主义现代化国家，最艰巨最繁重的任务仍然在农村。实施乡村振兴战略内在要求推进法治乡村建设，乡村振兴离不开农村法治的发展和进步，脱离农村的法治不是全面的法治，脱离农村的法治建设是不全面的法治建设，而且必然会影响甚至阻碍社会主义法治国家目标的实现。推进乡村振兴战略的实施、全面振兴乡村、实现农业农村现代化需要通过法治实现，更是一个法治化的过程。在这个过程中，习近平法治思想是根本的指导思想。农村法治建设是乡村各项事业健康有序发展的根本保障。农村法治建设涵盖领域广泛，进行多层次、全方位的研究必不可少，本部分对我国农村法治建设的成就、乡村振兴与农村法治建设的深刻关系、农村法治建设中存在的问题和习近平法治思想对农村法治建设的重要指导意义作初步的分析，以作为全书的铺垫。

---

① 薛刚凌．农村法治建设研究［M］．北京：中国方正出版社，2009.

一、改革开放以来我国农村法治建设的成就

改革开放以来，我国农村法治建设取得了辉煌的成绩。特别是党的十八大以来，我国社会主义法治建设发生了历史性变革，取得了历史性成就。全面回顾改革开放 40 多年取得的成绩，深化法治建设，进一步提升依法治国能力和水平，是进一步促进我国实施乡村振兴战略的重要内容。我国农村法治建设在改革开放 40 多年的历史进程中，主要经历了 4 个历史时期。

（一）复原和重建时期（1978—1985 年）

1978 年 11 月党的十一届三中全会作出了以改革开放为中心的重要决定，强调要强化法治建设。自 1979 年以来，国家颁布或核准了《水产资源繁殖保护条例》《兽药管理暂行条例》《植物检疫条例》《家畜家禽防疫条例》等法律和行政规章；同时，国家农业部门还出台了《全国农作物品种审定试行条例》《渔业许可证若干问题的暂行规定》《新兽药管理暂行办法》等相关法规。这些政策、法规、规章的颁布，使我国的农业法律体系走上全面发展的轨道。

（二）加速发展时期（1985—1999 年）

我国农业法律法规改革步伐加快，农业法律体系的完善和农村法律制度的建立都在加速。《中华人民共和国草原法》是改革开放以来农业领域出台最早的一部法律。到 1999 年，全国人大常委会、国务院先后制定和颁布了《中华人民共和国农业法》《中华人民共和国农业技术推广法》《中华人民共和国乡镇企业法》《中华人民共和国渔业法》《中华人民共和国动物防疫法》《植物新品种保护条例》《农药管理条例》等 20 余项农业法律、行政法规，加大了对农业的执法力度。

（三）标准化的革新时期（1999—2012 年）

党的十五大以来，以法治为核心的执政理念已经深入人心。为了规范和强化农业法律法规，农业部于 1999 年 1 月根据浙江等地方的综合执法工作，开始了全国农业综合执法工作的全面推进，对农业行政管理进行了全面的改革，使农业执法机构从分散到集中，农业部门的执法地位明显提高、形象大大改善，农业执法体制改革取得突破性进展。与此同时，我国的农业法律制度也从重视农业生产转向重视生产经营秩序和保护市场主体的利益。2002 年和 2012 年两次修订了《中华人民共和国农业法》，在生产经营许可、农业生产资料安全使用、农产品质量监督等方面有较大提升，进一步完善了对农产品的扶持和

保障体系。此外，我国还制定或修订了《中华人民共和国草原法》《中华人民共和国农村土地承包法》《中华人民共和国农产品质量安全法》《中华人民共和国农民专业合作社法》《中华人民共和国农业机械化促进法》《中华人民共和国种子法》《中华人民共和国畜牧法》等相关法规，为农业、农村的发展打下了坚实的基础。

（四）综合提高时期（2012年至今）

党的十八大以来，我们团结在以习近平同志为核心的党中央周围，大力推进依法治国，开创了一个崭新的中国法治理论和实践局面，形成了具有开创意义的习近平法治思想。在深入推进农村改革的过程中，深刻改变了我国农村的社会结构，深刻改变了农民的思想、观念，使我国乡村步入了法治化轨道。当前，我国农业和农村法治工作始终以习近平新时代中国特色社会主义思想为指引，不断健全完善有关农业和农村重大改革、“放管服”等重大问题的法律、制度体系，深化农业综合执法体制、促进综合执法标准化、强化执法信息化建设，变季节性、运动式执法为经常性、主动式执法，执法效果显著提高，成为农业农村部门职能转变的一大亮点。在立法方面，与农村法治建设和乡村振兴关系紧密的《中华人民共和国乡村振兴促进法》于2021年6月1日起施行。该法共十章七十四条，从产业发展、人才支撑、文化繁荣、生态保护、组织建设、城乡融合、扶持措施、监督检查等维度描绘了乡村振兴的法治图景。产生于新时代的《中华人民共和国乡村振兴促进法》，既是对乡村振兴战略实施成果的法律确认，又标志着我国农业农村立法进入新的历史阶段[①]。

改革开放40多年来，我国农业农村法治建设取得了飞跃进展，范围扩大、力度加强、质量提高，成绩显著。包括农业基本法、农村基本经营制度、农业生产资料管理、农业资源保护、农业产业发展、农业支持保护、农业产业和生产安全、农产品质量安全等内容的农业农村法律法规体系基本建立，农业农村治理整体上实现了有法可依。农村基层政权更加稳定和健全，农业的基础地位得到了进一步的强化和发展，为规范、引导和推进“三农”工作提供了根本性、全局性和战略性的制度保障。全面实施的农业行政管理体制已经初步形成。我国的农业执法体制由无至有，执法力量由弱变强，执法范围由小至大，以依法治国为本的农业农村法治建设正在逐步成型。以“三农”为中心，统筹规划、开展法治宣传，为促进“三农”发展提供了有力保障。加强了对农民群众的法治教育，将法治工作贯穿于法治建设之中，广大农民群众的法律意识不断提升。在广大农村基层组织中广泛地组织各类法治宣传教育，让广大农民群

① 孙佑海，王操．乡村振兴促进法的法理阐释［J］．中州学刊，2021（7）：67.

众接受法治教育，提高他们的合法维权意识。开展了各类法治教育、普及法律文化、培养法治信念、推进依法司法实践，在农业农村系统形成遵法、学法、守法、用法的浓厚氛围，为农村法治建设营造了良好环境。

二、农村法治建设对推动乡村振兴的重要意义

自新中国成立以来，农业和农村问题始终是我国经济社会发展面临的重大问题。改革开放以来，农业和农村的发展取得了举世瞩目的成就。进入新时代，2018 年 9 月 26 日，中共中央、国务院印发的《乡村振兴战略规划（2018—2022 年）》围绕乡村振兴做出了具体规划。其中，针对农村法治问题提出："坚持自治为基、法治为本、德治为先，健全和创新村党组织领导的充满活力的村民自治机制，强化法律权威地位，以德治滋养法治、涵养自治，让德治贯穿乡村治理全过程。" 2021 年 4 月 29 日第十三届全国人民代表大会常务委员会第二十八次会议通过了《中华人民共和国乡村振兴促进法》，从产业发展、人才支撑、文化繁荣、生态保护、组织建设、城乡融合、扶持措施、监督检查八个维度，确定了促进乡村振兴的制度保障。2021 年 1 月 4 日中共中央、国务院发布《关于全面推进乡村振兴　加快农业农村现代化的意见》，党的二十大报告进一步明确提出全面推进乡村振兴。全面建设社会主义现代化国家，最艰巨最繁重的任务仍然在农村。坚持农业农村优先发展，坚持城乡融合发展，畅通城乡要素流动。加快建设农业强国，扎实推动乡村产业、人才、文化、生态、组织振兴。在夯实粮食生产、强化科技兴农、保障农民权益、发展特色产业、巩固脱贫攻坚成果、统筹乡村基础设施、坚持和发展农村基本经营制度、深化农村土地制度改革、健全农村金融服务体系等方面作了全面的要求和部署。党的二十大关于全面推进乡村振兴的决策，进一步明确了党和国家乡村振兴的坚定战略，是指导我国乡村振兴的基本纲领。从根本上说，乡村振兴离不开农村法治的建设。

（一）农村法治建设是实施乡村振兴战略的内在要求

从 1982 年开始，中共中央、国务院关于"三农"问题的一系列重要指示，反映了党中央和国务院对农业问题的高度重视。在我国实行全面依法治国之际，传统农业正在转向现代化，面对构建国内大循环为主、国内国际双循环互为补充的新发展模式，我国社会主要矛盾已转变为人民日益增长的美好生活需要和不平衡不充分的发展之间的矛盾，必须充分利用法律在整个农村和各个方面的规范性指导功能，以法治巩固农村的改革根基，并指导农村的变革。例如，要依法进行农事的管理，依法保障农户的权益等；推进农村经营制度的改

革与创新，促进农村生产要素的双向流动与整合，必须通过法律制度的创新、法律制度结构的优化等进行；农村自然资源纠纷、农村集体经济组织和村民纠纷等问题亟须依法解决，必须依靠法治的严谨性和专业性定纷止争，维护相关涉农权利人的合法权益。所以，大力推进农村法治建设，既是我国农村社会转型发展的需要，又是解决我国农业领域出现的重大问题的途径，更是实施乡村振兴战略的内在要求。

（二）农村法治建设是农村“三治融合”制度的有力保证

新时代全面推进乡村振兴，要把全面依法治国作为基本方略，充分发挥法治固根本、稳预期、利长远的保障作用，努力构建规范有序、公正合理、互利共赢、和谐稳定的农村法治体系，为乡村振兴提供有力的法治保障。党的十九大报告明确指出：“加强农村基层基础工作，健全自治、法治、德治相结合的乡村治理体系。”“三治融合”是党和国家乡村振兴战略的重要部署，是农村社会发展的必然要求，是农村社会发展的一个“中国经验”。“三治融合”的农村管理体制强调自治、法治、德治三个方面的协调。在这三种制度中，以“自治”为基础，以“法治”为根本保证，以“德治”为优先。所以，“法治”是三种治理模式中必不可少的巩固和保证。其实，要使“自治”与“德治”得以真正实现，就必须为村民的生活创造一个和谐、安定、有序运作的制度。正是法律的规范性与强制性，才能使农村居民的权益得到普遍、平等、有效的保障，并对破坏社会和谐、安定的社会生态进行惩罚；只有依法治国，才能使农村居民自治走上正规化、法制化的道路，这有利于我国依法治国长期目标的实现；在传统“德治”体制逐渐瓦解，新“德治”制度还没有彻底确立的前提下，要保障“新—旧”德治体制在转型时期的稳定性，确保农村“三治融合”制度的高效运转。

（三）推进农村法治建设是实现全面依法治国的根本要求

党的十八届四中全会作出了全面推进依法治国的重大战略部署。由于我国农村法治建设还存在明显的短板，因此，近几年，我国特别重视农村基层法治的建设，逐步突出了法治在农村社会中的重要作用。从2018年中央1号文件《中共中央　国务院关于实施乡村振兴战略的意见》首次提出“建设法治乡村”目标任务以来，各地有步骤地开展了法治示范村建设工作，从而使广大乡村地区在治理有效、乡风文明、社会稳定等方面有不同程度的改善。与此同时，在法治乡村建设的具体实践中也存在着一些问题，面临着一些挑战。2020年，中央全面依法治国委员会印发了《关于加强法治乡村建设的意见》，该意见明确提出了法治乡村建设的指导思想，即要走出一条符合中国国情、体现新时代特征的中国特色社会主义法治乡村之路，为全面依法治国奠定坚实基础①。近些年，我国农村法治建设的成效显著，特别是农村地区农村居民的法治意识得到了显著提升，其中农村的合法权益保护意识提升较为明显。但由于历史和现实因素的制约，当前许多农村法治建设滞后，与党和政府在推进乡村振兴战略进程中对法治乡村的期望和要求相比还有较大差距。当前，基层和社区工作人员的依法执政能力有待加强，为人民群众提供法律援助的观念有待强化，其工作质量有待进一步提升。在乡村治理模式上，由于尚未形成根本的乡村社会治理模式，个别乡村对于民间的某些争议的解决，主要不是寻求法律途径，而是更多地依赖于乡村内部形成的纠纷解决习惯，如找关系、找宗族内权威人士来解决等；争议解决依靠的是农村的习俗和“土政策”，而非国家的法律和规章。全面法治国家是国家、政府和社会的一体发展，而法治农村不能落后。因此，农村法治建设任重道远。

总之，要实现乡村振兴，不仅需要加强农村法治建设，还需要发挥法治在乡村社会治理中的作用。由于法治文化在农村文化建设中相对薄弱，法治文化的建设、法治精神的培育、法律意识的树立就显得十分必要。通过农村法治文化的建设，引导农民在生产、生活中自觉地遵守法律、运用法律，形成上述《关于加强法治乡村建设的意见》提出的办事依法、遇事找法、解决问题用法、化解矛盾靠法的良好法治环境和社会氛围。

三、乡村振兴视域下农村法治建设中存在的问题

当前，我国乡村振兴战略进入关键期，法治建设作为乡村振兴的重要保障，其重要性不言而喻。然而，在我国广大农村地区，法治建设仍存在诸多问题。只有准确认识和把握当前农村法治建设的现状及存在的问题，才能有针对性地提出相应的对策措施，从而确保乡村振兴战略顺利实施。

（一）农村地区的法律制度供给还需进一步加强

自改革开放以来，我国从国家层面加强了涉农法律的制订工作，在多个涉农领域出台了一系列的法律、行政法规和规章，为社会发展做出了重要贡献。从 1979 年至今，我国颁布了 380 多部法律、800 多部行政法规②，但是与农业

① http：//www.moj.gov.cn/pub/sfbgw/qmyfzg/202003/t20200325_150392.html，2023 年 3 月 11 日访问。

② 赵艳娟．乡村治理法治化面临的困境及路径探析［J］．河南财政税务高等专科学校学报，2021（2）：5.

相关的法律、行政法规只占4.32%、5.29%①。自党的十八大以来，全国人大和中央政府积极推进《中华人民共和国农业法》《中华人民共和国种子法》《中华人民共和国农产品质量安全法》等一系列涉农法律、行政法规的出台，为“三农”发展提供了有力的支撑。但是，由于缺乏有效的监管机制，这些法律仍然无法有效应对当前的农村经济社会发展、生态环境保护、农村土地改革等复杂情况，从而无法真正满足乡村治理的需求。

2021年颁布并实施的《中华人民共和国乡村振兴促进法》为乡村发展提供了重要的政策支持，为我国乡村治理提供了一个重要的发展机遇。但是，我们仍应看到，在乡村治理领域，仍然缺乏有效的法律、法规、规章，尤其是针对特定领域的专门性法律、法规、规章，这一现状令人担忧。例如，缺乏有效的执行细则和措施以及严格的法律规范体系。因此，必须加强对乡村治理的监督和管理，以保证乡村治理的顺利进行和持续发展。为了实现法治乡村的目标，必须加强关于“三农”的立法工作，以确保农村法治建设的有效性和可持续性。

（二）乡村治理主体法治思维、法治理念有待提升

随着“三治融合”的实施，“法治”在农村社会中的重要性不断提升，农村基层政权的建立成为新时期农村社会管理体制改革的关键环节，农村社会管理主体也从单一主体转变为多元化主体，这标志着法律和体制不再是静态的，而是需要人们参与其中，以促进法治的发展，使其能够更好地服务于社会。

第一，长期以来，由于一些地方政府未能实现改革，以及缺乏现代法制农村的理念、思维方式，农村基层治理出现了行政权力的滥用，影响了农村社会的发展。

第二，许多基层党员未能将依法治国的理念与党委政府的高度重视紧密结合，带来了不利影响。这主要是因为随着城乡人口、资源的迅猛流动，大量的青年劳动力涌向城市，使得农村地区只剩下留守的老人和孩子，从而引发了老龄化、空心化的社会状况。由于人员短缺和缺乏引进的人才，加上无法留住年轻干部，村党组织在人员构成上不尽合理，年轻干部较少，部分干部由于年龄关系，难以通过学习形成较明晰的法治理念，他们的法治思维和依法解决问题的能力不足，从而在法治乡村治理中未能起到带头作用。因此，必须加强对村党组织的管理，提高其人员素质，以便更好地推动法治乡村建设。由于长期受到传统地方文化的影响，许多农村居民的法律意识和法治观念尚不完善，他们对农村法治的参与程度也不够。这种情况阻碍了我国法治社会的建设。

---

① 张显伟，闫文莉．乡村振兴视域下法治乡村建设探析［J］．桂海论丛，2022（1）：93.

（三）农村公共法律服务水平相对落后

自党的十八届四中全会以来，全国各地都在大力推进公共法律服务，其中包括建立专门的法律援助机构、设立专门的法律援助中心、社会组织、社会团体等。在城市地区，由于人口密度高、资源丰富，公共法律援助设施相对完备。然而目前我国农村地区的法律援助工作仍然处于起步阶段，还没有形成一个完整有效的体系。同时，农村地区的公共法律服务水平较低，如法律咨询和法律援助水平较低，不能满足农民群众日益增长的法律服务需求。也就是说，农村的公共法律服务仍然落后，是农村法治发展的薄弱环节。虽然政府部门已经意识到了这一点，但缺乏相应的措施加以解决，导致农村地区的公共法律服务未能得到改善。

第一，长期以来，农村地区的公共法律服务一直处于匮乏状态，大多数是由当地的司法部门和其他社会组织来提供，缺乏多元化的服务。随着城乡融合的深入发展，乡村地区的法律纠纷已经超越了传统的婚姻家庭、民间借贷等领域，呈现出多样性、复杂性特点。因此，需要建立一套完善的农村公共法律服务制度，以解决当前农村地区面临的各种矛盾与冲突。当前，在农村地区，法律纠纷更多涉及更为复杂的土地征迁、自然资源所有权、土地使用权确权等问题，这些问题的处理更多地依赖于具备良好的法律知识、技能以及实践经验的法律工作者。然而，由于基层司法所和法律服务机构的工作人员缺乏足够的法学知识，他们无法满足当地社会对法律服务日益增加的需求，导致农村地区的法律服务未能跟上社会发展的步伐。同时，在一些经济较为落后的偏远山区，由于交通不便利，信息不畅通，农民群众很难找到律师帮助自己维权，这也是制约我国农村地区法律服务水平提高的重要因素。

第二，农村公共法律服务资金保障不足。农村公共法律服务的有效供给，需要政府给予一定的资金保障，但是，由于财政收入有限、投入渠道单一、基层财力薄弱，农村公共法律服务的经费保障一直处于短缺状态，这一点在中西部欠发达省份表现得更为突出。就公共法律服务的本质而言，其仍是一种基于市场形成的服务，必然依赖于市场能够提供公平合理的回报，从而使这种服务长久运行下去，如果要求法律服务工作者无偿提供服务，不计报酬工作，这在现实中是难以维持的。

第三，农村公共法律服务水平评价机制欠缺。从公共管理角度而言，公共服务的绩效需要一个完善的评价体系予以衡量，以确保其能够实现服务目标。作为公共服务的一种，公共法律服务当然需要相应的绩效评价体系。但是，许多地区还没有这样的评价机制，因此很难及时发现和纠正存在的问题以提高乡村公共法律服务的整体质量。

（四）智慧农业法律制度尚处于萌芽阶段

随着互联网、数字经济、人工智能技术的不断发展，人类社会进入数字经济与人工智能时代，各个产业都面临巨大的机遇和挑战。党和国家敏锐地把握了这一历史发展趋势，针对农村、农业的数字化发展，2019 年 5 月，中共中央办公厅、国务院办公厅印发了《数字乡村发展战略纲要》，并发出通知，要求各地区各部门结合实际认真贯彻落实。2023 年 3 月，中共中央、国务院印发了《数字中国建设整体布局规划》，对未来我国包括农村和农业的数字化发展提出了要求和规划。

这些纲领性文件对于发展我国数字经济意义重大，奠定了未来我国数字化发展的政策目标和基础，对全社会和全产业的数字化发展提供了强有力的政策支撑。农业作为我国的基础产业，如何与现代技术的进步相契合、利用现代技术，成为时代的重大课题，也是当前亟待解决的难题。农业的数字化转型，最终要实现农业生产的智慧化，即智慧农业。然而，与之相矛盾的是，我国目前仍然缺乏一套完整的与数字经济、智慧农业相关的法律法规来规范其生产经营活动。此外，一些地方政府对智慧农业的认识不足，导致智慧农业的发展受到阻碍。例如，有些地方政府只注重短期利益，忽视长远利益；有些地方政府不重视基础设施的投入，信息化程度低；有些地方政府不注意保护知识产权，侵犯了他人的权益；有些地方政府没有充分发挥市场机制的作用，限制了智慧农业的发展等。目前，虽然已经有一些学者开始关注这一领域，并且取得了一定的成果，但仍缺乏系统性和完整性。这些都影响了我国智慧农业的健康发展。因此，加强智慧农业立法迫在眉睫。

四、习近平法治思想是农村法治建设的根本指导思想

2020 年 11 月，在中央全面依法治国工作会议上，党中央正式明确提出习近平法治思想。习近平总书记在此次会议上总结了党的十八大以来法治建设取得的重大进展，深刻阐述了新时代全面依法治国、建设法治中国的战略决策和总体部署，科学回答了我国法治建设的一系列重大理论和实践问题[①]。在这次会议上，习近平总书记提出的“十一个坚持”构成习近平法治思想的基本内

① 江必新．习近平法治思想理论体系研究［J］．现代法学，2022（5）：5－6.

涵、政治定位、理论体系[①]。习近平法治思想的提出，具有深刻的时代背景、充分的科学依据和重大的战略考量，是马克思主义法治理论发展史和社会主义法治建设史上具有里程碑意义的大事。习近平法治思想内涵丰富、论述深刻、逻辑严密、系统完备，是一个系统完整、相互贯通又富有创新精神的科学理论体系，中国特色社会主义法治的基本理论是习近平法治思想的理论内核[②]。

习近平总书记强调："要加强和创新乡村治理，建立健全党委领导、政府负责、社会协同、公众参与、法治保障的现代乡村社会治理体制，健全自治、法治、德治相结合的乡村治理体系，让农村社会既充满活力又和谐有序。"深入学习贯彻落实习近平法治思想，及时总结宣传法治乡村建设中的好经验、好做法，对从法学理论和制度建设的角度推动法治乡村建设创新发展，具有重要意义[③]。

（一）坚持党对农村法治建设工作的领导

习近平总书记指出："必须把党的领导贯彻落实到依法治国全过程和各方面[④]。""三农"工作不仅是经济工作，而且是关系全局、影响深远的政治工作。农业农村法治工作也不是一般的业务工作，具有很强的政治性[⑤]。中国共产党是中国特色社会主义事业的领导核心。坚持党对农村法治建设的领导，是坚持和完善中国特色社会主义制度、推进国家治理体系和治理能力现代化的战略之举[⑥]，也是全面推进依法治国、加快建设社会主义法治国家的必然要求。要进一步加强党对农村法治建设的领导，通过健全、完善相关制度体系，着力构建党委统一领导、政府负责、农村基层党组织协调、有关部门各负其责、社会力量积极参与的乡村振兴工作格局，切实把党对农村工作的领导落实到法治建设全过程和各方面。通过加强党对农村法治建设的领导，积极宣传法律知识、弘扬法治精神、培育法治文化，强化农民群众法治意识和权利意识，不断

---

① "十一个坚持"包括坚持党对全面依法治国的领导；坚持以人民为中心；坚持中国特色社会主义法治道路；坚持依宪治国、依宪执政；坚持在法治轨道上推进国家治理体系和治理能力现代化；坚持建设中国特色社会主义法治体系；坚持依法治国、依法执政、依法行政共同推进，法治国家、法治政府、法治社会一体建设；坚持全面推进科学立法、严格执法、公正司法、全民守法；坚持统筹推进国内法治和涉外法治；坚持建设德才兼备的高素质法治工作队伍；坚持抓住领导干部这个"关键少数"。引自：习近平．论坚持全面依法治国［M］．北京：中央文献出版社，2020：2-6.

②⑥ 张文显．习近平法治思想的理论体系［J］．法制与社会发展（双月刊），2021（1）：5-6.

③ 郑先红，马志毅，许宏华．以习近平法治思想引领法治乡村建设［J］．中国司法，2021（6）：65.

④ 刘焕鑫．深入学习贯彻习近平法治思想　推进农业农村法治建设高质量发展［J］．农村工作通讯，2021（12）：15.

⑤ 引自《习近平谈治国理政》（第三卷）。

提高广大农村干部和群众自觉遵法、学法、守法、用法的积极性与主动性，使全社会都来关心和支持法治乡村建设。要以建设社会主义核心价值观为引领，传承中华优秀传统文化法律基因，把社会主义核心价值观融入法治乡村建设全过程和各方面，为推进乡村振兴提供价值引领和道德支撑。

（二）坚持以人民为中心推动农村法治建设

习近平总书记强调，推进全面依法治国，根本目的是要依法保障人民的权益。维护农民利益是“三农”工作的出发点和落脚点，也是农业农村法治工作的基本遵循[①]。因此，必须将农民作为法治建设的主体进行研究与分析，只有这样才能更好地推动我国社会主义农村法治事业不断向前发展。而且，对于农村法治来说，它是一种国家治理“三农”问题的方式，其主要目的就是维护农民的根本利益。所以说，不管任何时候都不能忽视广大农民群众的作用，在农村法治建设中，一定要始终坚持人民的主体地位。在农村法治建设中必须坚持以人民为中心的发展思想，把实现好、维护好、发展好最广大人民的根本利益作为农村法治建设的出发点和落脚点。

第一，在农村法治建设中必须把人民群众对美好生活的向往作为奋斗目标。全面推进依法治国，根本目的是依法保障人民权益。党中央提出并实施乡村振兴战略以来，习近平总书记多次强调要扎实推动乡村产业、人才、文化、生态、组织振兴。推进乡村振兴战略，就必须加强农村法治建设，实现农业强、农民富、农村美。特别是要把党的十九大提出的“实施乡村振兴战略”作为我国全面建成小康社会后的一项重要战略任务来抓，健全自治、法治、德治相结合的乡村治理体系，把加强党的领导和发扬社会主义民主有机结合起来，坚持依法治国和以德治国相结合，以德治促法治。在农村法治建设中要通过法律规则来规范人们的行为，培养大家遵守法律、遵循法律的习惯，形成对法律的尊重和信仰；要把思想政治工作贯穿农村法治建设全过程，发挥农民主体作用，增强农民自我发展、自我教育的能力。

第二，要依法保障农民的土地承包经营权、宅基地使用权、集体收益分配权等权利。这些权利是农民的基本民事权利，关系农民的切身利益，关系农业农村改革发展和现代化建设大局。因此，在农村法治建设中要切实保护农民合法权益，加强农村土地承包经营、集体收益分配权等方面的立法工作，制定、修改、完善相关法律法规。在此基础上，进行权利配置方面的创新，使农民更多获得资产性收益。

---

① 刘焕鑫．深入学习贯彻习近平法治思想　推进农业农村法治建设高质量发展［J］．农村工作通讯，2021（12）：15.

第三，要依法维护农民和进城落户农民的合法权益。近年来，我国农业农村发展取得了举世瞩目的成就。但也要看到，在一些地方出现了农业产业发展滞后、农民就业增收困难、乡村治理秩序不够规范等问题。因此，在农村法治建设中，必须坚持以人民为中心的发展思想，把保障农民和进城落户农民的合法权益作为一项重要任务来抓。

第四，要依法保护农村集体经济组织成员的合法权益。改革开放以来，农村集体经济组织成员权益得到了较好保障，但受社会经济发展水平制约和历史原因影响，实践中存在着一些突出问题。例如：有些地方的农村集体经济组织成员资格界定不够严格、程序不够规范，导致权益受到侵害的情况时有发生；有的地方未严格落实法律法规中关于农村集体经济组织成员身份取得和丧失的规定；有些地方未按照法律规定及时办理变更登记等。因此，在农村法治建设中要注重总结实践经验，不断完善相关法律法规，坚决贯彻执行法律规定，切实保护好农村集体经济组织成员合法权益。

第五，要依法维护农村弱势群体的合法权益。城乡二元结构是我国社会发展的一个基本社会现实，其存在是历史发展的必然。但是，随着城市化进程加快，农村人口加速向城市转移，这种不合理的二元经济结构在一定程度上影响了城乡经济社会协调发展，甚至影响了“三农”问题的解决。为此，在农村法治建设中应当按照全面建成小康社会的要求，以乡村振兴战略实施为契机，切实改善城乡经济社会发展差距大、农民平等参与农村经济社会事务管理机制不健全等问题，不断推动城乡生产要素自由流动和平等交换，促进城乡共同繁荣发展。

（三）农村法治建设必须坚持社会主义法治方向和道路

习近平总书记指出：“中国特色社会主义法治道路，是社会主义法治建设成就和经验的集中体现，是建设社会主义法治国家的唯一正确的道路[①]。”农村法治建设应当是中国特色社会主义法治建设的重要组成部分，也是中国特色社会主义法治体系的重要组成部分。习近平总书记多次强调全面推进依法治国，必须沿着社会主义法治道路前进。这是中国特色社会主义法治体系的本质特征和最大优势。这一论断深刻揭示了坚持、发展和完善社会主义法治体系的内在联系和重大意义，为全面推进依法治国指明了前进方向，确立了根本遵循。

在这个指导思想下，要始终坚持党对农村法治建设的领导，切实加强基层

① 习近平．关于《中共中央关于全面推进依法治国若干重大问题的决定》的说明［M］．北京：人民出版社，2014.

党组织和基层政权建设，巩固党在农村执政的基础；要始终坚持人民是历史的创造者的唯物史观，保障广大农民群众的合法权益；要始终坚持科学立法、严格执法、公正司法、全民守法；要始终坚持依法治国和以德治国相结合，为农村法治建设提供坚实的政治保证。我国幅员辽阔，地域差别大，经济社会发展不平衡，城乡发展不平衡。因此，既要把农村法治建设同城市法治建设协调好、衔接好，又要着力解决好城乡之间、区域之间发展不平衡问题。在这个大背景下开展农村法治建设，才能使我国的法律制度更加完备。

（四）坚持在法治轨道上全面推进乡村振兴

脱离法治的约束，缺乏法治思维，可能会造成乡村振兴工作出现违反法律的情形。在当前农村法治发展较不充分的情形下，容易导致相应的工作急于求成，或侵犯农民利益，或无法推进。农村法治建设中，必须善于运用法治思维和法治方式，提高乡村治理水平。习近平总书记指出，法律是治国之重器，良法是善治之前提。我国农村幅员辽阔，情况复杂，推进全面依法治国、建设社会主义法治国家，任务艰巨繁重。我们要树立宪法和法律权威，培育农民法治信仰、提高农民法治素养，形成人人尊法守法的社会氛围。同时要抓住领导干部这个“关键少数”，各级领导干部要带头遵守宪法法律、带头依法办事、带头遵守纪律、带头严守规矩。

实现全面依法治国，是我国社会治理模式的必然选择，是实现中华民族伟大复兴的必然路径。乡村振兴是新时代党对农村工作的重大战略部署。农村法治建设是全面依法治国的重要组成部分，对推进乡村振兴战略具有重要意义。农村法治建设相较于城市法治建设，有其复杂性和多样性，当前也存在诸多问题。以习近平法治思想指导农村法治建设，充分总结经验，坚持循序渐进，从实际出发，稳步推进农村法治建设，是在全面推进乡村振兴过程中应当遵循的原则和重要工作。

第一章　农村产业振兴的法治保障

“强国必先强农，农强方能国强。”2023 年 2 月印发的中央 1 号文件对 2023 年和今后一个时期的“三农”发展提出了要求，擘画了新时代农业现代化国家的美好蓝图，而建设供给保障强、科技装备强、经营体系强、产业韧性强、竞争能力强的农业强国，离不开完备、科学的农业法治保障体系。

农村产业法治保障体系，顾名思义就是保障有关农村产业高效、稳定运行的制度机制和法律规范的总和。其中农业制度机制包括但不限于农村基本经营制度、农产品供给保障制度、农产品质量安全保障制度、农业信息体系和智能农业体系等；农业法律规范包括法律和相关政策和会议精神等，如以法律规范农业生产生活的《中华人民共和国农业法》《中华人民共和国种子法》《农药管理条例》；以政策指导农业生产生活的《关于加快建设全国统一大市场的意见》《中华人民共和国国民经济和社会发展第十四个五年规划和 2035 年远景目标纲要》等；以会议精神引领农业生产生活的党的二十大报告、《中共中央　国务院关于做好 2023 年全面推进乡村振兴重点工作的意见》等。

本章主要阐述农村产业法治保障的体系化建设，围绕农村基本经营制度的巩固和完善、建设体系化的农产品供给保障制度、农产品质量安全保障制度的完善、全国统一大市场的推进与农村法治建设四大篇章，对农村产业的法治保障和它们的关系进行论述。一是农村基本经营制度的巩固和完善，它是“农村产业法治保障”的基础，没有农村基本经营制度稳定运行，农村产业法治保障体系难以为继；二是建设体系化的农产品供给保障制度的完善，它是“农村产业法治保障”的内涵，通过保障农产品的供给关系，带动农民、农村和农业向好、向上发展；三是农产品质量安全保障制度的完善，它是“农村产业法治保障”的关键，从农产品的生产到加工再到销售，保障农产品的生产者、经营者和消费者，环环相扣，规范农业有序发展；四是全国统一大市场的推进与农村法治建设，两者相互作用，成为“农村产业法治保障”的有效延续，其中，注重阐述县域经济与城乡融合发展之间的关系，以及建设全国统一大市场为“双循环”政策乃至共同富裕的目标保驾护航。

“徒法不足以自行”，对农村产业的法治保障不仅要依托法律的指引、强制作用，还需要从制度机制上进行建设规划，逐步建成以法律托底，制度优化，符合我国国情的新时代农业强国。

一、农业农村基本经营制度的巩固与完善

（一）农业农村基本经营制度的理论内涵

党的十八大以来，以习近平同志为核心的党中央坚持把解决好“三农”问题作为全党工作的重中之重。2019 年中共中央、国务院发布的《关于坚持农业农村优先发展做好“三农”工作的若干意见》提出，全面深化农村改革，激发乡村发展活力需要巩固和完善农村基本经营制度。其后，在党的二十大报告中，习近平总书记也提到“巩固和完善农村基本经营制度，发展新型农村集体经济，发展新型农业经营主体和社会化服务，发展农业适度规模经营。”可以说，完善农业农村基本经营制度对于我国的粮食安全保障，以及迈入农业现代化国家的意义重大，也必将作为我国一段时期的重点工作持续深入推进。

农村基本经营制度包括两项核心制度——农地产权制度与农业经营制度，二者是我国农村社会经济发展的基础，是广大农民赖以生存的关键保障。两大制度之间关系十分密切，农地产权分配方式决定了农业经营主体的发展模式以及农业生产经营模式，而农业的生产经营模式亦反作用于农地产权制度。

1. 农地产权制度

农村土地问题始终是关系我国改革、发展、稳定大局的根本所在，农地产权制度是农村基本经营制度的关键前提。农地产权是一个权利束，由农村土地所有权及其衍生出来的农地占有、使用、收益、处分等多项权利组成。农地产权制度是对农村土地产权结构和产权关系的制度安排，主要涉及农村土地的归属、如何利用以及收益如何分配等内容。

我国作为社会主义国家，公有制是社会主义生产关系的基础，农地集体所有制是我国社会主义基本经济制度的重要组成部分，也是与其他国家农村基本经营制度的根本区别。习近平总书记在中央农村工作会议上的讲话中指出：“坚持农村土地农民集体所有，这是坚持农村基本经营制度的‘魂’。农村土地属于农民集体所有，这是农村最大的制度。农村基本经营制度是农村土地集体所有制的实现形式，农村土地集体所有权是土地承包经营权的基础和本位。坚持农村基本经营制度，就要坚持农村土地集体所有[①]。”

① 中共中央文献研究室．十八大以来重要文献选编（上）[M]．北京：中央文献出版社，2014.

2018年12月，十三届全国人大常委会第七次会议对《中华人民共和国农村土地承包法》进行修订，规定稳定农村土地承包关系长久不变，农村土地所有权、承包权、经营权“三权分置”。农村土地集体所有制下进行的“三权分置”制度改革，有利于促进农村土地资源的优化配置，增强土地作为生产要素的流动力，是国家实盘活农村资源，深化农村改革，实现乡村振兴的制度基础。

2. 农业经营制度

农业经营制度是农村基本经营制度的运行要素，该制度以农地产权制度为基础，在农地产权配置之下，着力解决农业“由谁经营”“如何经营”以及劳动成果“归谁享有”等问题。而展开来说，农业经营制度包括农业生产经营主体和农业经营方式两大内容。

（1）农业经营主体。根据《中华人民共和国农村土地承包法》第一条的规定，我国实行的统分结合的双层经营体制是“以家庭承包经营为基础”。明确家庭承包经营的基础性地位，集中体现在农民家庭是集体土地承包经营的法定主体，其他任何主体都不能取代农民家庭的土地承包地位。随着我国城乡生产力的快速发展，农业经营主体的类型日趋多元，由改革开放初期同质、分散、细碎的家庭承包经营农户为主的经营格局，向当前以新型农业经营主体为引领的多种类型经营主体并存格局转变。这既是农业和农村自身发展的结果，也是市场化规律的体现和制度改革创新的反映。在农业生产过程不断呈现专业化分工、生产经营方式变革、服务方式创新的过程中，种养大户、家庭农场、农民合作社、农业企业等各类新型农业经营主体应运而生，并且表现出强大的生命力和广阔的发展前景。对此，《中华人民共和国农业法》也明确规定了农业生产经营主体包括农民或者农户、农村集体经济组织、农民专业合作经济组织、农业企业和其他从事农业生产经营的组织。当然，坚持各类新型农业经营主体共同发展都应建立在家庭经营的基础上。不论农业生产力发展到什么程度、土地经营权如何流转、新型农业经营主体如何发展，都不能动摇农民家庭承包的基础性地位，一旦动摇，农村基本经营制度就会名存实亡。

（2）农业经营方式。坚持统分结合的双层经营体制是指集体统一经营和农户分散经营模式共存、结合的经营体制。家庭经营能够提高广大农户的积极性和创造性，解放农村生产力，提高农业生产效率，但是农业基础设施、生产要素供给和农产品销售具有非常显著的规模经济效应，仅靠分散的农户是无法完全解决农业生产经营的，因此必须与统一经营结合起来。通过集体的协调管理、专业服务和资产积累等，实现从产前、产中到产后的服务延伸，并发展各种形式的专业化服务组织，将小农户与社会市场密切联系起来，带领农业向现代化方向前进。“统分结合”的目的在于利用家庭经营与统一经营两方面不同的比较优势，既提高生产效率、获得分工经济，又提高交易效率和实现规模经济。事实证明，统分结合的经营方式有效推动了我国农业农村现代化建设的进程，是农村基本经营制度必须坚持的内在规定之一。

（二）农村基本经营制度的发展历程

农村基本经营制度的形成和发展经过了长时间的探索和尝试，在不同历史时期农村土地产权制度和农村经营制度都有所调整。本部分将阐述在历史不同经济体制下我国农村基本经营制度的发展历程，只有清晰掌握历史过程，取其精华，去其糟粕，才能更好地把握农村基本经营制度的发展方向。

1. 从“土地私有，小农经营”向“集体所有，合作经营”转变（1949—1956年）

新中国成立初期，为了实现“耕者有其田”的目标以及彻底消除封建剥削制度，1949年9月29日，中国人民政治协商会议第一届全体会议通过了新中国第一部宪法性文件《中国人民政治协商会议共同纲领》，提出建立农民的土地所有制。1950年颁布的《中华人民共和国土地改革法》，宣布在全国废除地主阶级封建剥削的土地所有制，实行农民的土地所有制。到1953年初，约7亿亩[①]的土地分给了约3亿无地和少地的农民，免除了农民高达3 000万吨以上粮食的地租。这次的土地改革极大地解放了生产力，激发了农民的生产积极性，但是农业生产经营的方式依旧是小农经营方式，分散落后的小农经济存在很多局限性，如个体农民缺乏资金，缺乏必要的耕牛、农机具等基本生产资料，生产设备十分落后，无法抵御农业生产过程中遭遇的自然灾害，在当时单纯靠农户自身积累来解决这些问题是极其困难的。因此，分散经营的农民们开始有联合生产经营的互助合作的愿望，以互助合作生产的合作小组开始出现。互助组在农民私有财产基础上，坚持农民自愿和等价交换原则组成的劳动互助组织，并未改变原有的土地私有制，只是改变了农地使用形式，由共同劳动代替分散的个体劳动，促进劳动力、畜力和生产工具合理流动，改善生产资料的高效配置。1951年，中央发布《关于农村生产互助合作的决议（草案）》，提出成立以简单的劳动互助、常年互助组和以土地入股为特点的农业生产合作社。中央人民政府政务院在《关于1952年农业生产的决定》中指出：“在全国范围内，应普遍大量发展简单的、季节性的劳动互助组；在互助运动有基础的地区，应推广常年定型的、农副业结合的互助组；在群众互助经验丰富而又有较强骨干的地区，应当有领导、有重点地发展土地入股的农业生产合作社。”截至1953年11月，全国参加农业生产互助合作组织的农户约有4 790多万

① 亩为非法定计量单位，15亩=1公顷。全书同。

户，占农户总数的43%①。

1953年12月16日，中共中央通过《关于发展农业生产合作社的决议》，农业合作社从试办进入发展时期。国家鼓励在互助小组的基础上发展初级合作社，初级合作社以“土地入股、统一经营”为特点，实行按劳分配和按土地入股分红相结合，对农具等生产资料入股也给予一定的报酬，初级合作社保留了农民对土地的所有权，土地的经营使用权归合作社集体所有，合作社集体对土地统一生产、统一经营和统一分配，初级合作社克服了集体劳动和分散经营的矛盾，促进了农业生产效率的提升，而合作社在这过程中积累了一定的公共财产，所以从经营体制上看具有半社会主义性质。

为加快推进农业合作化进程并取得更好的经济效果，1956年中共中央颁布《高级农业生产合作社示范章程》，农民所有的土地转为合作社集体所有，农民土地私有产权制度被集体公有产权制度取代，农民的其他生产资料被集体有偿征收，按照当时物价水平定价分期偿还，土地由集体统一经营，全体社员统一劳动，取消土地分红，劳动成果按劳动的数量和质量进行分配。由此在广大农村，几千年来的土地私有制最终过渡到社会主义公有制，而高级合作社也是计划经济时期“人民公社化”经营制度的雏形。

2. 农村土地集体所有、集体统一经营的人民公社阶段（1957—1978年）

1956年后，我国顺利完成社会主义改造，正式进入全面建设社会主义时期。1958年8月29日，中共中央作出《关于在农村建立人民公社的决议》，号召将高级合作社合并转为人民公社，到1958年9月30日，中央农村工作部宣布：全国共建成人民公社23 384个，平均每社4 797户；入社农户占总数的90.4%，全国基本实现人民公社化②。1960年11月，中共中央发布《关于农村人民公社当前政策问题的紧急指示信》，强调实行高度集中的“三级所有，队为基础”的人民公社制度。在该制度下，土地所有权归属人民公社、生产大队和生产小队三级共同所有。农村经营主体方面，生产小队负责生产，生产大队负责统一核算分配，这样的制度安排导致农民农业生产积极性不高。到1962年才将农业经营中的生产和核算职责都划归到生产小队，农业的生产经营开始由生产小队独立核算，自负盈亏。在长达20年人民公社化运动期间，我国农业总产量大幅度下降，其间还遭遇自然灾害的影响，使农业生产效率降低，农民生活极其贫苦，连最基本的温饱都无法保障。这种生产经营制度不仅违背了当时农村经济发展规律，还背离了农民的意愿。人民公社体制下的集体公有制既不是“共有的合作的私有产权”，也不是纯粹的国家所有权，而是由

①② 《当代中国农业合作化》编辑室．建国以来农业合作化史料汇编［M］．北京：中共党史出版社，1992.

国家控制由集体来承受其控制结果的一种农村社会特有的制度安排①。

随着 20 世纪 70 年代末“包产到户”在我国农村地区的涌现，“三级所有，队为基础”的农地产权制度最终在 20 世纪 80 年代中期随着人民公社的解体而退出历史舞台。

3. “以家庭联产承包为主的责任制和统分结合的双层经营体制”的确立（1978—1993 年）

这一时期为社会主义计划经济向社会主义市场经济过渡时期，因之前实行的“三级所有，队为基础”的农村人民公社制度严重阻碍了农业生产力的发展，到 20 世纪 80 年代初，大约有 2.5 亿农民难以维持生计，在此背景下安徽省凤阳县小岗村的 18 户村民冒着生命危险在“秘密契约”上按下鲜红的手印，轰轰烈烈的“大包干”由此开启。从 1978 年底中国共产党十一届三中全会到 1979 年 9 月的十一届四中全会，围绕农业生产责任制展开了赞成和反对两种思想的争论。理论的模糊与政策不明确并没有妨碍这种制度的推进，据统计，到 1980 年 3 月，全国实行不联产的各种包工责任制的核算单位，占全国生产队总数的 55.7%，包产到组的占全国生产队总数的 28%。从安徽、四川、贵州、云南、广东几个省的试验发展到全国②。1982 年，中共中央颁布了《全国农村工作会议纪要》，明确指出包产到户、到组，包干到户、到组都是社会主义集体经济的生产责任制，而且此文件中正式提出“联产承包制”这一概念，并将“包产到组”“包产到户”“包干到户”等生产责任制均统归于此概念下。因“包干到户”迅速成为主要的农业生产责任制形式，因此“联产承包制”实质上成为“家庭联产承包责任制”。1983 年的中央 1 号文件对“联产承包制”进行了肯定。随着以“包干到户”为主要形式的家庭联产承包责任制的普遍实行，农民家庭成为农村的基本经营主体，人民公社“三级所有、队为基础”的体制实质上被突破，从而变得“名存实亡”。在此背景下，1983 年 10 月 12 日，中共中央、国务院发布《关于实行政社分开建立乡政府的通知》，要求各地在 1984 年底之前完成政社分开、建立乡政府的工作。全国 54 343 个人民公社转变为 91 138 个乡镇政府，生产大队、生产小队相应转变为村民委员会和村民小组③。

为保障家庭联产承包责任制的稳定与完善，1984 年 1 月，中共中央下发《关于 1984 年农村工作的通知》，首次提出“土地使用权”的概念，规范土地家庭承包制，将土地承包期延长至 15 年以上。该文件的出台对于巩固农村土

① 周其仁．中国农村改革：国家和所有权关系的变化（上）[J]．管理世界，1995（3）．

② 李秉龙，薛兴利．农业经济学［M］．4 版．北京：中国农业大学出版社，2021．

③ 孔祥智．合作经济与集体经济：形态转换与发展方向［J］．政治经济学评论，2021（7）．

地产权关系、加强农民的土地保护意识都具有重要的作用。1986 年 1 月，中共中央、国务院在《1986 年农村工作部署》中首次提出统一经营与分散经营相结合的双层经营体制，深化农村经济改革，改革农产品统派购制度。同年 6 月，《中华人民共和国土地管理法》对农村集体土地的所有权、使用权与管理权进行了明确界定，"集体所有的土地依法归村农民集体所有，由农业集体经济组织或村民委员会统一经营与管理"，首次提出"农民承包经营权"的概念。这一时期的土地制度并未从本质上改变土地集体所有的性质，但一定程度上实现了土地所有权与经营权的分离。

1991 年《中共中央关于进一步加强农业和农村工作的决定》明确提出，要"把以家庭联产承包为主的责任制、统分结合的双层经营体制作为我国乡村集体经济组织的一项基本制度长期稳定下来，并不断充实完善。"1993 年 3 月，《中华人民共和国宪法》修正案将"农村中的家庭联产承包为主的责任制"写入宪法，同年 7 月，第八届全国人民代表大会常务委员会第二次会议通过了《中华人民共和国农业法》，该法规定，国家稳定农村以家庭联产承包为主的责任制，完善统分结合的双层经营体制，发展社会化服务体系，壮大集体经济实力，引导农民走共同富裕的道路。至此，"以家庭承包为主的责任制"和"统分结合的双层经营体制"正式成为法律概念。

家庭联产承包责任制在保留土地集体所有的前提下，改变了农地产权结构和农业经营方式，打破了人民公社时期土地所有权和经营权高度集中于公社及平均主义"大锅饭"的旧有模式，提高了农户生产经营的积极性和效率。

4."以家庭承包为基础、统分结合的双层经营制度"的完善与发展（1993 年至今）

在家庭联产承包责任制确立之后，随着农村市场化的推进、农业生产力逐步提高，家庭经营的组织形式和经营机制面临挑战。势单力薄的"小农户"难以有效地参与市场竞争，在市场中普遍处于弱势地位，生产非组织化以及缺乏与市场间有效联结等缺陷日趋显现。

1998 年党的十五届三中全会在全面总结 20 年的农村改革经验基础上对双层经营体制的内涵作了重新界定，将"以家庭联产承包为主的责任制和统分结合的双层经营体制"改成了"以家庭承包为基础、统分结合的双层经营体制"，把家庭经营方式引入农村社区合作经济中，从而形成了家庭经营和集体经营相结合。党的十七届三中全会在强调要毫不动摇地坚持以家庭承包经营为基础、统分结合的双层经营体制的基础上，首次明确指出："统一经营要向发展农户联合与合作，形成多元、多层次、多形式经营服务体系的方向转变，发展集体经济、增强集体组织服务功能，培育农民新型合作组织，发展各种农业社会化服务组织，鼓励龙头企业与农民建立紧密型利益联结机制，着力提高组织化程度。”这不仅表明双层经营体制作为农村基本经营制度的地位不容挑战，也宣示了新时期统一经营的内涵以及创新发展方向，党的十八大和十九大基本延续了这一政策。2018 年 7 月，新修订的《中华人民共和国农民专业合作社法》，进一步给予农业合作社更多的市场权利，通过法律的形式规范了农业合作社的组织构成，为统一经营的发展带来了新的契机，也为进一步完善农村基本经营制度提供了更多可能。

农村土地制度是农村最基本的经济制度，为了更好地促进农村与农业的发展，《2013 年中央农村工作会议公报》提出“土地承包经营权主体同经营权主体发生分离，要不断探索农村土地集体所有制的有效实现形式，落实集体所有权、稳定农户承包权、放活土地经营权”。2017 年党的十九大报告指出，巩固和完善农村基本经营制度，深化农村土地制度改革，完善承包地“三权分置”制度，保持土地承包关系稳定并长久不变，第二轮土地承包到期后再延长 30 年。从政策层面对土地“三权分置”制度做了系统表述，并进一步解释了“长久不变”——承包期再延长 30 年，这也是“坚持家庭经营在农业中的基础性地位”的必然要求，给农民吃了一颗定心丸。中国特色社会主义新时代的土地流转和适度规模经营得到了有序推进，新型经营主体积极参与乡村振兴，农业经营主体逐渐走向以家庭经营为基础的多元经营。

（三）巩固和完善农村基本经营制度面临的挑战

1. 农地产权界定不清晰、产权结构存在缺陷

党的十八大以来，我国针对农村土地制度制定了一系列法律法规和政策文件，对农村土地制度作出重大改革。例如，为确保“三权分置”农地产权制度的平稳运行，2018 年在《中华人民共和国农村土地承包法》中明确了农地三权的法律地位，并通过确权颁证的形式稳定了农民的承包权和土地经营权人的土地使用权。2021 年起实施的《中华人民共和国民法典》也明确规定了土地经营权流转的具体程序和内容，推动了土地资源的优化配置，维护了农民的合法权益。可是进行农村集体土地产权制度改革需基于集体土地所有权的产权性质和产权主体的清晰界定，而我国农村土地产权制度具有一定的模糊性。《中华人民共和国民法典》第九十六条赋予农民集体经济组织以“特别法人”地位，第二百六十二条规定：“属于村农民集体所有的，由村集体经济组织或者村民委员会依法代表集体行使所有权；分别属于村内两个以上农民集体所有的，由村内各该集体经济组织或者村民小组依法代表集体行使所有权；属于乡镇农民集体所有的，由乡镇集体经济组织代表集体行使所有权。”这里就涉及“村农民集体”“村内农民集体”“乡镇农民集体”等权利主体，但以上概念法律并没有明确界定，“集体土地所有权主体和集体土地所有权代表行使主体”

有待廓清。同时，现行法律并没有对农村集体经济组织如何建立、如何运行、成员资格如何界定以及成员权的具体内容等进行明确规定。另外，《中华人民共和国村民委员会组织法》第二十四条规定的村民委员会行使集体经济组织的土地权利的内容与《中华人民共和国民法典》第二百六十一条关于农村土地所有权的规定不一致，并且结合实践来看部分农村集体经济组织的独立性不强，与村民委员会的权责发生混合交叉，很难明确划分村民委员会与农村集体经济组织间的权责，经营管理集体土地的能力有限，为乡镇政府与民争利留下了“寻租”的空间。

2. 产权交易市场发展阻力多

《中华人民共和国宪法》第十条规定，“宅基地和自留地、自留山，也属于集体所有”；“任何组织或者个人不得侵占、买卖或者以其他形式非法转让土地。土地的使用权可以依照法律的规定转让”。虽然法律明确土地使用权可以按照相关规定进行流转，但是随着社会的发展，我国农村土地存在闲置、撂荒等现象，极大地浪费了土地资源。打通集体土地流通的市场，盘活闲置土地是我国提高集体土地利用率和提升土地资源配置的关键之举。而现状却是我国土地资源适配以及产权交易市场发展的动力略显不足。究其深层次原因无外乎以下几点：一是承包地经营权和宅基地使用权的权能不足，评估作价作为入股的重要环节，直接影响农户、合作社、公司的入股意愿与积极性，但目前缺乏有效的评估作价机制，逼退部分农户，造成土地流转人数少。二是产权交易体系主体缺失，在商品房买卖中，中介公司承担承上启下，桥接买受方和出卖方两端缔约关系，保证房屋产权清晰和资金的到位。但是反观农户与市场就没有中介进行桥接，既增加了土地流通信息成本，也让交易双方存在疑虑，甚至出现交易风险，难以推进土地进一步流入市场。三是集体经济组织功能弱化、集体观念淡泊，缺乏法律知识，为经营权流转、农业规模经营以及宅基地使用权流转加大了难度。

3. 新型农业经营主体发展不充分，对小农户的辐射带动作用不明显

自20世纪80年代家庭承包责任制全面推行以来，我国始终面临着“大国小农”的基本国情。第三次全国农业普查数据显示，2016年中国小农户数量超过2亿户，小农户从业人员占农业从业人员的90%，小农户经营耕地面积占总耕地面积的70%。小规模农业生产的农户数量庞大，依然是农业发展的主心骨。但随着工业化和城镇化进程的快速推进，农村劳动力持续大量向城镇及第二、第三产业转移，农村的空心化、老龄化问题比较严峻。从全国情况看，2010—2020年，人户分离人口增长88.52%；2020年全国流动人口3.758 2亿人，与2010年相比，流动人口规模增加1.543 9亿人；2020年由农村向城市流动的人口为2.49亿人，占全部流动人口的66.26%，比2010年提

高 3.06%。在全国人口流动仍以农村向城市流动为主，并且人口流动的速度及规模远甚于 10 年前的情况下，全国 2 000 多个县人口流出及常住人口下降的幅度应该最为明显[①]。第七次人口普查数据显示，农村 60 岁、65 岁及以上老人的比重分别为 23.81%、17.72%，比城镇分别高出 7.99 个、6.61 个百分点。当前农户不以农为主、农民不以农为生、农业劳动力素质低下、新生代农民工务农意愿淡薄，老龄化、兼业化、副业化严重的传统小农生产模式，已成为推进农业现代化的主要障碍。我们所要坚持的“以家庭经营为基础”，必须塑造具备科技运用能力、市场分析知识和专业管理素养的经营主体作为其坚实内核。因此，新型农业经营主体是解决未来“谁来种地”“怎么种地”问题的关键，是推进农业经营体制机制创新的动力源泉，是创新与完善我国农村基本经营制度的必然选择。截至 2022 年底，全国约有 390 万个家庭农场，约 220 万家农民合作社，95 万个农业社会化服务组织[②]，是新型农业经营的重要组成部分，更是推动农业现代化的中坚力量。但是现阶段农业经营主体的带动能力依旧偏弱，存在发展不均衡的情况，发展潜力巨大。

4. 农民专业合作社“空壳化”

农民专业合作社由来已久，在一定历史阶段中为我国经济社会发展发挥了重要作用，但是随着改革开放不断深化，市场经济运行模式下的农民专业合作社的经济组织问题逐渐显露。例如，农民专业合作社内部管理章程形同虚设、带动表率作用不明显，而且农民专业合作社存在“空壳化”问题。

农民专业合作社“空壳化”，就是指农民专业合作社名存实亡，缺乏运营和有效管理。具体表现形式为：一是农民专业合作社的组织管理架构“空壳化”。在具体实践中，农民专业合作法定代表人社往往是由村“两委”兼任，“一言堂”“一人堂”的情况偶有发生，进而让农民专业合作社成为村“两委”以权谋私的工具。二是内控制度“空壳化”。在具体实践中，内部管理章程虚设，部分经济活动不通过财务流转，甚至不排除建“假账”的可能性。三是与设立初衷背道而驰。设立农民专业合作社的初衷本是为了经营，带动集体组织成员发展，但是在“脱贫攻坚”和“乡村振兴”过程中，国家的经济政策适配农民专业合作社发展，很多人为了谋取不正当利益成立农民专业合作社，以此套取国家政策红利。截至 2020 年底，无经营场地或难以联系的农民专业合作社约 1.05 万家，未公示年报的约 84.06 万家。对于无场所、难联系、未公示的农民专业合作社，其正常经营的概率较低，是农民专业合作社“空壳化”的

① 吴重庆．超越“空心化”：内发型发展视角下的县域城乡流动［J］．南京农业大学学报（社会科学版），2021（6）．

② 数据来源于 http：//www.gov.cn/xinwen/2022－01/21/content_5669637.htm。

典型表现。据统计，自 2015 年 11 月，国家统筹进行“脱贫攻坚”战略以来，至“乡村振兴”过程中，“空壳”农民专业合作社逐年增长，“空壳率”从 2016 年的 9.94%上升到 12.38%，这在很大程度上浪费了社会的资源，加大了管理成本，甚至贬损了政府的公信力。因此，农民专业合作社的“空壳化”已然成为我国亟待整改的内容。

（四）巩固和完善农村基本经营制度的建议

1. 厘清农村集体经济组织的法律地位、明晰农地产权结构

产权是基于物而产生的人与人的社会关系，它可以给人们提供交易的合理预期，使人的经济行为的责权利相统一，规范人们的经济行为，产权清晰可提高资源配置效率。从农村土地产权主体分析，集体和集体成员的关系盘根错节，完善农村集体土地制度，深化产权制度改革是党和国家接下来的工作重点。要坚持集体财产属于集体组织成员公有，不搞私有化。尽快出台农村集体经济组织法，明确“集体所有”中集体的权责，明晰集体经济组织和集体成员的关系，划分两者之间的权责边界以及设定集体成员的准入和退出机制。既保障集体土地的使用率，避免出现土地闲置和撂荒的情况，也在最大程度上保护集体成员的合法权益，减少损失。

2. 进一步完善农村经营流转制度，提升农村市场经济活力

经营权、使用权是实现农村集体土地财产功能的核心产权，放活集体土地财产功能，需要发挥市场机制的决定作用，更好发挥政府作用以及增强农村集体经济组织的自我发展能力。在坚持农村土地“集体所有制”前提下，加快推进土地确权证书登记管理制度，要以农业数字化助力农地产权制度改革升级，用大数据、区块链技术建立农村土地数据库。参考不动产登记管理系统，划分土地承包经营权、宅基地使用权等门类，通过建立规范的农村土地流转制度，解决过去农村土地流转不规范等问题。为调动广大农户的积极性、主动性，在综合考量各项因素的基础上应明确经营权价值评估标准，在经营权流转市场中农民、农户处于弱势地位，应建立公平公正、公开透明的估价体系。以此更好地释放农村土地市场活力，让技术、人才、资本流入农村，培育新型农业经营主体，推进我国建设农业现代化国家。

3. 培育新型农业经营主体，与现代农业有效衔接

小农户经营仍是我国农业生产的重要组织形式，在未来较长一段时间里都将是乡村经济社会发展不可或缺的基础性力量。农业经营方式转变应将小农户的家庭经营与多元化、规模化的经营方式并重，实现家庭经营与现代化、专业化规模经营的衔接，并在此基础上形成新型农业经营体系，推动农业现代化。基于此，要分两步走，一是探索多元化的集体经济经营方式。在合法合规，保

障“村集体”利益前提下，鼓励农户进行农业经营的探索尝试，创新可持续发展的经营方式。二是加大政策倾斜。政府经过科学论证，结合本国国情，借鉴外国有益经验，出台切实可行的政策，扶持小农户转向新型农业经营主体。三是实行集约化发展模式。传统分散经营的农业发展模式存在竞争激烈、挤压市场、抗风险能力弱等问题，导致本就经济脉络不畅的农业捉襟见肘，集约农户形成农村合作社或其他新型农业经营主体，可以显著提升农业经营主体的抗风险能力，减少恶意竞争、提高收益。唯有如此，才能有效衔接现代农业，提升农民群体的根本利益。

4. 清理“空壳”农民专业合作社，助力农业现代化发展

2019 年 2 月 19 日，农业农村部印发了《开展农民专业合作社“空壳社”专项清理工作方案》，明确对农民专业合作社中的“空壳社”进行集中清理整顿。该方案明确了清理整顿范围，将六类农民专业合作社视为“空壳社”，分别为：无农民成员实际参与；无实质性生产经营活动；因经营不善停止运行；涉嫌以合作社名义骗取、套取国家财政奖补和项目扶持资金；存在群众举报的违法违规线索；从事非法金融活动，如变相高息揽储、高利放贷和冒用银行名义运营等。对划定时间范围进行集中清理，从短期来看效果明显，但仍需要注重长效化建设。一是强化源头梳理。加大对农民专业合作社的注册审查，对农民专业合作社进行注册管理的人员进行审查，对曾经涉嫌经济犯罪或已被集中清理整顿的“空壳化”前农民专业合作社管理人进行风险排查。二是拓宽群众举报渠道。拓宽多元的举报通道，配合奖励机制，对于发现并举报成功者给予奖励，从而减少“空壳”农民专业合作社套取政策红利的情况。三是夯实村干部责任。将“空壳”农民专业合作社纳入村干部绩效考核范围，遏止村干部恶意串通等违法行为。四是定期开展清理整顿工作。国家层面定期或不定期集中开展清理整顿工作。

二、建设体系化的农产品供给保障制度

改革开放 40 多年来，全世界范围的粮食危机、金融危机阻碍着中国社会的有序发展，但在艰难的背景下，我国历届领导人始终把“三农”工作作为头等大事来抓。习近平总书记多次强调，中国人的饭碗任何时候都要牢牢端在自己手上。《“十四五”推进农业农村现代化规划》中明确将保障粮食等重要农产品有效供给作为推进农业农村现代化的首要任务。2023 年 2 月印发的《中共中央　国务院关于做好 2023 年全面推进乡村振兴重点工作的意见》，对 2023 年和今后一个时期的“三农”工作进行了部署与展望。该意见强调将“三农”问题作为全党工作的重中之重，而如何避免被外国“卡脖子”，将中国人的饭

碗牢牢端在自己手中，在于构建粮食和重要农产品供给、农业关键核心技术和农产品供应链，也是 2023 年中央 1 号文件反复强调的内容之一。可以看出，构建农产品供给保障制度是保障人民群众生活福祉、促进经济社会有序发展、维护国家长治久安的关键一环，构建农产品供给保障制度迫在眉睫、势在必行。但严峻复杂的国内国际环境给我国农产品的生产、运输和销售等环节带来了新问题、新情况，使我国保障农产品有效供给制度面临严峻挑战。

（一）农产品供给保障的影响因素

农产品供给属于初级产品供给的重要内容之一，指农产品生产经营者在一定时间内、在一定价格条件下愿意并可能出售的某种农产品的数量。农产品供给保障影响因素较多，具体可分为农产品价格、农业自然资源条件、农业科学技术水平、农业从业者状况、农业产品生产结构、农产品的商品化程度、农产品生产者对未来价格的预期以及其他因素。

1. 农产品价格

农产品价格是否合理，不仅影响农业生产的发展、农产品的流通与消费、农民的收入水平，而且影响工业品的成本和价格，影响国家同农民之间、城乡人民之间以及农民内部的物质利益关系，对整个社会经济生活的安定也有重要影响。近年来，我国农产品生产成本趋于上升势态，除受油价、通货膨胀、劳动力成本等因素影响外，生产、流通环节的成本上涨成为重要原因。

2. 农业自然资源条件

农业自然资源条件是与发展农业生产有关的各种自然环境因素的总称。它是人类赖以生存的自然基础，也是发展农业生产的物质资料源泉。具体包括自然界为农业生产提供的天然可能性和限制性（即资源性和非资源性的自然因素）两个方面，如地质地貌、地理位置、气候、水文、土壤、生物及自然灾害等自然因素，以及由它们有机结合所构成的自然综合体。人类发展的历史证明，自然条件的优劣，对于农业生产的发展能起到加速或延缓的作用，因此对自然环境的变化也应该加以密切关注，特别是自然资源的短缺与环境的破坏更应该引起高度关注。

3. 农业科学技术水平

农业科学技术水平，是指国家在农业科研开发、农业科技成果推广应用、农业科技人员培养教育、农业科技管理等方面的综合水平，是一国农业综合生产能力的标志。因农产品的供给受到土地面积的限制，在固有的土地面积之上，提高农业科技水平可以提高农产品单位面积的产量，通过农业科学技术的自主创新能够有效提高农业生产效率，减少农业生产的人力成本，促进传统农民向高素质农民转型。

4. 农业从业者状况

农业从业者状况包括受教育程度、思想意识以及生产方式。

（1）受教育程度。受教育程度的高低影响着农业从业者对农业的认知，对农业的认知包括但不限于农业技术、现代农机的使用、农产品的销售渠道等。

（2）思想意识。农业劳动者的思想意识决定其行为方式，是可持续发展的根本遵循，具体体现为对国家宏观政策的接受程度，如对轮作休耕制度的可接受度等。

（3）生产方式。生产方式多种多样，如个体生产、集约化生产、媒介化生产等，多元化的生产方式决定生产的收益。

5. 农业产品生产结构

农业生产结构是一定地域（或农业企业）范围农业内部各生产部门的组成及其相互关系。农业生产结构，通常用农业总产值或农业净产值中各产业所占比重来表示，也可以从投入方面用农、林、牧、副、渔各产业所占用的劳动力或资金的比重来说明。农、林、牧、副、渔产业内部生产结构是指各产业内部的比例关系。种植业是整个农业生产中最大最重要的生产部门，其生产结构是指各种农作物生产的比例关系，主要是指粮食作物和经济作物的比例关系。种植业生产结构主要是用每种、各类作物播种面积占农作物总播种面积的比重来表示。

科学地认识和正确地确定农业生产内部的比例及其相互关系，是保证农业生产健康发展的重要问题。合理的农业结构，有利于发挥农业内部各部门之间相互促进的关系；有利于农业生态系统的各因素之间保持相对的协调和稳定，充分合理地利用自然资源和经济资源；还能够满足国民经济对农产品的需求。

6. 农产品的商品化程度

农产品商品化，指对农产品进行的一系列维持和提高品质、实现产品增值、发挥最大使用价值的过程，简单来说就是农产品品牌化。农业产业化的核心是商品化，商品化是农业产业化的灵魂。农产品商品化的程度反映了农业产业化的水平。

7. 农产品生产者对未来价格的预期

农产品生产者对未来价格的预期，即农产品生产者对未来某一时期农产品价格走势的期待。此预期可以评价甚至改变未来某一时段该农产品的价格，而农产品正是基于这种预期，有选择性地耕种或提前上市出售。预期的成因是多方位的，如国际冲突、自然灾害、不可抗力和政策指引等。但总体来说，我国农产品资源种类众多，各地都有属于自己的地理标志产品。在我国不少地区，当地政府为控制农产品质量，严禁提前上市、提前采摘，当地农民也形成这一意识。当地农民深知提前上市能获得较高的利润，但不可追求短期内的利润，否则会将当地甚至全国农业引入被动局面。

8. 其他因素

农产品供给的其他因素，即除了农产品价格、农业自然资源条件、农业科学技术水平、农业劳动者状况、农业产品生产结构、农产品的商品化程度、农产品生产者对未来价格的预期以外的其他因素。包括但不限于自然灾害、国家政策指引、国家突发状况、农产品质量安全突发事件、不可抗力、国际冲突、国际战争等，上述因素均可导致农产品供给出现波动。

（二）我国农产品供给现状

从土地家庭联产承包责任制的农村改革开始，我国逐步建立了极具中国特色的稳定土地经营制度，对今后社会发展产生了深远的影响。从国家层面确定了土地的归属，分国家所有和集体所有。将集体所有的土地进一步细化，建立了家庭承包经营制度，保障了农民的生存权，稳定了社会秩序，更解放生产力，激发生产热情。与此同时，伴随着科技的发展和认知的扩展，农产品产量也水涨船高，不仅稳定解决了 14 亿人的吃饭问题，连续 8 年保持在 1.3 万亿斤①以上，谷物总产量稳居世界首位，由世界粮食计划署的受捐国变成了重要的捐赠国之一。农业科技进步明显，农村产业融合发展进程加快，农业组织化程度明显提高，农业现代化取得了显著的成就。

1. 粮食安全得到保障，农产品产量增长迅速

新中国成立以来，我国农产品供求状况由供给短缺、产量不足逐步转变为供求平衡、丰年有余。根据国家统计局的数据，我国粮食总产量从 1949 年的 11 318 万吨增加到 2022 年的 68 653 万吨，增长 506.58%②。党的十八大以来，习近平总书记反复强调，中国的饭碗必须牢牢端在自己手里，碗里面主要装中国的粮食。在新的历史时期，我国立足世情、国情、农情，提出了“以我为主、立足国内、确保产能、适度进口、科技支撑”的粮食安全新战略，确立了“谷物基本自给，口粮绝对安全”的国家粮食安全新目标，坚持“多予少取放活”的方针，持续加大投入支持力度，不断改革完善强农、惠农、富农政策体系，粮食综合生产能力再上新台阶。同时，党中央继续压实粮食安全的党政同责，牢牢守住十八亿亩耕地红线，逐步把永久基本农田全部建成高标准农田，为将来的粮食安全和农产品产量增长提供保障。

2. “菜篮子”产品日渐丰富，满足群众消费需求

随着城乡居民收入水平的提高，居民的消费结构不断优化升级，对肉、

① 斤为非法定计量单位，1 斤=0.5 千克。全书同。

② 《国家统计局关于 2022 年粮食产量数据的公告》，http：//www.stats.gov.cn/tjsj/zxfb/202212/t20221209_1890914.html。

蛋、奶、果、菜、鱼的消费刚性增长，“菜篮子”产品产量快速增加，有效满足了人们日益增长的消费需求。从肉类总产量来看，改革开放初期（1980 年）全国肉类总产量仅有 1 205.4 万吨，2021 年增加到 8 989.99 万吨，增加了 7 784.59 万吨，增长 6.46 倍，年均增长 23.78%。从奶类生产来看，1978 年牛奶产量为 88.3 万吨，2021 年增加到 3 682.7 万吨，增加 3 594.4 万吨，增长 40.7 倍，年均增长 20.45%。从水产品产量来看，1978 年全国水产品总产量为 465.45 万吨，2021 年增加到 6 690.29 万吨，增加 6 224.84 万吨，增长 13.37 倍，年均增长 21.96%。从蔬菜产量来看，1978 年蔬菜总产量 1.79 亿吨，2021 年增加到 7.75 亿吨，增加 5.96 亿吨，增长 3.33 倍，年均增长 4.14%。从水果产量来看，1978 年水果总产量 657 万吨，2021 年增加到 29 970.20 万吨，增加 29 313.2 万吨，增长 44.62 倍，年均增长 26.33%①。

3. 农业机械化水平大幅提高，为重要农产品生产提供支撑与保障

农业的根本出路在于机械化，农业机械化可以大幅度提升农产品生产效率。“十三五”农作物耕种收综合机械化率达到 71.25%，比“十二五”期末提高 7.4 个百分点，其中小麦、玉米、水稻三大粮食作物耕种收综合机械化率分别达到 97%、90%和 84%，分别比“十二五”期末提高 3.5 个、8.6 个和 6.2 个百分点②。2021 年作为“十四五”的开局之年，全国农作物耕种收综合机械化率达 72.03%，较 2020 年提高 0.78 个百分点，畜牧养殖、水产养殖、农产品初加工、设施农业等产业机械化率分别达到 38.50%、33.50%、41.64%、42.05%，较 2020 年分别提高 2.72 个、1.85 个、2.45 个、1.51 个百分点③。

4. 适度规模经营发展迅速，组织化程度提高

在坚持农村基本经营制度的同时，国家鼓励通过转包、转让、互换、出租、入股等方式进行土地流转，推动农业适度规模经营。据农业农村部统计，2004 年农村承包地流转面积为 0.58 亿亩，2012 年增加到 2.8 亿亩，增长 3.8 倍，年均增长 21.6%。随着农村土地承包制度改革深入推进和“三权分置”确立，农村承包地更加有序流转。2016 年我国农村承包地流转面积为 4.8 亿亩，比 2012 年增加 2.0 亿亩，增长 72.3%，年均增长 14.6%。第三次全国农业普查结果显示，耕地规模化耕种面积占全部实际耕地耕种面积的比重为

---

① 数据来源于国家统计局。

② 农业农村部农业机械化管理司负责人就《“十四五”全国农业机械化发展规划》答记者问，http://www.njhs.moa.gov.cn/zcjdl/202201/t20220105_6386355.htm。

③ 农业农村部《2021 年全国农业机械化发展统计公报》。

28.6%。规模化生猪养殖存栏占比为62.9%，规模化家禽养殖存栏占比达到73.9%①。放活土地流转市场，发挥规模经营优势作用，增长了农产品产量，提高了农民收益，稳定了农产品市场，加快了现代农业建设。

5. 新型农业经营主体助力农业现代化

截至2018年底，全国家庭农场达到近60万家，其中县级以上示范家庭农场达8.3万家。全国依法登记的农民合作社达到217.3万家，是2012年底的3倍多，其中县级以上示范社超过18万家。全国从事农业生产托管的社会化服务组织数量达到37万个。各类新型农业经营主体和服务主体快速发展，总量超过300万家，成为建设现代农业的主导力量。大量下乡返乡人员在农村创业创新，为农业农村发展增添了新的活力、持久动力②。

6. 外循环的保障日益健全

截至2020年末，我国已与新西兰、瑞士等26个国家和地区签订19个自贸协定。其中，2020年11月，我国与日本、韩国、澳大利亚、新西兰及东盟十国达成区域全面经济伙伴关系协定RCEP，这也是全球规模最大的自由贸易协定。2019年，在我国农产品进口来源地中，东盟十国是稻谷、薯类和粮食制品的最大来源地，澳大利亚是大麦和燕麦的最大来源地，新西兰是羊肉和乳制品的最大来源地。RCEP国家（地区）在我国薯类进口总量中占99.71%，在羊肉和粮食制品进口总量中的占比超过90%，在燕麦进口总量中占81.6%，在稻谷进口总量中占73.9%。RCEP及其他自贸协定的签订，有利于我国稳定重要农产品进口、充分发挥外循环在保障重要农产品供给安全中的作用。

（三）我国农产品供给保障制度的不足之处

1. 耕地流转的非粮化问题较为突出

耕地作为生产粮食的载体，也是保障我国“粮食安全”的战略基础。耕地面积关乎着人民幸福、社会稳定、国家安全。但是随着我国城镇化进程加快，耕地的利用程度与城镇发展建设不可回避的矛盾甚至威胁到国家粮食安全。耕作大户和相关经济组织集中了大量耕地，追求利益最大化的商业目标，在局限的耕地上改种非粮作物。国家本就对农田进行了严格限制，设定了永久基本农田，禁止在永久农田之上改种非粮，但部分农户或企业只为短期利益而不顾长远规划，对我国的粮食安全战略产生了不小的威胁。

① 《农村经济持续发展　乡村振兴迈出大步——新中国成立70周年经济社会发展成就系列报告之十三》，http：//www.stats.gov.cn/ztjc/zthd/sjtjr/d10j/70cj/201909/t20190906_1696322.html。

② 农业农村部《新型农业经营主体和服务主体高质量发展规划（2020—2022年）》。

2. 粮食安全法律保障领域缺乏统一的纲领性法律

粮食问题是关系我国国计民生的重要问题，长期以来却缺乏一部粮食基本法。粮食基本法从倡议、起草、征求意见至今，已有较长时间。目前，关于粮食安全的法条散见于《中华人民共和国乡村振兴促进法》《中华人民共和国农业法》《中华人民共和国国家安全法》《粮食流通管理条例》《中央储备粮管理条例》《粮食质量安全监管办法》《政府储备粮食质量安全管理办法》《粮食和物资储备标准化工作管理办法》《粮油仓储管理办法》《粮油储藏技术规范》《粮油储存安全责任暂行规定》《粮油安全储存守则》《粮库安全生产守则》等规定中，覆盖粮食生产、流通、消费等各个阶段的粮食安全法律保障体系初步建立。地方层面，广东省在2009年3月31日通过了《广东省粮食安全保障条例》，这是全国第一部保障粮食安全的地方性法规，之后，贵州、浙江、四川等地先后出台本辖区的粮食安全保障条例。宁夏、辽宁、天津等地以地方性法规形式出台了地方储备粮管理条例，江苏、湖北、江西、吉林、上海、四川、贵州、新疆、河南等地以政府规章形式出台了地方储备粮管理办法。但因《中华人民共和国粮食安全保障法》缺位，地方立法缺少上位法依据，而且上述法规和规范性文件，效力层级较低，实践中很难成为有效推进粮食安全保障工作的有力依据。

3. 我国农业基础还不稳固，农业综合竞争力较低

尽管农业综合生产能力取得了长足进步，但我国农业产业的弱势地位现状还未改变，“四化同步”中农业仍为短板。一方面，与第二、三产业相比，农业发展基础薄弱，受自然因素影响大，抵抗自然风险和市场风险能力较差；另一方面，我国农业国际竞争力较低。农产品生产成本与销售价格双高导致比较利益下降，国内多数农产品的国内价格长期高于国际价格，农产品过度进口问题严重。根据中国海关总署网站发布的数据，2020年，我国农产品进口规模达到1 708亿美元，比上年增长14.0%；农产品国际贸易逆差达到948亿美元，比上年增长32.9%。2021年，我国农产品进口规模达到2 198亿美元，比上年增长28.6%；农产品国际贸易逆差达到1 355亿美元，比上年增长42.9%。时任农业农村部部长韩长赋在《关于构建现代农业体系深化农业供给侧结构性改革工作情况的报告》中指出：“中国2亿多农业经营户，户均耕地面积只有7亩多，仅相当于欧盟的1/40、美国的1/400，规模效应不明显，导致生产经营成本偏高，农产品国际竞争力偏弱。近年来，国内外农产品价差拉大，部分大宗农产品进口规模不断扩大。”跨国农业集团对我国农业市场的占有率逐步提高。

4. 农产品研发与加工能力不足

农业科技成果转化是把农业科技转化为实际生产力，这直接影响我国农产

品的质量与效益。我国农业企业的农业品种开发意识不强，研发能力不足，国内农业品种研发依然以科研单位为主导。虽然我国农产品产量不断攀升，但农产品加工还处于低水平、小规模、粗加工、高耗能阶段，据2021年3月召开的中国农业科学院“科技创新引领农产品加工业高质量发展”新闻发布会公布数据，我国农产品加工转化率为67.5%，比发达国家低20个百分点。另外，多数农产品加工业科技创新能力不强，工艺水平落后于发达国家。产品供给仍以大路货为主，优质绿色农产品占比较低，加工流通普遍存在同质化现象，缺乏小众类、精准化、中高端产品和服务，品牌溢价有限，制约供给质量，难以确保我国农业产业的国际竞争力。

5. 农产品供给主体专业化和组织化程度较低

受传统小农思想、计划体制及土地流转困难等影响，全国普遍农业生产经营主要以家庭承包和小规模分散经营为主，当前我国新型农业经营主体和服务主体培育虽取得显著成效，但这些主体仍处于成长期，发展还不平衡不充分，总体上单体规模偏小、实力偏弱，全产业链收益能力较低。家庭农场仍处于起步发展阶段，部分农民合作社运行不够规范，社会化服务组织服务能力不足、服务领域拓展不够。从外部环境看，各类新型农业经营主体和服务主体融资难、融资贵、风险高等问题仍然突出，财税、金融、用地等扶持政策不够具体，倾斜力度不够，各地农业农村部门指导服务能力亟待提升。

6. 农产品价格稳定性不足

前几年“蒜你狠”“豆你玩”的农产品价格波动事件在网络上引起热议，这些词一度成为热门网络词语，这也反映了老百姓对农产品价格飞涨的无奈与抗议。而在2023年第一季度，白菜的价格并未按往常气温回暖而下降，反而逆势上涨，局部地区出现了“一棵白菜能买一斤半猪肉”的现象。这类现象偶有发生，影响着农民、收购商和消费者，对我国农产品市场，甚至其他产业发展带来了负面效应。我国农产品价格波动成因复杂，受天气、虫害、油价、前期收益、通货膨胀以及农产品流通环节等多种因素影响，导致农产品市场供需关系呈现不稳定的局面，而我国对稳定农产品市场的主要措施是依靠政策进行调控，优点是灵活性强，但不恒久，短期依旧可能出现“过山车”式的波动。

7. 我国农产品信息体系不完善

近年来，随着信息科技的发展，农业普遍安上了“芯片”，成果丰硕，但也需要我们清醒地审视自身的不足。一是农业信息人才匮乏，我国的农民仅是一种身份象征，而非职业，门槛低也导致农民群体素质水平不足，难以跟上农业现代化的步伐，存在后继乏力的局面。二是农业信息基础设施建设不足，地方政府之间的投入差距较大，特别是部分西部农业地区仍保持传统耕作的模式，远未达到农业现代化的地步。三是农业信息化未成体系。相较农业发达国家，我国农民群体对农业信息的利用率不足，如农产品期货知识、农业物联网和大数据等。

8. 土地轮作休耕政策有待完善

2016 年，我国出台了《探索实行耕地轮作休耕制度试点方案》以来，各地对耕地轮作休耕进行了有益探索，截至 2022 年底，六年来我国轮作休耕面积由最初的 616 万亩增至 6 926 万亩，增长了 10 倍。相关补助资金由 14.36 亿元增至 111.45 亿元，增长了 6.8 倍，试点省份扩大到了 24 个。但在全面铺开耕地轮作休耕制度的背景下，也出现了一些问题亟待解决：一是大范围普及耕地轮作休耕制度难度较大，受传统耕作习惯影响，农民积极性有待提高；二是农业政策性补贴有待提高，政府补贴力度难以达到农民实行休耕轮作后的预期收益；三是耕地轮作休耕制度强制性不足，无法达到预期约束目的。

（四）国外农产品供给保障制度的经验借鉴

1. 农产品价格保障

国外农业发达国家普遍采取价格支持政策和直接补贴政策，以此来调控和稳定本国农产品的价格预期，其中美国采取的价格支持政策，是政府以授权的形式，连接商品信贷公司和农场主，规避市场给政府带来的不良影响，交由市场去调控市场。商品信贷公司向农场主发放为期十个月的农产品抵押贷款，旨在缓解农场主经济压力和稳定市场价格。在抵押借款期内，市场价格高于被抵押的农产品的合同均价时，抵押人应当出售农产品抵押物偿还贷款；当市场价格低于被抵押的农产品的均价时，抵押人应当将被抵押的农产品出售给政府，并将被抵押农产品价格定在高于市场价和低于被抵押农产品的合同均价范围内。该价格支持政策，对于农场主而言，可以获得预期稳定的收益，避免因市场供需关系和市场价格波动导致农产品价格缩水；对于政府而言，该政策可以稳定农产品市场价格，同时将市场风险转嫁给商品信贷公司，并保障信贷公司合理收益，做到市场跟着市场走；对于信贷公司而言，收购的农产品可以选择出口国外或囤货以备卖出。因此，保障农产品市场价格是农产品供给保障制度中的重要一环，特别是我国作为以工农立国的农业大国，尚未完全实现农业现代化，农产品的价格波动时时刻刻影响着国家的发展和社会的稳定。在符合我国国情的前提下，合理借鉴价格支持政策是不错的选择。

2. 农业信息体系

农业信息体系，即利用人工智能、大数据等信息化技术对涉农情况进行分析，借助搭建的信息平台实时传递农业相关信息，拓宽农场主信息获取途径，提升农业生产效率，降低人工成本，提升抵御风险的能力。以美国为例，它具有较为完善的农产品信息体系，体系下包含完备的农业信息法律、相关涉农信息公司和高效的智能物联网农田，形成信息农业一体化建设。美国农业部下设五大信息机构，分别为美国农业部经济研究服务局、海外农业局、世界农业展望委员会、农业市场服务局和国家农业统计局。美国农业部经济研究服务局（Economic Research Service，ERS）主要对美国人在蔬菜和水果上面的消费进行统计，为稳定农产品市场价格提供数据支撑；美国农业部海外农业局（Foreign Agricultural Service，FAS）在全世界共设立94个办事处，覆盖196个国家和地区，是美国农业与国际市场的桥梁，也是美国农业研究中心，搜集、分析各国农业信息、执行农业项目计划、监督农业公约的执行、对新农业公约进行谈判和技术支持、向发展中国家提供粮食援助等，以扩大海外影响的方式掌握主动权，为开拓国际农业市场提供助力，每年定期发布多个国家的农业生物技术年度报告。美国农业部世界农业展望委员会（World Agricultural Outlook Board，WAOB），监视全球气候分并分析对农业有潜在影响的气候，为农业相关经营者提供技术支持和市场营销服务；农业市场服务局（Agricultural Marketing Service，AMS）主要职能是市场营销，针对农业生产、加工和销售的群体提供准确、客观、科学的农业信息，帮助其进行农业营销活动。美国农业部国家农业统计局（National Agricultural Statistics Service，NASS）共有46个办事机构，主要职能为向本国农业社会提供本国农业、经济、人口和环境等方面信息，定期发布农产品及农业发展报告。其数据主要来源于农牧民、屠宰场、粮食流水线和相关农业企业。上述信息机构为美国农业的发展提供了至关重要的作用，对我国“走出去”提供了现实的案例。

3. 土地轮作休耕政策

土地休耕政策是许多农业发达国家保护本国农田，提高土地肥力的基本农业政策，属于国家对农业直接补贴政策的一种。土地休耕政策具体是指为提高耕种效益和实现耕地可持续利用，在一定时期内采取的以保护、养育、恢复地力为目的的更换作物（轮作）或不耕种（休耕）措施。将耕地轮作休耕相关要求制定为法律和政策，就是耕地轮作休耕制度。土地轮作休耕政策由来已久，尤以日本的轮作休耕较为典型，众所周知日本属于耕地贫乏，人均占有土地率少的狭长形国家，但很早进入农业现代化的日本出现了粮食产能过剩、供大于求的局面。基于此，日本在20世纪70年代开始实行土地休耕政策，将耕地划分三等，并对采取不同标准的休耕土地进行政策补贴。为提高土地休耕率，日本政府配套奖惩机制，引导农民主动配合国家休耕政策，提高农民积极性。休耕轮作政策从短期来看确实存在降低产能和收益的不利情况，但从长期来看，让耕地休养生息，可以提升亩产和土地使用效能，同时，休耕后产出的农作物其附加值也会大幅提升。

（五）建设体系化的农产品供给保障制度的路径

1. 严守耕地红线，全面落实永久基本农田特殊保护制度

坚持贯彻基本农田保护条例有关规定，落实耕地保护目标和永久基本农田保护任务。加强执行基本农田保护制度力度，杜绝永久基本农田划定范围内新增非粮化行为，加大对占用永久基本农田从事破坏土壤层而影响粮食生产的处罚力度。正确引导工商资本下乡，一方面鼓励从事粮食生产、加工、运输和售卖为主的工业资本下渗到农村；另一方面积极控制农村旅游产业的随意扩张，防止“搭便车”或“打擦边球”现象。继续推进土地整治工程，提高耕地质量，改善耕地种植条件。水田能有效遏制不同地形耕地非粮化的扩张，针对山区耕地非粮化更严重的问题，可加强对山区农田灌溉设施补贴强度，完善农田灌溉工程体系，提高水田比例，降低耕地粮食生产风险，提升农户种粮信心与积极性。

2. 尽快落实《粮食安全保障法》，为粮食安全保驾护航

粮食安全事关经济发展、社会稳定、国家安宁和民生福祉，确保粮食安全始终是治国理政的头等大事。党中央、国务院高度重视粮食安全和粮食安全立法工作。2018 年、2019 年连续两年中央 1 号文件都提出了推进粮食安全保障立法的要求。2018 年 8 月，《中华人民共和国粮食安全保障法》列入十三届全国人大常委会五年立法规划一类项目。2018 年 11 月，《中华人民共和国粮食安全保障法》起草领导小组召开第一次会议，审议通过了起草工作组织方案、立法思路和进度安排等事项，正式启动立法工作。2021 年 3 月，《中华人民共和国国民经济和社会发展第十四个五年规划和 2035 年远景目标纲要》强调实施粮食安全战略，制定《中华人民共和国粮食安全保障法》。2021 年 4 月 21 日，全国人民代表大会常务委员会发布《全国人大常委会 2021 年度立法工作计划》，将《中华人民共和国粮食安全保障法》列入初次审议的法律草案。2021 年 6 月 11 日，国务院明确拟提请全国人大常委会审议粮食安全保障法草案。

国家应尽快落实《中华人民共和国粮食安全保障法》，从粮食生产、经营、储备、调控及应急等各个环节的监督管理方面进行规定，明确监督主体、监督内容等，对违反该法应当承担的责任进行规定。同时还要注意与《中华人民共和国民法典》《中华人民共和国农业法》《中华人民共和国国家安全法》《中华人民共和国土地管理法》《中华人民共和国农产品质量安全法》《中华人民共和国种子法》《中华人民共和国农业技术推广法》《中华人民共和国食品安全法》《粮食流通管理条例》《中央储备粮管理条例》等法律法规的衔接协调问题，对

缺失的制度予以补充，对有冲突的规定进行修订和整合，还要对现存立法中已有涉及，但是尚未细化的规则制度等，在既有框架内进行解释细化。

3. 以市场需求为导向，提升农业质量效益

以市场需求为导向，消除无效供给，增加有效供给。减少低端供给，拓展高端供给。在国际农产品贸易的竞合关系中，要积极推动我国农产品贸易多元化发展，分散农产品进口来源，减少贸易风险的不确定性，加强与“一带一路”沿线国家的贸易往来。在国内农业产业振兴方面，地方政府要根据本地资源禀赋和已有产业基础，有重点地发展特色产业，避免区域间产业同构化，做强区域优势农业品牌。鉴于国内农业生产成本居高不下，应注重扬长避短，通过产业链纵向拉伸或横向拓宽，消除农业市场竞争力趋弱问题。在对待粮食安全问题上，要充分认知粮食安全是我国最重要的战略性问题，要利用好国内国外两个市场，但须杜绝单纯依赖进口解决国内粮食安全隐患的思想。与此同时，要树立“粮食安全＋优质农产品”的发展观念，不断优化农业种养结构和农产品品质结构，粮食供给不能缺但也绝非多多益善。

4. 提高农业企业研发与加工转化能力

农产品结构优化需要提升农业企业的研发能力及农产品的加工转化能力，以此有效促进农业生产的专业化、规模化、集约化、现代化水平，提高农产品的经济效益与农业企业的核心竞争力。在研发能力方面，可以通过开放共享农业科技资源的方式，引导企业实现创新发展，提高研发生产水平，加快农产品科技成果的转化。在加工转化创新方面，可以借鉴国外的成功经验，引进国外农产品加工技术与设备，提升农产品加工水平，与此同时，还需要发挥农产品加工的示范基地与示范企业带头作用，打造产业集群，利用规模效应推动产业发展。在低碳环保视角下，农产品的创新研发还要秉承环保、低碳与安全、高品质等强制要求，逐步实现农产品加工与创新的良性循环发展。

5. 壮大新型农业经营主体，多方位保障供给能力

新型农业经营主体目前处于成长关键期，发展任重道远，需要从多方位加以培育。一是加快形成财政优先保障，落实相关税收优惠政策。二是设立财政性担保基金或农业担保基金，为农业生产经营主体提供资金担保，完善农业风险基金和农业保险机制，提高抗风险能力。三是建立健全专项基金制度，注入农合社资金互助会，提高资金互助会的规模与质效，切实解决目前农业经营主体融资难、融资贵的问题。四是利用地理标志等区域性品牌，以“一村一品”“一乡一业”等方式鼓励业务和产品相近的农民合作社组建联合社，形成规模效应。五是加强农业龙头企业的引领示范作用，建立“龙头企业＋基地＋合作社＋农户”的模式，以龙头企业连接市场，带动合作社和农户增强市场竞争意识，鼓励科研院所、高等院校等机构的科研人员到龙头企业开展科技创业，完

善知识产权入股、参与分红等激励机制。支持龙头企业积极开展校企合作协同育人，与涉农高校和职业院校合作共建实践实训基地、耕读教育基地，依托生产基地、产业园区等加强农村实用人才培训，加大对高素质农民、返乡入乡创业人员、新型农业经营主体带头人的培养力度，切实构建新型农业经营者主体。

6. 构建农产品价格保障制度

我国农产品价格保障制度尚未形成体系，未采取价格支持政策，我国现阶段采取“菜篮子”市长负责制，依托政府监管调控农产品价格，既对农产品价格进行调控，也对价格行为进行监管，这样的好处是灵活性较强，但责任主体始终是政府部门，难免会出现鞭长莫及、过犹不及的被动局面。例如，本年度个别农产品炒作价格过高或市场收购价格过低，那么毫无疑问会影响农民的种植积极性，农业经营者的逐利性也会导致农民在下个耕种周期种植市场价值高、亏损少的农产品，形成恶性循环，政府的调控作用无法全面提高农民的种植积极性。而采取价格支持政策，将农产品市场交由市场调控，政府起托底作用，可以有效保障农民的收益预期，也可以维持市场的稳定。因此，一是政府组建针对农产品贷款的商业银行或授权中国农业发展银行等政策性银行，由政府控股避免完全市场化，维护农民群体权益。二是为农民提供专项农产品浮动抵押贷款，设置种植农产品的最低收购价格。三是在收购环节，如果农产品价格高于抵押价格，由银行收购被抵押农产品，并售予第三方市场公司，保证银行贷款资金安全；如果农产品价格低于抵押价格，由政府介入以抵押价格收购农产品，保障农民预期收益。总体来说，政府介入阶段基本为“一首一尾”的特殊情况，履行更为宏观的调控职能，既转嫁了市场风险，也维护了市场稳定。

7. 构建农产品信息体系

我国农民群体庞大，但农民受教育水平较低，普遍仍保持传统耕作模式，未形成职业农民。同时，相较于农业发达国家而言，我国尚未完全进入农业现代化。构建农产品信息体系至关重要。

从农民群体的角度来看，构建农产品信息体系可以拓宽农民群体获取农业信息的途径，为他们提供稳定、科学和有前瞻性的农业信息，并合理安排自己的生产生活；从国家农业发展的角度来看，构建农产品信息体系为我国“走出去”，扩大国际影响力提供了现实途径。

上文阐述了美国农业信息体系的运作特点和组织架构，为我国农业信息体系发展提供了具体思路，可以从以下几点加以完善。一是要提升农民群体文化水平，加大“农技下乡”力度和农业智能化改造，做到农民群体“人人看信息、人人懂数据”，让国家农业信息深入人心，不再停留在“屏幕上”，以此提升农业信息的受众群体。二是完善基础农业信息体系，如我国农业农村部下属的信息中心，搭建了全国农产品批发市场价格信息系统等，但适配度和推广度可能存在局限性，很多农民群体并没有途径获取该信息，相关单位要打破农民“埋头苦干”的情况，加大推广信息的力度。三是构建国外农业研究中心，成立分支机构，及时获取国外农业发展情况，抢抓市场机遇。同时，为发展中国家提供粮食援助，扩大国际影响力。

8. 构建和完善耕地轮作休耕制度

我国在“十四五”规划纲要中提到耕地休耕轮作制度，同时根据农业部的相关信息可知，自 2016 年 9 月，砚山县被确定为首批休耕试点县后，耕地轮作休耕制度试点工作在我国遍地开花，已在如火如荼地进行当中，特别是在中央财政的大力支持和地方政府的倡导推广下，耕地的轮作休耕制度也得到了认可。但在全面铺开耕地休耕轮作制度的背景下，也出现了一些急需解决的问题。一是大范围普及耕地轮作休耕制度难度较大，受传统耕作影响，农民积极性有待提高；二是农业政策补贴有待提高，政府补贴力度难以达到部分农民实行休耕轮作后的预期收益；三是耕地轮作休耕制度强制性不足，无法达到预期约束目的。基于上述问题，我国要从宏观和微观两方面推广耕地轮作休耕制度。从宏观全局来看，要完善顶层设计，制定耕地轮作休耕的相关法律规范，设置法律红线，发挥法律强制作用，同时加大推广力度，做到深入人心，提高农民主观能动性。从微观具体来看，一方面，地方政府要因地制宜加大耕地轮作休耕的财政补贴，依托基层治理设置奖惩机制，发挥榜样示范作用；另一方面，要加强“农技下乡”，提高农民群体农业知识技能水平，培养耕地轮作休耕习惯。

三、农产品质量安全保障制度的完善

2023 年 2 月印发的《中共中央　国务院关于做好 2023 年全面推进乡村振兴重点工作的意见》中，共出现了 12 次“安全”和 23 次“保障”，安全保障问题已成为我国农业发展的焦点。时代发展日新月异，国际形势变化波诡云谲，完善农产品质量安全保障制度对守好“三农”基本盘，确保全国粮食产量保持在 1.3 万亿斤以上，对保障我国粮食安全意义重大。

（一）相关概念

1. 农产品的内涵

农产品是指农业中生产的物品，是人民群众赖以生存的基本保障。在农产品质量安全保障制度中，农产品是最为基础的内容之一。当然，颇具常识性的

“农产品”概念却在法律中极具争议，需要予以明确。

2022年新修订的《中华人民共和国农产品质量安全法》第二条规定：“农产品是指来源于种植业、林业、畜牧业和渔业等的初级产品，即在农业活动中获得的植物、动物、微生物及其产品。”2014年10月31日，农业部和食品药品监管总局联合发布的《关于加强食用农产品质量安全监督管理工作的意见》（农质发〔2014〕14号）指出，农产品是指“植物、动物、微生物及其产品”，即在农业活动中直接获得的以及经过分拣、去皮、剥壳、粉碎、清洗、切割、冷冻、打蜡、分级、包装等加工，但未改变其基本自然性状和化学性质的产品。

“初级产品”到底该如何界定？“初级”在含义上具有模糊性，立法并没有作出明示。这也导致在农产品质量安全执法实践中，存在对产品属性的不同认识。例如，在实践中关于豆芽的属性问题就产生了很大争议。一部分人认为，豆芽属于食品的范畴，它是对作为农产品的豆类（一般是绿豆或黄豆）进行加工后形成的产品。相反的意见则认为，豆芽的生产本身是农作物自然生发的过程，当然属于农产品。这种争议不仅涉及豆芽的生产和经营归市场监督管理部门监管还是归农业行政管理部门监管，而且还涉及一些具体的法律适用。例如，在豆芽生产过程中能否使用“无根水”（主要成分为6-苄基腺嘌呤、4-氯苯氧乙酸钠）的问题会直接影响对当事人行为的认定。如果豆芽属于食品，根据《中华人民共和国食品安全法》相关法律和技术要求，“无根水”属于禁止添加的物质，在食品中添加禁止添加物质属于严重违法行为；如果豆芽认定为农产品，则在农业生产中并没有禁止“无根水”作为植物生长调节剂使用。

所以，理解“农产品”这一概念的内涵要分析两个关键要素：一是对工业加工和农产品生产环节的“加工”进行区分，二是对“自然性状和化学性质”进行界定。

从“加工”的角度看，农产品和工业品的界限模糊，主要在于工业加工和农产品生产环节的加工不易区分。根据《现代汉语词典》的解释，加工是指把原材料、半成品等制成成品，或使其达到规定的要求。按照简单的理解，农业生产的主要方式是种植、养殖、采集等，产出的产品为初级产品，即原材料或半成品。随着农业生产方式和农业生产技术的发展，农业生产中往往对初级产品进行一定的加工。如前文所述，对在农业活动中直接获得的产品进行分拣、去皮、剥壳、粉碎、清洗、切割、冷冻、打蜡、分级、包装等简单加工，是现代农业生产的必要和常见环节，是农业产业链的自然延伸，对于提高农产品附加值、增加农民收入具有重要意义。工业生产则是运用机器设备等生产加工工具对原材料和半成品的再次劳动附加，并实现价值注入和提升。一般认为，与农业加工不同，工业加工应当是“连续的、大规模的，而且使用机器来完成”。

但是随着农业生产技术的进步，这种区分正在逐渐失去意义——农业生产环节的加工也具备机械化和大规模等特征。从加工对产品（农产品）的影响程度，即是否改变产品的“自然性状和化学性质”来看，一般认为，凡加工必定改变产品的某些特性，这里需要考虑的是对加工对象特性改变的程度。由于对“自然性状和化学性质改变”的认识具有一定的主观性，很难准确把握，对此方面的理解一般以人们的日常生活理念为基础。例如，将稻谷脱壳形成大米、将玉面研磨成玉米粉等，在一般人的观念里大米、玉米粉均属于农产品，因为这种加工虽然使得产品的外观、性状有所改变，但是尚未达到自然性状和化学性质改变的程度。与之不同的例证，如将大豆加工成食用油、将猪肉加工为火腿肠等，这些加工行为改变了产品的自然性状和化学性质。另外，实践中通常在考虑哪些加工会导致由农产品变为食品时，除了考虑产品外观形态的改变、化学性质的改变外还需要考虑加工活动对产品价值的影响。如果加工使得产品的价值出现大幅增加，则认为产品已经发生了实质性改变，农产品就不再是农产品。反之，如果加工环节对农产品的价值影响不大，则认为不具有工业加工的意义。

综上所述，农产品是指直接来自农业生产，未经加工或者经过简单加工但未产生自然性状和化学性质实质性改变的植物、动物、微生物及其产品①。

2. 农产品质量安全的内涵

根据《中华人民共和国农产品质量安全法》第二条第二款的规定，农产品质量安全是指农产品质量达到农产品质量安全标准，符合保障人的健康、安全的要求。可以看出该法所强调的质量安全体现在两个方面的要求：一方面农产品的质量要满足人们的健康需要，另一方面应当满足人们的安全需要。即初级农产品的种植、运输、加工等活动符合国家强制性标准与要求，满足人们的基本生活需要，与此同时，不能对人们的健康产生危害和潜在危害。

3. 农产品质量安全保障制度的内涵

农产品质量安全保障制度是由多项制度规范组成的制度体系，以农业标准体系、检验检测体系、风险评估机制、认证体系为基础，通过政府管理、公共服务和市场引导等途径，对农产品从产地环境、投入品、生产过程、加工贮运到市场准入的全过程进行监管的质量安全保障制度体系。从法律角度而言，农产品质量安全保障制度是由法律、行政法规、地方法规、部委规章以及农产品质量标准、生产规程等规范性文件组成；从农产品供应链的角度而言，农产品质量安全保障制度是以农产品质量安全标准制度和农产品质量安全监督检查制度为基础，包括农产品产地环境管理制度、农业投入品使用管理制度、农产品生产管理制度、农产品贮存和运输管理制度、农产品销售管理制等从“农田到

① 房建恩．农产品生产者的农产品质量安全保障责任研究［D］．重庆：西南政法大学，2020.

餐桌”全程监管制度。

农产品质量安全的保障水平直接影响百姓的生命健康，而大多数农产品从生产到进入市场销售前会经历一个漫长的周期，保障制度的运行过程需要投入大量的时间、人力、物力和财力，而且每一步都环环相扣，因此农产品质量安全保障工作十分艰巨。

（二）我国农产品质量安全面临的主要问题

1. 农产品在产前环节受到污染

农产品在产前环节主要存在产地环境被污染、过量使用农业投入品、农业投入品不合格等问题。因市场主体以自身利益最大化为行为目标，追求近期效益，忽视社会效益、环境效益、长期效益，一些企业会将废水、污染物不进行专业处理就排放出来，而这些含有有害化学物质的污染物通过污染水流、大气、土壤，直接影响农产品生产。根据环境保护部、国土资源部于 2014 年 4 月 17 日公布的《全国土壤污染状况调查公报》，全国土壤污染总的超标率为 16.1%，其中耕地土壤点位超标率为 19.4%，主要污染物为镉、镍、铜、砷、汞、铅、滴滴涕和多环芳烃。另外，过量使用、违规添加农业投入品对农产品质量安全带来最直接、最严重的危害，这里所指的农业投入品包括农药、化肥、农膜、兽药、饲料等。以农药化肥为例，2019 年中国农药使用量 139.2 万吨，居世界首位，单位面积用量是世界平均水平的 2.5 倍，化肥使用量 5 404 万吨，占全世界用量的三分之一，单位面积用量是美国的 2.6 倍①。在兽药饲料方面，违规添加禁用物质的事件时有发生，如“瘦肉精羊”“孔雀石绿”以及“红心”鸭蛋问题等。

2. 二次加工的农产品隐患大

对农产品的二次加工能够提升农产品的附加值，如稻谷二次加工最高可以提升 80%的价值，提高农户或收购商的收益。但是在二次加工的过程中，不可避免且难以发现的就是违法的二次加工，一些不法商人违规使用添加剂、未按照法律规范操作流程、忽视生产加工卫生环境等，如防腐剂如果按照国家安全标准添加则能够有效防止食品的腐坏变质、延缓腐坏的时间，但是很多不良商贩为了掩盖食品变质腐坏的事实，违规过量添加的情况时有发生，这对人体健康带来隐患，尤其对儿童、老人的不良影响更大。

3. 农产品在流通环节中的安全问题

农产品在流通的过程中，非常容易受到外界的污染，从而导致其出现变质

① 张小允，许世卫．新发展阶段提升中国农产品质量安全保障水平研究 [J]．中国科技论坛，2022 (9).

等问题。还有部分经营者质量安全意识薄弱，储藏、包装、运输过程随意性较大，违规使用保鲜剂、防腐剂、添加剂等现象也不同程度存在。为了使储藏的农产品色泽鲜艳，部分不法商贩使用化工制剂、色素等对受体有伤害的物质处理鲜活农产品。包装材料直接或间接接触食品，包装材料损坏、染菌，包装方式不正确均会造成食品污染。我国果蔬总产量居世界之首，但因包装材料、方法、标准、技术远落后于国际先进水平，每年果蔬产量约 1/4 在储存运输过程中被损耗和污染，损失高达上千亿元人民币[①]。

（三）我国农产品质量安全保障制度现状及存在的问题

1. 农产品质量安全保障制度现状

（1）法律法规不断完善。1993 年第八届全国人民代表大会常务委员会第二次会议通过《中华人民共和国农业法》，2002 年 12 月进行修订，并于 2009 年、2012 年进行两次修正，该法从农业生产、农产品流通与加工、农业投入与支持保护、农业科技与农业教育等方面要求抓好农产品质量安全。2009 年 2 月，全国人大常委会审议通过了《中华人民共和国食品安全法》，并在此后的 2018 年 12 月和 2021 年 4 月对该法进行了两次修正，该法从食品安全风险监测和评估、食品安全标准、食品生产经营、食品检验、食品进出口、食品安全事故处置、监督管理等方面提出保证食品安全的强制规定。2006 年 4 月，全国人大常委会审议通过了《中华人民共和国农产品质量安全法》，2018 年 10 月进行首次修正，2022 年 9 月十三届全国人大常委会第三十六次会议表决通过新修订的《中华人民共和国农产品质量安全法》，定于 2023 年 1 月 1 日起施行。新修订的《中华人民共和国农产品质量安全法》共八章八十一条，进一步完善了农产品质量安全监管制度，推行农产品承诺达标合格证制度，加强农产品质量追溯管理制度，新增了冷链物流质量安全规定以及网络农产品质量安全销售要求，强化了法律责任和处罚力度，与食品安全法有机衔接，实现了从农田到餐桌的全过程监管。

除此之外，我国还制定了《食品安全法实施条例》《农药管理条例》《农作物病虫害防治条例》《兽药管理条例》等行政法规，《农产品地理标志管理办法》《农产品质量安全检测机构考核办法》等部门规章，以及《关于加强农产品质量安全监管工作的通知》《农产品质量安全突发事件应急预案》《关于深化改革加强食品安全工作的意见》等规范性文件。上述法律、法规、规范性文件的制定与实施对农产品质量规制和食品安全保障起到了很好的作用，展现了我国对农产品安全问题的重视。

---

① 吴秀敏，唐丹．农产品质量安全管理理论与实践［M］．北京：科学出版社，2019.

（2）质量标准认证体系取得一定进展。2021 年 9 月《食品安全国家标准　食品中农药最大残留限量》（GB 2763—2021）发布，规定了 564 种农药在 376 种（类）食品中 10 092 项最大残留限量。截至 2021 年，我国制定、修订农药、兽药残留限量及配套检测方法食品安全国家标准 4 109 项，总数达到 10 068 项，基本覆盖我国常用农药、兽药品种和主要食用农产品，是国际食品法典委员会（CAC）出台标准的近 2 倍。制定、修订农业行业标准 1 933 项，总数达到 5 342 项。累计创建果菜茶标准化园、畜禽养殖标准化场、水产健康养殖场近 1.8 万个，规模种养主体质量控制能力明显提升。绿色、有机和地理标志农产品总数达 5 万个，较“十二五”末增加 71.9%①。我国农产品质量标准体系基本形成了以国家标准和行业标准为核心，地方标准、企业标准和团体标准为补充的架构。目前我国的农产品认证种类较多，其中，产品认证主要有绿色食品认证、地标产品认证、有机食品认证和 QS 质量安全认证等，体系认证主要有危害分析与关键点（HACCP）认证、投入品良好生产规范（GMP）认证、中国良好农业规范（China GAP）认证、卫生标准操作规范认证（SSOP）、ISO9000 体系认证等。

（3）监管监测体系不断完善。目前，我国省、市、县基本实现了检测设备更新升级，配套设施发展完善，形成了综合性检验检测体系，农产品检测技术有了明显提高。农业农村部已经建成了种植、畜牧、渔业、农垦专业追溯管理平台。我国经济较为发达的区域，已搭建适宜当地发展的质量安全追溯平台。全国所有省、自治区、直辖市、88%的地级市、全部“菜篮子”产品大县及其乡镇设立了农产品质量安全监管机构，农产品质量安全监管执法人员近 15 万人。全国农产品质量安全检验检测机构 2 297 家，检测人员 2.41 万人②。农产品质量安全例行监测计划不断优化，部、省两级监测网络基本覆盖了全国主要大中城市和农产品产区、城乡居民主要消费品种。

（4）质量安全执法深入开展。“十三五”期间，共出动执法人员 1 833.5 万人次，检查生产企业 1 017.5 万家（次），查处问题 12.8 万起，清理关闭生猪屠宰场 4 471 个。联合开展农资打假专项治理行动，严打制售假劣农资违法行为，为农民挽回经济损失 38.3 亿元，种子、肥料、农药、兽药、饲料和饲料添加剂等农资质量持续稳定在较高水平③。

2. 农产品质量安全保障制度存在的问题

（1）农业投入品市场准入不规范。多元的农业经营主体涌现符合时代的发展进程，丰富了农产品的体系门类，更新了农产品市场的竞争气象，提供了源

①② 数据来源于《“十四五”全国农产品质量安全提升规划》。

③ http：//www.ghs.moa.gov.cn/ghgl/202107/t20210726_6372769.htm。

源不断的动能。但是难以规制的农业经营主体也存在下列风险隐患，尤其在农业投入品领域，一旦出现以下隐患直接影响农产品的产量、质量。一是手段隐蔽、打击难度大。很多小商小贩使用走街串巷等方式以次充好，贩卖假劣农药，这样的售卖方式具有很强的隐蔽性，增加了执法机关的打假难度。二是农产品投入门槛低。我国是互联网大国，特别是抖音、快手等新型媒体的出现，使很多商贩把握时机，借助助农政策，贩卖各类农药、饲料，虽然“价廉”但无法确保“物美”，同时这样的方式也干扰了线下实体经营，加大了农业投入品的监管难度。三是缺乏挂靠审查。很多不具有资质的商贩借用资质进行贩卖，这样挂靠的方式让市场短期充斥着大量农产品，挤压了单一农产品经销商，衍生了恶性竞争。

（2）承诺达标合格证制度的推行面临多重障碍。2019 年 12 月，农业农村部下发《全国试行食用农产品合格证制度实施方案》，在全国部署食用农产品合格证制度试行工作。2021 年 11 月，农业农村部为贯彻落实《中共中央　国务院关于全面推进乡村振兴加快农业农村现代化的意见》有关要求，发布《关于加快推进承诺达标合格证制度试行工作的通知》，并将合格证名称由“食用农产品合格证”调整为“承诺达标合格证”。在 2022 年 9 月又将承诺达标制度正式规定在《中华人民共和国农产品质量安全法》中，形成自律、国律相结合的农产品质量安全管理新格局。但是近两年各地推行该制度的实践经验表明，承诺达标合格证制度的全面推行阻碍较多。一是监督管理部门存在监管盲区。流通于市场的农产品品类多，检测监管难以全覆盖，对部分农产品地区监管力度不足，致使一些农产品经营者心存侥幸，以次充好。二是农产品经营者的年龄跨度大，年轻一代对新鲜事物的接受程度高，但是小散农户多为中老年人，对电子产品具有排斥心理，全面贯彻实施承诺达标合格证的难度大。三是消费者维权意识不强。消费者在消费农产品过程中只会留意农产品的味道、外观、价格等，很少有消费者留意相关合格证。

（3）农业信息规范标准不一。农业现代化的成就条件之一就是农业可以高效利用信息技术进行发展，而农业信息发展过程中最为重要的就是农产品质量安全追溯体系。构建后的农产品质量安全追溯体系可以追溯农产品产地、品种、收获日期、上市日期等，为每个农产品颁发“身份证”，形成“来源可靠、去向可追、责任可究”的优质环境，倒逼农产品生产者规范经营。但是我国对于农产品质量安全追溯体系的构建仍然存在障碍。具体的障碍为：一是各地政府、各经济组织“各自为阵”。“九龙治水”的问题并不在管理力度，而在于管理的盲区或是争夺管理利益、推诿管理责任，进而导致各自的信息难以统一适配，更难以实现信息共享。二是技术条件难实现。虽然我国的科技快速发展，但面对农产品生产者的主观排斥情绪，除非法律授权的强制规定，否则农产品质量安全追溯体系难以实现，粘贴在农产品包装上的信息也就难以保证其真实性。三是加剧管理部门职责。农产品质量安全追溯体系是庞大的农产品信息体系，涉及内容庞杂，即便职能部门依职权能够有效行使监管职能，但如果每颗苹果、每根香蕉都进行信息追溯，不考虑信息编辑问题，单是监管都需要消耗大量人力、物力、财力，这类买椟还珠的管理模式不可取。

（4）农产品质量安全风险评估制度不完善。我国农产品风险评估机构相比于国外成立较晚，从 2011 年才开始着手规划和建立国家农产品质量安全风险评估体系。2011 年 12 月 29 日，农业部制定了《农业部农产品质量安全风险评估实验室管理规范》。经过十多年的发展，农业部建立了 108 家农产品质量安全风险评估实验室和 149 家农产品质量安全风险评估实验站，在农产品质量安全执法监管、生产指导、消费引导、应急处置、科普解读、技术性贸易措施研判等工作中发挥着重要的技术支撑作用①。

随着全社会对农产品质量安全的重视，我国对质量监管工作提出了更高的要求。立法理念从“事后监督”向“事前预防”转变，加强源头管理、风险治理，在新修订的《中华人民共和国农产品质量安全法》第二章中规定了由国家建立农产品质量安全风险评估制度，国务院农业农村主管部门应当设立农产品质量安全风险评估专家委员会，对可能影响农产品质量安全的潜在危害进行风险分析和评估。国务院卫生健康、市场监督管理等部门发现需要对农产品进行质量安全风险评估的，应当向国务院农业农村主管部门提出风险评估建议。

风险交流在农产品质量安全风险评估制度中至关重要，也是事前预防理念的应有之义。但实践经验表明，我国农产品交流预警制度不健全。最突出的特征是，多年的风险评估工作积累了大量的内容，从数据基数来看，可以分析得出预防方式和预判结果，但是转化为有价值的预警信息传递给农业生产者、经营者则少之又少。换言之，可用于披露的信息少、利用率低；反而记者或媒体通过蛛丝马迹，研判了风险可能衍生的后果，或者是未进行披露但已经出现实质结果。当问题积重难返，大概率会引发社会矛盾。例如，2022 年的“315 晚会”披露的“老坛酸菜”，引发了社会舆论，降低了企业的预期收益，甚至贬损了政府的公信力。因此，我国对于风险评估的实际转化率不足、甄别隐患风险能力薄弱、政府对于风险评估的预判决策较差。综上来看，我国农产品质量安全风险评估制度的建设任重而道远。

---

① 《农业农村部关于新增农产品质量安全风险评估实验室及实验站的通知》，http：//www.jgs.moa.gov.cn/fxpg/202108/t20210805_6373537.htm。

（四）国外农产品质量安全保障制度的经验借鉴

1. 具备多元的认证体系

美国实行强制认证和自愿认证相结合的农产品认证体系。良好农业规范（Good Agricultural Practices，GAP）、食品行业的《通用良好生产规章》（GMP）以及危险分析和关键控制体系（HACCP）属于强制性认证，有机食品认证、公平贸易认证等属于自愿认证。欧盟成员国大部分都较早地成立了认证认可机构，并积极加入国际实验室认可合作组织（ILAC），遵循统一的认可准则 ISO/IEC 17025。欧盟除了采取指令标准以外，也认可私主体及第三方机构的认证，通过差异化的认证模式对农产品进行有效监管。日本为保证农产品质量安全，灵活采取了“国家—行业—企业”标准体系，并推行“JAS”自愿认证制度。灵活多元的认证体系对保障农产品质量起到了重要支撑作用。

2. 以统一的追溯标准监管农产品质量安全

美国对农产品采取“双向”的质量安全监督管理，构成纵向、横向结合的综合食品安全体系。从纵向来看，针对农产品的监督管理职能部门是农业部（USDA）和食品药品管理局（FDA）。食品安全检验局（FSIS）隶属于美国农业部，负责对美国本土自产的肉、禽、奶等产品进行全链条监督管理。上述农产品以外的农产品由食品药品管理局负责监督管理。从横向来看，美国各州政府与联邦实行独立和合作的食品安全监督管理网络。在此完备的食品安全监督管理体系的基础上，美国政府层面建立了动物识别系统，并鼓励行业协会与企业建立追溯体系。例如，家畜标识计划（USAIP）等都取得了不错的效果。从顶层设计来看，美国法律制度较为完善，用七部法律覆盖了农产品和食品生产的全过程，为构建追溯体系提供了支撑。韩国在国家层面构建了农产品追溯制度，对部分农产品实行了强制性的追溯，即对牛肉、猪肉进行强制追溯；而其他农产品为自愿追溯。同时农业相关部门建立农产品、畜产品、水产品三部追溯系统，依托系统发布信息、收集线索、召回产品等。目前，我国农产品追溯体系仍在建设过程中，上述国外的实践为我国构建工作提供了具体的经验。

3. 农产品质量安全风险评估与预警机制

农产品质量安全风险评估与预警机制的构建，旨在通过“事前预防”，减少农产品可能发生安全隐患的风险，最大程度保障群众食品安全。尽管各国对农产品安全预防机制的称呼不尽相同，但所行使的职能和整体目标却大同小异，为我国建设农产品质量安全风险评估与预警机制提供了有益的经验。

欧盟的食品与饲料快速预警系统（RASFF）以食品安全法支撑，在欧盟各成员国之间收集情报、提供风险评估、通报食品风险情况，在关键节点及时纠偏，确定存在风险隐患或已经发生问题后，采取相应措施进行销毁、整改、召回等，减少农产品带来的问题。该系统以欧盟成员国为整体，协同合作，共同抵御风险。

美国的食品安全披露机制，搭建了信息共享平台，以收集公众的信息反馈为基础，进行食品情报的汇总、披露、监管。一是分工明确。美国形成自上而下的情报收集机制，从联邦到地方，食品药品管理局、农业部、各州政府各司其职，分工负责，对农产品的生产、加工、运输、储存、销售、售后等环节进行全方位的监督管理和情报收集工作，形成立体化的食品信息披露主体。二是采集范围广泛。美国不仅注重本国国土范围内的食品安全信息收集，而且将范围扩大至全世界的各个国家。例如，国际流行的禽类疾病、大范围的微生物感染等可能引发美国食品安全的不良风险都纳入信息采集、评估中，通过举办国际学术研讨会等方式时刻把握信息反馈的准确性。

4. 发挥公众对农产品质量安全的主体作用

“民以食为天”，食品是人类生存的根本，公众对于“餐桌上的事”最为敏感，也最容易形成群体性事件。农业发达的国家早已形成共识，就是依托公众的广泛参与，对农产品质量安全进行监管。

美国农产品的质量安全监管手段之一，就是充分调动了公众的积极性，注重日常的法治宣传和教育工作，引导消费者善于利用、敢于利用“知情权”，并为此设定了“全国食品安全月”，以此涵养公众作为监管主体的意识。在美国历次的重大食品安全案件中，公众都发挥了举足轻重的作用，完成了“消费者弱势”到“说话占分量”的转变。同时美国扩大公民对追溯法律的认识，进一步加大了公众的“知情权”，形成农产品质量安全监督的良性循环。德国则是引入政府授权的第三方评估经济组织，对农产品的质量安全进行检测、追溯，定期进行披露，形成科学的风险评估说明，让公众维权更有说服力。

当前，我国对农产品质量安全的构建工作属于“多点开花”，但人民群众的参与度还是过低，时常面临着维权难的局面，除非借以巨大舆论压力或者新闻热点才能揭露某一产品行业的违法行为，因此，国外强化公众参与，保护其知情权是大有裨益的。

（五）完善我国农产品质量安全保障制度的建议

1. 建立严格的农业投入品准入制度

农业投入品包括但不限于种子、农药、肥料、兽药、饲料、农机等农资产品，它们存在于农产品的各个环节，时刻影响着人民群众的生命财产安全。在过去的一段时间，受限于信息交换和知识匮乏，部分不良商贩滥用农药、使用有毒棚膜，“瘦肉精肉”大行其道。饮鸩止渴的行为方式让其他生产者争相效仿，形成恶性循环。近年来，随着《中华人民共和国农产品质量安全法》和其他相关法律法规、条例的出台，对农业投入品进行严格限制，不良风气的蔓延得到遏制，但还是会发生市场失灵现象。因此要彻底管控农业投入品的滥用，建立严格的农业投入品准入门槛，以此保障农产品的全环节安全。

一是对现有农业投入品经营者进行全覆盖摸排。对现有的农业投入品经营者流通市场的产品进行分析，保障已有产品的安全性。对经营者的资质、场所、人员进行登记备案，压实产品追溯责任，倒逼经营者规范经营。二是严格审查农业投入品许可。对拟进入农业投入品行业的经营者进行严格的审查，细致入微。对符合要求的经营者进行登记备案，留存生产产品。三是明确监管职能，从种子到农机，农业投入品所涉及的门类范围广，落实监管职责绝不能形成“九龙治水”“各司其职”的分散管理模式，反而要遵守“谁发证、谁监管、谁负责”的原则。对经营者的相关手续、资质进行审查核实，发现违法违规行为坚决依法取缔，涉及刑事犯罪依法移交公安机关。四是拓宽群众举报途径。对发现的任何农业投入品存在安全隐患的线索进行举报，配套奖惩机制，提升群众的参与度，形成社会性的群体效应，倒逼农业投入品的生产者、经营者进行自我审查，规范经营。五是加强电商经营审查。电商销售经营的特点是灵活性强、隐蔽性高、审查难度大。电商往往以以次充好或暗度陈仓的方式规避电商管控，甚至存在知假卖假的情况。因此，政府要加强电商平台的责任落实，要求电商经营者设置资质审查机制，所有经营的农业投入品均要存在于固定场地，如设置类似京东的固定物流仓库，以供电商审查人员检查。

2. 严格监督管理，积极落实激励机制

农业农村和市场监管部门作为农产品的监督管理部门，是维护农业市场秩序的“排雷兵”，负责“从农田到餐桌”的流程监管、涉农企业的资质准入和日常检查。依托监管执法部门强有力的监管，虽然能在某种程度上消除隐患，但是被动的监管模式付出的成本并不小。因此，设立奖惩激励机制和政策倾斜，让涉农的相关企业主动求变不失为一种方式。首先，出台相关政策，鼓励涉农企业进行自我检测、自我监督、主动开具承诺达标合格证书等。其次，设立激励机制，对于勇于承担责任，自我完善、自我规范的涉农企业给予资金和政策奖励，积极支持对外展销、衔接合作社批量运营、申报农业项目等。最后，树立榜样。宣传涉农的榜样企业，鼓励其他涉农企业勇于尝试，促进农产品市场有序循环，助力我国迈入农产品安全的农业现代化国家。

“徒法不足以自行”，对于农产品安全保障，仅仅依托政府的监管是难以为继的，要进行有益探索，让涉农企业为享受发展红利而主动谋求改变，既提升行政部门的工作效率，也提高涉农企业的收益，这是值得尝试的。

3. 统一农产品追溯技术标准，加强追溯法规宣贯

统一的标准是农产品质量安全追溯管理得以顺利开展的关键，应借鉴欧盟、美国、日本等发达地区和国家对农产品整条供应链所涉及的农业生产标准、加工操作标准、物流运输标准、市场准入标准等进行规范与指导的做法，确立统一的农产品追溯技术标准。不同产品获取不同的追溯信息，同一产品需在相似或相同关键节点进行追溯。要建立追溯系统软件设计标准，让不同追溯系统间能够便捷地进行数据交流，避免产生“信息孤岛”，实现农产品追溯系统信息流通与共建共享，进而建立完整的农产品追溯标准体系。另外，要深入开展农产品质量安全追溯法律法规和标准宣传教育，树立追溯理念，普及追溯知识，提高企业和农民的自律意识、质量意识和责任意识，提高消费者农产品质量安全的依法维权和依法追溯意识，畅通公众参与农产品质量安全追溯的渠道，推动形成全社会认识追溯、关注追溯、支持追溯、习惯追溯、依法追溯的良好氛围。

4. 建立应用成果展示平台，着力提升风险防控水平

虽然我国构建农产品的追溯体系可以解决农产品从“农田”到“餐桌”的全流程公开，但多年来农产品的负面舆论导致公众缺乏安全感，如“辛吉飞爆海天酱油事件”，让公众重视食品添加剂，注重饮食安全。因此，对于提升人民群众的信任度，消除历史遗留的负面效应，关键在于“成果展示”。一方面要加大科普力度。聘请专家学者利用时兴热门的媒介进行科学普及，消除公众盲从的心态，科学阐述农业投入品的必要性和合理性，减少公众的对抗情绪，强化公众对食品安全的防范意识。另一方面要构建应用成果展示平台。开展对涉农产品的毒理评价、安全检查、危害识别、风险评估等，做到从“田间”到“餐桌”都公开、透明、可信。

四、全国统一大市场的推进与农村法治建设

习近平总书记强调：“乡村振兴是包括产业振兴、人才振兴、文化振兴、生态振兴、组织振兴的全面振兴，实施乡村振兴战略的总目标是农业农村现代化，总方针是坚持农业农村优先发展，总要求是产业兴旺、生态宜居、乡风文明、治理有效、生活富裕，制度保障是建立健全城乡融合发展体制机制和政策体系。”乡村产业振兴是保障乡村振兴的核心要素，是实现农业农村现代化的必由之路。“徒法不足以自行”，实现农村产业振兴既需要科学有效的国家政策指引，又需要完备严谨的法律体系保障。与此同时，国家着力构建打破地方壁垒、优化资源配置和拉动国内经济内需等基本目标于一体的统一性国家大市场。结合农村法治建设，为农村产业振兴提供了基础保障。

2020 年 10 月，党的十九届五中全会通过的《中共中央关于制定国民经济和社会发展第十四个五年规划和二〇三五年远景目标的建议》（以下简称《建议》）提出，要加快构建以国内大循环为主体、国内国际双循环相互促进的新发展格局。2020 年 11 月 19 日，习近平主席在北京以视频方式出席亚太经合组织工商领导人对话会并发表了《构建新发展格局 实现互利共赢》的主旨演讲，强调中国积极构建新发展格局，坚持对外开放，同世界各国实现互利共赢，共创亚太和世界更加美好的未来。习近平主席向世界宣布了中国构建新发展格局的战略构想。构建新发展格局要以国内大循环为主，必须坚持扩大内需这一战略基点，也即扩大国内市场规模。扩大内需或国内市场的关键在于畅通国内循环，构建全国统一大市场。构建全国统一大市场立足于扩大内需的选择，有着深刻的理论根据，也有着历史演进的规律，还有着重要的现实依据。

（一）全国统一大市场的内涵与要求

1. 全国统一大市场的内涵

2013 年 11 月，党的十八届三中全会首次提出“统一开放、竞争有序的市场体系”，为构建全国统一大市场提供了基本思路。2022 年 4 月，中共中央、国务院发布了《关于加快建设全国统一大市场的意见》，该意见共八章三十节，为构建全国统一大市场提供了宏观战略性的指导。习近平总书记指出：“构建新发展格局，迫切需要加快建设高效规范、公平竞争、充分开放的全国统一大市场，建立全国统一的市场制度规则，促进商品要素资源在更大范围内畅通流动。”换句话说，全国统一大市场的建设工作是构建和完善新发展格局的必要前提，也是中共中央、国务院对《中华人民共和国国民经济和社会发展第十四个五年规划和二〇三五年远景目标纲要》中经济建设、政治建设、文化建设、社会建设、生态文明建设的总体布局的核心要素，更是实现国家现代化、提升人民群众福祉、解决人民日益增长的美好生活需要和不平衡不充分发展之间的矛盾的必然要求。因此，构建全国统一大市场具有重要意义。

要对全国统一大市场进行拆分关键词解读才能深刻理解。“全国”，从狭义上理解就是打通中国各地政府之间的壁垒，形成“全国一盘棋”的统筹计划，减少区域割裂和地方垄断；从广义上理解就是依靠国内大循环，保证国内国际双循环，以释放国内过剩产能带来的压力，并转换为外贸经济，提升国家整体实力，以此形成中国经济循环的大格局，如“一带一路”就是以国内市场发展带动沿路国家经济发展的世界市场经济大格局，促进了世界的发展，并不局限于某个国家或本国。“统一”的理解较为直观，《关于加快建设全国统一大市场的意见》全篇以制度规则统一、要素资源市场统一、商品服务市场统一、监督管理统一、交通运输畅通、市场设施联通等内容为全国统一大市场的构建提供基础保障和信用背书。“大市场”就是跨越不同行业的服务和产品。我国幅员辽阔、要素市场丰富，不同商品差异巨大，而通过构建全国统一大市场制度，压缩非理性成本，以统一的制度规则规范市场运作，优化交通设施和市场经济模式，降低运输成本和产品价格。

2. 全国统一大市场的基本原则

《关于加快建设全国统一大市场的意见》在总体要求中明确构建全国统一大市场必须坚持党的领导，以习近平新时代中国特色社会主义思想为指导，贯彻党的十九大和十九届历次全会精神，这为构建全国统一大市场提供了坚强支撑和基础保障，同时将四项工作原则作为构建全国统一大市场的基本遵循。即立足内需，畅通循环工作原则；立破并举，完善制度工作原则；有效市场，有为政府工作原则；系统协同，稳妥推进工作原则。全国统一大市场的四大原则从内到外，从上到下，形成全方位、多元化、立体的准则，这为构建全国统一大市场提供了坚强支撑和基础保障。

（1）立足内需，畅通循环工作原则。立足内需，畅通循环是构建全国统一大市场的基础工作原则，也是国内经济大循环的应有之义，其与党和国家“以人民为中心”的执政理念高度契合，为构建全国统一大市场提供了基础思路，是促进经济发展、改善人民群众福祉的重要方法，全国统一大市场立足于国内发展循环脉络，畅通各个环节，以此完成国内大循环为主体的新发展格局的构建工作。

经济学家认为，越是庞大的经济体量，国内循环的比重就越高。我国作为拥有超大规模市场优势和内需潜力的世界第二大经济体，全年国内生产总值 1 143 670 亿元，稳列世界第二，比上年增长 8.1%，两年平均增长 5.1%[①]。同时，我国也是全球 233 个国家和地区中唯一获得联合国产业分类目录认证的，涵盖所有工业门类的国家，这些都为构建国内大循环的新发展格局提供了基础保障。无论是全国统一大市场，还是新发展格局的构建工作，均需借以立足内需，畅通循环的模式，调节加工贸易供需端的平衡，降低成本，将国内过剩产能出口外销，高效衔接国内、国际双循环。

具体而言，国内大循环主要涉及劳动、土地、资本、技术、数据。一是国民经济活动的大循环，打通国内生产、分配、流通、消费等各个环节，扩大国内内需，刺激消费升级，使生产与消费有效衔接，增加生产资料分配与对劳动者的补偿的循环能力，进而按照合理的比例分配到国内经济的各个部分；二是实体经济和金融协调发展的大循环，这是立足内需，畅通循环工作原则的重中

① 《中华人民共和国 2021 年国民经济和社会发展统计公报》，http://www.stats.gov.cn/tjsj/zxfb/202202/t20220227_1827960.html。

之重，过度发展虚拟经济，忽视实体经济的后果如同“血栓”，会直接导致实体商品、服务与货币运动剥落，阻碍经济大循环的“大动脉”畅通；三是区域范围的大循环，地大物博、资源丰富的地域空间范围决定了我国不能走各自为政的单一发展模式，各行政区域依靠自身资源禀赋互相流通，才能解决人民日益增长的美好生活需要和不平衡不充分发展之间的矛盾，特别是在日新月异的现代化背景下，人民群众对于物质的追求不再停留于温饱，充分发挥各行政区划的资源禀赋意义重大。

（2）立破并举，完善制度工作原则。立破并举，完善制度工作原则贯穿《关于加快建设全国统一大市场的意见》全文，旨在为市场内主体提供立商、护商的营商环境，打破地方保护主义和垄断壁垒，优化准入和退出机制。通过制定和完善相关法律规范，让全国统一大市场的构建工作符合国情，从而解决现实问题与预期矛盾，破除有碍促进市场统一和公平竞争的规定和做法，用明确的法律规范保障全国统一大市场行稳致远、有序推进。

“立”是以构建市场制度和规则的方式，“破”除基于地方保护、市场分割和垄断等不当竞争而有碍市场良性发展的痛点、堵点和难点。当前的中国市场规模巨大、产业繁多，各行业甚至各地政府抢占有限的市场资源日趋于紧张，而企业具有逐利性，不可避免地会演化为企业以不正当竞争方式恶意竞争，影响经济市场环境。立破并举，完善制度工作原则，一方面，以法规或制度明确市场主体地位，释放企业活力，给予企业主体稳定发展的预期；另一方面，政府遵循有效调制原则，保证市场优先性，为企业营造良好的营商环境，继续深化简政放权，巩固优化市场成果。例如，2022年新修订的《中华人民共和国反垄断法》新增了“公平竞争审查制度”，该制度是约束政府权力不当行使，维护市场公平竞争的有力措施，为市场在资源配置中起决定性作用提供了必要的制度保障，这也是对建设统一大市场，推动我国经济转型升级发展具有里程碑意义的立法活动。

（3）有效市场，有为政府工作原则。有效市场，有为政府工作原则即政府充分发挥服务职能和指导作用，通过强化竞争政策激发市场活力，营造高效有序的市场环境，与立破并举，完善制度工作原则的法治规范作用相互配合，通过内部指导和外部规范，为全国统一大市场构建工作提供不竭动力。

党的十八届三中全会指出，全面深化改革要依托经济体制改革，而市场和政府的关系是决定市场资源配置合理运行的关键。市场和政府的关系不能简单地视为监管与被监管的监督关系。恰恰相反，合理配置的丰富市场是政府良好运行的基础，是保障人民群众安居乐业的必要前提，没有经济发展趋势、萎缩的市场必然导致国民经济运行效率的低下和人民普遍的贫穷，如苏联的计划经济注重发展国家重工业，国家经济体系日趋僵化，资产难以流向普通民众，导致国家发展与国民生活、经济市场极不匹配，积重难返引发解体。因此，充满活力的市场运行也彰显了执政者的执政理念。同样，注重行政效能的有为政府是促进经济市场发展的保障，有为政府不能简单与“作为”政府画等号。政府如何有为？一是要秩序供给，以政府“守夜人”身份维护经济社会秩序，经济、政治、社会、文化、道德等多方面的基本秩序，为市场主体提供稳定营商环境；二是要创造市场活力，在稳定基本秩序的前提下，调控市场资源，营商政策倾斜，消除市场壁垒，引进、吸引资本，融通生产要素，最大程度激发市场主体活力，让企业家敢来、敢想、敢干，让企业做好、做大、做强。由此观之，二者是有机统一的，不是相互否定的，不能把二者割裂开来、对立起来，处理好政府和市场的关系至关重要，使市场在资源配置中起决定性作用，更好发挥政府作用。

（4）体系协同，稳妥推进工作原则。体系协同，稳妥推进工作原则指建立全国统一大市场打破各地政府各自为政的局面，强化政府之间执行协同能力，打通各地市场之间的分配、流通渠道，形成开放性、动态性、稳定性、安全性、有序性兼备的全国统一大市场。

我国东西资源配比、贫富差距大，各地资源禀赋差异明显，尤其是新时代背景下，注定不能延续传统大水漫灌、各自为政、粗放式的政府治理模式，体系协同为实现国内大循环、国内国际双循环的新发展格局提供了思路，《关于加快建设全国统一大市场的意见》明确提出“五统一”，强化市场基础制度规则统一、推进市场设施高标准联通、打造统一的要素和资源市场、推进商品和服务市场高水平统一、推进市场监管公平统一。分别从规则制度、基础建设、市场要素、商品服务和市场监督五个层面强化统一。着重以产权保护制度、市场准入制度、公平竞争制度、社会信用制度等制度加以完善，规范统一土地和劳动力市场、资本市场、技术和数据市场、能源市场、生态环境市场五项市场。体系协同，注重顶层设计和整体谋划，摆脱传统“九龙治水”的治理乱象，各地政府统一行动，围绕重点，形成工作合力。

3. 全国统一大市场的目标

从社会的治理角度来说，全国统一大市场的构建工作为国家政治安全、社会和谐稳定、社会公平正义、人民安居乐业提供了现实的方法论。全国统一大市场立足于新时代，党中央审时度势、举目纲张，敏锐察觉到了我国社会主要矛盾的变化，并在十九大报告中明确提出我国社会矛盾已转变为“人民日益增长的美好生活需要和不平衡不充分的发展之间的矛盾”，全国统一大市场理念应运而生。《关于加快建设全国统一大市场的意见》对建设全国统一大市场的目标进行了详尽的阐述，即持续推动国内市场高效畅通和规模拓展、加快营造稳定公平透明可预期的营商环境、进一步降低市场交易成本、促进科技创新和产业升级、培育参与国际竞争合作新优势[1]。可以看出党中央、国务院结合国内发展以及国外局势，希望通过全国统一大市场的建设对国内市场发展、国家科学建设和国际竞争力起到积极的促进作用。

从中央宏观政策和规划的落实来说，构建全国统一大市场体系是实现“双循环”“共同富裕”等中央宏观政策和规划的有益尝试和探索。在《中共中央关于制定国民经济和社会发展第十四个五年规划和二〇三五年远景目标的建议》中提到，“加快构建以国内大循环为主体、国内国际双循环相互促进的新发展格局”，而共同富裕是社会主义的本质规定和奋斗目标，也是我国社会主义的根本原则。整体来看，三者环环相扣，“双循环”规划是实现共同富裕的经济前提，而构建全国统一大市场就是实现“双循环”的基础，就是分共同富裕这块蛋糕的方法论，让经济市场整体运行更加协调统一，国民收入分配更加均衡，防止两极分化。

（二）农村法治建设是推进全国统一大市场的必由之路

习近平总书记在《求是》中写道：“从中华民族伟大复兴战略全局看，民族要复兴，乡村必振兴[2]。”乡村作为国家治理的神经末梢，呈现出有别于城市发展的特殊性、复杂性和重要性。为此，党中央高度重视脱贫攻坚到乡村振兴战略的“三农”发展，唯有做到“农民富、农村美、农业强”才能彻底实现中华民族伟大复兴的中国梦和实现两个一百年奋斗目标。

农产品市场是全国统一大市场的具体内容之一，在农产品的种植、生产、加工、流通等多个环节都与农民、农村和农业紧密相连。正是在此内容之上，通过农村法治建设为“三农”发展提供强有力的支撑，才能逐步形成“三农”与全国统一大市场相互促进、相互补偿的新型局面。可以说，农村法治建设是构建科学、完备、有序的全国统一大市场的关键之举，要充分发挥法治的引领、规范、保障作用。

1. 农村法治建设塑造新型农民，助力全国统一大市场构建

“民为国基，谷为民命”，国家社会的发展离不开粮食，更离不开农民。近年来，党中央高度重视粮食安全战略议题，强调“中国人的饭碗任何时候都要牢牢端在自己手中，我们的饭碗应该主要装中国粮”。种植粮食的主要群体就是农民，通过农村法治建设来规范和保障农民的发展不言自明。

---

① 《中共中央　国务院关于加快建设全国统一大市场的意见》，http：//www.gov.cn/zhengce/2022-04/10/content5684385.htm。

② 习近平．坚持把解决好“三农”问题作为全党工作重中之重　举全党全社会之力推动乡村振兴［J］．求是，2022（7）．

传统农民代表着辛勤、保守，但也存在着刻板的印象：受教育水平低、生产能力弱、思想意识落后等。部分农民受固有思维或地域限制，沿用传统生产方式，难以推广新型的种植模式，如广西、云南、贵州等西南地区，仍以传统人工方式种植、收割水稻，阻碍了农业机械化发展进程；部分农民群体认知偏差，出现反智论调，如《为啥农民都想提前一个月收割小麦?》等缺乏科学论证的内容甚嚣尘上，无形之中会诱导农民群体做出自损行为，对粮食安全是一个潜在威胁，为此农业农村部办公厅下发《抓紧核查各类毁麦问题的通知》，进行严厉查处[①]。再如，农民断代严重，农村劳动力流失，职业农民人数不足，国家统计局发布的《2021 年农民工监测调查报告》指出 2021 年全国农民工总量 29 251 万人，比上年增加 691 万人，增长 2.4%[②]，农村空心化日趋严重。以上因农民的自我桎梏，无法提供农产品有效供给，市场流通难以形成规模，甚至不排除中间商规避全国统一大市场制度，诱骗农民进行低价收购，扰乱市场等情况的发生，这也为全国统一大市场的构建带来了不少的阻碍。因此，加快建立和完善农村法治建设势在必行。

农村法治建设既需要发挥法律法规的规范作用，也需要施展制度的指引功能。通过法律划定红线，如《中华人民共和国农业法》《中华人民共和国种子法》《中华人民共和国农产品质量安全法》等，让农民群体了解粮食安全的重要性，形成“可为和不可为”的思维意识，保障粮食安全。也要发挥制度指引功能，通过科普、农业技术宣传、农业学校进修等方式提升农民认知，打造高素质农民，同时借助全国统一大市场制度提升农产品的收购价格，调动农民种粮积极性。以农村法治建设保障农产品市场中农民的主体地位，从而促进农民与全国统一大市场相互融合，为全国统一大市场的构建提供源源不断的动力。

2. 农村法治建设完善乡村道路，助力全国统一大市场构建

要想富，先修路。农村没有路，致富有难度。“四好农村路”是习近平总书记亲自总结提出、领导推动的一项重要民生工程、民心工程、德政工程。道路是连接城市，互通资源的前提，新环境、新设施、新农民、新风气，这也是农民心中理想的人居环境，唯有做到“软性”和“硬性”兼顾的农村，方能称之为新型农村。新型农村的“软件”：农村通过移风易俗，拥有新的农村风气，为农民群体营造良好的氛围，提升农民群体的内在素质。这就要求农民的思想意识与时代发展同步，紧密贴合习近平新时代中国特色社会主义思想，学习新本领、新技能，成长为新时代高素质农民，“软件”更多的是内在素质的养成和培养。新型农村的“硬件”：强调农村的基础设施建设，为农民群体提供优

① 反智的“青贮小麦高收益”须严查重办，https://www.sohu.com/a/546558449_120823584。

② 《2021 年农民工监测调查报》，http://www.gov.cn/xinwen/2022-04/29/content_5688043.htm。

质的生活环境，优化县、乡、村三级道路质量，为全国统一大市场提供基础保障。因此，国家乡村振兴战略的实施，农村的基础设施建设放在首位，如内蒙古的“十个全覆盖”等，主要是以农村的“硬件”建设为主（本书已在其他篇章详细写明农村“软件”建设的重要性，故本章不再赘述），而农村法治建设、乡、村二级道路建设与全国统一大市场的关系如何？

全国统一大市场旨在实现全国市场“一盘棋”计划，为全国商品流通提供制度保障，而全国统一大市场制度必须建立于全国密集的交通网络之上，才能形成东西交错，南北相连的商品流通渠道，为商品市场的商品流转提供保障。2021年交通运输部发布的《2021交通运输行业发展统计公报》显示，2021年全年全国公路总里程528.07万千米，比上年末增加8.26万千米。全年完成营业性货运量391.39亿吨，比上年增长14.2%，完成货物周转量69 087.65亿吨千米，增长14.8%[①]。单就公路里程一项来看，其与营运性货运量成正比。换言之，增加公路里程会提升公路运输网络融通，进而促进全国统一大市场内商品的流通。虽然全国公路网络建设整体发展迅速，特别是我国发达地区或城市周边的公路网络，但县、乡、村三级公路里程发展却趋势缓慢，结合《2021交通运输行业发展统计公报》数据来看，2021年末国道里程37.54万千米，省道里程38.75万千米。农村公路里程446.60万千米，其中县道里程67.95万千米、乡道里程122.30万千米、村道里程256.35万千米。县、乡、村三级占全国公路里程的84.6%，是联通基层，促进商品的流出、流入的重要载体，更是人民群众赖以生存的基础和保障。但如今常见的县、乡、村三级公路的实际路况引人担忧，如图1-1所示，自上而下依次为内蒙古某地的县、乡、村三级道路情况，可见县级道路还具备基础道路条件，车辆可以做到有序流通，但乡、村两级道路承载能力弱，缺乏道路指示设施，道路质量难以达到快速流通商品的标准，极大地阻碍了全国统一大市场的构建进程，这仅仅是全国县、乡、村三级道路的缩影。

交通运输部2018年出台的《农村公路建设管理办法》第五条规定，乡级人民政府负责本行政区域内乡道、村道建设管理工作。村民委员会在乡级人民政府的指导下，可以按照村民自愿、民主决策的原则和一事一议制度组织村道建设。由此可见，乡、村二级道路主要由乡级政府建设管理或以基层自治进行建设管理。如何善用农村法治建设规范、治理乡村道路，为全国统一大市场进行铺垫是摆在各级政府面前的一道难题。因此，政府各级部门也大力推动农村法治建设优化乡、村两级道路及其设施，如国家层面出台的《公路“十四五”

① 《2021年交通运输行业发展统计公报》，http://www.gov.cn/shuju/2022-05/25/content_5692174.htm。

图 1-1　内蒙古某地的县、乡、村三级道路情况

发展规划》《农村公路中长期发展纲要》，力争 2025 年建设和完善“四好农村路”助力乡村振兴五大工程。同时内蒙古自治区交通运输厅于 2021 年正式实施的《内蒙古自治区农村牧区公路条例》，包括总则、规划、建设、管理、养护、运营、资金、法律责任、附则 9 章，共 60 条，从促进全区农村牧区公路发展、打破制约农村牧区经济发展交通瓶颈的角度出发，进一步优化顶层设计，加快推进农村牧区公路立法，提高农村牧区公路工作的法治化水平。该条例以宏观的形式对内蒙古自治区所辖 12 个地级行政区的 23 个市辖区、11 个县级市、17 个县、49 个旗，3 个自治旗提出了指导，争取达到习近平总书记强调的“农村公路建设要因地制宜，要通过创新体制、完善政策，进一步把农村公路建好、管好、护好、运营好”的最高要求，这更说明农村法治建设对乡、村两级公路的必要性。

3. 农村法治建设促进新型农业转型，助力全国统一大市场构建

2021 年 8 月，农业农村部、国家发展改革委、科学技术部、自然资源部、生态环境部、国家林草局六部委联合印发《“十四五”全国农业绿色发展规划》，对未来五年我国农业的发展提出了明确要求，该规划阐述的核心主题词为“绿色农业”“科技赋农”“农业主体转型”“扩大农业市场”等，强调以科技赋农为主抓手，利用科学技术打造智能化农业，发展新型农业主体，促进农业转型升级，从而提升农业市场规模和活力，保障国家粮食安全，形成多措并举、推动人类社会和经济全面、协调、可持续发展的农业发展模式，可以说农

业发展是一项系统工程和艰巨任务，关乎着国家安全和社会整体发展，更为构建全国统一大市场提供了持久的动能。

对农业经营主体而言，全国统一大市场的构建可以有效保障经营主体的有序扩张。《关于加快建设全国统一大市场的意见》中提到“健全统一市场监管规则。加强市场监管行政立法工作，完善市场监管程序，加强市场监管标准化规范化建设，依法公开监管标准和规则，增强市场监管制度和政策的稳定性、可预期性”。统一全国市场监管规则的构建是激发农业经营主体重大利好之举措，在农业经营主体发展壮大过程中，特别是中小农业经营主体，不可避免地会出现跨行政区域的经营模式，而传统各行政区域各自为政的市场经营状态会形成不小的阻力，例如市场准入的限制、地方保护主义等，让农业经营主体无法评估扩大生产的预期利益和发展风险，打击市场融通的积极性。该意见中的全国统一市场监管规则为破解该类难题提供了切实可行的思路与方案。

从农业经济学上来说，在农业市场供需关系、各类成本和政策调整等多方因素下，农产品呈现价格波动周期短，短时间内可出现多次价格波动的特点，若市场价格过高，会降低消费者的购买需求，产生滞销风险。同理，若市场价格过低，也会损害农民群体利益，因此，形成动态的价格平衡至关重要，这就需要发挥全国统一大市场的宏观调节功能，减少因跨行政区域而执行不同政策所带来的农产品价格波动影响，平衡供需关系和农产品价格，从而保障基本的农业市场的稳定运行。

（三）城乡融合发展和县域经济发展是农村法治建设的重要着力点

1. 我国城市与乡村发展关系沿革

我国城市与农村的发展关系经历了六次阶段性改变。第一阶段是在1949—1978年，也就是新中国成立后至改革开放前夕，国家的总体方略是工业现代化和城市现代化，城乡二元结构基本固化，发展受限，当时的领导人也逐渐发现“重工抑农”和“重城轻乡”的发展模式难以为继。第二阶段是在1979—2001年，国家提出改革开放基本战略，我国从计划经济转变为市场经济，从政府主导转向政府监管和市场主导的模式，大量人才流入城市，极大地刺激了城市发展，而相对应的乡村发展滞后，城乡差距急剧扩大，城乡发展明显失衡。第三阶段是在2002—2012年，党中央面对城乡失衡、贫富差距扩大的情况，在党的十六大会议中首次提出了“统筹城乡”，并在十六届三中全会确定“统筹城乡发展”的基本理念，但“城乡统筹”重在统筹，而统筹的主体仍然是以政府主导，资源配置优先城市，农村加以配合。所以形成农村服务城市，农村资源难以释放的被动局面。第四阶段是在2012—2016年，党的十八大会议中创造性地提出了“城乡发展一体化”，通过城市与农村立体化发展，加大对农村的政策倾斜和建设，聚焦“三农”问题，脱贫攻艰战略布局逐步显现。第五阶段是在2017年党的十九大会议中提出“城乡融合”，党中央对城市和农村之间发展的关系有了更深层次的理解，从“五位一体”的角度重新审视城市与乡村的发展关系，纠正部分地方政府“去农村化”和“城乡趋同”的错误认识，强调城乡之间相互协同、相得益彰的新发展格局。第六阶段是在2022年底，在党的二十大会议中强调全面推进乡村振兴背景下，为什么要“城乡融合”，如何推进“城乡融合”，怎样才能“城乡融合”，提出了攻略指南。在党的二十大报告中，首先，肯定了近年来城乡发展所获得的显著成绩，完成脱贫攻坚，全面建成小康社会，城乡居民住房条件明显改善；其次，承认了城乡区域发展和收入分配差距仍然较大等不可忽视的城乡矛盾问题；最后，指出全力推进“城乡融合”，必须要加快义务教育优质均衡发展和城乡一体化、增强城乡社区群众自治、建设覆盖城乡的现代公共法律服务体系、城乡精神文明建设融合发展、加强城乡建设中历史文化保护传承、多渠道增加城乡居民财产性收入、统筹城乡就业政策体系和保障体系、推进城乡人居环境和城乡社区治理等，为“城乡融合”指明了方向。

2. 我国城乡融合发展的内涵

城乡融合发展是指以城乡生产要素双向自由流动和公共资源合理配置为重点，以工补农、以城带乡，统筹推进城乡基本公共服务普惠共享、城乡基础设施一体发展、城乡产业协同发展、农民收入持续增长，形成工农互促、城乡互补、协调发展、共同繁荣的新型工农城乡关系，加快农业农村现代化和乡村振兴。城乡融合发展是我国社会发展中关键之举，也是新时代最为重要的国策，习近平总书记多次强调，“走城乡融合发展之路”“加快建立健全城乡融合发展体制机制和政策体系”等重要观点，《中共中央　国务院关于建立健全城乡融合发展体制机制和政策体系的意见》中对推进城乡融合发展作出顶层设计，提出城乡融合发展体制机制到2022年初步建立，到2035年更加完善，再到21世纪中叶成熟定型的主要目标。该意见中也对“城乡融合发展”进行阐述，建立健全城乡融合、区域联通、安全高效的电信、能源等基础设施网络，健全城乡统一的土地和劳动力市场等。而城乡融合发展主要分为城乡要素融合、城乡产业融合、城乡市场融合、城乡精神文化融合。换言之，只有城市与农村治理体系之间的差距逐步缩小，才能将城市资源转移到农村，消除农村积贫积弱的弱势印象，促进人才回流，完善农村基础设施建设，从根本上消除因城乡之间发展不平衡导致的全国统一大市场构建不畅的不利影响。

（1）城乡要素融合。深化劳动力市场、土地市场、资本市场是发展城乡要素融合的核心内容，其发展主要源于城市的资源转移和乡村的发展积淀，但仅凭借外部输入是难以持久的，无法达到农村可持续发展的最根本目的。因此，嫁接城市资源和农村依靠自身积累探索出符合当地发展的双向循环才是城乡要素融合的关键。要制定相关的法律规范完善城乡统一的建设用地市场，推进资源市场的改革进程，创新公共资源交易管理体制，积极发挥市场调节、配置作用，促进人才回流，完善农业保险等。

（2）城乡产业融合。《乡村振兴战略规划（2018—2022年）》提出“实施乡村振兴战略，深化农业供给侧结构性改革，构建现代农业产业体系、生产体系、经营体系，实现农村一二三产业深度融合发展，有利于推动农业从增产导向转向提质导向，增强我国农业创新力和竞争力，为建设现代化经济体系奠定坚实基础”。其中一二三产业融合发展既是产业振兴的基础，更是城乡融合的应有之义。城市企业扶持农村发展，起到带头引领发展的作用，城市企业在享受政策红利的同时，也优化了农村的经济布局，增强了农村的活力，一举多得。

（3）城乡市场融合。城乡市场融合是在城乡发展中发挥市场的决定性作用，让生产要素根据价格信号在城乡之间双向流动，逐渐缩小城乡差距。因此，土地制度改革是关键，我国实行的集体所有权、农户承包权、土地经营权“三权分置”土地制度，稳定了农村土地承包关系，保护了土地承包经营权，放活了土地经营权，促进土地经营权在更大范围内的优化配置，推动农业现代化转型。下一步，要积极探索实施农村集体经营性建设用地入市制度，深化农村宅基地制度改革试点，鼓励建立农村产权流转交易市场，推动全国联网、上下贯通。

（4）城乡精神文明建设融合。对于农村经济发展来说，可以通过扶持、嫁接和政策倾斜等方式，将城市资源输送到农村，使农村享受城市经济发展带来的红利，但与之成鲜明对比的是城乡的精神文明建设，城市人与农村人无论是受教育程度、生活习惯等都是大相径庭，难以一蹴而就达到平衡。为此《中华人民共和国乡村振兴促进法》规定“国家坚持以社会主义核心价值观为引领，大力弘扬民族精神和时代精神，加强乡村优秀传统文化保护和公共文化服务体系建设，繁荣发展乡村文化”。可以看出，文化振兴是乡村振兴的基础，乡村振兴与弘扬中华传统文化相结合，加大科学普及力度，移风易俗，破除陈规陋习，培育乡风文明，从而释放乡村文化活力。

3. 我国城乡融合发展的重要意义

党的二十大报告指出我国现阶段最艰难繁重的任务仍然在农村，而城乡融合就是破解这一难题的重要法宝，其意义重大。一是城乡融合发展是化解当前社会主要问题矛盾的关键之举。化解因“三农”衍生出的发展矛盾，可以提升人民群众福祉。二是城乡融合发展是我国进入现代化国家的标志。农业是我国不可忽视的立国之本，保障粮食安全和维护国家稳定必定依托农业的现代化，而城乡融合势必将优质资源（人才、科技、资金）引入农村，农业自然水涨船高。三是城乡融合发展释放农村巨大动能。我国农村是有着具有巨大潜力的市场，但苦于乡村相对闭塞，始终难以打通。近年来，以城乡的市场流通为基础，借直播带货盘活了农村市场。四是城乡融合为新发展格局奠定了基础。从乡村振兴到共同富裕都离不开城乡融合发展，城乡之间的要素、市场、产业、精神文明全面融合，会逐渐模糊城市与农村的界限，资源充分流动，为国家宏观政策保驾护航。

4. 全国统一大市场与我国城乡融合发展的联系

全国统一大市场与城乡融合的联系较为紧密，均为新发展格局下的内容，前者是新发展格局的工作体系模式，后者是新发展格局下的发展理念，二者相辅相成、相得益彰。简单来说，全国统一大市场的构建其实就是打通城乡发展要素，进一步让城乡市场流通、资金融通、道路畅通、信息联通，为城乡的融合发展提供具体工作思路。城乡融合发展旨在缩小城乡差异，出现人才、资金、产业的吸虹效应，为构建全国统一大市场提供源源不断的动力。因此，从现实的发展路径来看，二者并行不悖，缺一不可。

（四）县域经济与城乡融合发展

1. 县域经济的内涵

县域经济，是指以县城为中心、乡镇为纽带、农村为腹地的一种行政区划型经济。我国的行政区域基本可以划为省级行政区（省、自治区、直辖市）、地级行政区（自治州、盟、市、地区）、县级行政区（县、自治县、市）、乡级行政区组成。截至2022年底，根据我国《统计年鉴》可知，我国有2 843个县级本级行政区，管辖着38 558个乡级行政区。县级行政区可以说是承上启下的重要行政区域，贯彻上级精神、落实上级指示，同时部署县级以下的街道、镇、乡、苏木、县辖区的具体工作。可以说，无论从经济体量还是发展潜力来看，县级才是城乡融合的关键。因此，国家将县域经济作为城乡融合发展的主要抓手是十分重要的。

2. 县域经济与城乡融合发展的关系

从顶层设计来看，县域经济发展与城乡融合发展都属于宏观的政策和目标。党和国家正是鉴于基层在发展过程中出现的问题，提出了县域经济与城乡融合的发展战略，并以县域经济作为城乡融合的切入点，制定了诸如《中华人民共和国乡村振兴促进法》等法律规范，出台了《关于加强县域商业体系建设促进农村消费的意见》等配套政策，逐步完善了县域经济与城乡融合的发展。

同时，在一定领域和范围取得了不错进展。当然，城乡融合发展是实现共同富裕的重要一环，也是县域经济的根本任务。

（1）县域经济是城乡融合发展的切入点。城乡融合发展的目标，不仅是提高农村经济发展程度，也是转变城乡割裂的传统发展模式，消除乡村落后的形象，破除城市要素资源单向流入农村的思维，避免城市与农村资源差距进一步扩大、产业结构越发单一，将县域经济“以工补农、以城带乡”为连接点，促进一体化发展。简单来说，县域经济是驱动城乡融合发展的重要引擎，以县域经济为切入点，可以逐渐扩大城乡融合成果，引领城乡融合新发展。

一是县域经济促进了城乡经济发展。毫无疑问，县域经济着力发展的目标区域集中在县级及县级以下，结合我国拥有 2 843 个县级行政区，管辖着 38 558 个乡级行政区的基本基层现状，如果每个乡级行政区的产业经济发展都有少许进步，那么量变将引发质变。近年来，县域 GDP 呈稳定增长趋势，截至 2021 年底我国内地县域 GDP 也由 3.3 万亿元增加至 3.8 万亿元，增长 15%，占全国比重超 1/3①，上述数据还是在新冠疫情暴发的 3 年内。由此可见，县域经济呈稳中向上的发展势头，驱动城市与乡村进一步融合。二是县域经济健全了城乡基础设施。基础设施建设是城乡有序发展的基础，是引领国民经济发展的前提，更是国家促民生的核心战略，完善城乡基础设施建设意义重大。自党的十八大以来，我国在基础设施建设方面的成绩斐然。就农村生活用水而言，农村自来水普及率达 87%；就道路建设而言，1 040 个乡镇的 10.5 万个道路得到硬化，农村公路总里程从 2011 年底的 356.4 万千米增加到 2021 年底的 446.6 万千米，10 年净增 90 多万千米；就人居环境而言，农村厕所普及率超 70%，农村垃圾收运超 90%；就农村基站而言，现有行政村全面实现村村通宽带。三是县域经济完善了乡村规划布局。发展县域经济的深层意义是发挥县城承上启下的作用，通过承接城市优质资源，并向乡村输送服务和细化资源，让乡村合理布局乡镇区域服务中心、村级服务站点等，进而构建和完善乡村的医疗、教育等公共服务资源。

（2）城乡融合发展是县域经济的根本任务。2021 年 6 月，商务部、国家发展改革委等 17 部门联合印发了《关于加强县域商业体系建设促进农村消费的意见》，由于各地城乡融合发展程度不一，区域特色存在差异，该意见对都市圈、大城市和传统县域三类区域，特别是农村区域提出了有针对性的优化措施。一是健全农村流通网络，通过完善县城商业设施、建设乡镇商贸中心、改造农村传统商业网点，加大农村市场的流通性，为县域经济提供基础保障。二是加强市场主体培育，支持企业数字化、连锁化转型、培育农村新型商业带头

① 数据来源于 https：//china.chinadaily.com.cn/a/202210/14/WS6348c682a310817f312f1f18.html。

人、壮大新型农业经营主体，进一步扩大了农村市场主体，从多层次、多方位促进农村市场发展，结合新时代发展理念，提升农村市场活力。三是丰富农村消费市场，开发适合农村市场的消费品、优化农村生活服务供给、提升县域文旅服务功能，促进了第一二三产业融合发展，建设了特色文化产业群。四是增强农产品上行能力，提升农产品供给质量、提高农产品商品化处理能力、加强农业品牌培育，在保障国家粮食安全基础之上，依靠知识产权，打造新型农业品牌，延伸农业产业链，促进农民增收。五是完善农产品市场网络，加快发展产地市场体系、提高农产品市场公益性保障能力、完善农产品流通骨干网、加快补齐冷链设施短板，通过完善交通物流能力和农产品存储能力，提升农产品供给保障。六是加强农业生产资料市场建设，健全农资流通网、增强农资服务能力，将农业生产资料市场的建设作为农业发展的主抓手。七是创新流通业态和模式，支持大型企业开展供应链赋能、扩大农村电商覆盖面、发展县乡村物流共同配送、强化产销对接长效机制，用创新激活农业新业态因子，继续加大“互联网＋”对农业的促进作用，提升了农业实体店抗风险能力。八是规范农村市场秩序和加强市场监管，强化农村市场执法监督、促进农资市场有序发展、加强市场质量安全监管，通过外部监督和行业自律，规范农业市场秩序。九是完善政策机制，加强分级分类管理、便利交通运输、加强财政投入保障、创新投融资模式、完善标准统计等相关制度、强化指导考核，用政策倾斜保障农业良性发展。

县域经济的发展需要将城乡融合视为根本宗旨，让针对县域经济的发展在城乡融合的发展框架中行稳致远。

第二章　农村土地制度的改革与完善

一、新中国农村土地制度的变迁

（一）新中国农村土地制度的变迁概述

农业是国民经济的基础，土地制度问题是治国安邦之本，关系国家长治久安和人民福祉。土地产权是中国农村制度变迁的核心，农地制度的变迁都是围绕着农地产权制度的改革展开的。

中国古代是私有制为主的土地产权制度，本质上是皇权统治下的地主阶级土地所有而非农民私有，国家以法律保障土地买卖，最终目的是保障国家对农民的有效控制、取得稳定而充足的税赋，而非为了农民生产自由和生活质量的提高。农民出卖土地实属被迫，是国家对农民的经济剥削和政治压迫的结果，农民极端穷苦的境况和被剥削的实质并未转变①。

新中国成立之前，中国是半封建半殖民地的农业经济社会，人口绝大多数是农民，如何塑造农民主体地位、维护农民利益，是新中国成立之初中国共产党面临的首要任务之一。农民的生产生活与土地是紧密联系在一起的，土地制度作为农村基础制度必须坚持农民主体地位，维护好、实现好最广大农民的利益。新中国成立初期的土地改革，使得少地或无地的农民获得了土地，实现真正意义上的“耕者有其田”，农作物总产量快速增长。农业集体化时期，为推动国家现代化，1950—1978 年，农业在做出极大贡献的同时，也由于农业生产经营等问题，长期处于停滞不前的状态。1978 年，党的十一届三中全会吹开了中国改革开放的号角，农村的土地承包制度改革刺激了农业农村经济的二次增长。改革开放 40 年来，以家庭承包经营为基础、统分结合的双层经营体制改革进一步深化，中国农业农村经济发展取得明显成效。从新中国成立至今，中国农村土地制度的变迁经历了如下历程。

---

① 朱晓哲，刘瑞峰，马恒运．中国农村土地制度的历史演变、动因及效果：一个文献综述视角[J]．农业经济问题，2021（8）：91.

1. 社会主义革命和建设时期：土地私有制向土地集体所有制的转变

新中国成立以来，始终坚持党对经济工作的领导、公有制为主体这些根本制度，土地的公有制既是根本目标的逻辑延伸，也是上述根本制度的实施载体。在坚持根本制度的前提下，中国在不同时期从更好实现阶段目标的角度出发，形成了独特的阶段性土地制度以及土地制度演变方式。

新中国成立后，改变旧中国的封建土地所有制成为农村工作的重点。在全国范围内开展土地改革，没收地主的土地，征收富农的土地，将没收、征收来的土地分给少地、无地的农民使用，变革封建土地所有制，实现“耕者有其田”。1950 年颁布了《中华人民共和国土地改革法》，“我国实行农民所有的土地制度，农民有自由经营、买卖及出租其土地的权利”。1952 年底，农村土改运动在全国范围内基本完成，全国 3 亿多无地、少地农民分得土地，成为土地的主人，改变了以往租种地主土地和向地主交租交息的局面；农民获得土地的所有权，人民政府颁证确保农民的土地权益；农民还享有自由经营土地的权利，可以买卖和出租土地。

农村土地改革的完成，废除了封建土地所有制，实行农民土地所有制，使我国的土地制度发生了前所未有的巨大变化。尽管这种土地制度改革使地主和富农的利益受到损害，但无地、少地农民的利益得到实现和维护，为新生政权的发展奠定了群众基础。实行农民土地所有制，使广大农民平等地分得土地并自由耕种，农民在政治上和经济上翻身做主人，激发了农民从事农业生产的积极性、主动性与创造力；解放了农村生产关系和生产力，农业生产率得到极大提升，粮食总产量逐年增加，改善了农民的生活状况。

2. 农民土地所有制向集体土地所有制转变（1953—1978 年）

1953 年春土地改革基本完成后，获得土地的农民有了生产积极性，但生产分散、规模小的农业个体经济既不能满足工业发展对农产品的需求，又有两极分化、生产力低下的特点。当时国家认为只有将农民群体组织起来互助合作，才能提高生产力，促进共同富裕。1953 年进入社会主义改造阶段，中国的社会主义改造实现了把生产资料私有制转变为社会主义公有制。其中，对农业的改造就是将农民土地所有制转变为集体土地所有制，发展社会主义农业；同时开展农业合作化运动，推动土地经营方式的变革。到 1956 年底，农业社会主义改造基本完成，全国加入合作社的农户达 90%以上，1956 年，《高级农业生产合作社示范章程》通过，规定了农民入社的前提是将手中的土地转为集体所有，由合作社统一管理与耕种。土地的所有制性质实现了由农民私有向集体所有的根本转变。

但由于片面地追求公有化的速度与程度，尤其是追求土地公有化程度，无偿地收缴农民土地，剥夺了农民的土地所有权和自由劳动权，损害了农民群众的基本权益，削弱了农民发展农业生产的积极性和主动性，给农业生产造成了破坏，农民的贫困状态并没有得到根本解决。许多集体的土地被无偿占用，乱占、多占的情况屡禁不止，从而造成土地资源的极大浪费。

3. 改革开放新时期：家庭联产承包责任制为主、统分结合的双层经营体制

1978 年党的十一届三中全会拉开了改革开放的序幕，经济体制改革率先在农村展开，我国农村改革走过了光辉历程。农村改革发端于 1978 年末安徽省凤阳县小岗村的"大包干"确立了家庭经营在农业生产中的基础性地位，后来农村家庭联产承包责任制扩展至全国所有省份。在"两权分离"的制度安排下，我国确立了农村土地的农民集体所有、农户家庭经营的基本形态。1982 年，中央 1 号文件对农村土地集体所有、农民承包经营的方式予以肯定并提出在全国范围内推广，深化了农村集体所有制，创新以家庭承包经营为基础，统分结合的双层经营的农村集体生产经营模式。1982 年《中华人民共和国宪法》中明确提出"农村和城市郊区的土地，除由法律规定属于国家所有的以外，属于集体所有；宅基地和自留地、自留山，也属于集体所有"。1993 年 4 月，我国又将"家庭承包经营"明确写入《中华人民共和国宪法》，使其成为一项基本国家经济制度。2002 年 8 月《中华人民共和国农村土地承包法》明确规定，"我国实行农村土地承包经营制度，且通过存在于农村集体经济组织内部的家庭承包方式组织实施"。对于土地征收过程中存在的问题与矛盾，2004 年中央 1 号文件提出要改革已有的土地征收制度，在充分考虑市场和农民利益的基础上，完善征地制度。党的十六届五中全会指出，"建设社会主义新农村是我国现代化进程中的重大历史任务"，要"稳定并完善以家庭承包经营为基础、统分结合的双层经营体制，有条件的地方可根据自愿、有偿的原则依法流转土地承包经营权，发展多种形式的适度规模经营"。2007 年 3 月，《中华人民共和国物权法》正式颁布实施，将农村土地承包经营权界定为用益物权，对于保护土地承包经营权人的权益，意义重大。此后，"土地流转"越来越引起了人们的广泛关注，并经党的十七届三中全会上升到党和国家加快推进农村改革政策的实践层面，成为社会主义新农村建设路径的现实选择。2008 年，党的十七届三中全会通过的《中共中央关于推进农村改革发展若干重大问题的决定》对土地相关制度作出了更明确的规定：一是维持现行家庭承包经营、统分结合的双层经营体制的土地承包关系长期稳定不变，不断完善农村基本经营制度，有序做好农村土地确权、登记、颁证等相关工作。二是可以依法自愿有偿流转承包地的经营权，保障农民的土地占有、使用和收益权。三是完善农村宅基地制度，保障农民的宅基地权益。四是改革土地征收制度，完善征地补偿制度，有效解决征地纠纷。2009 年中央 1 号文件提出，"实行最严格的耕地保护制度"，保障耕地质量和数量，稳定粮食、蔬菜等重要农产品产出，维护国家粮食安全。进一步推进农村土地管理制度改革，“完善农村土地承包法律、法规、政策和办法”，增强农业农村发展活力。2012 年基本完成农村集体土地所有权的确权登记颁证工作。

以家庭为单位的生产经营模式，激发了农民发展农业生产的积极性、主动性与创造力，提高了农业生产效率与收益，不仅增加了农民的收入，还促进了农村劳动力的解放；农村剩余劳动力增加，大批量向乡镇和城市转移从事非农产业，为乡镇企业的发展和城市化进程的推进奠定了人力资源基础。然而，随着生产力水平的提升，家庭联产承包经营的小农性、分散经营的局限性凸显，影响农业农村发展的制度障碍浮现。

在土地管理制度方面，1986 年以前，我国土地由多部门分散管理。1986 年，以《中华人民共和国土地管理法》的实施为契机，我国建立了全国城乡地政统一管理体制。此后，历经 1998 年开始的土地用途管制、2004 年国土资源管理体制改革、2006 年国家土地督察制度建立，我国逐步形成了用途管制与规划管制相结合的土地统一管理模式。

这一阶段农村土地制度从以政策和行政干预为主辅以法律，到政策和法律协同兼顾，再到以法律规范为主，经历了“从无到有、从巩固到完善”的发展过程，呈现出勇于探索、不断创新、砥砺前行的法治精神。家庭联产承包责任制迎合了农民的基本诉求，“统分结合”双层经营体制优势逐步显现，集中统一的土地管理制度逐步完善。同时，这一时期我国全面取消了农业税，并开始建立农业补贴制度，国家、集体与农民之间的土地利益关系格局发生了根本变化。

4. 党的十八大以来：深化农村土地“三权”分置改革

2013 年 11 月中共十八届三中全会通过的《中共中央关于全面深化改革若干重大问题的决定》（以下简称《决定》）对“三农”问题尤其是农村土地问题作了系统论述，回应了当前社会实践的强烈需求，提出了新思想、新论断和新举措。《决定》提出要赋予承包农户的承包权占有权使用权收益权和流转权，赋予流入土地的经营者抵押权和担保权。2013 年 7 月 23 日，习近平同志在湖北考察时强调：“完善农村基本经营制度，要好好研究农地所有权、承包权、经营权三者之间的关系。”2013 年中央农村工作会议指出：“把农民土地承包经营权分为承包权和经营权，实现承包权和经营权分置并行，这是我国农村改革的又一次重大创新。”2014 年中央 1 号文件对此明确指出，“在落实农村土地集体所有权的基础上，稳定农户承包权、放活土地经营权，允许承包土地的经营权向金融机构抵押融资”。于是，农地“三权分置”被正式明确。

2015 年中央 1 号文件要求尽快从法律上对农村土地“三权分置”改革的内容进行明确表达。2015 年 10 月，党的十八届五中全会部署“完善土地所有权、承包权、经营权分置办法”。2015年11月颁布《深化农村改革综合性实施方案》对农地“三权分置”改革的具体内涵、经营权流转和适度规模经营原则、进城农民财产权利保障作了更加系统的规定。2016年中央1号文件在坚持“三权分置”改革基本方向的同时要求“完善‘三权分置’办法”“明确农村土地承包关系长久不变的具体规定”“推进土地经营权有序流转，鼓励和引导农户自愿互换承包地块实现连片耕种”。

党的十九大报告提出：“农业农村农民问题是关系国计民生的根本性问题，必须始终把解决好‘三农’问题作为全党工作重中之重”，并将乡村振兴战略列为决胜全面建成小康社会需要坚定实施的七大战略之一。实施乡村振兴战略，必须坚持农业农村优先发展，建立健全城乡融合发展体制机制和政策体系。农村土地制度作为农村制度体系的基础与核心，其优化与否，既是有效破解“三农”问题的前提，又是深入实施乡村振兴战略的关键，是全面深化农村改革的重点。

2018年中央1号文件要求完善农村承包地“三权分置”制度的同时强调平等保护土地经营权和赋予经营权融资担保入股的权能；2019年中央1号文件进一步要求完善落实集体所有权，稳定农户承包权放活土地经营权的法律法规和政策体系；2020年中央1号文件指出，在符合国土空间规划前提下，通过村庄整治、土地整理等方式节余的农村集体建设用地优先用于发展乡村产业项目。新编县乡级国土空间规划应安排不少于10%的建设用地指标，重点保障乡村产业发展用地。省级制定土地利用年度计划时，应安排至少5%新增建设用地指标保障乡村重点产业和项目用地。农村集体建设用地可以通过入股、租用等方式直接用于发展乡村产业。按照“放管服”改革要求，对农村集体建设用地审批进行全面梳理，简化审批审核程序，下放审批权限。推进乡村建设审批“多审合一、多证合一”改革。抓紧出台支持农村一二三产业融合发展用地的政策意见。

2019年1月1日开始实施的《中华人民共和国农村土地承包法》（以下简称《土地承包法》）正式确定了“三权分置”，界定了三权各自的权能和“三权分置”下农地流转方式流转原则，规定了土地经营权的流转方式、流转时间、流转中双方权利义务的保护。《中华人民共和国民法典》（以下简称《民法典》）明确了集体土地所有权的主体是农民集体，强调了土地承包经营权的身份属性和用益物权属性，增设土地经营权制度。首次在立法层面授权允许集体经营性建设用地流转入市，在立法上奠定了集体建设用地与国有建设用地获得同等权能的基础。

自2020年1月1日起施行的《土地管理法》（以下称为新《土地管理法》）删除了原《土地管理法》第43条，即任何单位或个人需要使用土地的必须使用国有土地的规定。增加规定农村集体建设用地在符合规划、依法登记，并经三分之二以上集体经济组织成员同意的情况下，可以通过出让、出租等方式交由农村集体经济组织以外的单位或个人直接使用，同时使用者在取得农村集体建设用地之后还可以通过转让、互换、抵押的方式进行再次转让。这是《土地管理法》一个重大制度创新，取消了多年来集体建设用地不能直接进入市场流转的二元体制，为城乡一体化发展扫除了制度性障碍。

新《土地管理法》对宅基地的相关问题作了明确规定，突破了宅基地流转方面的瓶颈，允许已经进城落户的农村村民自愿有偿退出宅基地。国家鼓励农民退出宅基地，但都是以“有偿、自愿”为原则，如果农民不愿意退出宅基地，地方政府和农民所在集体也不能强迫其退出宅基地。《民法典》第362条保留了《物权法》第152条的内容，明确了农村宅基地使用权的基本内容。

新中国成立70多年来的土地制度变迁轨迹，充分显示了土地产权实践中始终包含政治、社会和经济因素的考量。这些因素彼此之间形成一种相互制约和平衡的关系。中国土地制度的演变表明，中国在不同阶段均坚持土地公有制，这与实行土地私有制的经济体存在差别；在不同阶段，中国土地是在坚持公有制的基础上不断细分产权，并提高微观主体的配置方式选择权，这与那些实行土地公有制同时强调国家（或集体）直接使用土地的经济体也存在差别；中国具体土地制度的变迁不是对此前制度的根本否定，而是在坚持此前制度内核的基础上根据时空特征来调整土地配置方式。这种变革方式服务于不同阶段社会主义现代化强国建设的目标定位，并通过渐进式、结构化方式来实现变迁，这相对于那些采用激进方式推动经济体制转型的国家而言，也具有极为显著的中国特征①。新中国成立70多年的农地制度演变历程表明，农民是农地制度确立、实施和创新的主体，是农地制度变迁的力量之源，每一次农村土地制度变迁都是对农业和农村现实诉求的回应，继而又深刻影响农业和农村的发展进程。

土地制度改革的目标从来都不是单一的，而是多重的，主要有经济、社会、政治、生态等多重目标。经济目标是解放和发展农业生产力，促进农业生产的持续增长，实现农民生活的持续改善。政治目标是巩固农村基层政权基础、维护社会和谐稳定。社会目标是促进机会平等、结果公平，实现社会公平正义。生态目标是建立生态文明制度，促进资源永续利用和农业可持续发展。如果土地制度安排不能随着国家战略适时调整或者过多关注于某一个目标，土地制度就会阻碍生产力的发展。新中国成立70多年农村土地制度的演进，既

① 高帆．中国经济发展的独特性：一个基于土地制度变迁的考察［J］．社会科学战线，2021（12）：47-48.

是土地法治不断完善的过程，也是城乡二元结构不断调整的过程。随着中国特色社会主义进入新时代，农村土地制度需要继续深化改革、完善制度建设、打通城乡通道，以完善产权制度和要素市场化配置为重点，建立健全有利于城乡土地要素合理配置的体制机制，为乡村振兴注入新动能①。

按照现行法律制度，农村土地根据用途的不同分为三部分：一是农用地，即主要用于农业生产的土地，包括耕地、林地、草地、养殖水面、农田水利用地以及用于农业的“四荒地”。二是农村集体建设用地，是符合土地利用规划，经依法批准用于非农业建设的集体所有土地。集体建设用地根据用途分为集体公益性建设用地和集体经营性建设用地，集体公益性建设用地用于乡村公共设施和公益事业，包括乡村行政办公、文化科学、医疗卫生、教育设施、生产服务和公用事业等；集体经营性建设用地指土地利用总体规划、城乡规划确定为工业、商业等经营性用途，并经依法登记的集体经营性建设用地。三是宅基地，即农民房屋及其院落所占用的农村土地。虽然在土地用途上，宅基地属于集体建设用地，但立法上将宅基地使用权和集体建设用地使用权分别规定，以实现不同的管制目标。宅基地的分配具有保障性、身份性和无偿性的特点，只有本集体经济组织成员才可以无偿取得无期限的宅基地使用权。

本书以下内容即按农村土地的上述三种分类（“三块地”）分别展开论述。

（二）新中国成立以来农村承包地制度变迁历程

新中国成立以来，经过多次的农村土地制度变革，我国农村生产力获得了解放和发展，农业生产能力大幅提升，农民收入水平明显提高，农村繁荣稳定有效推进。新中国成立以后经过对农业的社会主义改造，土地所有权制度完成深刻变迁，为新中国的工业化提供了支援与物资保障，推动了中国工业化体系的建立，实现了国防工业的重大突破，巩固了新生的人民政权。改革开放新时期随着农村家庭联产承包责任制的建立和发展，农村生产力得到了极大解放，人民生活实现了从温饱到小康的提升，进一步夯实了人民政权的根基。在中国特色社会主义新时代，土地“三权分置”制度盘活了农村土地资源，为中国特色农业现代化道路开辟了新的路径。

农业、农村和农民问题是关系国计民生的根本性问题，当前在实施乡村振兴和共同富裕的战略目标下，中国农村土地政策将迎来新的变化与发展契机。站在这一新历史起点上回顾新中国成立以来农村土地政策发展变革的历程，总结其经验教训、明确目标定位，对新时代进一步完善农村土地政策、推进党和

① 高强，吴栋剑．农村经营管理［EB/OL］．中国农村网，journal.crnews.net/ncjygl/2019n/d10q/xzg70n/929747_20191011042621.html.

国家的事业发展具有重要的理论和现实意义。根据农村土地产权权属的差异，将新中国成立以来农村土地改革划分为四个阶段。

1. 土地改革确立农民土地所有制阶段——产权合一

在新中国成立之初，按照1947年10月开始实施的《中国土地法大纲》，我国实行耕者有其田的土地制度，并于1950年6月28日在中央人民政府委员会第八次会议通过了《中华人民共和国土地改革法》，再一次强调了农民土地所有制的法律地位，要在广大农村地区剥夺地主、富农等占有的过量土地，均等化地向少地、无地的贫雇农及部分中农分配土地，实现农户家庭土地配置的基本均等化，确立"农户家庭私有＋家庭经营"的小农户家庭私有农地制度。到1952年底，土地改革在全国大部分地区基本完成。

土地改革通过从地主手中分割土地，满足了广大贫雇农对土地所有权的渴求，同时也确立了农户家庭土地所有权与经营权一体化的农地制度。1954年《中华人民共和国宪法》的颁布标志着农村土地农民所有的制度得到进一步巩固，农民对土地的所有权受国家法律保护。农村土地农民所有制的确立，适应了新中国成立之初经济社会发展的需求，彻底瓦解了中国长达两千多年的封建土地制度，实现了"耕者有其田、居者有其屋"，为新中国经济复苏奠定了重要的制度基础，农业生产力获得了解放和提高，并且为反哺工业发展提供了坚实的基础。

2. 农业合作化和人民公社时期——土地集体所有制初形成

农民土地所有制建立后全国大部分区域农业生产逐步恢复，但也有部分区域恢复生产面临着劳动力、耕畜和农具极度缺乏的问题。部分地区为了避免农田荒废，自发采取了生产互助的劳作形式，包括劳动力互助、耕畜和农具共用等简单形式的合作。然而，由于农民自发组织的劳动合作收益范围有限，加上农业生产的特殊周期性和时效性，许多地方仍然存在因耽误播种、收割期而导致农业生产损失的现象。1953—1957年第一个五年计划实施以后，工业发展需求和落后的农业生产之间的矛盾愈发突出。为解决这一矛盾，在农村通过改造农业生产方式，引导农民成立互助合作组织、初级合作社、高级合作社和人民公社，推进合作化和集体化，有计划地逐步将农民土地私有制改造成集体所有制。1951年12月15日，中共中央印发了《关于农业生产互助合作的决议（草案）》，肯定了农民的合作互助生产形式，并建议农业生产由农民个体向集体转变，鼓励集体组织在农业生产中发挥组织调配的积极作用。

1953年中国开始由新民主主义社会向社会主义社会过渡，在广大农村地区主要是通过农业合作化来改变农业的生产经营方式及组织方式。农业合作化先后经历了互助组、初级合作社、高级合作社三种形式，并完成了农地制度的相应变革与调整。1958年开始人民公社化运动，在更大范围内推行公有化，人民公社化运动是更高程度的农业合作化运动。1962年起，实行生产资料分别归公社、生产大队和生产队三级组织所有，以生产队集体所有制为基础。人民公社和生产大队成为“所有权”主体，而生产队成为事实上的“经营权”主体，农地产权由农户私有转向集体所有，在集体内部形成“两权分离”。

名义上，农民仍然保留对土地的所有权，但实际上由合作社进行统一规划、统一管理、统一生产，农民不得自由流转土地使用权或擅自改变土地用途，农村土地制度过渡到集体所有制时期。

3. 家庭联产承包经营阶段

人民公社时期，农业生产按照“一平二调”的方式进行收益分配，农民生活则按照“大锅饭”的方式维持，导致农民生产积极性下降，农业生产发展缓慢，经济总量增长疲软，亟须打破旧的农业经营体制，激发农业生产新动能。改革开放后，随着计划经济向社会主义市场经济转型，我国的工作重心转向经济建设。土地制度进行了一系列调整，比如适度放活城乡土地使用权管制，分离所有权与使用权并推动使用权流转。土地所有权与使用权的分离调动了农民生产的积极性，农业生产力被极大地释放出来。

1978年12月召开的党的十一届三中全会提出的“解放思想、实事求是”的精神改变了“左”的思潮，国家开始恢复一系列旨在激发农村活力的政策，包括尊重生产队自主权、减轻农民负担、提高农产品收购价格、提倡家庭副业和多种经营、恢复并适当扩大自留地等①。为了改善生产生活现状，各地农民自发进行了包产到组、包产到户、包干到户的改革探索，群众的大胆探索在实际生产中产生了显著的成效。1978年，安徽省凤阳县小岗村掀起了以“大包干”为主要形式的家庭联产承包责任制改革，这是对马克思主义合作化理论的新实践。1980—1985年，国家出台了一系列政策和通知，逐步肯定了包产到户的群众自发性制度创新，并在全国进行推广。从农村土地的性质而言，农村土地集体所有的基本性质没有改变，但农民获得了对承包地的承包经营权，农民按照“交够国家的、留够集体的、剩下自己的”的分配原则获取农产品收益。家庭联产承包制的建立再一次激发了农民的生产积极性，农业生产效率得到极大提高。

家庭联产承包责任制释放了剩余劳动力，为乡镇企业发展和农村工业化提供了充足的劳动力要素。改革开放初期，在农村集体建设用地上兴办乡镇企业得到肯定，允许农民个体、私人开办企业，允许农村社队企业、事业单位申请

---

① 刘守英．农村土地制度改革：从家庭联产承包责任制到三权分置［J］．经济研究，2022（2）：19.

使用建设用地[①]。

1983 年，我国农村实行承包到户的比例已扩大到 95%以上，农民迫切要求稳定承包制。1984 年中央 1 号文件将重点放在稳定和完善生产责任制、帮助农民提高生产力水平与发展农村商品生产方面，规定“土地承包期一般应在 15 年以上”。1985 年，国家不再向农民下达农产品统派购任务，农民成为相对独立的商品生产经营者。至此，农村体制基本上突破了原来的“三级所有、队为基础”体制，创造出了中国特色的“家庭联产承包、土地集体所有”模式[②]。

4. 农村土地“三权分置”改革

伴随着改革开放以来 40 多年经济结构的深刻变革，农民的分化程度加深，以“80 后”作为迁移主力的“农二代”出村入城倾向未改，但与乡土的黏度已变，农民的离土出村不回村和代际转变带来人地关系松动以及农民与村庄的联结渐行渐远[③]。20 世纪 80 年代开启的农村市场化改革进程，奠定了以家庭承包制为核心的土地所有权和承包经营权“两权分离”的制度，农民在获得土地承包权的同时也逐步获得了离开土地的自由，这种前所未有的单向度社会大流动为广大农民实现小康生活增添了助力，但也使得传统小农经济体制趋于解体，农民与土地渐行渐远，给农村带来“农民老龄化、农村空心化、农业粗放化”等一系列新“三农”问题[④]。

党的十八大以来，以习近平同志为核心的党中央面对农村发展新情况、新问题，坚持人民立场，着力深化农村土地制度改革，农村土地政策出现新的发展。2013 年 11 月，党的十八届三中全会明确提出，“赋予农民对承包地占有、使用、收益、流转及承包经营权抵押、担保权能，允许农民以承包经营权入股发展农业产业化经营[⑤]”。2014 年中央 1 号文件《关于全面深化农村改革加快推进农业现代化的若干意见》提出，“在落实农村土地集体所有权的基础上，稳定农户承包权、放活土地经营权、允许承包土地的经营权向金融机构抵押融资”。2014 年正式确立坚持土地集体所有权、保障农户土地承包权和搞活土地经营权的“三权分置”制度。农村土地三权（土地所有权、土地承包权、土地经营权）分置改革的框架基本形成[⑥]。可以说“三权分置”是顺应当前工业

---

① 蔡继明，李蒙蒙．当代中国土地制度变迁的历史与逻辑［J］．经济学动态，2021（12）：44－45.

② 刘守英．农村土地制度改革：从家庭联产承包责任制到三权分置［J］．经济研究，2022（2）：20.

③④ 朱冬亮．农民与土地渐行渐远——土地流转与“三权分置”制度实践［J］．中国社会科学，2020（7）：123－124.

⑤⑥ 中共中央文献研究室．十八大以来重要文献选编（上）［M］．北京：中央文献出版社，2014.

化、城镇化发展形势而探索出的制度创新。

5.《中华人民共和国农村土地承包法》《中华人民共和国民法典》等法律对于承包地相关权利的法律确认

原《中华人民共和国农村土地承包法》《中华人民共和国物权法》规定的土地承包经营权具有浓厚的身份属性，其财产权属性受到严格的限制，无法自由流转，更无法成为抵押权的客体。

2018年12月29日修正的《中华人民共和国农村土地承包法》（以下简称新《农村土地承包法》）第9条规定，承包农户基于自愿可将其土地承包经营权分置成土地承包权与土地经营权，初步完成了中央政策文件上的农地“三权分置”改革的立法表达。《中华人民共和国民法典》第333条规定：“土地承包经营权自土地承包经营权合同生效时设立。登记机构应当向土地承包经营权人发放土地承包经营权证、林权证等证书，并登记造册，确认土地承包经营权。”可见，《中华人民共和国民法典》对土地承包经营权的物权变动模式采用了意思主义物权变动模式，农户通过与发包方签订承包合同取得土地承包经营权，而不是领取土地承包经营权证。因此，在承包合同与土地承包经营权证发生冲突时，应以承包合同作为确定农户取得土地承包经营权的依据。新《农村土地承包法》第23条规定土地承包经营权合同的生效与《中华人民共和国民法典》的规定是一致的，即承包合同自成立之日起生效，不以登记为生效要件。

（三）新中国成立以来集体经营性建设用地制度变迁历程

农村集体经营性建设用地是农村集体建设用地中的一类，其他两类为宅基地和公益性公共设施用地，其所有权均归农民集体所有。在早期的土地管理实践中，并无“集体经营性建设用地”之说，在2008年党的第十七届三中全会《关于推进农村改革发展若干重大问题的决定》中首次提出“农村集体经营性建设用地”。依现行《中华人民共和国土地管理法》第六十三条，农村集体经营性建设用地指由土地利用总体规划、城乡规划确定为工业、商业等经营性用途，并依法登记的农村集体所有的建设用地。“经营性”建设用地的提法：一是排除宅基地，因为在土地用途分类管制上，宅基地虽然属于建设用地，但基于宅基地具有保障农村居民居住权和维持农村社会稳定的功能，其并不能直接入市；二是排除公益性建设用地，其中既包括因国家公共利益需要而应纳入征收范围的公益性用地，也包括基于乡村公共利益需要的乡村公共设施或公益事业用地。

历史上，我国集体经营性建设用地的入市受制于《中华人民共和国宪法》《中华人民共和国土地管理法》《中华人民共和国城市房地产管理法》等法律规定，存在法律障碍。随着工业化、城市化以及城镇化的演进，随着改革的不断深入，现行农村土地制度与社会主义市场经济体制不相适应的问题日益显现。2019年对《中华人民共和国土地管理法》的修订及2021年对《土地管理法实施条例》的修订从法律层面破除了农村集体经营性建设用地入市流转的障碍，为处于制度变革中的集体经营性建设用地市场明确了入市的条件、方式和程序。

1. 改革开放以前：集体建设用地禁止入市

新中国成立初期，为利于发展农业生产，在农村实行了农民的土地所有制，农民有经营、出租、买卖土地的权利。通过农业互助合作、土地合作社向高级农业合作社的发展，政府逐步限制参加合作社的农民私有财产，由基于个体农民私有制的集体经济发展成为基于集体农民公有制的社会主义农民集体经济，实现了农民土地集体所有。农村建设用地权利属性转变为集体所有后，建设用地流转的权利也随之被剥夺。

在这一时期，资源配置主要依靠国家的行政命令和指令性计划，土地管理也实行行政配置、无偿使用的模式。由于实行计划经济体制，土地不具有商品属性，不能出租买卖，农村土地市场不存在，国家禁止农村集体建设用地流转。这一时期的农民宅基地、社队公益用地（如办公用地、学校用地等）以及社队企业用地等集体建设用地的自由流转受到全面禁止，集体建设用地的流转局限于所有权人之间且完全依靠行政权力进行划拨和平调①。

2. 改革开放后至1986年：集体建设用地隐形入市

1978年改革开放以来随着我国经济发展和城市化进程加快，乡镇企业迅速兴起，城市建设用地需求巨大，土地资源变得稀缺，农村土地尤其是城郊的土地一旦转化为城市建设用地，经济价值将获得巨大提升，这驱动着农村建设用地大量地隐形流转。而在当时的征地制度下，农村建设用地要转化为非农建设用地，必须经政府征用为国有土地，再由政府出让给城镇土地使用者，这样，农地转化为非农建设用地所实现的土地增值收益绝大部分就归各级地方政府所有，农民所获征地补偿很低，还遭受基层政府和集体经济组织的截流，引起农民的极大不满，成为当时引发农村社会矛盾的重要原因。这一时期集体建设用地使用权自发流转的情形相当普遍，发展出转让、入股、联营、出租和抵押等多种形式，形成了庞大的隐形市场。特别是在城乡接合部，以及经济发展较快、地理区位较好的小城镇和农村集镇，成为集体建设用地流转盛行的集中地，珠江三角洲、长江三角洲等地区更为活跃。但当时的集体建设用地流转由于没有法律规制，缺乏指导、规范措施，其流转处于无序、混乱状态，导致农

---

① 陈利根，龙开胜．我国农村集体建设用地流转的发展历程及改革方向［J］．中国农史，2008（2）：80－81．

村集体建设用地利用效率低下，土地浪费现象严重。

国家要发展外向型经济，地方政府也要发展地方经济、扩充财源，因此，对于种种农村集体建设用地入市行为，地方政府多采取“不支持、不鼓励、不干涉”的态度。同时，中央政府也开始尝试提供农村集体建设用地进入市场的合法通道。1985 年，为活跃农村经济，中央 1 号文件提出允许农村地区性合作经济组织按规划建成房店及服务设施自主经营或出租。

3. 1987—2002 年：入市规则初步形成，规范入市试点兴起

农村集体建设用地的自发入市因缺乏指导和规范，处于无序和混乱状态，为此，国家开始加强土地管理和使用制度改革，涉及农村集体建设用地入市的改革措施主要有：①加强立法。1988 年“宪法修正案”规定土地使用权可以依照法律规定转让。随后修订的《中华人民共和国土地管理法》规定农村集体经济组织经批准可以使用乡（镇）土地利用总体规划确定的建设用地兴办企业，或者与其他单位、个人以土地使用权入股、联营等形式共同举办企业。国务院《关于发展房地产业若干问题的通知》等政策也做出类似规定：全民及城市集体所有制企业同农业集体经济组织共同投资举办的联营企业可以征用集体土地，农村集体经济组织也可以按照协议将土地使用权作为联营条件；还规定集体土地股份不得转让，并按国家有关政策交纳土地使用费（税）。②探索农村集体土地制度改革方向和制度框架的构建。1987 年国务院设立农村改革试验区，试行土地档案制度、土地产权制度和集体土地股份制。国家土地管理局开始试点乡（镇）村办企业使用集体土地的有偿使用。

1995 年国家土地管理局开始通过试点探索为农村集体建设用地入市相关法律的修订和全国层面操作办法的制定提供实践积累，这也成为此后该项改革的基本思路。这次试点从苏州市开始，逐步扩大范围，形成了从东南沿海到中部、东北地区的涵盖不同经济发展程度区域的系列试点。1996 年正值第一轮土地利用总体规划修编，国家土地管理局提出允许农村集体建设用地使用权在符合土地利用总体规划、村镇规划以及土地利用年度计划的前提下，经依法批准，可以采用规定形式流转。这些制度创新在政策试行的市（县）范围内起到了促进和规范农村集体建设用地入市的作用。但相关的法律制度并没取得实质性进展。我国 1998 年的《中华人民共和国土地管理法》第 43 条规定：“任何单位和个人进行建设，需要使用土地的，必须依法申请使用国有土地……”第 63 条规定：“农民集体所有的土地的使用权不得出让、转让或者出租用于非农业建设……”可见，当时的法律对集体建设用地流转仍然持限制的态度。

同时，法律的例外规定为集体建设用地隐形入市提供了变通的路径。1998 年《中华人民共和国土地管理法》第 63 规定：“农民集体所有的土地的使用权不得出让、转让或者出租用于非农业建设；但是，符合土地利用总体规划并依

法取得建设用地的企业，因破产、兼并等情形致使土地使用权依法发生转移的除外。”由此可见，我国法律在原则上禁止集体建设用地直接进入一级市场的同时，例外地允许集体建设用地在特定的情况下（企业破产、兼并等情形）进入二级市场。

4. 2003—2007 年：制度建设有实质性突破，入市实践进一步深入

2003—2007 年中国 GDP 保持着 10%以上的增长速度。城镇化和经济的快速发展导致建设用地需求猛增，征地范围迅速扩大，引发了众多土地纠纷。用地需求增加和征地矛盾纠纷加剧的双重压力，客观上推动了农村集体建设用地入市的深入探索。主要表现为：①国土资源部提出“增减挂钩”政策试点，提供农村集体建设用地间接入市路径。根据 2004 年国务院出台的《国务院关于深化改革严格土地管理的决定》，2005 年国土资源部发布《关于规范城镇建设用地增加与农村建设用地减少相挂钩试点工作的意见》，提出了“增减挂钩”政策，并进行试点，2006 年开始为十几个省、区、市的试点城镇提供增减挂钩周转指标，尝试多种主体利用农村集体建设用地进行城市开发建设。重庆市基于“增减挂钩”制度，设计试验了地票制度，使流转出多余农村集体建设用地指标的农户，在获得新增承包地的同时，获取大部分地票入市收益。地票制度客观上给那些经济水平不发达、政府财力不足、不具备条件开展直接入市的地区，提供了一条可供参考的间接入市路径。②地方实践更加丰富与深入，在创新流转模式（宅基地置换等）、完善公开交易制度等方面取得了进展，如：交易方式增加“招拍挂”；规定流转范围不包括公共设施、公益事业用地和农户法定的宅基地，实际上是在政策层面扩大了流转范围；细化流转前提，除符合规划外，还要求权属合法、界址清楚；限制用途，明确提出禁止用于住宅建设；进一步明确出让期限，不超过国有土地使用权出让的最高期限；规定出让最低价格标准；调整收益分配与管理，实行市、镇、村三级分成，增加了增值收益分配机制，出现了土地基金制度，开始建立“三资”监管平台等。

总体来看，在经济发达地区，农村集体建设用地入市进入提质增效阶段，相关制度规范取得了阶段性进展，但未取得全局性的突破。

5. 2008—2013 年：中央明确改革目标，推动配套制度改革

党的十七届和十八届三中全会先后提出“建立城乡统一的建设用地市场”，“必须通过统一有形的土地市场、以公开规范的方式转让土地使用权，在符合规划的前提下与国有土地享有平等权益”，以及“实行与国有土地‘同等入市、同权同价’”。推动配套制度改革：如十七届三中全会决定缩小征地范围，明确“城镇规划区范围外的非公益性项目”不再征地，并开启试点；2013 年国土资源部推动农村集体建设用地交易纳入国有土地市场等交易平台，探索农村集体建设用地公开交易。此外，这一阶段的改革还表现出“谨慎推进”的特点，不

仅限定入市范围为农村集体经营性建设用地，还划定“圈内”“圈外”。相对于政策进展，地方实践突破更大。例如，温州市允许县域范畴的农户之间在本村范围内进行农宅所有权的交易，安徽省在宅基地确权基础上实行“退出补偿激励”机制，建立了农民通过流转使用其他农村集体经济组织宅基地的制度，佛山市南海区探索建立了农村集体建设用地交易平台等。

但国土资源部、地方以及其他相关部门，对是否突破既有法律规定，出台国家层面的农村集体建设用地入市管理办法，仍未达成共识。2011 年土地管理法第四次修订也未将农村集体建设用地使用权流转纳入法律框架。

6. 2014—2019 年：试点改革入市

2014 年 12 月 31 日中共中央办公厅、国务院办公厅印发《关于农村土地征收、集体经营性建设用地入市、宅基地改革试点的意见》，集体经营性建设用地的改革进入实践层面。

2014 年国土资源部再次选择经济发展程度不同的区域开展典型试点，与农村土地征收改革、宅基地制度改革并列称为农村土地三项改革。国土资源部选择了 15 个农村集体经营性建设用地入市试点，试点数量占这三项改革试点总数的 45.5%，足见该项改革在农村土地改革中的分量。这次试点的内容主要是针对以往试点进展不理想的农村集体经营性建设用地抵押融资、集体成员资格划定、规划管理、土地增值收益的分配、城乡地价衔接、财务管理等方面，试验就地入市、调整入市、城中村整治入市等多种入市模式，意在节约用地、激活资产、活跃市场、资源配置、规范管理、同价同权、流转顺畅、收益共享等方面取得进展①。

7. 2019 年以后：法律规范入市

作为对改革试点成熟经验的提炼总结，2019 年 8 月 26 日全国人大常委会修改通过了《土地管理法》(以下简称“新《土地管理法》”)，通过删除原法第四十三条以及修改原法第六十三条的规定，首次在立法层面授权允许集体经营性建设用地流转入市，在立法上奠定了集体建设用地与国有建设用地获得同等权能的基础。新《土地管理法》和《民法典》的颁布实施标志着我国集体经营性建设用地正式进入了法律规范入市的新阶段。允许农村集体经营性建设用地入市，是 2019 年修正的《土地管理法》一个重大突破，2021 年修订的《土地管理法实施条例》对相关规定又进行了细化，主要目的是建立城乡统一的建设用地市场，实现集体经营性建设用地与国有建设用地同权同价。2022 年 9 月 6 日，中央全面深化改革委员会第二十七次会议提出：推进农村集体经营性建设

① 丁琳琳，孟庆国，刘文勇．农村集体建设用地入市的发展实践与政策变迁［J］．中国土地科学，2016（10）：5－10.

用地入市改革，事关农民切身利益，涉及各方面利益重大调整，必须审慎稳妥推进。这次会议审议通过了《关于深化农村集体经营性建设用地入市试点工作的指导意见》。也就是，中央决定，农村集体经营性建设用地入市试点先行，暂不全面推开。

（四）新中国成立以来农村宅基地分配制度的历史演变

新中国成立70多年来，中国农村历经土地改革—合作化运动—人民公社—家庭承包制的频繁制度变迁，宅基地制度变迁经历了与农地承包经营权制度变迁基本类似但制度安排相异的历程，宅基地制度的特殊性因此而生，宅基地制度改革的复杂性也因此而来。经历了从“两权合一”到“两权分离”，再到探索“三权分置”的演变过程，不同阶段的宅基地分配制度呈现出各自的特点。

1. 宅基地农民私有阶段（1949—1962年）

新中国成立之初，经过土地改革，农民取得宅基地所有权。从新中国成立到1962年《农村人民公社工作条例（修正草案）》实施前，我国实行的是宅基地农民所有制度，该制度为1954年《中华人民共和国宪法》所确认。1954年新中国第一部《中华人民共和国宪法》明确提出：“国家依照法律保护农民的土地所有权和其他生产资料所有权”，“国家保护公民的合法收入、储蓄、房屋和各种生活资料等的所有权”。宅基地作为农民私有土地的一部分，自然受到平等、合法保护。

该阶段宅基地使用权蕴含在宅基地所有权中，尚未成为独立的民事权利，暂且称其为宅基地的“两权合一”模式（本质上是宅基地农民私有模式）。该阶段宅基地分配制度的特征有：其一，宅基地分配是为了实现新民主主义革命阶段的政治目标，即践行“居者有其屋”的政治承诺。其二，通过土地革命手段分配宅基地给农民，确立了宅基地的农民所有制。其三，通过宅基地分配，农民取得完整的宅基地所有权。该阶段并没有对农用地和宅基地做细致划分，《土地改革法》将土地、房屋和其他生活资料采取公平的方式分配给农民，农民取得完整的宅基地所有权。“两权合一”下的宅基地制度实际上是农民享有单一的、完整的产权，保障功能从宅基地制度建立之初就成为主基调，政治因素是宅基地制度的主导因素。宅基地的制度设计以保障农民基本居住权为基本理念，以平均分配、无偿取得为主要内容。这决定了该模式下的宅基地分配制度与宅基地公有化后“两权分离”和“三权分置”下的分配制度存在本质不同。

2. “两权分离”下的宅基地分配制度（1962—2017年）

（1）1962—1982年：农户房屋自由流转时期。从1953年开始，中国农村进入社会主义改造时期，经历1958年农业合作化运动的高级社阶段之后，土地等农业生产资料变为集体所有，相应地，宅基地分配制度也随之做出调整。1962年《农村人民公社工作条例（修正草案）》将原本属于农户私有的宅基地所有权转化为集体公有，并根据农户的居住需求实行无偿福利分配制度。1963年中共中央出台《关于各地对社员宅基地问题作一些补充规定的通知》，除了强调“社员的宅基地归生产队集体所有、一律不准出租和买卖”外，同时明确宅基地使用权“归各户长期使用，长期不变，生产队应保护社员的使用权，不能想收就收，想调剂就调剂。”还进一步规定：“房屋出卖以后，宅基地的使用权即随之转移给新房主，但宅基地的所有权仍归生产队所有。”该通知还第一次提出了农民宅基地的取得方式：“社员需新建房又没有宅基地时，由本户申请，经社员大会讨论同意，由生产队统一规划，帮助解决，社员新建住宅占地无论是否耕地，一律不收地价①。”该通知的出台，标志着宅基地私有制正式退出历史舞台，宅基地“两权分离”时代的框架基本形成，并在1978年的《中华人民共和国宪法》中得到认可。在确认房地分离的同时，也第一次明确了宅基地所有权与使用权的分离和宅基地的申请与无偿取得方式。

中国宅基地制度的雏形基本形成。第一，宅基地的所有权归生产队集体所有，社员禁止出租和买卖。第二，宅基地所有权与使用权相分离，以户为单位无偿分配、农户拥有宅基地长期使用权，并受法律保护。第三，宅基地与其上的房屋权利安排相分离，“一户一宅”“面积限定”。第四，农户对房屋有排他性所有权，可以买卖、租赁、抵押、典当。宅基地使用权随着房屋的买卖和租赁而转移。第五，宅基地分配程序实行“申请审批制度”。

在流转问题上，宅基地不准单独出租和买卖，但允许宅基地使用权随房屋而变相流转，且未限制城镇居民到农村购买社员房屋，形成了宅基地使用权流转制度的雏形。但整体上这一阶段的制度设计仍较为笼统，不够详细，如未对每户的宅基地使用面积做出限制等。同时，社员房屋出卖后，宅基地的使用权也随之转移给新房主，实际认可了宅基地“地随房走”的流转。

（2）1982—1998年：宅基地使用权自由流转时期。在改革开放之初，“农村村民”“回原籍乡村落户的职工、退伍军人和离、退休干部，以及回家乡定居的华侨、港澳台同胞”“城镇非农业户口居民”均可申请取得农村宅基地。只不过，法律和行政法规中就不同的申请者规定了不同的审批程序②。

1982年，国家颁布了《村镇建房用地管理条例》，统一规划农村土地、规

① 刘守英．农村宅基地制度的特殊性与出路［J］．国家行政学院学报，2015（3）：19.

② 1986年、1988年《土地管理法》第38、41条，1991年《土地管理法实施条例》第25至27条，1986年、1988年《土地管理法》第41条，1998年《土地管理法》第62条第1款。

定用地标准、完善审批制度和制定奖惩措施。自新中国成立后的土地改革以来，土地登记确权中的问题一直存在，1989 年《关于确定土地权属问题的若干意见》对土地所有权和使用权提出相关规定，对集体所有权进行细划分，有效缓解了宅基地登记过程中的确权问题。1990 年，国家出台《关于加强农村宅基地管理工作的请示》，以抓好土地国情教育，培养珍惜土地意识。1997 年发布《关于进一步加强土地管理切实保护耕地的通知》，其中首次提倡相对集中建设公寓式楼房，且首次以中央文件的形式正式提出“一户一宅”。

（3）1998—2013 年：宅基地使用权限制流转时期。1998 年《土地管理法》修正，宅基地使用权则成了只有“农村村民”才能享有的权利。此后，规范性文件进一步将宅基地使用权主体确定为“本农民集体成员”，非本农民集体的农民，因地质灾害防治、新农村建设、移民安置等集中迁建，在符合当地规划的前提下，经本农民集体大多数成员同意并经有权机关批准异地建房的，可按规定确权登记发证[①]。

1999 年《关于加强土地转让管理严禁炒卖土地的通知》对宅基地上房屋的使用权流转严格限制，宅基地所有权归农村集体所有，房屋只能在本集体内部进行流转。农民不得向城市居民出售房屋，农村集体经济组织也不得批准城市居民在农村建设住宅。2004 年《国务院关于深化改革严格土地管理的决定》再一次强调农村宅基地管理的严格性，不得向城镇居民流转宅基地使用权。随着我国城镇化和工业化的发展，国家经济不断向好，宅基地的各种问题日益凸显。2007 年，国家首次对宅基地的法律属性进行明确，确定宅基地的用益物权属性，宅基地流转限制开始得到缓解。

（4）2013—2017 年：宅基地使用权流转试点探索时期。随着中国城镇化水平的进一步提高和公民受教育程度的提高，有更多的农业转移人口“离土离乡”进城成为市民，伴随着农民市民化，近年来党中央、国务院已将推进改革完善农村宅基地制度作为改革中国农村土地制度的重要任务。2013 年党的十八届三中全会决定提出推进农村宅基地制度改革，2015 年 1 月，中共中央办公厅和国务院办公厅联合印发的《关于农村土地征收、集体经营性建设用地入市、宅基地制度改革试点工作的意见》中提出“改革完善农村宅基地制度”，针对宅基地的原始取得、使用权流转和有偿退出等相关问题选择若干试点改革参考，探索不同区域不同条件下农民住房“户有所居”“一户一宅”及多种宅

---

① 国土资源部、中央农村工作领导小组办公室、财政部、农业部《关于农村集体土地确权登记发证的若干意见》，2011 年。

基地有偿或自愿退出的典型模式①。2016 年 2 月，在国务院印发的《关于深入推进新型城镇化建设的若干意见》中，进一步明确要“深入推进农村宅基地制度改革试点”。

为了规范宅基地利用与管理、公平保障村民“户有所居”，2015—2019 年，我国开展了第一轮宅基地制度改革，33 个试点县（市、区）取得了阶段性成果，为《土地管理法》的修改提供了直接依据②。

3. “三权分置”下的宅基地分配制度

2018 年 1 月 2 日，中共中央、国务院发布的《关于实施乡村振兴战略的意见》（2018 年中央 1 号文件）提出，完善农民闲置宅基地和闲置农房政策，探索宅基地所有权、资格权、使用权“三权分置”，落实宅基地集体所有权，保障宅基地农户资格权和农民房屋财产权，适度放活宅基地和农民房屋使用权。这标志着宅基地“三权分置”改革路径第一次以国家文件的形式提出。在“赋权”的基础上，进一步指出“放活”的政策目标，为宅基地制度的深化改革指明了方向。2019 年 2 月 20 日中共中央、国务院在《关于坚持农业农村优先发展做好“三农”工作的若干意见》（2019 年中央 1 号文件）中指出：“力争 2020 年基本完成宅基地使用权确权登记颁证工作。稳慎推进农村宅基地制度改革，拓展改革试点，丰富试点内容，完善制度设计。抓紧制定管理指导意见，研究起草使用条例。开展闲置宅基地复垦试点。”

仿照农村承包地权利分置改革做法，中央确定宅基地“三权分置”改革思路，在尊重集体所有权和保障农民对宅基地占有权利的前提下，放活宅基地使用权。2020 年，中央全面深化改革委员会通过《深化农村宅基地制度改革试点方案》，后批复全国 104 个县（市、区）和 3 个设区市为试点，开启了以宅基地“三权分置”为核心的新一轮改革探索③。新一轮改革的背景是，随着农村经济社会发展，大量农村剩余劳动力向城市转移，出现大量闲置的农村宅基地，这在很大程度上造成了农村土地资源的浪费，同时在城镇化进程中对土地的需求越来越大，而城市土地的供给也日益紧张，要想解决这一矛盾，就必须对农村宅基地产权制度进行改革，放活宅基地使用权，进一步提升农村宅基地的利用效率。在宅基地“三权分置”中，落实宅基地集体所有权是底线，保障

---

① 程同顺，郭鑫．我国农村宅基地制度改革的演进历程、基本逻辑及推进原则［J］．学习论坛，2022（1）．

② 张勇．农村宅基地有偿退出的政策与实践：基于 2015 年以来试点地区的比较分析［J］．西北农林科技大学学报（社会科学版），2019（2）：83－89．

③ 杨雅婷．《民法典》背景下放活宅基地“使用权”之法律实现［J］．当代法学，2022（3）：79．

宅基地农户资格权是根本，而放活宅基地和农民房屋使用权是核心和重点①。

2021 年 2 月 21 日，《中共中央　国务院关于全面推进乡村振兴加快农业农村现代化的意见》发布，该文件指出，要把全面推进乡村振兴作为实现中华民族伟大复兴的一项重大任务，深入推进农村改革，加强宅基地管理，稳慎推进农村宅基地制度改革试点，探索宅基地所有权、资格权、使用权分置有效实现形式②。这对加强农村宅基地管理制度改革、探索宅基地“三权分置”有效实现形式提出了迫切要求。

针对宅基地使用权问题，《物权法》第一百五十二条规定：“宅基地使用权人依法对集体所有的土地享有占有和使用的权利，有权利用该土地建造住宅及其附属设施。”2019 年修正的《土地管理法》对宅基地的相关问题作了明确，突破了宅基地流转方面的瓶颈。例如，在原来一户一宅的基础上增加了户有所居的规定，允许已经进城落户的农村村民自愿有偿退出宅基地。如果农民不愿退出宅基地，地方政府不能强迫其退出宅基地。《民法典》第三百六十二条保留了《物权法》第 152 条的内容，明确农村宅基地使用权的基本内容。

就宅基地使用权的流转，《土地管理法》第六十二条第六款规定：“鼓励农村集体经济组织及其成员盘活利用闲置宅基地和闲置住宅。”在长期的历史过程中，房屋一直属于合法私有财产，农村宅基地制度在实践中出现房屋私有和土地公有的张力。既要尊重农民的房屋财产权，也要坚持土地集体所有的性质，这是农村宅基地制度改革的难点。

二、乡村振兴战略下农村土地制度改革存在的问题

随着现代城乡关系由分工对立的城乡二元结构阶段演进到融合共生的城乡融合发展阶段，乡村发展在现代化进程中的地位逐渐凸显。习近平同志 2017 年 10 月 18 日在党的十九大报告中指出，“三农”问题是关系国计民生的根本性问题，必须始终把解决好“三农”问题作为全党工作的重中之重，实施乡村振兴战略。实施乡村振兴战略，是党的十九大作出的重大决策部署，是决战全面建成小康社会、全面建设社会主义现代化国家的重大历史任务，是新时代“三农”工作的总抓手，也是加快推进农业农村现代化建设的核心战略驱动。2022 年初，党中央和国务院又一次关注“三农”问题，并聚焦和着力于“乡村振兴”，发布了《关于做好 2022 年全面推进乡村振兴重点工作的意见》。该

① 刘双良．宅基地“三权分置”的权能构造及实现路径［J］．甘肃社会科学，2018（5）：230.

② 中共中央　国务院关于全面推进乡村振兴加快农业农村现代化的意见［N］．人民日报，2021-02-22。

意见明确指出："必须着眼国家重大战略需要，稳住农业基本盘、做好'三农'工作，接续全面推进乡村振兴，确保农业稳产增产、农民稳步增收、农村稳定安宁。"

党中央一直高度关注农村土地制度改革，探寻中国特色城乡融合发展的新路径，实现乡村振兴。习近平总书记始终强调："新形势下深化农村改革，主线仍然是处理好农民与土地的关系。"农村土地制度改革必须站在更高的起点谋划和推进各项工作，服务于乡村振兴战略的全面贯彻落实。农地"三权分置"全面推进乡村振兴的机制构建就在于通过"利益联结""退出机制""放活机制"培育固守农业农村的农民，进而提升乡村内生性发展动能，助推乡村振兴。

随着农村经济的不断发展，土地作为农村经济发展的重要载体和要素，其作用应该得到充分发挥。进行科学合理的农村土地流转，对促进农村土地资源的有效利用，以及搞活农村经济将起到重要作用。扎实推进共同富裕是新发展阶段的重要使命，而最艰巨最繁重的任务仍然在农村。农村土地作为大部分农民获得生存和就业保障的重要基础，如何盘活农村土地资源，撬动其他要素支持乡村发展是促进共同富裕的重要途径。以习近平同志为核心的党中央对农村土地流转高度重视，近年来出台了一系列政策，对我国土地流转的方向和原则作出了明确规定，并在2019年修改了农村土地方面的一系列法律，如《中华人民共和国农村土地承包法》《中华人民共和国土地管理法》等，对推动我国农村土地流转发展起到进一步的保障作用。

（一）农村承包地改革存在的问题

1. 随着《中华人民共和国农村土地承包法》《中华人民共和国土地管理法》《中华人民共和国民法典》等法律规则不断完善，理念、理论不断更新，促进农村集体土地得以更加顺畅、安全流转

《中华人民共和国民法典》第三百四十二条在承继《中华人民共和国农村土地承包法》第四十九条内容基础上，进一步明确以其他方式取得土地经营权的必要条件，但上述"其他方式流转经营权"主要针对通过招标、拍卖、公开协商等方式承包农村土地，并以依法登记并取得权利证书系为要件。尽管其具备"兜底条款"性质，但未能涵盖全部的土地流转形式。

2. 土地经营权抵押的实现

土地经营权融资担保作为承包地法制改革的重要内容，虽然已由新《农村土地承包法》第四十七条确立了土地经营权融资担保制度，但该规范较为模糊，如何具体适用尚需从解释论角度进行探讨。从规范构造看，包括对土地经营权融资担保的客体指向、可采取的融资担保形式、设立程序以及融资担保的实现机制等问题规定得并不清晰，仍需阐明。

3. 当前我国耕地保护面临的突出问题

（1）对保护耕地的重要性认识不到位。一是部分地方政府对耕地保护和粮食安全的重要性认识不到位，站位不高，导致保护耕地的自觉性不强、主动担当不够，经济发展需求较强烈，对于各种耕地保护问题监管不及时、不到位。二是一些干部对生态文明建设理念的理解不到位、忽略耕地的生态属性，随意调整规划，违规挖湖造景，造成大量优质耕地非农化使用。三是社会层面耕地保护重要性宣传不够，企业、农民对流转或承包的土地私有心理较重，耕地撂荒、破坏耕地、非法占用耕地进行非农建设等现象层出不穷。

（2）农业结构调整和耕地撂荒等现象难以约束。一是在自然条件和经济利益的影响下，一些农民和流转土地的企业多选择种植高收益的经济作物，耕地“非粮化”现象较为普遍。但根据当前法律规定，这些“非粮化”现象不受法律限制。二是在城镇化背景下，农民外出打工造成大量耕地撂荒，但法律中缺乏撂荒标准的认定和具体的操作规则，难以执法。三是现在的种粮补贴较少，地方政府因为缺乏资金或未设置配套补贴资金，未能起到激励作用。另外，很多地方种粮补贴一般发放到拥有耕地承包经营权的农民，而没有发放到通过土地流转的种粮大户，不利于调动规模经营户保护耕地的积极性。

（3）违法建设占用耕地现象仍然存在。一是各地重大工程项目占地规模大，经过区域多样、占用地类复杂，涉及规划修改、永久基本农田补划、林地占用许可、环境评估等多项程序和要求，组卷报批耗时长，且耕地占补平衡难以落实，部分工程项目在急于开工建设的情况下，程序性违法现象仍然存在。二是地方线性工程项目建设方案受自然条件、工程地质及工作细致程度等因素影响，不可避免地占用永久基本农田，但因其不符合可占用永久基本农田的六大类项目范围，导致工程一再拖延或违法修建。目前关于永久基本农田可调整的具体范围、面积和程序仍需要进一步明确。三是农民依法用地的法律意识仍然淡薄，很少有村民按照宅基地用地审批程序申请用地，且基层执法队伍力量薄弱，难以及时发现农村违法建房。

（4）耕地保护监管机制仍有待完善。一是监管标准有待细化完善。国家对于设施农用地占用和耕作层破坏等标准尚未做出详细规定，导致地方在监管过程中，缺乏具体的依据。二是针对新兴问题的监管和解决缺乏有效方案。如农民利用耕地养殖、将农业与生态旅游相结合等，存在修建大规模多层养殖场、占用耕地修建道路等现象，相应的监管滞后且没有合理的应对方案。三是联合监管机制尚未建立。自然资源主管部门、农业农村部门、地方政府等在耕地保护监管方面的职责尚未理清，理念有待统一，不能形成高效的监管机制。

（二）集体建设用地入市制度改革存在的问题

我国实行土地“城乡二元制”，农村集体建设土地历经禁止流转、限制流转的历程后，在2019年《土地管理法》第三次修正实施后，终于放开流转。

但遗憾的是，新《土地管理法》受制于其行政管理的功能定位，在集体建设用地使用权之内涵、设立、权能和运行等民事权利义务规则的供给方面严重不足。本应担此重任的《民法典》，考虑到农村集体建设用地制度改革正在推进过程中，也只是通过第三百六十一条与土地管理法等做了衔接性规定。故此，《民法典·物权编》完全沿袭了2007年《物权法》对待集体建设用地的规定：第十二章之建设用地使用权通篇以国有建设用地使用权为蓝本予以规定，第三百四十四条将建设用地使用权设立之客体局限于国有土地，第三百六十一规定“集体所有的土地作为建设用地的，应当依照土地管理的法律规定办理”，直接通过援引方式将集体建设用地适用规则引向土地管理相关法规。这使得集体建设用地使用权的民事规则供给严重缺位。

2005年国土资源部《关于开展制定征地统一年产值标准和征地区片综合地价的工作通知》明确将“同地同价”作为一项原则提出来。在这里，“同地”指的是同一块被征收的土地，“同价”是按统一价格对被征收地进行补偿。而将“同地、同权、同价”并列使用并引入农村集体建设用地流转制度中的是2003年广东省人民政府《关于实行农村集体建设用地使用权制度的通知》，其明确要求全省各地积极、稳妥、有序地推进农村集体建设用地使用权流转工作，逐步实现国有土地和农民集体土地“同地、同权、同价”①。

1. 入市的集体建设用地的用途不明确，增量地是否属于入市对象有待明确

新《土地管理法》第六十三条第一款将集体经营性建设用地明确为“工业、商业等经营性用途”。从该条文来看，已明确的经营性用途只有工业和商业两种，后面的“等”字究竟还包括什么样的具体用途，仍然是不确定的，并因此必然将引发新一轮的争论。

尽管政策文件对入市集体经营性建设用地范围限定为存量用地，但法律制度对此却没有明确规定。结果是增量集体经营性建设用地是否属于入市对象就是一个富有争议性的议题。

2. 集体建设用地使用权设立合同之甲方的确定有待明确

集体建设用地使用权的甲方应为土地所有者，而其情形则比较复杂，农民集体所有的特殊属性使其在所有权行使上与国有土地存在不同，实践中在设权

---

① 吴义龙．集体经营性建设用地入市的现实困境与理论误区：以“同地同权”切入［J］．学术月刊，2020（4）：120.

之时往往面临谁是土地所有权人、谁来行使所有权、谁有权签订合同的困惑。

法律规定的集体土地所有权的主体包括乡镇农民集体、村农民集体、生产队农民集体三种情形，具体到待设权的集体建设用地，其土地所有权具体归属于哪一个农民集体，则需要通过集体土地所有权确权登记确定。

3. 集体决议是入市主体设权行为的前提，决议主体、程序和事项需要明确

集体经营性建设用地入市事项需通过农民集体成员的决议程序。新《土地管理法》第六十三条第二款要求集体经营性建设用地入市“应当经集体经济组织成员的村民会议三分之二以上成员或者三分之二以上村民代表的同意”。农民集体决议需包括决议主体、决议程序、决议事项等要件，但《土地管理法》的上述简略规定在这三个要素上均存在歧义或缺失，给实践操作带来困惑。

（三）宅基地制度改革存在的问题

现行宅基地制度在保障村民的住房需求、便于农业生产、维持农村社会和谐稳定，以及巩固农村土地集体所有制等方面都发挥了重要作用。然而，改革开放以来，农村人口大量流动和社会经济快速发展对宅基地利用和管理提出了新的要求，宅基地制度与社会经济发展的不适应性已日益凸显。随着经济活动的变化和收入水平的提高，一定数量的农户在城镇购房，其居住方式正在悄然发生变化，宅基地的居住保障功能日益减弱①。宅基地的保障属性重于财产属性，在一定程度上忽视了经济发展不平衡所形成的地区差异，阻碍了农村宅基地制度的发展。宅基地制度与社会主义市场经济体制不相适应的问题已经日益显现②，宅基地制度面临诸多挑战。

1. 规定与事实的偏离

现行宅基地制度面临着“一户多宅”“资格外占有”“隐性流转”的事实对其“一户一宅”“资格内占有”“内部流转”规定的挑战，法律规定与客观事实之间产生了相当大的偏离。

（1）“一户一宅”的规定与“一户多宅”的事实。农村地区普遍存在的“一户多宅”的事实状态与已确定二十余年的“一户一宅”的法律规定相冲突，不仅造成农村社会宅基地使用与管理的混乱状态，而且使宝贵的土地资源难以得到更优的配置。

宅基地现实情况的发展却与纸面上的规定有着相当大的偏离。根据第三次全国农业普查的数据，2016 年在全国 2.306 7 亿农户中 99.5％的农户都拥有自己的农宅。其中，拥有 1 处农宅的比例为 87.0％，这就意味着一成有余的

① 刘守英．城乡中国的土地问题［J］．北京大学学报（哲学社会科学版），2018（3）：79－93．

② 高圣平．农村宅基地制度：从管制、赋权到盘活［J］．农业经济问题，2019（1）：60－72．

农户拥有2处及以上的农村房产。拥有2处农宅的农户占11.6%，而拥有3处及以上农宅的农户的占比也接近1%。与此同时，还有8.7%的农户在城镇拥有自己的商品房，这样的农户在全国范围内大约有2 000万户。可见，在严格执行“一户一宅”规定二十余年的情况下，全国2.30亿农户中有将近3 000万农户拥有2处及以上的农宅，“一户多宅”的情况不仅普遍存在且数量庞大。粗略估算，整个农村地区有6 000万处农宅处于“一户多宅”的事实状态之中①。

导致出现“一户多宅”现象既有历史原因也有现实原因。这种“一户多宅”的现象在“一户一宅”法律规定之前早已存在，制度的惯性导致“一户一宅”难以真正得到重视和纠正；由于宅基地使用权具有可继承性，农宅完全属于个人私产，由于其在物理上与宅基地不可分割，根据“地随房走”的原则，继承农宅也会相应地继承宅基地使用权。“一户多宅”的复杂现象长时间内并未得到重视和处理。

(2)“资格内占有”的规定与“资格外占有”的事实。《民法典》第三百六十二条规定：“宅基地使用权人依法对集体所有的土地享有占有和使用的权利。”宅基地的取得、占有、使用都有着明显的资格性质，没有集体成员的资格便无从取得、占有和使用宅基地。因此，只有农民才有资格取得宅基地并以建造农宅及生活附属设施的形式占有宅基地。然而，在农村地区尤其是市郊农村地区普遍存在着宅基地“资格外占有”的事实，这种“资格外占有”宅基地的普遍事实主要表现为继承性“资格外占有”和非继承性“资格外占有”两种。第一种是已进城定居落户的子女通过继承农宅获得宅基地使用权，从而以集体外成员身份占有宅基地及地上农宅；第二种是基于中华人民共和国成立以来宅基地基本完全对外开放的特征，使得对农村住房有需求的集体外人员能够较轻松地取得宅基地并在农村建房。于是，在城镇周边的一些农村也有一小部分房产属于城镇居民，且这些房产是受到法律肯定和保护的。

2. 农村宅基地的退出机制还没有建立，隐形交易大量存在

一方面，闲置地大量存在，“空心村”很普遍。截至2017年底，全国农村宅基地约1.7亿亩，占3.1亿亩农村集体建设用地的55%～56%，农村居民点空闲和闲置用地面积约3 000万亩。另一方面，隐形交易大量存在。市场经济和城乡融合改革的背景下农民对宅基地的财产权利和财产价值的需求越来越强烈，引发宅基地大量私下交易和隐形流转。经济发达地区，宅基地隐形交易

① 曹红．中国宅基地制度：现状、挑战与变革［J］．贵州师范大学学报（社会科学版），2022（5）：87.

市场发展迅速，引发“小产权房”“非法交易”等制度困局[1]。

3. 确权登记制度有待完善

农村宅基地制度改革，必须首先从法律上明确宅基地的产权关系，并按照建立统一的不动产登记制度的要求，对农户的宅基地通过登记予以确权赋能，这是提出和拟定改革方案的前提和基础，不从法律上解决宅基地的产权归属问题，其他改革就缺少制度基础。《民法典》第二百零八条、二百零九条规定，不动产物权的设立、变更、转让和消灭，应当依照法律规定登记；经依法登记，发生效力，未经登记不发生效力。就是说，农民集体所有的宅基地，也需要产权登记，只有登记了才具有法律效力。宅基地确权应确权给宅基地的所有权主体，即本集体经济组织的成员集体，不是归独立于成员的集体经济组织所有。成员集体所有的资产，如何确权到成员？2016 年中央《关于稳步推进农村集体产权制度改革的意见》明确要求，建立归属清晰的农村集体产权制度，将农村集体经营性资产以股份或份额形式量化到本集体成员，作为其参加集体收益分配的基本依据。根据中央的这一要求，已经在农民手里的宅基地，其使用权应落实到成员（以家庭为单位），更应该确权到农户，做实农户对宅基地的财产权利。宅基地不动产确权登记，权利人应当是农户，但仅给农户颁发宅基地使用权证是不够的，应为农民颁发房地一体的不动产产权证书，才能在农村建立归属清晰、权能完整的不动产产权制度[2]。

4. 宅基地被《民法典》赋予的用益物权属性还未得到完整的体现，转让权、抵押权和收益权尚欠缺

2018 年中央 1 号文件提出，完善农民闲置宅基地和闲置农房政策，探索宅基地所有权、资格权、使用权“三权分置”，落实宅基地集体所有权，保障宅基地农户资格权和农民房屋财产权，适度放活宅基地和农民房屋使用权。尽管中央文件和部门法规一再强调保障宅基地用益物权和住房财产权等财产属性，但在实践改革中进展缓慢。

近年来，宅基地“三权分置”成为热点话题。但是，宅基地“三权分置”政策、法律体系尚未明晰。宅基地“三权分置”改革的意旨是促进和保障农户获取宅基地的增值利益，其制度功能是实现宅基地使用权的市场化。其目标是在坚持宅基地集体所有权不变的前提下，通过系统化的改革设计，稳固宅基地集体所有的根基；通过确认农户资格权，落实宅基地集体所有权；通过适度放活宅基地与农民房屋使用权，释放宅基地财产价值、优化宅基地资源配置和增加农民财产性收入。可见，宅基地“三权分置”改革的基本方向是通过市场化

① 产权与管制：中国宅基地制度演进与改革［J］. 中国经济问题，2019（6）：21.
② 黄延信．破解农村宅基地制度改革难题之道［J］. 农业经济问题，2021（8）：86.

对宅基地要素资源进行更为高效的配置。但是，基于目前改革试点范围小、理论不成熟等原因，宅基地“三权分置”并没有被立法确认，因此，宅基地分配制度没有呈现明显变化。

三、以乡村振兴为目标完善农村土地制度

2017年10月18日，党的十九大报告提出乡村振兴战略，指出“三农”问题是关系国计民生的根本性问题，必须始终把解决好“三农”问题作为全党工作的重中之重，实施乡村振兴战略。中共中央、国务院连续发布中央1号文件，对新发展阶段优先发展农业农村、全面推进乡村振兴作出总体部署，为做好当前和今后一个时期“三农”工作指明了方向。2018年9月，中共中央、国务院印发了《乡村振兴战略规划（2018—2022年）》，并发出通知要求各地区、各部门结合实际认真贯彻落实。2021年2月21日，《中共中央　国务院关于全面推进乡村振兴加快农业农村现代化的意见》（2021年中央1号文件）发布，这是21世纪以来第18个指导“三农”工作的中央1号文件；2月25日，国务院直属机构国家乡村振兴局正式挂牌。2021年3月，中共中央、国务院发布了《关于实现巩固拓展脱贫攻坚成果同乡村振兴有效衔接的意见》，提出重点工作。2021年4月29日，《中华人民共和国乡村振兴促进法》通过。

乡村振兴战略是党中央在深刻认识我国城乡关系变化趋势和城乡发展规律的基础上提出的重大战略，是促进农村繁荣、农业发展、农民增收的治本之策。我国仍处于并将长期处于社会主义初级阶段，人民日益增长的美好生活需要和不平衡不充分的发展之间的矛盾在乡村最为突出。全面建成小康社会和全面建成社会主义现代化强国，最艰巨最繁重的任务在农村，最广泛最深厚的基础在农村，最大的潜力和后劲也在农村。乡村兴则国家兴，乡村衰则国家衰。乡村振兴是实现城乡协调发展、共同富裕的关键。实施乡村振兴战略，是解决新时代我国社会主要矛盾和实现中华民族伟大复兴中国梦的必然要求，具有重大现实意义和深远历史意义。要按照党的十九大报告提出的产业兴旺、生态宜居、乡风文明、治理有效、生活富裕的总要求，建立健全城乡融合发展体制机制和政策体系，这其中就包括了农村土地制度的完善机制①。

乡村振兴战略背景下农村土地制度改革的主要领域在农村承包地、集体建设用地、宅基地三大方面，必须进一步巩固农村承包地“三权分置”制度、拓

---

① 韩长赋．认真学习宣传贯彻党的十九大精神　大力实施乡村振兴战略［N］．人民日报，2017-12-11。

展农村宅基地制度改革、激发农村集体建设用地入市改革内生动力，为提高农村土地制度改革的科学性与适应性、最大限度加强农村土地资源的优化利用提供决策参考。

（一）进一步巩固完善农村承包地“三权分置”制度

党的十九大报告强调，第二轮土地承包到期后再延长30年。这彰显了党中央坚定保护农民土地权益的决心，满足了农地经营权合法流转的需要。农村承包地“三权分置”制度改革的目标是农业产业发展和农民收入增加，这与乡村振兴五个总要求高度相关。在乡村振兴战略背景下，农村承包地“三权分置”制度改革的政策目标指出，在乡村振兴战略的五个总要求条件下，农村承包地“三权分置”制度改革的政策目标分别有：①扩大农业经营规模，降低生产成本，提高农业竞争力，促进产业兴旺；②转变农业生产方式，推进农业绿色发展，发展生态农业，促进生态宜居；③激活传统优秀农耕文化，与农业农村产业相融合，探索农业文化创意，促进乡风文明；④推动农村基层治理，探索农村基层组织三治融合，促进治理有效；⑤扩大农业投资、提高经营效益，增加农村居民收入，促进生活富裕①。

农村承包地“三权分置”改革是我国农村土地产权制度的重大创新，这一制度的不断巩固完善可以进一步释放我国农村基本经营制度的活力。“三权分置”制度红利发挥的关键在于落实集体土地所有权、完善稳定承包权、放活农村承包地经营权，必须在这三个方面进一步优化和细化有关制度安排。

1. 落实集体土地所有权

进一步完善农村集体经济组织的法人性质，以“按份共有”来实现集体所有权，探索土地股份制、土地股份混合制、土地托管等集体所有权的实现途径。

2. 稳定承包权，完善农村土地承包权有偿退出法律机制构建

进一步清晰界定“农民”身份的性质，逐步建立起农民的进入和退出机制；探索承包经营权自动续期制度，从本质上赋予农村土地承包经营权用益物权性质，研究承包关系“长久不变”的内涵与实施路径；从法律法规上彻底消除地方政府和农村集体经济组织对农地承包关系的干预，构建完善的农村土地承包关系。

在尊重农民意愿的前提下，鼓励有条件的地方积极探索建立农户承包地有偿退出机制，在退出的基本程序、补偿标准、退出土地利用和退地农民生活保障等方面积累经验，形成和不断完善制度设计，为适度土地规模经营创造良好

① 张应良，徐亚东．乡村振兴背景下农地“三权分置”制度改革的深化研究［J］．西南大学学报（社会科学版），2020（4）：54.

的条件。

（1）首先，扩大土地承包权退出的试点范围，深入探索不同地区的资源特点和区域特色，构建差异化、多样性的土地承包权退出模式。针对试点中遇到的共性问题进行交流探讨，通过试点前后的成效对比，围绕一些难点和瓶颈进行汇总分析，总结经验，为后续工作的展开提供连贯的、可复制的建议，从而发挥出试点研究的整体性、系统性的统筹作用，为立法完善提供实践基础。其次，虽然农地“三权分置”的理论研究已经逐步成熟，但是法律层面的完善还有待强化。当前《民法典》在土地承包权的属性界定上还需要进一步清晰化，《民法典》强调的是土地承包经营权，并未采用土地承包权的称谓，但是其实这两者性质是不同的。土地承包经营权具有用益物权属性，其退出更侧重的是财产性权利的放弃。而土地承包权则归属于成员权，是基于特定属性的财产性权利，就算退出，其成员权的资格也应该保留，这两者在退出时，涉及的内容和权益是有所差别的。这两者在使用时经常会被混淆，因此为避免对农户造成误解，要科学阐明土地承包权退出的规范，对退出机制的具体内容进行详细表述。

（2）完善“有偿”退出施行标准机制。农村土地承包权有偿退出法律机制构建的关键在于补偿机制的确立，对于“有偿”规则的构建，需要立足于补偿形式、补偿标准、补偿金筹措等内容。现有的《民法典》对这些问题的规定还需要不断落实，在这个过程中，需要政府和市场协同发力，一方面可以缓解政府的资金压力，满足施行过程中的资金需求。另一方面，通过引入市场化的补偿机制，可以吸引更多的社会资本以及土地流转服务机构介入进来，优化补偿标准，提升农村土地承包权退出的科学评估效果。首先，转变现有的补偿体系，考虑土地的财产功能和社会保障功能，利用现代化的技术手段对农地进行测绘和勘察，结合城镇化农地价值提升的综合因素，使进城农户能够充分享有城市化的红利，构建全面性、系统化的补偿方法，助力退地农户更好地在城市生活。不论是货币补偿还是非货币补偿，都需要尊重农户的意愿，设计多样化的退出路径或者置换形式，提升农户的认可度。对于城市化水平较低的农户，通过风险防范机制的完善，设置“冷静期”或者“观察期”，防止由于政策的强硬损害农户的切身利益。其次，补偿资金按时按需施行，涉及退地农户的合法权益。在党和政府的指挥下，通过资金渠道的拓宽、资金来源的丰富，构建多元化的资金筹集机制，不能仅依靠政府财政支持，也可将抵押融资和退地改革相结合。此外，及时出台相应的金融扶持政策，积极推进农发行等政策性金融机构对新型金融产品的开发，完善集体经济组织的信用担保机制，引导工商资本助力土地承包权有偿退出。

（3）完善土地承包权退出的配套机制。完善的配套保障法律政策能够进一步夯实农村土地承包权退出机制的规范化。首先，发挥土地承包权退出改革与其他土地改革制度的联合效力，稳步推进农村各项土地政策的落实。其次，完善城乡的户籍制度和社会服务体系。在农民城市化、市民化的过程中提供有利条件，使退地农户能够顺利完成城市身份的转变，在城镇购房、卫生医疗、子女入学、父母养老等方面加强供给，使得这些退地农户能够与城镇居民享有同样的社会福利。此外，为了确保这些退地农户拥有稳定的生活来源、提高其生活质量，要组织对其进行职业化培训，强化他们的就业能力。最后，做好农地退出后的法治监管工作，避免补偿金的拖欠或者私自扣押。此外，土地承包权有偿退出要构建全方位的法律运行机制，在农地收储环节，进行充分整合，集中收储，激发土地活力，持续缓解土地碎片化问题。在集体经济组织对退地处理方面，可以将其通过合法途径流转给一些新型农业经营主体，如农业大户、家庭农场、农业合作社等，促进退出土地的规模化经营，引领农业现代化。将土地承包权有偿退出和乡村振兴战略相结合，致力于乡村环境治理、宜居宜业乡村建设，减轻乡村发展的土地压力，实现土地价值的延伸。

3. 进一步放活土地经营权

土地经营权的权利内涵是对流转土地依法享有在一定期限内占有使用并获得收益的权利。土地经营权的性质，尽管学术上未能达成一致，有物权说、债权说、总括权利说、物权化债权说等几种，但在现行法律框架下，基于“土地经营权”概念出现在《民法典》物权编分编三百四十条中，其性质为用益物权与学界主流观点相一致。

法律强调在保护集体所有权农户承包权的基础上，平等保护经营主体依流转合同取得的土地经营权，保障其有稳定的经营预期。土地经营权可以按照三种方式获得：第一种是土地承包经营权本身内含了土地经营权，第二种是依法采取出租（转包）、入股或者其他方式流转从土地承包经营权分离出来，第三种是通过流转取得土地经营权的受让方将土地经营权进行再次流转。依据新《土地承包法》，土地经营权具有以下权能：一是抵押融资权。承包方和流入承包地的受让方均可使用土地经营权向金融机构提出融资担保。二是使用权。经营主体不仅有权在承包期内占有流转土地自主从事农业生产经营并获得相应收益，还有权在流转合同到期后按照同等条件优先续租承包土地，也有权在承包农户同意的情况下依法依规改良土壤提升地力，建设农业生产附属配套设施并按照合同约定获得合理补偿。三是再流转权。受让方经承包方书面同意并向农民集体备案后可以再流转土地经营权。四是获得征收补偿权。流转土地被征收时，可以按照合同约定获得相应地上附着物及青苗补偿费。承包农户流转出土地经营权的，不应妨碍经营主体行使合法权利，受让方如无擅自改变土地农业用途连续抛荒两年以上以及破坏土地生态等行为，承包方不得单方面解除流转合同①。

① 农村土地制度改革：从家庭联产承包责任制到三权分置［J］. 经济研究，2022（2）：23.

4. 完善耕地保护机制

新《土地管理法》中明确规定要严格保护永久性基本农田，在原有基本农田前面加上了“永久性”三字，就更加体现出其对老百姓生活的重要性，体现出国家对保护永久性基本农田的重视。2020 年中央 1 号文件也提出“保障粮食安全、严守永久性基本农田保护红线”。“十三五”实施纲要中明确表示要严格坚持耕地保护制度，严守耕地红线，全面划定永久性基本农田，实施“藏粮于地、藏粮于技”战略，推进高标准农田建设。在生态文明建设的背景下，耕地保护战略研究也是“十四五”规划编制中的重要课题。

在重视粮食安全的背景下，严守耕地保护红线是在乡村振兴背景下实现城乡协调发展的根本举措，需要进一步协调我国耕地利益保护机制，协调国家、地方和农民的利益，形成耕地保护合力。首先要建立国家层面的耕地保护基金，加大国家粮食主产区和耕地资源保护区的耕地保护补偿力度，提升粮食输出区财政收入，鼓励实施保护性耕作技术，增加农民收益，激发耕地保护动力。其次，实施跨区域耕地保护补偿机制。依据我国粮食生产调入区、调出区和平衡区的特点，结合各地的耕地资源数量、质量和生态特征，分区、分类、分级建立基于发展权和生态产品供给的区域协同的耕地保护机制，发挥经济激励作用。最后，进一步明确耕地保护微观主体的责、权、利。一是将农民纳入耕地保护责任主体的范畴。农村集体经济组织和农户是耕地的所有者和承包者，是耕地的直接使用者。按照权、责、利对等原则，应将农村集体经济组织和农户纳入耕地保护的责任主体，承担耕地保护的责任。二是建立耕地保护绩效评价机制，对耕地保护效果较好的农村集体经济组织提供激励性补偿。三是依托农村土地资源和区位优势，建立生态农田、景观农田、文化农田，创新一二三产业融合模式，发挥耕地的生产、生态和生活复合功能，增加农产品的复合价值，最大程度提升耕地资源价值，增加农民务农收入。四是设立耕地保护专项基金。按照“谁受益、谁付费，谁保护、谁获补偿”的补偿思路，建立耕地保护专项基金。耕地保护专项基金的资金来源于政府、企业、社会组织和社会大众等多元主体。政府要从土地出让金、耕地占用税和新增建设用地有偿使用费等税费中提取一定比例的资金，专门用于耕地保护；距离耕地较近的企业若排放的废弃物污染耕地要严格缴纳耕地污染费作为耕地保护专项基金；鼓励社会组织和社会大众筹集耕地保护资金用于耕地修复。

（二）进一步激发农村集体建设用地入市改革的内生动力

农村集体建设用地入市改革是“保障农民财产权益，壮大集体经济”的关键抓手，在乡村振兴战略背景下，农村集体建设用地入市改革应该注重激发制度改革内生动力，遵循“同权同价、流转顺畅、收益共享”的基本原则，找准国家、集体和个人的利益均衡点。

1. 是否排斥“增量”建设用地

2014年底，中共中央办公厅、国务院办公厅印发《关于农村土地征收、集体经营性建设用地入市、宅地制度改革试点工作的意见》，该意见将集体经营性建设用地入市的范围限定为“存量”集体经营性建设用地，但试点实践中诸多地方均有所突破，例如，河南长垣、湖南浏阳、广西北流、贵州湄潭等试点地方均将入市范围扩展至新增集体建设用地[①]。新《土地管理法》之规定则未出现“存量”二字，《土地管理法实施条例》也未对此加以规定。不仅如此，新《土地管理法》第二十三条第二款“土地利用年度计划应当对本法第六十三条规定的集体经营性建设用地作出合理安排”的规定，也进一步明确表明新增集体建设用地也被纳入了可入市的范围。因此，作为集体建设用地使用权的客体，在土地用途的类型上只需要其规划用途为建设用地即可，不需考虑“存量”与否，不排斥“增量”，即判断的依据是规划而非现状。

目前农村存量的经营性建设用地比较有限，应在符合规划和用途管制的条件下，允许农民集体通过村庄整治、集中居住、宅基地调整等方式整理的新增建设用地“入市”。只有这样，才能在更大范围挖掘农村建设用地的潜力，促进土地资源的有效利用，并提高农民的收入。集体经营性建设用地应以现行规划为准。要通过增量建设用地入市，为乡村一二三产业融合发展，乡村新产业、新业态发展，特色乡村建设等提供用地保障。

2. 关于集体经营性建设用地的用途

对于集体经营性建设用地使用权，新《土地管理法》第六十三条表述为“工业、商业等经营性用途”，一个疑问是可否用于商品住宅开发。鉴于城市房地产开发和农村住宅建设的背景完全不同，新《土地管理法》没有在用途中标明住宅这一重要类型，表明尚未放开集体土地上的住宅开发。但考虑到“加快建立多主体供应、多渠道保障、租购并举的住房制度”这一党的方针政策，以及现代土地复合利用形态下工商业和居住等用途聚合于不动产更有利于土地价值的充分发挥[②]，可以预见，未来集体经营性建设用地在符合土地利用规划和用途管制的前提下用于住宅开发也并不是没有可能。

3. 加强对农村经营性建设用地入市的规划管理

要充分发挥土地利用规划的科学性、指导性、控制性功能，合理布局城乡

① 宋志红，姚丽，王柏源．集体经营性建设用地权能实现研究：基于33个试点地区入市探索的分析［J］．土地经济研究，2019（1）：8-9.

② 宋志红．集体建设用地使用权设立的难点问题探讨：兼析《民法典》和《土地管理法》有关规则的理解与适用［J］．中外法学，2020（4）：1042-1061.

空间，为充分发挥“入市”的作用提供良好的基础条件①。从土地利用规划的实体内容角度讲，目前特别要注意解决好两个问题。一要搞好城镇建设用地规划与农村建设用地规划的衔接。强化省级层面土地利用调控，统筹城镇化用地与农村集体经营性建设用地的调控和引导。搞好城镇交通设施、通信设施、水利设施以及公共服务设施与农村基础设施及公共服务设施的有机对接，从而在整体上形成功能齐全、功能互补的土地利用格局。二要搞好农村建设用地规划。国家和政府要出台和完善有关法规和政策，对农村社区和新农村建设中的建设用地使用进行规制和引导。要按照集约节约用地的总原则，对农村社区和新农村建设中的农民住宅用地、公益性建设用地、经营性建设用地等进行科学规划。此外，从土地利用规划制定过程的角度讲，要加强土地利用规划的科学化、法治化、民主化建设。

4. 合理分配“入市”土地增值收益

合理征收“入市”土地增值收益调节金，是集体土地入市的一个前提条件。政府收取调节金，是保障广大人民群众分享土地增值收益的需要。只有这样，才能有效缓解土地集体所有带来的用地利益矛盾。土地增值收益分配，要依循兼顾国家、集体、个人利益的大原则，特别注意调节和统筹当地土地所有者、占有者、土地开发商、边远地区农民、农民工群体等相关群体的利益关系。按照涨价归公原理，土地增值收益分配比例设定的一个大原则应该是：国家（政府）代表社会利益，收取土地增值收益的大部分，并由政府主导进行再分配；“入市”农民集体应该获得原土地用途的价值补偿，并适当分享再分配中的部分增值收益。但现实的问题更为复杂。由于级差地租的作用，当地农民集体作为土地所有者拥有是否出让或出租土地的决定权，因此，在与政府及社会的激烈利益博弈中，“入市”农民集体可能会获得较高的土地增值收益。这虽然不公平，但却是现实。为妥善处理这一问题，应深入研究界定政府、集体、农民个体分配比例。针对因土地位置不同、土地用途不同带来的土地增值收益不同，为平衡不同地段、不同用途入市主体的收益差别，为保证土地规划的实施和用途管制的实行，对不同地段的土地，对工业、商服、居住等不同用途的土地，应设置不同比例的调节金。政府收取调节金的支出使用要有严格的法规程序。政府的调节金必须首先用于对基本农田、水利建设的支持，用于对粮食生产的补贴，用于对粮食生产区农村建设的扶持②。

5. 关于集体建设用地使用权设立合同之甲方的确定

在农村集体经济组织健全的地方，毫无疑问应由相应的农村集体经济组织

①② 李太淼．农村集体经营性建设用地入市的难点问题论析［J］．中洲学刊，2019（1）：48－49.

作为合同甲方[①]。农村集体经济组织作为专门承担经济职能的组织，由其作为土地所有权的法定代表比村民委员会等自治组织更为恰当，故此在代表行使集体土地所有权上其应具有优先性，《民法典》第一百零一条第二款“未设立村民委员会可以依法代行集体经济组织的职能”之规定则是对集体经济组织优先代表地位的进一步确认。

在农村集体经济组织不健全的地方，情形则比较复杂。如果土地所有权为村一级农民集体所有，可以依据《民法典》第一百零一条第二款之规定由村民委员会依法代行土地所有权，担任集体建设用地使用权设权合同的甲方。但如果土地所有权归属于生产队农民集体呢？事实上这才是农民集体土地所有权归属的主流形态。虽然《民法典》第二百六十二条规定可以由村民小组代表行使，但《民法典》仅确立了农村集体经济组织和村民委员会的特别法人主体资格，“村民小组”并非民事主体，此时谁来担任设权合同的甲方便面临困境。

为了解决“村民小组”无法作为入市主体担任合同甲方的困境，改革试点中采取了由村民小组委托上一级（村级）农村集体经济组织或者委托村民委员会代为入市的做法，谓之“入市实施主体”。例如，浙江德清规定：“集体经营性建设用地属村内其他集体经济组织的，在该集体经济组织依法申请并取得市场主体资格后，可由其作为入市实施主体；未依法取得市场主体资格的，在自愿的基础上，可委托村股份经济合作社（村经济合作社）等代理人作为入市实施主体。”天津蓟州也规定：“集体经营性建设用地属村内其他集体经济组织的，在该集体经济组织依法申请并取得市场主体资格后，可由其作为入市实施主体；未依法取得市场主体资格的，在自愿的基础上，可委托村股份经济合作社（村经济合作社）等代理人作为入市实施主体。”这一做法可谓村民小组一级农村集体经济组织健全之前的权宜之计。村民委员会或村级农村集体经济组织作为受托人，其与生产队农民集体之间的关系应适用民法委托代理的规则，通过委托合同约定双方之间的权利义务关系，而不同于法定代表主体行使权利的情形。

从试点实践看，委托“入市实施主体”主要是为了解决两个实务问题：一是为了弥补一些地方的法定入市主体在主体资格方面的不足；二是弥补其在专业能力方面的不足。一方面，由于要签订入市合同，入市主体必须具备民事主体资格，但实践中很多地方的农村集体经济组织在被登记赋码之前，在从事市场交易活动时会面临重重障碍；另一方面，集体经营性建设用地入市涉及土地勘测定界、土地整理、土地评估、招拍挂、土地交付、土地登记等诸多专业性

① 宋志红．集体建设用地使用权设立的难点问题探讨：兼析《民法典》和《土地管理法》有关规则的理解与适用［J］．中外法学，2020（4）：1042－1061.

工作，对入市主体经营管理土地的专业能力提出了很高要求，但很多地方的农村集体经济组织、村民委员会等并不具备此等专业能力，故委托具备此种能力的专业机构代为实施。

6. 集体经营性建设用地入市需要经过农民集体决议。

农民集体决议包括决议主体、决议程序、决议事项等要件。具体来说，应当完善相关规定。

(1) 决议主体。决议的主体是农民，但是与农民集体决议相关的法定主体包括村民会议（村民代表会议）、村民小组会议、集体经济组织成员会议，三者之人员组成并不相同，分别对应行政村的村民（或户的代表）、村民小组的村民（或者村民小组的户的代表）、集体经济组织的成员。其中，行政村包含若干个村民小组，集体经济组织的设立则与集体土地所有权的单位相对应，乡镇、村、生产队农民集体均有可能设立。在一些人口流动比较大的农村地区，村民的范围与农村集体经济组织成员的范围并不完全重合，呈现交叉关系。故此，不同的决议主体之人员组成并不完全相同。而新《土地管理法》第六十三条第二款“本集体经济组织成员的村民会议”的表述将村民会议（村民代表会议）和农村集体经济组织的成员会议混为一谈。

集体经营性建设用地入市属于集体的经济职能，应优先由农村集体经济组织而非自治组织代表行使，故应优先通过农村集体经济组织成员会议的方式予以表决，只有在农村集体经济组织不健全时才能采取村民会议（村民代表会议）或村民小组会议表决的形式。由于集体土地所有权的归属以生产队农民集体为主流形态，以此为例，如果该生产队农民集体成立了自己的农村集体经济组织，则应由该农村集体经济组织召开成员会议予以表决；如果该生产队没有成立农村集体经济组织，则应由该生产队的村民召开村民小组会议予以表决。对此，《中华人民共和国村民委员会组织法》第二十八条也明确规定“属于村民小组的集体所有的土地……由村民小组会议依照有关法律的规定讨论决定”。而当土地所有权归属于行政村农民集体时，则应由该行政村对应的农村集体经济组织召开成员会议表决，只有在没有成立相应的农村集体经济组织时，才能由行政村的村民会议表决，或者依据《中华人民共和国村民委员会组织法》第二十四条的规定由村民会议授权村民代表会议表决。土地所有权归属于乡镇农民集体的情形，依此类推。因此，新《土地管理法》第六十三条第二款的“本集体经济组织成员的村民会议”应理解为兼含集体经济组织成员会议和村民会议（村民小组会议）的情形，且前者为首选。

(2) 决议程序。新《土地管理法》第六十三条第二款规定：“集体经营性建设用地出让、出租等，应当经本集体经济组织成员的村民会议三分之二以上成员或者三分之二以上村民代表的同意。”该条过分简略的表述致使其对表决同意人数的要求存在歧义：在“三分之二”的被修饰语上存在“全体成员（村民代表）的三分之二”抑或“到会成员（村民代表）的三分之二”两种不同的理解，以何者为准？

新《土地管理法》第六十三条第二款之“三分之二”应理解为对表决同意人数占到会人数比例的要求。这意味着，在集体经营性建设用地入市事项的表决程序上，其参会人数要求应按照《中华人民共和国村民委员会组织法》和各地农村集体经济组织的管理规定执行（依据不同的情形而要求二分之一以上或三分之二以上）；同意人员占到会人员之比例的要求则应统一按新《土地管理法》的“三分之二以上”执行，从而高于《中华人民共和国村民委员会组织法》和一些地方农村集体经济组织管理规定中“过半数同意”的一般性规定。

（3）决议事项。新《土地管理法》只是笼统地要求集体经营性建设用地出让等需要经农民集体决议，并未明确决议的内容要素。充分保障农民的知情权是保障其决策意愿真实和决策结果理性的前提，表决的内容不应是简单地是否同意入市等，而应包含与农民成员之利益有利害关系的一切重要信息。但由于入市交易过程历时较长，涉及土地开发整理、政府审批、谈判、签约、履约、登记等一系列环节，不可能与交易相关的每一个环节和每一个行为都要求农民集体予以表决。而且，考虑到诸多农民外出务工的状况，频繁召集全体村民会议在很多地方也不现实。结合试点探索情况看，兼顾公平与效率的方式是通过一次集体决议对有关事项予以一揽子表决，决议事项至少包含如下三方面内容：①出让交易的核心要素，包括入市地块的界址、面积、土地用途、使用期限、规划条件、交易平台和交易方式（招标、拍卖、挂牌、协议等）、入市价格形成方式或机制（如评估价格、交易底价等）等；②初步测算的入市成本和收益以及对纯收益的分配方案；③委托入市的，对入市实施主体的委托授权。《土地管理法实施条例》第四十条要求表决的入市方案载明“宗地的土地界址、面积、用途、规划条件、产业准入和生态环境保护要求、使用期限、交易方式、入市价格、集体收益分配安排等内容”，基本涵盖了表决事项应有的核心要素。

（三）进一步推进农村宅基地改革

1. 宅基地改革政策背景和目标

农村宅基地功能变迁。从农村宅基地制度变迁角度来看，随着经济发展和社会转型，农村宅基地功能的重心发生转移，保障功能逐步削弱，财产功能逐步增强，而且这种功能变迁与村庄的区位有关，城中村和近郊村的宅基地资产增值功能较强，远郊村宅基地基本不具备资产增值功能。对于农村宅基地功能变迁，在地理学视角下，主要是生活与生产功能的此消彼长；从经济学视角看，主要是居住保障与财产功能之间的强弱变化。两者之间存在着内在统一的关系。农村宅基地居住保障功能的发挥，表现为生活居住用地面积、结构等空间土地利用变化。而农村宅基地财产功能日益凸显，则是农户利用农村宅基地从事辅助农业生产、非农生产等生产性活动，造成了生产用地面积的增长。因此，随着城乡经济社会环境变化，最初分配给农户的生活空间，用以承载居住保障功能的农村宅基地制度，已经不仅仅承载有居住功能。农户会通过开展各种生产经营活动，利用宅基地作为生产空间去追求土地财产性收益。特别是在经济活跃地区，这种制度层面的权利诉求和空间层面土地利用变化之间的矛盾表现得更为明显，驱使着农村宅基地制度不断变迁①。

宅基地制度的宗旨是实现对农民的居住保障，在推动乡村振兴战略时提出适度放活宅基地使用。宅基地以福利保障功能为其根本宗旨，宅基地从所有权、使用权“两权”分置为所有权、资格权、使用权“三权”，分置出资格权是为了让农民在放活“使用权”时仍能享有保障，不至于被驱逐出土地。宅基地制度自建立之初就是为保障农民住有所居，即使在城镇化快速发展，促进乡村振兴的当下，提出宅基地“三权分置”也是要通过更合理的权利设置首先实现宅基地的居住保障功能。保障农民资格权，适度放活宅基地及其上房屋使用权，就是要在给予农民基本生活保障的前提下，解决现实中宅基地空置浪费严重的问题，以促进土地资源有效利用②。

宅基地使用权是《民法典》上规定的一类比较特殊的用益物权。其特殊性主要体现在：其一，宅基地使用权具有无偿取得、无期限限制的特点，不同于《民法典》上的其他用益物权。即使是同样具有无偿性的土地承包经营权，也有期限的限制。这一特点与宅基地的居住保障功能直接相关。其二，宅基地使用权具有身份性，其取得和保有均以主体具有本集体经济组织成员身份为前提。其三，宅基地使用权依申请—审批程序而取得，不采取不动产物权变动的基本模式，不存在宅基地使用权设立合同，也不以宅基地使用权登记为前提。其四，宅基地使用权仅仅是“使用物权”，而不是直接可用于收益的真正意义上的用益物权。

党的十九大报告首次提出实施乡村振兴战略。实施乡村振兴战略的关键在于产业兴旺，要紧紧围绕促进产业发展，引导和推动更多资本、技术、人才等要素向农业农村流动，调动广大农民的积极性、创造性，形成现代农业产业体系，促进农村一二三产业融合发展，保持农业农村经济发展旺盛活力。党的十

---

① 林超，郭彦君．农村宅基地功能研究述评及对乡村振兴启示［J］．经济体制改革，2020（4）：195.

② 韩松．宅基地立法政策与宅基地使用权制度改革［J］．法学研究，2019（6）：71.

九届五中全会通过的《中共中央关于制定国民经济和社会发展第十四个五年规划和二〇三五年远景目标的建议》提出，探索宅基地所有权、资格权、使用权分置实现形式，对深化农村宅基地制度改革提出了明确要求。

宅基地是我国农村重要的自然资源，宅基地“三权分置”改革旨在进一步明晰宅基地产权，优化宅基地资源配置，提升宅基地资源利用效率，而实现乡村振兴则离不开包括宅基地资源在内的农业全要素生产率的提升，二者统一于对宅基地资源产权明晰与高配置效率的要求之中。乡村振兴的实现需要落实宅基地确权登记，通过宅基地“三权分置”将不同的权能与权益赋予相应的权利主体，进一步明晰宅基地产权结构，获取高效的宅基地资源配置效率①。实现乡村振兴促进农村一二三产业融合发展，除了需要更多资本、技术、人才向农业农村流动，最关键的是要激活包括宅基地在内的农村土地要素，扩大宅基地使用权转让范围，充分放活农村宅基地使用权，不仅有利于增加农民收入特别是财产性收入，切切实实增强农民获得感，同时有利于盘活空闲农房和农村宅基地、优化农村土地资源配置，有助于发展乡村特色产业、休闲农业、乡村旅游、农村电商等新产业新业态，促进城乡融合发展，加快推进农业农村现代化。

2. 宅基地改革的具体举措

（1）优化农村闲置宅基地自愿有偿退出模式。党中央多次强调要积极探索落实宅基地集体所有权、保障宅基地农户资格权和农民房屋财产权、适度放活宅基地和农民房屋使用权的具体路径和办法，坚决守住土地公有制性质不改变、耕地红线不突破、农民利益不受损这三条底线，实现好、维护好、发展好农民权益。毫无疑问，在宅基地“三权分置”改革中农民权益得到保障是各方利益的平衡点，这高度契合实施乡村振兴战略“坚持农民主体地位”“把维护农民群众根本利益、促进农民共同富裕作为出发点和落脚点”的基本原则②。

坚守“农民利益不受损”这一改革底线，积极探索“面积固定、法定无偿、超占有偿、节约有奖、退出补偿”的宅基地使用管理制度，因地制宜，分类实施农村闲置宅基地自愿有偿退出。为了保障宅基地退出工作公开制度的全面落实，各地政府应及时向社会公开当地宅基地退出工作，接受社会的监督，杜绝出现强制性安排农民退出宅基地或采取暴力等手段非法迫使农民退出宅基地的现象。

（2）完善农村闲置宅基地退出补偿机制。一是明确补偿标准。如何确定补偿标准是宅基地退出补偿环节的核心问题。面对实践中补偿房屋还是补偿宅基

①② 刘双良．宅基地“三权分置”助推乡村振兴的多重逻辑与实现进路［J］．贵州社会科学，2021（3）：147.

地的争议，应确定一个统一的标准。宅基地作为农民最基本的生活保障，为了最大限度地维护公平，可采取对原有宅基地与房屋分别补偿的方式。对宅基地进行补偿实践中主要有两种做法：一种是农民退出宅基地后进入城市生活，另一种是迁移到农村集体建设公寓房居住。对于选择第一种补偿方式的农民，政府除了解决农民的住所问题外，还应解决农民的户口问题，即由农村户口向城市户口的转变，以此保障其享有与城镇居民同样的社会保障和基本的生活保障。对于选择第二种宅基地补偿方式的农民，政府应保障公平公正，在进行面积置换时，制定统一的宅基地置换标准，除考虑农民的居住需要外，还应考虑农民的生产生活，为农民提供用来养殖家畜与存放农机的空间，保障其生产需求。对于房屋的补偿，主要涉及两个问题：一是对房屋自身的补偿，二是对于房前屋后的树木及其他生活附属设施的补偿。对于房屋自身的补偿，政府可聘请专业的房产评估机构对农民的房屋进行评估，评估应以政府颁发的确权材料为依据，若没有相关材料予以证明的，需进行实际测量。关于违章建筑，应由政府相关机构进行评判，确认其是否具有合法性，若该建筑合法，按照评估标准进行评估，反之，不予评估。同时，农户在宅基地退出过程中因配合工作而消耗的搬迁费用等支出，都应归属于评估的范围之内，以此保障制度的公平性。

二是丰富补偿类型。由于农户间经济发展存在差异，农民对于宅基地退出后的需求也不相同。因此，当地政府在设计退出方案时，应充分尊重农民意见，制定适合当地发展的补偿方案。如上文所述，当前的补偿方式主要包含两种：一种是货币补偿，另一种是宅基地置换。货币补偿，通常情况下只考虑以宅基地的面积来确定补偿数额。但在实践过程中，由于地理位置存在差异、房屋新旧程度不同、房屋建造成本投入不同等，只凭借面积来评判缺失一定的公平性。因此，政府应制定不同等级的补偿标准，在评估过程中对不同等级进行打分，以进行合理的补偿。同时，在确定补偿方案时，不可拘泥于单一的补偿方式，应将宅基地退出补偿与社会保障相结合，了解农民的切实需求，整合多种补偿方式，使农民获取更大的利益，以此来激发农民宅基地退出的积极性。

（3）完善确权登记制度。要做好宅基地调查摸底、村庄规划、确权登记等基础性工作。党的二十大报告指出，深化农村土地制度改革，赋予农民更加充分的财产权益。农村宅基地确权登记是深化农村土地制度改革的一项重要基础性工作，是显化和实现农民财产权益的重要举措。

要充分利用国土调查、宅基地和农房利用现状调查、不动产登记、农村户籍等资料，摸清宅基地底数，建设农村宅基地数据库和管理信息平台。要按照不动产统一登记要求，加快完成房地一体的宅基地使用权确权登记颁证工作。在做好房地一体宅基地确权登记颁证工作基础上，各地要在成果应用和推动发展上做文章，积极探索完善宅基地所有权、资格权、使用权分置有效实现形式，通过盘活闲置宅基地和闲置住宅，明晰产权归属，依法保障群众的合法权益，也发展乡村产业。同时，利用“互联网＋产权交易”模式，搭建农村产权交易中心信息平台，吸引各方以出租、入股、合作等多种方式，盘活闲置宅基地和闲置住宅。

（4）放活宅基地使用权。虽然从2015年启动的土地改革中，试点地区为解决闲置问题探索了宅基地自愿有偿退出机制，允许进城落户农民在本集体经济组织内部自愿有偿退出或转让宅基地。但从实践来看，受归宗的文化观念影响，农民自愿退出宅基地的动力不足，宅基地闲置问题仍需寻求更有效的解决方案。宅基地“三权分置”的提出，放活了宅基地使用权，就是为了在实现宅基地保障功能的前提下，探索适当的流转方式，盘活闲置宅基地，促进土地资源有效利用。按照“先规划、后建设”思路，积极推进农村宅基地退出再利用，统筹运用农村土地整理项目和改善农村人居环境项目，规范宅基地再利用流程，推进田、路、林、村综合整治，盘活并优化利用农村低效和空闲宅基地①。

从宅基地的用途和功能来看，宅基地主要为农民的居住提供保障，是农民的生活资料而不是生产资料，因此宅基地的流转不能偏离宅基地的基本属性。宅基地使用权的放活因宅基地的特殊性难以照搬承包地“三权分置”和集体经营性建设用地入市制度，在《民法典》构建的农村土地权利体系之下，借鉴和统筹考量承包地、集体经营性建设用地和宅基地“三块地”是进行权利构造和制度设计的权宜之计。

借鉴承包地的“三权分置”，宅基地“三权分置”可以构造为土地所有权、宅基地使用权和宅基地利用权。宅基地使用权是宅基地资格权的法律表达，宅基地利用权是通过宅基地使用权人即农户流转设定的，去身份，实现宅基地及其上房屋使用权的放活。对于宅基地利用权的性质，应属于用益物权，具体分为债权性利用权和物权性利用权。宅基地放活后不能偏离其居住用途，通过出租的方式流转宅基地利用权形成债权性利用权；以转让的方式流转一定年限的宅基地利用权和在住房上设定居住权的，形成物权性利用权。宅基地放活后作商业等经营性使用时，应当将宅基地在一定期限内转为经营性建设用地，而不是在宅基地上设置“第三权”②。

① 杜伟，黄敏．关于乡村振兴战略背景下农村土地制度改革的思考［J］．四川师范大学学报（社会科学版），2018（1）：14－16．

② 杨雅婷．《民法典》背景下放活宅基地“使用权”之法律实现［J］．当代法学，2022（3）：86．

农户可以自主决定依法采取出租、转让或其他方式向他人流转宅基地利用权。具体放活宅基地使用权的举措包括：第一，获得债权性利用权的主体即宅基地承租人可以在剩余租期内进行转租，转租须经出租人即农户同意，未经同意的，出租人可解除合同。第二，宅基地利用权的转让宜采用登记生效主义且注明用途限制。因为在统一登记制度和“房随地走”规则下，宅基地利用权的设立和流转如采用登记对抗主义，则会产生房地一体流转下房地权利转移不一致的矛盾。第三，通过房屋居住权设定的宅基地利用权因居住权不得转让而不能再流转。第四，农户将宅基地及其上房屋抵押时，抵押期间宅基地及其上房屋仍由农户使用，涉及流转的是抵押实现环节，应在抵押合同中明确抵押实现处置抵押物时宅基地的用途限制。如果约定宅基地处置限于居住用途，就按照宅基地利用权的规则进行抵押；如果约定宅基地处置不限用途，就按照转让规则进行抵押；上述放活宅基地使用的途径都不应当再限定转入方的身份，因为宅基地利用权本身是去身份的、可流转的权利，为宅基地放活设定一个合理期限，是平衡宅基地福利保障性和财产流转性的一个重要举措。时间上，农户以出租方式流转的宅基地利用权，按照租赁合同规定，最长不得超过 20 年；以转让方式流转的宅基地利用权应将期限设定为最长不超过 70 年；通过在住房上设定居住权方式流转的宅基地利用权，期限设定应为与居住权相同的长度[①]。

---

① 杨雅婷.《民法典》背景下放活宅基地“使用权”之法律实现［J］. 当代法学，2022（3）：86.

第三章　农村文化振兴的法治保障

一、农村文化振兴的价值意蕴

（一）农村的价值意蕴

1. 农村在中国具有历史意义

无论是过去还是现在，农村都有极其重要的作用。战争时期可以提供大量的粮草，和平时期可以为经济发展提供足够的劳动力。

在 20 世纪 20 年代，中国共产党人探索了多条革命道路，然而由于缺乏经验，很多都不适合中国。直到南昌起义，革命失败，人们才重新认识了革命的道路。“农民包围城市，武装夺取政权”是中国共产党人总结大革命失败后领导红军和根据地斗争的经验，创造性总结出来的一条符合中国实际的革命道路。实践证明，这是一条正确的道路，那么为什么要走这条道路呢？从当时的现实来讲，中国的农村不依靠城市也可以独立存在，而且广大的人力物力都在农村。

抗日战争时期，农村源源不断地向军队输送粮食和兵力。新中国成立后，百废待兴，各行各业都需要发展，而定的目标也是农业手工业向工业过渡。一五计划三大改造，轰轰烈烈地进行，不可否认，在一穷二白的基础上推进工业化，必然要对一些具有发展基础的地区进行政策倾斜，那么牺牲的自然就是农村的发展了。因为相对于城市而言，农村的工业技术跟不上，具体问题具体分析，这一情况是可以理解的。城市轰轰烈烈地发展，农村为他们提供了最强有力的保障。

改革开放后兴起了这样一个新词——农民工。还有人大代表提议取消农民工这个词。在城市化、现代化的过程中，无数农民从乡村来到了城市，他们在炎热的阳光下努力工作，使一座座高楼拔地而起，并且他们的薪水不高，只能在过年的时候回到家乡。其实现在还有很多农民工，大多数人的工作是不固定的，家里忙的时候，他们就会回家务农，农忙完了，就去大城市打工。这也使得农村地区有很多留守儿童，可不出去工作又怎能养得起一家人呢？城市和农村的区别就显现了出来，但这并不是农村地区的民众自身造成的，他们也想工作，他们也想离家近，但由于受早期发展的限制，农村人口只能以务农为主，工业的影子并不多。可以说正是因为他们在背后默默无闻地支持，才有了大城市的繁荣。俗话说吃水不忘挖井人，大城市繁华了，就不应该忘记这些小地方。所以乡村振兴战略的提出就是在补短板，试图让农村发展得更好。

2. 为了适应国家发展的需要

社会主义国家的发展是以人民为本，使每个人都能过上富裕的生活，可是我们国家有超过十四亿的居民，他们散落在 960 万千米^2 的国土上，并且在各地区之间也存在着差异。而我国自 1978 年改革开放后，经济发展才有所好转，想要让所有的地区同时富起来，不现实也不可能。在这种情况下只能先发展城市，通过先富带动后富的方式促进农村的发展。如今我国已是世界第二大经济体，经济实力有了增长，以前没有做的事情、不能做的事情，现在有能力做，也做了。

3. 是破解“三农”问题的关键

我国是世界上最大的发展中国家，农业发展有着相当长的时间，目前仍有七亿农民，是一个真正的农业大国。在政府税收政策的倾斜下国家取消了农业税，不仅如此，种田还有补贴，这让无数农民乐开了花。党的十九大把乡村振兴作为决战全面建成小康社会七大策略中的一项，充分体现了政府对乡村建设的重视和支持。

国家要发展靠的不仅仅是城市，农村也是不可忽视的重要因素。2021 年之前，我国一直在精准扶贫，帮扶的就是农村地区的贫困者，当然这并不是直接给钱，而是教会他们技术或者促进他们就业。与此同时，每年还有大量的毕业生深入基层支农、支医、支教。

同时，历年中央 1 号文件也持续关注“三农”。农村的发展靠不了别人，也无法靠别人，只能依靠自己。乡村振兴战略，对于农村而言就是一个机遇。在习近平总书记“绿水青山就是金山银山”理论的影响下，更多人见证了乡村美景。如李子柒将农村生活过得如诗如画，不仅赢得了中国网友的好评，也受到了国外网友的认可，让其他国家看到中国传统文化的魅力。

对于农民来说，守着自己的一亩三分地过好自己的生活就是最大的满足，但是现实并不允许他们这样，他们需要更多的钱维持自身和后代的生活，因此他们外出打工，导致土地闲置。闲置的土地无法创造更多的收益，这是一种浪费也是一种损失。由于基础设施不完善，环保卫生教育问题严重突出，这些都极大影响着子孙后代的生活，并且现在偏僻一点的农村只有老人和儿童，这种农村生活不是民众向往的美好生活。所以现阶段乡村振兴的目标是实现产业兴旺、生态宜人、乡村文明、治理高效、人民生活富足。

这就说明农村地区必须发展产业，而且还是污染小的产业，所以也能看到现在很多农村都在发展旅游业，如种各式各样的花、修建农家乐，通过这种方式吸引更多的人前来观赏，进而带动农村经济增长。这既是政府的支持，也是老百姓的希望，党的十九大以来，我们面临的主要矛盾就是人民日益增长的美好生活需要和不平衡不充分的发展之间的矛盾。乡村振兴是人民长期追求的目标，而随着社会经济的发展，农民对乡村建设的重视程度也越来越高。

4. 乡村振兴的道路，任重而道远

关于农村发展，或许很多人都需要转变概念，不只是农村人才可以在农村发展，城里人也可以深入基层到农村发展。目前农村最缺乏的便是人才和技术，他们对振兴的理解只是看哪个地方被炒得火热就去模仿哪里，最为明显的便是古镇。毫不夸张地说，多个地区的古镇都是同质化发展，装修风格一模一样，所卖的东西也都是那几种，游客去过一次就没有去第二次的冲动，这样的一次性消费不仅会浪费人力、物力、财力，也不会使经济好转。

每个农村都要有自己的特色，而不是一味地搞没有内涵或内涵单一的古镇文化。这是一片纯洁且具有塑造性的地方，只有把本地的特色挖掘出来，与文化进行融合，才能形成自身的优势。除了第三产业之外，农民的老本行也需要进行技术革新，如引进更多的农业机械，让民众在种田时可以出最少的力，获得最大的回报。这些工作都不是一天两天就可以完成的，需要人力、物力的支持。在乡村振兴的道路上，不乏吃苦下基层的优秀工作者，他们用自己的知识改变着农村的风貌，如驻村第一书记黄文秀，研究生毕业的她却甘愿当一名基层工作者，最终不幸殉职，这样的人是伟大的，也是值得人们赞扬的。乡村振兴是一个需要各行各业的人共同奋斗的事业，而乡村发展也是一个整体的发展过程，就像一个木桶，可以装多少水取决于最短的一块。乡村振兴视野下的乡村文化建设也有其深层的内含，并且乡村振兴视野下的乡村文化建设也是中国式现代的一个重要组成部分①。

（二）农村文化振兴的价值意蕴

1. 理论意蕴

“乡村振兴”是中国建设社会主义事业的一个重要理论创新和理论贡献。中华优秀传统文化是新时代乡村振兴的重要推动力，并且需要进一步发扬优秀的本土文化，增强民族文化自信。这一理论的命题由来已久，从 2005 年十六届五中全会开始，“乡风文明”被视为新中国的一个重要的精神层面，但放在乡村振兴的视野下思考，却是党的十九大第一次提出的。党的十九大第一次明

① https://baijiahao.baidu.com/s?id=1713587861134884416&wfr=spider&for=pc&searchword=%E5%86%9C%E6%9D%91%E7%9A%84%E9%87%8D%E8%A6%81%E6%80%A7。

确提出了“乡村振兴战略”这个重要的理论命题，“乡风文明”这一概念在中国特色社会主义理论体系中一直没有变过，它是中国特色社会主义理论体系不断丰富和发展的必然结果。这一点，也说明了乡风文明建设的重要内容和现实需要，需要在实践中加以完善与发展。

同时，新时期的乡村文明建设也面临着许多实际问题，需要科学、完备的理论来指导。中国乡风文明的发展一直是一个非常复杂的课题，目前尚无统一的理论体系。其中，乡风文明的内涵、乡风文明的发展历程、乡村振兴的基本属性、乡村振兴的条件与路径选择，都需要从理论上加以解释。所以，立足新的历史方位，从国家战略的高度，全面、系统地审视乡村振兴视野下的中国特色社会主义文化建设，是当前中国社会所面临的重要理论课题。

2. 学术意蕴

学术问题是从事科学研究的核心问题，它潜藏于人类的日常生活之中，并被科研工作者运用相关的知识与实际经验加以抽象。新时代“三农”问题的解决，既要从农村实际出发，又要从理论上加以研究。“三农”问题的研究源远流长，学者们已经对这一问题进行了深入的探讨，并取得了许多杰出的成果，包括农村土地制度改革、农村党组织建设、生态环境改善、传统文化传承与发展、农村社会保障制度的完善等。但是，在全面推进乡村振兴战略的同时，新时期的“三农”发展也暴露出许多新的问题。强化乡风文明建设，切实增强乡村文化，是推进国家乡村振兴战略的重大举措，也是新时代“三农”问题中的一个突出问题。而从学术研究的结果来看，2006 年学术界出现了对乡村文化建设问题的学术关注高峰，到 2019 年，又出现相关研究的学术关注高峰。在这一时期，学者们除了关注传统问题如农民地位、制度属性、实践主体、发展现状和应对措施外，还逐渐将乡风文明与乡村振兴战略、乡村贫困与优秀传统文化联系起来。所以，无论从“三农”发展、文化强国、治理相对贫困、发展理念等方面来看，马克思主义中国化问题必将在今后一个时期引起我国学术界的广泛重视。

3. 现实意蕴

中国共产党始终把实现乡村振兴作为一个长期的发展目标。中国共产党从革命战争年代起，为了挽救日益衰败的乡村，就在中央苏区进行了乡村建设实验。新中国成立以后，中国共产党在全国各地进行了乡村建设，推动了乡村的发展。从新中国成立初期的农业合作化，到改革开放后的家庭承包，再到 21 世纪初期的新农村建设，以及新时代的新农村建设，这些都是中国共产党在农村发展建设中做出的重大举措。尤其是进入 21 世纪以后，随着经济一体化的不断深化、中国现代化进程的加速和文化全球化的冲击，中国农村社会在现代化进程中也出现了不平衡的社会现实。乡村振兴，尤其是乡村文化的复兴，对于新时期的乡村建设和发展来说，更为迫切和必要。但从实际情况来看，乡村文化的蓬勃发展受到了诸多阻力，广大农民的精神生活水平与城镇居民还有很大的差距。而乡村精神文明建设的低级发展又不能有力地促进乡村经济的发展。在这样的背景下，乡村文明建设必须承担起新时期农村文化振兴的责任，以提高乡村社会的现代化水平，重建农民的精神面貌。在乡村振兴的大背景下，持续推进农村文化建设，符合广大农民对美好精神生活的实际需要。总之，乡村振兴视野下的乡村文明建设是当前中国社会所面对的一个重要现实问题。

将乡风文明建设纳入乡村振兴的视野，不仅是一个新的理论问题，更是一个富有时代特征的新课题。本研究从理论、学术和实践三个层面对乡风文明进行了较为深刻的探讨。

（三）农村文化振兴的意义

1. 理论意义

在推进乡风文明建设和发展的进程中，中国共产党树立和积累了一种党的责任感。要充分尊重农民的意愿，才能真正激活农村文化的内在动力，实现农村文化与农村经济的和谐发展，重视教育卫生的移风易俗，以充分的历史耐心推进农村文化建设。从这些基础经验中提炼出的物质文化成果，是中国乡村精神文明建设的一个重要内容。对乡村振兴视野下的乡村文化进行全面、系统的研究，对于进一步完善中国农村现代化发展的思想和理论，丰富中国乡村的精神文明建设有着重要的理论指导作用。

2. 学术意义

乡村文化的复兴是一个综合性的过程，许多学科都有自己的独到见解和贡献。然而，关于中国农村社会发展的历史过程的整理与归纳却很少见。从乡村振兴视角看，“新时期”的农村文化问题，反映了全党乃至整个社会在推动农村社会发展中所起到的重大作用。从历史进程、主要特色和基本经历三方面考察中国农村文化发展的历史进程，是马克思主义中国化进程的重要课题。本研究从基本属性、现实境遇、途径的选取等方面，对我国农村建设进行了全方位的论述，这对丰富我国当代马克思主义理论的新视野、新内涵有着重大的理论价值。

3. 现实意义

中国广大的农村和农民为中国的现代化进程作出了重大的牺牲和贡献，中华人民将永远铭记他们所做出的努力。“国家要复兴，乡村要振兴”，这是我们党领导中国人民实现下一个世纪的宏伟目标的庄严承诺。但是，中国在 40 多年的改革开放历程中，虽然取得了很大的成绩，但与之相比，农村与城市人文差异明显，部分农村居民对农村的文化信心不足。这说明，作为农村精神文明建设的一项重要内容，农村文化建设已经不能充分发挥其应有的功能。因此，全面地对农村文化建设进行细致的分析，对于全面振兴农村和实现农村现代化具有重要的现实意义①。

二、农村文化振兴的现实困境

（一）乡村文化城市化倾向明显

文化具有互补性的作用，即在相互沟通的过程中，它们始终互相作用。但是，文化影响力有强弱，强大的文化在无形中会对弱小的文化进行改造，使弱小的文化处于困境之中。农村和城市是传统和现代的两个极端，农民个体在社会的边缘地位上对不同的价值观感到茫然，他们和城市之间的冲突是由不同的文化模型导致的行为上的差异，从而导致了交流和融合的障碍。城市是现代社会发展的一个重要标志。在城市化过程中，由于城市文化和工业文明持续膨胀，乡村的生存模式逐渐丧失了原本的面貌，人情关系也不再受传统的影响，乡村社会的伦理道德和礼仪规范已被合理化所取代，以钱为本的拜物主义文化已成乡村大众的膜拜对象，乡村社会也渐渐沦为都市文明的附属品，乡村社会面临着“文化安全”的困境。

1. 城市文化的强势化

当今社会，都市发展迅速，乡村没落，这在西方各国都是一样的。伴随着城市化进程的迅速发展，农村生活方式也发生了巨大的变化，以工业为主的都市文明已逐渐占据了主导地位，并以一种强有力的方式向农村渗透，对农村的传统生活习惯和生活方式产生了巨大的影响，最显著的改变是乡村私有文化的发展。私有制的文化被广大的农民和家庭所拥有，电视、影碟机、电话、手机、电脑等现代的文化产品，正逐步进入乡村居民的生活。现代社会，城市文化在城市与乡村的关系中占据了主导地位，但随着改革开放和市场经济的不断发展，城市文化逐渐成为农村文化发展的一个重要方向和主要内容。

到 20 世纪 90 年代初期，90％的农村家庭都有了电视机，这使得农村文化快速地向农村蔓延。沿海地区的年轻人回乡探亲，也带来了最新的时尚用品、家居用品、电子产品和他们在城市中早已熟知的食品。以电视节目为例，其城市化趋势是十分显著的。2015 年，农村人口约有 6 亿人，占全国总人口的 44％。而当时全国农村题材的电视连续剧只有 15 部 490 集，分别占全年电视连续剧总部数和总集数的 3.81％、2.96％，远远不能满足农村居民的收视需要。

① 刘欢．乡村振兴视域下乡风文明建设研究［D］．长春：吉林大学，2021.

虽然是农村题材的电视剧，但也有一部分与农村人民有着隔阂，故事中所蕴含的思想与农村的生活有着矛盾，并没有直接面对农村人民的精神需求。城市是现代社会的一个重要标志，它为人类提供了许多方便，但也对乡村文明的可持续发展造成了挑战。

随着农村社会的发展和城市化的加速，农村的基础设施建设得到了显著的提高，为农村文化的普及提供了巨大的方便。有学者对贵州各少数民族村落进行了调研，发现纳麻村过去用大卫星接收机，可以收听 10 多个台；从 2011 年开始，村里已安装小型卫星接收机，能收看 30 多个台。截至 2015 年底，纳麻村 23 户人家共有 23 台电视，占全村总人口的 100%；平善村有 98 户，共有 96 台电视机，占总户数的 97.96%；巴拉河村 115 户人家有 112 台电视机，占总户数的 97.39%；控拜村 245 户人家有 240 台电视机，占总户数的 97.96%。随着现代电视机等设备的普及，以传媒为载体的城市文化对乡村大众进行了经济和文化的培育，个人主义、消费主义、工具主义等传统的文化生态和价值体系已经逐渐渗透到乡村的传统文化和价值观中，人们离农村向城市的思想油然而生。由于城市文化具有强大的吸引力，乡村的传统观念遭到了极大的冲击，原有的风俗习惯、特有的宗族文化和淳朴的乡间风俗习惯在这种文化的压迫下，慢慢地被淡忘。

乡村青年是乡村社会的主力军，是乡村文化生存、发展和繁荣的载体。然而，都市文化与年轻人追求自由、寻求突破的个性高度契合，使得都市文化更容易引发他们的心灵共鸣，进而导致农村青年对乡土文化的忽视和对都市文化的喜爱。因为他们的悟性和判断力都不高，在接触到都市文化之后，往往会抱着一种盲目的态度，从实用和功利的角度去审视都市文化，个体的权利和自由、物质的利益和获得成为他们的价值追求。

同时，受都市文化的影响，乡村小学的教育也以升学为主要衡量标准。这种城乡融合的学校教育模式已经丧失了对学生的价值取向的正确引导，而逃离乡土、进入城市、享受现代生活成为他们的学习目标和动力。农村教育的大都市化，使传统村落的传统技艺传承面临危机，农村年轻人对优秀传统文化的兴趣程度和接受程度不断降低，从而影响了农村文化的可持续发展，也影响了乡村文化的全面复兴。

2. 乡村文化的脱域化

乡村文化的“脱域化”是指在传承和发展过程中，由于社会环境的变迁，农村文化逐渐从原来的文化领域中剥离出来。最后，使农村文化走向都市化。

目前，中国正处于城市化的高速发展时期，农村文化的原始形态和基础已发生了很大的改变，农村人口的减少、农村面积的缩小、城乡的融合成为农村社会发展的基本形态。据调查，农村居民的职业认同呈现多样化趋势，农民工约占农村居民的 30.7%，个人业主约占 7.9%，政府机关人员约占 48%，其余人口约占 13.2%。乡村文化是以农民为中心，以农业为依托，以广阔的乡村为载体的一种文化形态。农村大量的劳动力向非农村地区流动，为城市文化的发展奠定了良好的基础，但也造成了农村文化“异化”。农民们还没有从农业中解脱出来，他们希望自己或者后代有一天可以离开农庄和乡村，但这会破坏乡村文化的牢固基础。

乡土物质文化是塑造乡村精神文化的根本形式和物质载体。改革开放后，由于市场经济和农村之间的交往日益密切，都市文化在农村社会中渗透，使农村的物质文化发生了翻天覆地的变化。从房屋结构上看，以前的农村主要是土坯房，而现在农村则是钢筋混凝土结构，完全是都市型的。特别是部分少数民族村落，利用现代都市风貌对传统民族建筑进行改造，往往忽略了乡村文化的地域性和整体性，使得农村文化失去了自身的特殊场域。在村庄的规划中，出于对空间感的追求，有限的区域内无法满足多户人家的居住需求，导致村民居住逐步出现了分散的状况，造成了土地资源的浪费。

分散居住的同时也造成了一个实际的时空壁垒，阻碍了人们的交流与情感的沟通。“饮食文化”是我国农村文化的一大特色，也是其重要的一种表现。在传统的农村，人们的食物都是由家庭自己生产，自己加工，这样就形成了村民和土地之间的一种有效的公共连接。现在，由于时间成本增加，人们的饮食习惯也发生了改变，有些人已经开始购买商品化的速食，这种以合作、民俗性、独特性为特征的乡村饮食文化，已渐渐失去了生存的空间。尤其是在农村民间节庆的饮食方面更是如此，商品化的食物占据了村民的饭桌，不仅没有了传统的礼节，而且形式上的改变是极大的。

在乡村，戏台是一种极为普遍的民俗文化体现，它是农村文化社区和农村公共文化的一个重要组成部分。观众们将欣赏、互动、狂欢融会贯通，给了村民们一种难以忘怀的快乐。因此，戏台深受人们的喜爱。但是，由于农村社会的变化和村民审美习惯的变化，这些类型的农村文化也出现了“异域”的现象。

据统计，2011 年全国农民不去电影院的比例为 60.7%，2012 年这一比例为 59.4%，2013 年达到 60%，而在中西部农村，常去戏院的人不足 10%。对武陵 18 个农村进行的一项民意调的结果发现，43.1%的农村居民对当地的传统文化并无好感；64.6%的农民工称，当地传统文化已经被都市生活所取代。根据对 L 村的调研结果，年轻人喜爱都市文化的占 80%，对都市文化不反感的占 50%，老年人依然钟爱乡村文化。由于农村的发展逐步现代化，使得农村的传统社会形态和生活模式都产生了巨大的改变，它对传统的社会观念和社会文化模式产生了巨大的冲击，使得乡村社会从原来的区域逐步向都市发展。

（二）乡村公共文化发展不充分

乡村社会公共文化是乡村社会共同存在的一种文化形式，其表现形式是以个体的文化观念和价值经验作用于观念、行为和规范，从而对乡村社会的建设起到了重要的推动作用。从文化角度来看，乡村公共文化在乡村文化建设中占有举足轻重的地位，同时也是农民群众实现基本文化需求的有效载体。中国自改革开放后的农村文化建设，基本建成了农村公共文化的供应系统，但是在满足群众日益增长的文化多元化需求方面还没有得到足够的发展，这就进一步制约了农村文化的深入推进。

1. 乡村公共文化主体性不足

乡村公共文化是农村社会文化的基础，是实现农村群众文化需要的重要保障。改革开放以来，农村的公共文化事业在我国取得了巨大进步，物质文化建设也有了长足的进展，但从公共文化主体性的角度来看，仍有一些问题。

第一，农村公共文化的责任主体不明确。在计划经济时代，大队因为集体经济的支撑，拥有相应的财政权力，从而保证了部分制度化的乡村文化活动以法治文化为核心，推动农村文化活动的开展。在某种意义上，它可以很好地解决农村大众的文化需要。随着家庭承包责任制的实施，大队不再是一个单独的核算机构，村级集体经济逐步瓦解，农村独立发展的物质基础日益薄弱，需要县、乡两级的资金支持，村委在农村公共文化建设中已很难担负起主体责任，因此，乡镇政府要承担起这个责任。

在农村税费改革以前，乡镇政府虽然也有自己的财务体系，但因为大部分都是吃饭财政，所以在资金和绩效考核等方面，农村公共文化的发展并不顺利。在我国实行农业税制度后，乡镇政府财政权力弱化，但是由于农村公共文化建设的主体地位没有改变，导致农村公共文化的财权和事权不对等，因此乡镇政府无法担当起这个重任。从财政能力和制度完整性两方面来看，乡镇政府承担起农村公共文化建设的主体责任更为恰当。但是在实际操作中，农村公共文化建设的责任主体并不明确。

第二，乡村公共文化组织主体弱化。在传统的社会里，农村的公共文化建设的组织主体是当地的家族、宗族和乡绅。新中国成立以后，农村的血缘关系、地理环境等都发生了变化，传统的社会组织被党组织取代，农村的公共文化活动都是以大队为单位进行的。改革开放以来，随着农村经济的快速发展，基层党组织的组织能力不断削弱，农村的群众文化建设也没有了强有力的领导，有的地方的党组织甚至被某些黑恶势力控制，组织公共文化活动的工作根本无从谈起。农村基层党组织结构的弱化，使其在社会中的主导地位和价值取向等方面发挥不出应有的作用，农村公共文化的先进性被限制。与此同时，由于农村人口的快速流动，一些农村精英群体向城市迁移，导致农村公共文化组织者大量流失，从而对农村公共文化的发展产生了一定的影响。

第三，乡村公共文化参与主体缺失。乡村公共文化的参与主体是广大农民，它是乡村公共文化公共性的重要体现。改革开放以来，以经济建设为核心的社会发展始终是一个重要课题。在农村社会的开放、农村人口的快速流动和大量农村居民涌入城市寻找新的发展机会的情况下，农村人口的物质需要成为首要选择，而农村整体的公共意识则急剧降低，村民对农村公共文化的参与热情也越来越低，他们渐渐脱离了公共文化的范畴，处于“他者”状态，农村缺乏参与农村公共文化建设的主体。

此外，在农村公共文化的发展中，因仍然是计划经济，所以缺少收集、论证等环节，在某种程度上导致不能表达或不想表达的情形，结果就导致农村社会公共文化的供应和实际需要之间的不匹配和不协调，农村民众逐渐疏远对公共文化的参与。这一点，可以从符晓波对西北乡村农民对休闲文化抉择的实证研究中加以印证。

第四，农村公共文化资源的供给是单一的。新中国成立以后，国家推行了“自上而下”的文化建设，农村公共文化由政府主导。改革开放后，继续将这种供给方式延续到农村，农村公共文化的供给仍由政府主导。例如，“村村通”“户户通”“文化下乡”“农家书屋”等，都是由政府主导的，相关费用基本上由国家来承担。虽然有些农村团体通过传统文化的形式，自发地将部分传统文化活动重新活化，如社火表演、唱戏、庙会等，在激活当地乡村社会的公共文化生活中发挥了重要的作用。但是，这是村民的一种自发的行为，受到资金、人员的流动等因素的制约，使得公共文化的供应不够稳定。

在欧美，企业积极投身于公共文化的建设中，既能促进公司文化、品牌的传播，又能充实民众的心灵，增强大众的文化资源。在农村公共文化建设的进程中，部分企业捐赠了大量的文化用品、健身器材、书籍、报刊等，但这些都是短期的，不能很好地适应农村群众的需要。从我国农村的实际情况看，我国大部分农村地区的政府购买公共文化服务尚处在初级阶段，县政府、县文广电局和乡镇政府占据着供给的主体地位，社会组织、个人组织、企业组织参与农村公共文化供给的融入度有限，很多方面还不是十分科学与规范。

2. 乡村公共文化实际成效不足

农村文化的建设和发展离不开农民，而农民不仅是乡村文化的创造者，也是乡村文化的需求者与接受者，这是由中国特色的社会主义文化属性和农村居民的生产和生活文化需要的两个重要方面决定的，因此，能否充分发挥农村群众的文化需要成为衡量其现实效果的重要因素。

改革开放以来，中国农村文化建设得到了极大的发展，在农村广播、“村村通”、文化信息资源共享、农村电影放映、农家书屋等方面投入了大量资金，在硬件上基本实现了乡镇文化站、农家书屋、乡村舞台、文化广场等文化设施的全覆盖。但从使用频率、服务质量和实际效果上，除了“村村通”以外，其他建设工程的建设标准、管理水平还有很大的发展空间，公共文化服务的实际效果有待提高，乡村居民的文化生活空心化问题仍然存在。

农家书屋是提高村民的文化素质的一个很好的场所，但有些图书村民却不会看，也不会用。有些地方的农家书屋，甚至根本不可能向村民借书，形式大于内容。所以，农民的读书频率和满意度都会受到很大的影响。符晓波在调查了西北农村后，也看到不少人对农村的公共文化建设提出了不满，这说明农村的公共文化建设还有待提高。

农村公共文化阵地的建设，由于缺乏刚性和灵活性，特别是供求关系的分割，使得它的作用无法充分发挥。过去，农村居民的文化需要是单纯地收看广播电视、打麻将等，而随着农村居民的生活水平不断提升，他们的文化和休闲方式也随之改变，他们的需要层次有了明显的飞跃，农村人民更需要丰富多彩的精神文化活动。从硬件设施建设来看，大部分农村地区已达到标准，但在服务效果方面仍有不足之处。

根据国家的顶层规划，“文化综合服务中心”是一个集文化宣传、科技普及、法制宣传、体育健身、党员教育等为一体的公共文化阵地。而在实际运作中，以唱戏、棋牌、舞蹈等休闲娱乐为主，技术性培训和宣传性引导的活动比较少见，其文化性的公共作用还未充分发挥。例如，农村青年想要了解更多农业、法律、信息技术等方面的文化，以帮助农民解决生产和生活中遇到的实际问题，但是农村的文化供应工作却不到位，或者是虚化的，缺少针对性，从一定程度上来说成了一种无效的文化供应。

由此可以看出，农村社会的发展和人民群众的文化需要水平的提高，使得农村的公共文化事业肩负起越来越大的责任。农村社区公共文化服务系统虽然在硬性基础上逐步完善，但在成果上仍存在着技能培训、文体娱乐、才艺表演等方面的不足。农村社区公共文化与农村居民的生活融合度较低，中国农村社区的文化发展水平较低，使得其社会地位和社会经济发展水平仍存在着较大的差异。

（三）多元价值取向普遍存在

“文化涵化”理论指出，不同文化之间的频繁接触会导致其在内容和形式上的变化。改革开放以来，随着中国农村进入“后乡土”时代，其“乡土”的“熟人关系”“传统礼俗”“村落共同体”等特点都受到了不同程度的文化价值观的冲击，进而导致其价值观的多元化。

1. 乡村价值的理性化

传统社会对农业的影响有限，农民的就业机会成本几乎为零，农村劳动力的跨境流动能力较弱。随着改革开放的深入，经济的发展促进了社会结构的变革，为农民的流动创造了可能，而文化理念的变化则促使农民的行动向现实转化，从而形成了一种惯性，从思想和心理层面改变了人们的行为方式，为下一步的行动奠定了基础。有些靠着不正当手段致富的人，放弃了传统的道德准则，不再被社会的正义所约束。人口的流动促进了个体的现代性培育，使他们摆脱了土地的桎梏，拓宽了他们的视野，使他们在行为方式的选择上趋于理性，从而使农村社会失去了对伦理的排斥能力。

马克思说："所有人为了自己的利益而努力。"在市场经济环境下，许多人都以"发财"为目标，建立起一种以经济理性为基础的利益关系网络，以"成本—收益"为基本准则。过分强调经济层次的划分，必然会使人失去人生的价值和道德。在农村社会中引入"以利益为中心"的理念，使村民与村民的关系日益变得功利，利益考虑也就成了人们的基本行为准则。在人际关系方面，过去的村落关系密切，多是基于血缘关系，或与地理环境密切相关。当前，在村民交往中，利益的理性计算日益增加，血缘和地理联系并非首要考量。农民价值取向和道德观念日趋复杂，农村文化的合理性导致人情关系的某种价值化和效用化，从而表现出行为单元的原子化和异化。在文化遗产方面，农村文化正处于断裂的边缘。在农村传统社会中，人们最常参与的节日是一年一度的重大活动。参加婚礼的人都要回家吃晚饭，以示一家人团聚。大部分人会在家中举办一场庆典，以纪念有一个完美的家庭，并祝愿将来幸福。近年来，过年的仪式和文化内涵在农村居民心目中的地位越来越低，但物质层面的影响却越来越大。

此外，在某些比较落后的农村，十几万元的嫁妆是很常见的。对甘肃省泾川县 5 个镇 15 个村庄的调查结果显示，我国农村的嫁妆由 20 世纪初的 2 000 元人民币增加到了 20 万元，是当地农民 2014 年人均纯收入的 36 倍，彩礼整体在 13 万～20 万元，最高达到 28 万元。此外，在"三金一烟"这一"标配"中，除了黄金戒指、金耳环、黄金手链、摩托之外，还增添了电视机、计算机、洗衣机、电冰箱等家电。

娶妻一家贫。嫁妆原本是男性对女性的一种经济补偿，是中国传统的一种厚礼，也是一种对儿女幸福的祝愿。高额彩礼的出现，给婚姻增添了更多的物质内涵，成为村民婚姻的桎梏。其所蕴涵的礼制作用已被削弱，它以强大的力量裹挟着农村社会的价值，与以人为本的观念相违背，金钱成为一种神秘的膜拜之力，而物质化正逐渐成为农村文化的主流。

除了聘礼，在其他方面，村民的价值观念也出现了物质化。在农村，有些村子不管男女老少，白天和晚上都在玩扑克牌，赌钱从以前的五角、一元发展到现在的五十元、一百元，少的也有几百元，有的甚至几万元。在村民日常休闲活动中，以物质为导向的价值观正在牵引着积极、健康的文化休闲方式。

2. 乡村价值的消费化

消费主义源于城市，是农村社会的一种外来的文化价值观，它是市场发展的必然结果。而随着城乡融合的深入，消费主义作为一种新的文化形态，迅速地改变了农村居民的生活和价值观，并与传统的农村文化发生了冲突。改革开放以后，特别是 20 世纪 90 年代中期以后，由于农村和城镇之间的距离越来越近，消费主义迅速涌入农村，使农村居民的生活方式发生了巨大的变化，部分农村居民的消费观念发生了改变，产生了不健康和非理性因素。其原因有：第一，资源的浪费问题比较突出。第二，消费观念落后，某些陈旧的消费观念和习惯日趋严重。农村居民注重物质而忽视精神的消费，大部分村民会选择盖房子、娶媳妇、吃穿，而对文化的积极、健康的投资则较少。改革开放后，消费主义逐步成为农村文化发展的主要方向。

消费主义的目的不在于满足现实的需要，而在于制造和刺激。也就是说，人们没有消费，只是利用了象征意义。消费主义的大量消费需求，无形中把更多的人拉进“买”中，“欲望”引发人们对奢侈品的无尽追求，从而形成了现代社会关系的再生产条件，消费成为人们自我表现和认同的重要形式和意义源泉，以商品象征意义的消费过程建构了一种新的社会统治与社会支配方式。随着消费理念的转变和消费需求的增长，在消费主义的作用下，人们往往忽略了自己的经济力量而陷入“超支”，这种“以积为先”的伦理思想挑战了传统的伦理，“节俭”等价值观念也随之消亡。

消费主义是一种不可避免的市场逻辑。问题在于，消费已经激起了农民的购买欲，仅有少量的现金收入，根本不能满足他们的需求。消费主义反复地告诉我们节俭是错误的，花钱是高尚的，没有钱就是可耻的，而农民却没有钱来享受这样的生活。他们为自己的贫困而感到惭愧。农村出现了大规模的消费时代，它对农村的日常生活和社会产生了一定的影响，它对村民的观念、人际关系、价值伦理等起着支配和改造的作用①。

三、以法治文化为核心建设农村文化

构建具有中国特色的法治文明，既是实现我国法治社会的重要内容，又是

① 张世定．改革开放以来中国共产党乡村文化建设研究［D］．兰州：兰州大学，2019.

实现法治政府的关键。其路径、机制、前瞻等方面的理论探讨，都是基于对历史、现实和未来的系统的反思。

（一）农村法治文化建设的路径选择

法治文化的构建并非一蹴而就的，它是一个漫长的历史进程。唯物辩证法主张，在复杂的事物发展中，要把握主要矛盾。法治文化建设涉及方方面面，影响因素很多，因此，把握好问题的关键，有针对性地制定相应的战略，明确其路径，才能有效地推进法治中国的建设。

1. 增强农村人口法治意识、坚定法治信仰

法治信仰是国家法治水平的一个重要指标。增强人民群众的法制观念，增强他们的法治信仰，是建设具有中国特色的社会主义法治文明的一个重要组成部分。要实现这一目标，必须以社会主义核心价值观为引导，以具体的法律宣传活动为指导。

第一，以社会主义核心价值观为引导，构建乡村法治文化。恩格斯在阐述历史唯物主义的时候，认为社会意识是由社会存在来决定的。社会主义核心价值观是一种积极的社会意识，它可以有效地将传统的道德价值与精神追求结合起来，体现出新时期的时代特征和农民的心理倾向，从而强化了价值领域中法治文化的支撑和目标。与此同时，社会主义法治文化的构建也是一种行之有效的途径，不仅可以推动社会主义法律制度的完善，还可以增强农村精神文明水平，增强农村群众对社会主义核心价值的认识。党的十八大以后，党中央相继制定了一些法律草案，提出了把社会主义核心价值观融入法治文化之中，通过“价值驱动”“以实践促精神”“以德促智”的方式推进了我国的治理体制和治理能力的全方位提高。

以社会主义核心价值观为主导的法治文化建设主要表现在以下几个方面。一是建设法治国家、法治政府、法治社会，必须树立公民法治观念，增强农村居民法治观念。二是必须树立公平、平等观念。公平、平等是近代法治文化建设的基本精神，没有公平，法治就毫无意义。只有依法治国、按法律办事，才能赢得广大农民的信任和认同。同时，要树立法律的公正性，让民众参与控制和监督政府的权力，这样才能真正做到公平、公正。三是增强公民对权益的认识。只有具有法治观念、人权观念、法律观念和程序观念的人，方能正确地评判和捍卫好自己的法治信仰。四是增强公民的民主理念。法治的社会必须扩大民众的各种权利，限制强权，保障弱小。要形成自由、平等、公正的社会意识，使法治文化的精神世界得到充分的体现。加强社会全体公民的法治观念，把社会主义核心价值观融入每个公民的工作和生活中。要切实消除传统思想的束缚和西方资本主义腐朽的思想毒害等多种因素导致的价值观偏移，要在构建

社会主义法治的过程中，发挥引导作用，加深对社会主义核心价值观的认识，加强社会主义法治文明建设。

第二，建立和完善新时期农村法律法规体系与模式。在全面依法治国和建设社会主义法治国家的过程中，加强人民群众的法治观念是一个亟待解决的问题。所以，要在当前的法治文化建设的基础上，深入挖掘民众的心声，从根本上实现全民法治文化的普及。自 1986 年以来，全国法治宣传教育经历了 30 多年的发展，人们对法治的认识不断提高。在此背景下，我国的法治建设已初步奠定了一定的社会环境，人民群众对法律的认识和信念已逐渐树立，但其认识法的范围普遍停留在刑法上，也与我国传统道德观念的教育有着密切联系。全民普法教育更要加强对法的全面理解，了解、理解和应用法，在构建法治文化过程中形成自觉意识。在确立法治信仰和"普法教育"本身的基础上，在依法治国的大背景下，实现全民参与。

新时期农村普法教育体系与模式的健全与完善：一是要在新时期不断丰富法治宣传的方式与方法。加强对新媒体的传播、宣传管理，保证"下移""标准不下放"。要保证党和政府的严格控制，使全民普法教育真正成为全社会的主体，从体制上对普法教育进行指导。二是要在新的形势下，建立一个公众广泛参与的法律宣传教育平台。以规范体系、有效方式进行法治文化的教育与传播，整合各种法治文化的建设力量。要做到"开门办实事""集约化办""用好新媒体"。三是加强法治信仰的普法教育。强调法治价值观的传递，使法治文化的传播更加有效，使法治价值观和舆论导向相结合，把握普法教育主阵地，强化法律主体意识。四是要推动人们的信仰自觉，使人们认识世界，强调对马克思主义的信仰性的诠释，并使其回归到对信仰的终极价值关怀。

2. 健全农村法治体系、提升法治能力

中国特色的法治文化建设需要坚持党的领导，依法治国，并不断健全法治制度，提高法治能力，加速实现现代化和法治化，全面实现人民当家作主。

第一，加强法律制度建设，加强党对乡村法治建设的领导。中国共产党在乡村法治建设中的主导地位，健全法治制度，加强法治监督，是社会主义法治制度的基本保障。第二，加强法治建设，拓宽舆论表达渠道，保障和支持人大代表依法履职。建立有效的法律执行制度，让民众有足够的话语空间，让他们说出自己的心声。要增强全民的主体意识，调动广大民众积极投身于法治文化的建设之中。健全保障公民权益的法治制度，坚持以人民为本的思想，加快推进社会建设、保障民生等法律制度建设，保障人民的权利和幸福。以法治文化的形式，实现人民群众的最大愿望和最大的愿望。要让法治成为贴近群众、发扬民主、弘扬法治、接受监督的新的空间，就需要健全群众利益诉求、协商化解矛盾、引导和培育群众的法治意识。第三，要强化党的法治建设，尤其要完

善党的法律制度，强化对党的领导干部的全面监督，完善依法行政的合理分配，避免过度的集权和滥用。要把法治贯穿到党的整个政治生活中去，把法治精神发扬光大，把法治建设的积极力量发扬光大。

3. 营造法治氛围

通过强化法治管理，营造法治氛围，构建具有中国特色的社会主义农村法治文明，实现领导干部、基层法治等各个领域的法治文化实践，以改革创新方式提高社会治理工作的法治化程度，从而实现法治文化建设整体水平的提升。

抓好农村领导干部这个关键少数。正确认识新形势下中国共产党的执政本领和领导艺术，是实现依法治国、建设社会主义法治社会必不可少的先决条件。要通过抓好农村领导干部，确保党和国家在宪法和法律的指导下进行工作，确保基层党组织发挥领导作用，保障“密法”和“法律”的权威性，保证国家各项纲领、路线方针政策的贯彻和执行。抓好领导干部这个关键少数，是要对农村领导干部依法、依规管理。作为执政党的领导干部，必须自觉遵守法制，让其在国家法律的制约下发挥作用，使之成为依法治国的先行者，在法治社会中形成良好的政治生态环境。

要强化领导干部法治培育。从法治体制的变革和国家治理的现代化角度出发，加强乡村领导干部的法治意识和依法治国的能力，将其纳入乡村领导干部的培养和培育之中。在各级乡村党组织中，要充分发挥法治作用，善于发掘运用法治思想的优秀党员。

4. 树立法治形象、彰显法治实力

“一带一路”建设、治理、共享等在我们国家的发展和中国的社会主义法治文明之间的互动作用越来越明显。法治文化建设要积极、主动、顺应世界发展趋势，立足于中国的特色和国际视野，树立良好的法治形象，展现强大的国家法治力量。

要把法治文化软实力和硬实力结合起来，统筹协调。乡村法治文化的软实力与乡村法治文化的强弱是其整体的两个方面。一是加强法律与国际主流意识形态的协调。一个国家的法律形象取决于其坚实的物质基础和制度体系，而建设法治文化必须立足于民众的利益，并在现行的法律体系下对其进行全面的梳理。抛弃过时的法律和规章，增加适合自己国家的法律和法规，使中国在国际上得到了更多的认可和肯定。二是要加强对法治力量的价值培育。促进道德价值观和法律观念的相互交融，要求内在的制约和外部的强制逐渐结合，从而丰富中国特色社会主义法治文化的价值内涵。要把法治和精神文明有机地结合起来，使人文价值观和法治文化融入人们的心里，变成他们的信念。三是要实现培养具有中国特色的社会主义文化软实力和法治硬性力量的有机统一。我们要不断吸取国外先进的法治理念和经验，以中国特色社会主义为指导，以中国特色的政治体制为依托，以自身独特的政治优势，为党和人民事业的发展提供坚实保证。

（二）中国特色社会主义法治文化建设的机制构建

要准确地掌握法治文明发展的基本规则，深入分析制约其因素，构建健全运作体制，保证其良性运作。本研究从多元动力、责任监督、普法传播、文化创新、公信力五个方面来建构我国法治文化运行的体制。

1. 强化农村法治文化建设的多元动力机制

构建多元化的动态机制是乡村法治文化的内在动力。过去，我国农村法律文化建设主要是由政府单方面推动，而与其他社会领域相结合的程度不高。因此，农村法治文化的构建必须突破传统的政治推进与法律驱动的单一力量，必须在主客体的维度上保持统一，并形成多元化的激励体制。要建设一个强大的法律制度体系，必须依靠政府的支持。随着乡村法治文化建设走上正轨，政治力量减弱，多元主体在乡村法治文化中的地位日益凸显。当前，乡村法治文化的主体必须包括党的推动、政府的推动、社会的推动和个体的思想的推动。在多元主体的塑造中，要正确处理主体间的动态联系，以主体建设推动法治建设，适时转变政府职能，改善社会环境，强化人民主体。

2. 完善农村法治文化建设的责任监督机制

问责与监督机制是构建社会主义和谐社会的重要保证。具有中国特色的法治建设是一个系统性、综合性的工程，尤其是面临着新的历史使命和各类可能面临的风险和挑战，必须在法律制度、政策、法律行为等方面构建一套行得通的制度与机制。通过对法律文化的责任主体的监管，可以对法律文化的运行起到约束作用，并对法律程序、法律制度的具体实施进行约束，实现内部和外部的力量平衡。

3. 健全农村法治文化建设的普法传播机制

法治宣传是构建社会主义法治文化的重要内容。在继承与弘扬法治文化的过程中，要发挥其教化作用。新的网络媒介和新的信息技术手段使我国的法治文化更加具有前瞻性。在舆论信息由单一向交互的过程中，大众已经成为新时期舆论传播的重要环节，而在新的历史时期，大众已经是舆论的重要组成部分。因此，要加强法治文化的宣传和传播效能，使其与舆论导向政策有机结合，运用好新型媒体，充分利用数字化手段，加强合作与交流，完善法治沟通机制，牢牢抓住法治宣传的主战场，构建法治宣传新格局。

4. 推动农村法治文化建设的文化创新机制

在社会主义和谐社会建设中，文化创新机制起着举足轻重的作用。农村法治文化建设的根本目的是推动农村法治文化的不断完善。只有在实践中不断地创新法律文化的表达与协作，才能让法律文化永葆生机，让社会主义法治社会更加生机勃勃，更加丰富多彩。

乡村法治文化作为社会主义精神文明建设的一个重要方面，它的表现方式与生俱来地受到其内涵的制约。文化的活动与形式的自由，必然要服从严肃、严谨的法治内容，从而限制了法治的发展。不管是法治作品、法治电影还是其他法治文明，都应当对广大读者进行法律的启蒙和教育。只有在这一点上，我们的审美感受才会变得更为丰富多彩。法治艺术一直以来都是创造法治文化的主要手段，而“寓教于乐”则是其终极目标。由于法律艺术的内容高于其表达方式，因此必须对其进行规范。

5. 强化农村法治文化建设的公信力

在中国特色社会主义法治文化的建设过程中，逐渐出现了“主体客体”与“客体主体化”的问题，特别是党和政府，其功能主要体现在行政机关的运用上，而非社会所有人共同分享的结果。因此，新时期的法治文化必须在主体与对象的关系、顶层设计、道德支撑等方面进行创新，才能使法治文化得到持续发展。要增强社会主义法治文化的公信力，就必须保证人民群众的切身利益，实现人民对美好生活的憧憬。在具体的推进中，可以从两个层面来分析：一是构建科学立法、严格执法、公正司法的社会执行力；二是加强对国家、政府和社会的宏观控制。同时，要使社会执法和宏观控制相统一，抓住人民性和群众性的法治缰绳，使法治文化的建设走上正确的道路。

第四章 智慧农业发展的法治保障

民族要复兴，乡村必振兴。农业是国民经济发展的关键基础，同时也是国家安全的重要保障，要加快推进农业农村现代化建设，当前智慧农业的产生和发展是时代之潮流，是乡村振兴的必然选择。构建智慧农业法治保障体系，推进智慧农业法律制度的系统化，将法治主动融入智慧农业的全过程，全方位、多层次、宽领域护航农业农村高质量高水平发展。在司法执法机关履行涉农工作中，聚焦关键重点领域，在产权、投融资、市场管理以及环境保护四大方面加大法治保障工作力度，助力乡村振兴，全面推动农业升级、农村进步、农民发展。

一、智慧农业概述

我国是农业大国，农业在国家粮食安全和社会稳定中发挥着十分重要的作用。改革开放后，我国农业发展取得了举世瞩目的成就，特别是随着农业技术的发展和市场竞争的加强，我国农业的发展逐步从传统的机械化生产向智能化发展转变。当前，以智能设备、物联网、云计算、大数据等先进技术为主要手段，满足更多需求的智慧农业正在全国大力发展。

智慧农业是指农业专家系统，是智慧经济的重要组成部分，是智慧城市发展的重要方面。对于发展中国家而言，智慧农业是实施消除贫困、实现延迟收益、维持经济增长战略的关键途径。

智慧农业作为一种新的发展模式，已成为我国农业产业的发展趋势。

（一）智慧农业的概念

智慧农业于20世纪晚期在美国兴起。信息技术和智能化技术的快速发展，使得农作物栽培管理、测土配方施肥等农业技术成为早期智慧农业发展的萌芽，20世纪90年代，卫星定位系统广泛应用，信息技术广泛普及，在此背景下，农业生产获得极大的发展。进入21世纪，智慧农业得到规模化发展，提高了农业生产能力，提高了农业生产效率，使农业成为可持续发展的高效产业。智慧农业不仅是一场信息技术革命，更是农业发展理念的重大转变。它利用现代智能技术，通过精细化管理控制农业生产和农产品，实现更加智能化的发展。

什么是智慧农业？关于智慧农业概念的由来学者们认为，它是由电脑农业、精准农业（精细农业）、数字农业、智能农业等名词演化而来。20 世纪 70 年代，美国 IIlinois 大学的植物病理学家和计算机科学家共同开发出大豆病害诊断专家系统（PLANT/ds）后，美国、日本、英国、荷兰、加拿大等国家相继开发了其他农业专家系统。其中最典型的是 1985 年美国农业部研究的棉花管理系统（COMAX-GOSSYM）。我国从 1986 年开始实施“国家高技术研究发展计划”，到 1996 年的“国家重点研发计划”，“计算机主题”在原来技术探索和储备的基础上，实施智能化农业信息技术应用示范工程，提高了农业生产质量效益。农业信息化的实施，不仅支撑了农业的优质超产，还支撑了农业现代化的发展进程，是信息技术在农业领域应用的成功范例。精准农业是指通过遥感、卫星定位、地理信息系统等技术获取作物的空间变化信息，并进行精准化的生产管理，以获取最大经济效益。卫星和电脑的结合，可以帮助农业耕种实现低污染、高效益。1997 年，美国正式提出数字农业，数字农业作为信息技术在农业中的具体应用，是农业信息化的必经之路。它是通过高新技术与基础学科的结合，对农业资源、技术、环境、经济等各类数据的获取、储存、处理、分析、查询、预测与决策支持系统的总称，以达到农业资源合理利用和改良作物产量和质量的目的。智能农业是指在相对可控的环境条件下，农业采用工业化生产，实现集约，高效、可持续发展的生产方式，可实现周期性、全天候、反季节的规模生产，是我国农业新技术革命的跨世界工程。

我国于 2014 年首次提出“智慧农业”概念，“智慧农业”首次受到更多关注，并于 2016 年被列入中央 1 号文件。之后中共中央每年都会出台新的政策规划来促进智慧农业的“生根发芽”。我国的现代农业正在走向以信息为生产要素，互联网、物联网、大数据、云计算、区块链、人工智能和智能装备应用为特征的智慧农业。智慧农业是将云计算、传感网等现代信息技术应用到农业的生产、管理、营销等各个环节，实现农业智能化决策、社会化服务、精准化养殖、可视化管理、互联网化营销等全程智能管理的高级农业阶段，是农业信息化发展从数字化到网络化再到智能化的高级阶段。因此，智慧农业是指广泛应用现代科学技术、现代工业提供的生产资料和科学管理方法的社会化农业。

（二）智慧农业的主要内容

智慧农业作为一种新型农业业态，主要靠“5S”技术、物联网技术、云计算技术、大数据技术及其他电子和信息技术，并与农业生产全过程结合，是一种新的发展体系和发展模式①。智慧农业依照应用领域的不同大致分为智慧科技、智慧生产、智慧组织、智慧管理和智慧生活五个方面。

1. 智慧科技

科技改变生活，农业科技是解决“三农”问题的关键之所在，农业的进步需要依靠科技才能实现。农业科技在现代科学技术的发展基础上实现了农业现代化，开创了农业发展的新模式。

2. 智慧生产

农业生产是整个农业系统的核心内容，包括生物、环境、技术、社会经济等要素。智慧生产广泛应用于农作物，不仅可以较少生产过程中的资源浪费，降低环境污染，还方便广大农民的使用，使农业生产更具智慧。

3. 智慧组织

智慧组织作为一种优化各类生产要素的经营活动，是基地和农户联合完成生产、管理、经营方式，是指以打造品牌产品为主导，以实现布局区域化、管理企业化、生产专业化、服务社会化、经营一体化为目的的组织模式。

4. 智慧管理

传统的管理方法难以应对资源分布的差异性带来的各种问题。农业的可持续发展要求管理模式的智慧化。所谓智慧管理是指对农业的整体监管，即利用现代技术，合理开发利用农业资源，实现农业的可持续发展。现代技术的广泛应用使得农业的管理更加智慧、便捷、高效。

5. 智慧生活

农业领域的技术革新必然会给农民的生活带来便利。新技术的普遍应用可以使农村发展、农民受益。智慧农业可以让农民在足不出户的情况下根据市场需要合理生产，还可以了解外面的世界。

二、发展智慧农业是乡村振兴的必然选择

2016 年，国家出台了《“互联网+”现代农业三年实施方案》，明确提出要把发展智慧农业作为现代农业建设的重要方向，深入推进农业科技变革，加快农业科技创新。农业信息化建设为促进农业现代化建设打下坚实的基础。2017 年 10 月 18 日，习近平同志在党的十九大报告中指出，“三农”问题是关系国计民生的根本性问题。

乡村振兴战略的提出对当前和今后一个时期的“三农”工作指明了方向。

---

① 宋洪远．智慧农业发展的状况、面临的问题及对策建议 [J]. 人民论坛·学术前沿，2020 (24)：62-69.

2020年10月26日，党的十九届五中全会通过的《中共中央关于制定国民经济和社会发展第十四个五年规划和二〇三五年远景目标的建议》，明确提出要建设智慧农业，加快推进农业农村现代化。智慧农业作为农业发展新趋势，有利于促进生产力提升，激发农业生产方式变革，智慧农业的推进已然成为我国实施乡村振兴战略的重要内容。

农业是我国国民经济的基础，是国家发展的重点领域。随着乡村振兴战略的实施，我国也正在加快推进农业新兴产业的发展，但作为农业大国，我国面临着农业资源匮乏、农作物单产量不高、农业生产风险存在、农村劳动力紧张、农村生态环境受损、农民收入不稳定等现象。智慧农业的普及和应用不仅可以为解决上述问题提供有效手段，还可以改变粗放的农业经营管理方式，引领现代农业发展。智慧农业是农业的发展模式，发展智慧农业对于推动农业变革发展模式，提高农业质量、效益和竞争力，提升我国现代农业水平，实现乡村发展理念至关重要。

（一）有利于发展新模式，推动农业产业链的升级改造

当前我国正处于现代农业建设的关键期，亟须推进农业产业升级。智慧农业的应用有利于发展新模式、新业态，提升农业全产业链价值，因此应以智慧农业为突破口，进一步提升土地利用效率，实现农业精细化、高效化、绿色化发展。首先，智慧农业可推动农业产业领域的升级。在城镇化背景下，大量农村剩余劳动力转移至城镇，农业劳动力紧缺导致生产成本和人力成本的上升，而智慧农业通过农业生产各环节的智能化管理①，减少生产资料投入成本、劳动力成本以及时间成本，帮助生产者科学、精确地进行决策。此外，可以通过智能化管理，构建农业生产自动化系统以及农业环境生态监测系统，优化农业生产工艺流程，提升农产品质量，促进农业生产的规划。其次，智慧农业可推动农业经营领域的升级。智慧农业通过构建数字化供应链，打破传统农产品市场的时空限制，实现农产品、农资采购数据实时更新，有效打通生产、加工、销售等环节的信息通道。加速修正农业供应链中的信息不对称问题②，同时生产者能够感知市场行情，基于平台的大数据和反馈机制，对供需双方进行有效匹配，了解需求方的个性化需求，提高农业生产的适合度，对农业品种进行持续优化。可以提供更丰富的农产品，甚至提供定制化服务，改善农产品盲目生产困境，减少浪费现象出现，生产出满足市场和消费者多样化需求的高品质农

---

① 胡太平．智慧农业推动农业产业升级的应用与展望［J］．农业经济，2020（6）：6-8.

② 宋洪远．智慧农业发展的状况、面临的问题及对策建议［J］．人民论坛·学术前沿，2020（24）：62-69.

产品。最后，智慧农业的运用对于农业服务水平具有一定改善作用。基于现代信息技术，其借助数据分析、气象灾害预警等手段，实时监测农产品种植和生长情况，不断提升当代农业信息化服务水平。另外，智慧农业可以促使农业生产者的经营管理和决策水平进一步提高，促使降低农业生产成本，扩大利润空间。

（二）有利于提高农业生产效率，提升农业竞争力

智慧农业是优质农业高质量发展的鲜活典范，也是现代信息技术与农业农村深度融合的产物。利用大数据、云计算等技术，智慧农业精准掌握天气、行情、作物长势等信息，可以全面提升农业生产效率和资源利用率，进一步推进农业生产精准化管理，实现农业投入产出比最大化。规避自然和人为因素对农作物生长极易造成的消极影响，提高农业生产效益，加强农作物种植风险防范能力，创新发展模式，形成基于互联网平台引领农产品产业链和价值链更新、竞争力提升的新型现代农业。同时，智能设备的广泛应用，促使当前农村劳动力减少的难题得到解决，又能使劳动力生产效率进一步提高，促进收入的增加。据统计，目前全国农业科技发展份额超过60%，种植和收获机械化程度达到71%。得益于现代农业装备和技术的应用，我国粮食生产不断迈上新台阶。

（三）有利于优化资源配置，确保农业产品质量安全

农产品质量安全是老百姓日常生活中最关心的问题之一。近年来，不断出现的食品安全问题，让老百姓对农副产品产生了疑虑。为了让居民吃上安全食品，需要对这些农产品从源头到餐桌的各个环节进行监控，确保各个环节的生产合规。农产品追溯也是智慧农业中一个重要的应用场景。利用大数据平台，分析和解决病虫害和农药滥用问题，进而对种植环境和种植有效性作出综合研判，促使农作物增收和优质化。与此同时，要与时俱进积极采用现代技术，利用互联网、二维码识别等技术，打造农产品全程可追溯、互联互通、共建共享的农产品质量和食品安全信息平台，对农产品整个生命周期进行全过程监控，保证农产品从“出生”到“餐桌”全程的安全性。政府单位要合理行政，首先要依据大数据分析作出科学决策，其次转变政府管理方式，提高行政效率和行政管理能力。

（四）有利于改善农业生态环境，推动农业可持续发展

生态环境保护是智慧农业的本质要义，智慧农业的推广对于推动农业生产绿色化具有不可或缺的地位。在现代农业发展中，智慧农业的出现导致农业生

产技术的变革，甚至创新了农业生产经营理念。智慧农业通过建设农业生态环境监测网络，获取土壤、水文等农业资源信息，匹配农业资源规划专家系统，实现农业环境综合治理、农业生态保护和环境保护，实现农业生态环境的恢复，循环利用农业废弃物可以进一步促进农业可持续发展。另外，智慧农业引领农业新发展，对农业产业链进行升级改造，依托智慧农业特有的生产领域智能化、经营领域差异化以及服务领域全方位等功能，实现农业高效化、精细化和绿色化发展目标，保障农产品安全化生产和农业的可持续发展，提升农业竞争力。

三、智慧农业法律制度体系的构建

（一）智慧农业法律制度基本原则

法律基本原则作为法律精神最集中的体现，决定着法律制度的基本性质和价值取向，对法律制度的构建具有导向作用。因此，智慧农业法律制度应以下列基本原则作为贯穿始终的基本精神来构建。

1. 市场主导和国家干预相结合原则

市场机制是资源配置更有效的资源分配机制，创造了许多经济奇迹，市场可以扮演一个不需要国家干预的角色。发展智慧农业、建设社会主义新农村，就必须遵循市场规则，决定智慧农业资源配置和价格机制的应该是市场。当市场能够有效运行时，市场主导着资源配置，然而市场具有关注成本投入和产品输出以及追求利润最大化的特点，因此当经营主体为非营利组织或小盈利企业时，监管和市场主导是必不可少的。所以在低利润或者零利润的公益事业中，相对弱化了市场的主导、调控作用，这就很难对资源进行合理配置，导致经济无法高质量发展，在这种情况下，必须采取国家干预和指导措施。此外，“市场失灵”这一现象是市场经济机制运行存在的缺陷，对于该缺陷，国家要担负起重任主动规制和调控市场，不能仅将自己定性为“守夜人”。

智慧农业关乎我国粮食问题，关系民生，其公共性和基础性这两大属性决定了智慧农业必须国家介入进行适当干预，不能完全由市场进行调节。国家介入必须是严谨、有效的，以存在市场失灵为前提，进行有效经济调控。一是适度的政府干预强调国家干预经济的重要性，需要国家从社会福利的角度调整农业和经济关系，实现适当的干预和适度的调整，通过国家介入来挽回市场失灵带来的损失，市场经济机制运行出现问题，把经济道路带向错误方向时，国家就要发挥自己的法定职能，按照严格的法定权力和法律程序进行适当干预，纠正市场失灵。二是适度政府干预具有局限性。粗放和无限制的干预必然导致过度和僵化，变成高度集权的行政管理，扼杀经济民主和经济自由，从而异化适度干预转变为全面干预。法律不介入是现代都市农业法律制度的基本原则，贯穿于立法、执法和司法的全过程。强调适度干预立法，就是要努力平衡国家和市场在规则制定中的地位，充分发挥各自的作用。

2. 稳定性、连续性和适时性相结合原则

智慧农业法律体系应具备法律基本特征的稳定性，简单地说，即农业法律体系不可能一蹴而就。智慧农业法律体系的稳定性原则是指智慧农业法律的内容和形式在一定时期内保持稳定。在一定时间和空间内，智慧农业法律主体的合法权利和义务应当保持不变。亚里士多德说，法律的效力取决于人们的服从。守法的习惯是需要长期养成的，如果这样或那样的法律很容易被废除或改变，那么人们守法的习惯必然会减弱，法律的权威也会减弱。智慧农业法律体系的连续性原则是指其法律在一定时空内必须保持一致、和谐。智能农业司法系统必须设定长期目标并稳步实现。因此，保持法律的连贯性、内涵和特点就显得尤为重要。适时性原则是指智慧农业法律制度要适应形势需要，根据经济发展情况、市场物价水平、法律实施状况等变化情况，对法律适用作出调整以适应快速发展和变化的经济社会。

3. 维护农业和农业生产经营组织的合法权益原则

“三农”问题事关党和国家发展全局。2008 年，中共十七届三中全会通过《关于农村改革发展若干重大问题的决定》，将保障农民权益作为一项重要原则，实现乡村振兴发展的目标必须遵循。该决定强调，实现农村改革发展目标任务，要切实保障农民权益，始终把落实好、维护好、发展好广大人民群众根本利益放在首位，把农民作为一切农村工作的出发点和落脚点。要坚持以人为本，尊重农民意愿，着力解决农民最直接、最现实的利益，保障农民的政治、经济、文化和社会权利，促进农民全面发展。2022 年党的二十大报告强调坚持以人民为中心的发展道路，同时提出全面推进乡村振兴，指出：“全面建设社会主义现代化国家，最艰巨最繁重的任务仍在农村。坚持农业农村优先发展，坚持城乡融合发展，畅通城乡要素流动。加快建设农业强国，扎实推动乡村产业、人才、文化、生态、组织振兴……深化农村土地制度改革，赋予农民更加充分的财产权益。”这一切都表明，智慧农业法律体系应体现对农民和农业生产、农业组织合法权益的保护。维护农民和农业生产经营组织的合法权益是智慧农业的根本宗旨，是保障农民和农业生产经营组织依法实际享有的权益。目前有很多法律保护农民和农业生产、农业组织的权益，如宪法、农业法、土地法等，但为了更有效、更全面、更深入地保障其合法权益，需要建立智慧农业法律体系，从而达到既可避免侵权行为的发生，又可提供有效救济途径保障其合法权益的实现。

（二）智慧农业法律体系

推动智慧农业的发展离不开相关法律制度的规范和保障，在全面乡村振兴战略背景下，形成一个门类齐全，层次分明的智慧农业法律体系十分有必要。对此，笔者根据现有法律制度以及我国农村社会实际，认为智慧农业法律制度主要应包括产权制度、投融资制度、市场管理制度。

1. 智慧农业产权法律制度

农业产权制度改革是发展智慧农业的关键。党的十七届三中全会《中共中央关于推进农村改革发展若干重大问题的决定》中第一次引入产权的概念，提出产权要明晰的要求。智慧农业产权包括农业土地产权和农业知识产权两部分内容。

（1）农业土地产权。农业土地产权是指以农地作为载体的具有排他性的权利的总和，包括土地所有权、土地使用权和土地的流转权等（土地租赁、转包等使用权的流转和土地继承、抵押等私有权的流转）。土地产权也像其他权利一样，必须有法律的认可并得到法律的保护，即土地产权是在法律的认可下产生的权利。

随着农业科技进步与现代化发展，机械化生产与规模化经营成为现代农业生产的必然趋势[①]。而以家庭为单位的农地经营模式难以实现规模化经营，不利于现代农业的发展和农业科技的传播与推广，阻碍了农业现代化进程。“两权分离”农地产权制度的红利已经释放殆尽。

据统计，我国农户的户均耕地只有 0.52 公顷，即只有 7.8 亩左右。与此同时，随着我国工业化和城镇化进程的加快，大量农村劳动力进城务工，许多外出务工家庭只保留农地承包权，而将经营权让给其他农户或经济组织。为了进一步提高农业生产效率，实现新时期农业农村的跨越式发展，新一轮农地产权制度改革势在必行。

党的十八大以来，以习近平同志为核心的党中央团结带领全国各族人民，高举导向旗帜，谋划部署，推动中国特色社会主义进入新时代。2014 年，中央出台《关于引导农村土地经营权有序流转发展小农经营的意见》，提出要尊重农村土地集体所有制，稳定农民承包经营权，土地应该释放管理权，主要创新是“分离”。2016 年，中共中央全面深化改革委员会批准印发《关于完善农村土地承包经营权与经营权分离办法的意见》，标志着农村土地集体所有权、农民承包权、经营权分离正式实施。2017 年，习近平总书记在党的十九大报

---

① 戴双兴，郑文娟．百年来中国共产党农地产权制度改革：演进历程、历史经验及政策思路[J]．上海商学院学报，2022，23（4）：15－25．

告中提出“深化农村土地制度改革，完善承包地‘三权分置’制度”。2021年公布的“十四五”规划再次强调，要“完善农村承包地所有权、承包权、经营权分置制度，进一步放活经营权”。新时期，我国农业土地产权制度应以坚持以农地公有制（集体所有）为根本，并坚持在农民土地权益为中心的价值取向、处理好农地经营公平与效率的关系、农地产权政策与时俱进的基础上，推进农地产权制度改革。具体可从以下三个方面入手：

第一，不断完善农地产权结构。在坚持农地集体所有基础上，实行所有权、承包权、经营权“三权分置”，引导农地经营权协商交换、有序流转，促进土地整理、连片经营，实现农业适度规模经营。要明确农地产权结构，厘清农地的产权边界，明晰农地与农户间的权属关系，积极发放农地承包经营权证书，切实做到为农民“确实权、颁铁证”。

第二，加强农村产权交易市场建设。坚持农村产权市场化运作方向，以市场手段高效整合各类资源，充分调动社会各阶层参与的积极性。明确农村产权交易市场的公益服务职能，依托区域综合产权交易市场建立专门服务平台，衔接产权交易各主体和各环节、机构。

第三，逐步完善农地“三权分置”法制。实践创新发展要求法律也需进行相应的修改调整，从法律上厘清农地所有权、农户承包权、经营权三者的关系，并对“三权”的边界进行准确划分，规定“三权”的主体责任和义务①。

（2）农业知识产权。随着全球化进程的加快和知识经济的发展，知识产权已成为农业发展的重要资源和核心竞争力，是现代农业建设的重要支撑，是农业发展主动权的关键。知识产权制度是保护智力成果的法律制度，是法律主体对其所创造的智力成果依法享有的权利的总称。

在农业领域，科技成果作为一种智力成果，经法律确认变成为农业知识产权保护的对象。故农业知识产权是指农业科学技术领域的知识产权，涉及农业科技活动的许多方面，包括科技成果、专利技术、科学论文、高技术产品商标、农业商业秘密等。

农业知识产权作为知识产权的重要内容，是保护和促进农业技术创新，将科技竞争优势转化为经济竞争优势的重要手段。农业知识产权除了具有知识产权的共同特征外，还具有易扩散、客体可复制的特点。为此，农业知识产权的保护显得十分必要。权利的保护必须以权利的存在或明确为前提，农业知识产权保护需要了解其内容和范围。随着社会经济的发展，农业知识产权的范围不断扩大，本书认为农业知识产权根据其权利载体的特殊性不同，应当包括：植

① 戴双兴，郑文娟．百年来中国共产党农地产权制度改革：演进历程、历史经验及政策思路[J]．上海商学院学报，2022，23（4）：15-25.

物新品种权、农业专利权、农业商标权、农业商业秘密权、农业科技著作权等内容[①]。

我国是世界上农业大发展的国家，根据第七次全国人口普查数据，农民人口占全国总人口的50.32%，农业问题影响较大。改革开放以来，我国正式引入知识产权保护，先后通过了《中华人民共和国专利法》《中华人民共和国种子法》以及《农业知识产权战略纲要》（2010—2020）等农业领域相关知识产权，通过相关立法加以保护。2021年4月通过的《中华人民共和国乡村振兴促进法》提到要加强农业知识产权保护和运用，着力解决农村发展根本性问题。由此可见，全面实施乡村振兴战略必须把农业知识产权保护和运用作为重要节点，维护农业知识产权保护也是乡村振兴之路的重要保障。我国农业知识成果保护起步较晚，保护主体具有特殊性，农业知识产权保护意识淡薄，法律法规不完善，执法力度不够，管理不到位，监管机制、知识产权市场价值低、竞争力不足。

在乡村振兴战略下，农业的发展至关重要，对农业知识产权的保护是一块重要的基石。随着经济全球化和信息化进程不断加快，我国农业面临着巨大挑战和机遇，需要进一步加大对农业知识产权保护力度，以保障农村经济稳定快速发展。知识产权之所以引起社会重视，是因为保护知识产权工作关系到国家农业的前进脚步，加强知识产权保护力度，有利于增强全社会对农业知识产权保护的关注意识、形成尊重知识产权的社会风气，健全农业知识产权法律法规，激发农业科技的创造能力，促进农业产业的健康持续发展，从思想意识到法律、科技等为乡村振兴提供了全方位助力[②]。在经济全球化背景下，各国之间的竞争越来越激烈，而农业作为我国国民经济发展的基础地位和支柱产业，必须要加强知识产权保护工作。《乡村振兴战略规划（2018—2022年）》中提到，以各种形式创新创业支撑服务平台为依托，发展知识产权、商标及其他专业化服务。在此背景下，各地纷纷出台相关政策文件，加大知识产权保护力度，以促进农业经济高质量增长和实现乡村产业转型升级。很显然，在乡村振兴战略实施过程中，农业知识产权保护备受关注。同时，农业知识产权保护是实现农业现代化和农村繁荣稳定的重要保障。乡村振兴战略的实施伴随着农业知识产权的保护，将更全面地加快农业现代化的进程。所以要以乡村振兴战略为契机，健全我国农业知识产权保护体系。

① 丘志乔，蓝艳华．涉农知识产权质押融资的特有问题及其解决［J］．广东农业科学，2012，39（12）：233－236.

② 蔡依妍，徐一凡，张雪．乡村振兴背景下农业知识产权保护现状问题及对策探究［J］．农业开发与装备，2022（1）：13－15.

①完善农业知识产权保护法律制度建设。法律规范是现代社会行为活动的基本准则，农业知识产权的保护需要相关规章制度的保驾护航。针对我国农业知识产权发展现状和农业发展需要，农业部制定颁布了《农业知识产权战略纲要（2010—2020 年）》（以下简称《纲要》），将农业知识产权保护问题上升为国家关切的问题。但《纲要》并不能够满足农业知识产权保护的实际需要。因此应重点加强农业领域的知识产权保护的相关法律制定的建设，完善相关配套规范，确保农业知识产权的保护有法可依。可以在现有法律规范的基础之上，注重知识产权领域问题①，完善相应领域的法律；也可以通过新法的制定弥补法律空白。此外还应重视对农业知识产权保护行为的监督机制的规定以及对农业知识产权侵权行为的认定和处罚方式细化等。

②提高农业知识产权法律意识的培养。国务院关于《乡村振兴农民科学素质提升行动实施方案（2019—2022 年）》中提到，要进一步提高农民科学文化素质，让更多农民积极投入保护农业知识产权的行动中去。农业知识产权作为一种无形的财产，在对其进行保护的过程中应以政府为主导，引导、推进、实现社会大众对农业知识产权的保护意识。因此，各级政府应做好农业知识产权保护的宣传工作，培育大众的农业知识产权法律保护意识。宣传方式要多样化，可采取宣讲、培训、讲座等；宣传手段要多元化，可借助电视、网络、媒体等；宣传途径要便捷化，可采取线上、线下、线上线下结合等，通过多样化、多元化、便捷化的方式让更多人认识到农业知识产权保护的重要性和必要性。同时，应注重保护科研机构和高等院校这些农业科技创新的主要阵地，当然也不能忽视基层农民，既要提高科研人员及管理者农业专利的申请和保护意识，也要让农民更系统地学习到农业知识产权保护的内容②。

③加强农业知识产权保护的执法效果。在保护农业知识产权过程中，应强化相关执法效果，发挥好政府监管作用，维护产权所有人合法权益。同时提高执法水平、加大执法力度，严肃查处违法违规行为，严格依法办事。有关执法人员一定要从自身做起，强化自身道德品质培养，遵守法律法规，结合实际严格执法，加强部门间的监管和互动，为保护知识产权创造良好的法治环境，深入开展农业知识产权的保护工作。

2. 智慧农业投融资法律制度

投融资是智慧农业建设不可缺少的重要环节。智慧农业投融资是以财政资金支持为引导，以信贷资金支持为核心，以社会资本参与为新动力，将资金投入或导向农村的措施。

①② 蔡依妍，徐一凡，张雪．乡村振兴背景下农业知识产权保护现状问题及对策探究［J］．农业开发与装备，2022（1）：13－15.

2021年中央1号文件《中共中央　国务院关于全面推进乡村振兴加快农业农村现代化的意见》提出，“支持以市场化方式设立乡村振兴基金，撬动金融资本、社会力量参与，重点支持乡村产业发展”，并将其作为“强化农业农村优先发展投入保障”的重要内容。很显然，乡村振兴的全面实现需要投融资强有力的支持。全面认识投融资对经济建设与社会发展的重要性，在推动乡村经济繁荣发展进程中，发挥投融资力量，对落实乡村振兴战略，推进农业农村现代化至关重要。投融资既能改变传统自给自足农业经营方式，切实减轻农村经济发展资金短缺的压力，又能扩大农业生产规模，完善农业生产结构，加快乡村振兴步伐推进。此外，投融资有利于转移农业生产中的各种风险，以保障农业产出与农民收入。同时有利于农村生态环境建设和农业基础设施建设的资金需求等。

改革开放40多年来，我国农业农村现代化取得了重大成就，特别是党的十八大以来，农业农村投融资机制不断完善，投融资为实施乡村振兴战略提供了大量资金并给予了重要支持①。但目前乡村振兴投融资仍然存在着投融资需求与供给不协调、财政资金和社会资本对金融资源的撬动作用不足、与乡村振兴投融资相适应的机制不够完善、乡村振兴领域的投融资服务有待加强、投融资担保体系不够健全等困难。这不仅阻碍了乡村振兴目标的实现，还影响了农业农村现代化建设。

如何在实施乡村振兴战略中充分发挥智慧农业投融资的作用，应注意以下几点：

（1）完善农业投融资的金融支持体系。首先，构建金融支持乡村振兴的政策体系。通过信贷、农业补贴贴息、奖励补助、税收优惠等政策，推动农村金融机构对乡村振兴的支持力度，增强对农业领域的政策激励效果。其次，完善农村金融服务体系。通过建立健全多元化的农村金融服务系统，提高农村金融机构乡村振兴投融资的服务效率和服务水平。国家通过出台有关农村金融的文件，根据不同地区的经济发展情况，形成农村金融市场中供求双方的交易方式，发挥不同金融机构的功能，构建出完善的支持乡村振兴农村金融发展的政策体系。再次，打造农村金融生态体系。完备的乡村金融业生态作为投融资助力乡村振兴的重要基石，既要强化金融基础设施建设，也要处理信息不对称、金融服务不够到位等情形。因此，应提高乡村服务点的互联网功能，推动农村移动支付等支付方式的普遍使用，也要推进更多适用于农村地区的新兴服务方式。此外，也应加快推动新型农村社会信用体系的建立，完善机构之间的互联

① 张志元，吕海霞．乡村振兴中的投融资困境及突破方向［J］．理论学刊，2022（5）：104-111.

互通，强化政府守信鼓励和失信惩戒措施，培养农村社会诚信意识。同时，继续加强农业领域的金融消费权益维护工作，提高农村金融参与者的风险意识。最后，贯彻低碳发展理念，构建绿色金融体系。银行金融机构应重点关注绿色农产品科技、农业规模化经营、农产品加工、休闲农业服务等领域的资金扶持，以吸引社会资金对智慧农业的投入，为乡村振兴提供可持续的金融服务。还应激励金融机构为农村生态环境保护与治理提供中长期贷款，创新绿色金融担保授信机制以解决抵押品不足问题。

（2）健全投融资保障机制。完善适合乡村振兴的投融资保障机制。一是健全农业金融服务政策协调制度。加强政府统筹协调能力建设，强化农村和财政、银行与其他方面协调配合，搞好政策协同配合，共享政策信息资源。在改善财政供给结构的同时，加强涉农资金的整合，确立涉农项目的支持结构，组建涉农资金管理机制。二是搞好项目规划与产业培养，提升乡村振兴总体承载功能。通过谋划，设计乡村振兴的重大工程，积极培育具备农村承贷条件的市场主体；通过资源的再整合，拉动了新型经营主体的迅速成长；注重产业指导，精选优势产业，促进依托产业发展、公司是纽带，市场是导向，是农业生产模式，深入挖掘产业链价值，增强新型农产品经营企业在市场中竞争力。三是加快农村资产市场建设。以政府信用为基础，建立健全农村资产市场等，确保土地经营权抵押贷款顺利实施，充实农村金融市场信贷产品，真正做到帮农民融通资金，深入推进乡村振兴。四是完善农业信贷担保体系的建设。进一步促进农业信贷担保网点布设，优化功能，扶持网点延伸到基层，形成覆盖面广、密切联系农村的信用担保服务网络。同时优化农村贷款担保制度，提高农村信用担保风险容忍度等，鼓励农业信贷担保公司拓展经营，建立专门的农村信用风险补偿基金，为农村信用市场主体提供合理风险补偿。另外要建立和完善农村融资保障和风险分担制度，发挥多元化金融工具作用，补齐农业收益率偏低、经营风险大、信息不对称等短板。

（3）充分发挥金融机构的投融资作用。第一，重点是要发挥农村商业银行的主导作用，重新构建适合农村经济的金融运营体系，提高农业信贷发放水平，积极开展小额信贷，创新农业信贷担保方式，提升金融科技水平和服务质量，促进精准营销，提高客户体验，实现乡村金融服务多样化。此外，还应进一步发挥农村合作银行的积极作用。为了更好地服务农村发展，乡村信用社需要在多方面进行提升。应该加强自身的资金储备和风险防范能力，以确保资金的安全和稳定。第二，还应该提高服务水平，让客户感受到更好的服务体验。应该优化营商环境，为农村经济发展提供更好的支持。此外，要完善信用档案建设和信用评估平台建设，以便更好地评估客户的信用状况。乡村信用社应该积极推进信用信息共享，让各方面的信息得以共享和利用，从而提高金融服务的效率和质量。第三，建立新型农村金融机构。新型农村金融机构要树立创新意识，在金融产品和服务上坚持推陈出新，不断提高服务“三农”的能力，建立农民对新型农村金融机构的信任。同时充分发挥“互联网＋金融”在新型农村金融机构改革中的作用，促进传统业务转型升级，减少运营成本，扩大金融服务。需要明确的是，新的农村金融机构应该明确自身职责，并根据当地农村的发展状况合理开展业务运营，以促进农村金融事业的发展，为农村注入新的生机。第四，提高农村重点领域的金融服务水平。银行类金融机构应该关注乡村振兴的重要领域，为乡村建设提供多种融资需求的金融产品和服务。同时，要加强对农村绿色发展的金融服务的支持，积极回应我国推行的“双碳”战略，促进企业参与农村环保等领域的投资和治理。为了进一步巩固扩大脱贫成果，需要加强对贫困群众的支持，特别是在就业和创业方面。同时，要提高差别化服务意识，因地制宜，扶持贫困群众发展特色产业。此外，要减轻国家重点扶贫县的经济负担，以便更好地支持贫困地区的发展。

（4）引导社会资本积极参与乡村振兴。首先，做好统筹规划和全域设计，加强政策规范引导。通过做好全域设计，完善乡村产业发展布局和环境空间布局，建立覆盖县、乡、村的规划制度，明确区域经济开发理念，为社会资本下乡提供参照和借鉴。加强对社会投资项目的整体设计与指导工作，根据开发规划以及市场需求建立社会项目审批备案体系，合理布局社会投资项目范围，避免产生恶性竞争。加强不同地区和县内各个乡村的合作，促进社会资本下乡的差异化竞争。其次，优化社会资本投资政策环境，完善风险预警制度。推动政府职能转变，强化政府服务水平，为社会资本投入创造良好环境。完善社会投资诚信机制，建立政府对社会资本参与监管。完善农业类 PPP 项目的投资方式和政策条件，完善收益激励机制，对社会资本参与 PPP 项目予以更大的政策优惠、资助、支持，增强社会资本的积极性与主动性，健全社会资本退出机制。最后，完善社会资本管理机制，提高稳定预期。建立政策支持和负面清单体系的定期动态调整机制，以稳定社会资本对政策的预期。强化政府对社会资本的有效监督，增强社会资本的合法合规使用。制定社会资本下乡政策优惠和准入负面清单，提高社会资本的投入意向和建设项目能力。

3. 智慧农业市场管理法律制度

智慧农业市场体系建设是建设社会主义新农村的重要内容。在乡村振兴背景下，培育建设富有生机和活力的智慧农业市场体系，是建设和完善社会主要市场经济体制的具体要求，对于促进农民增收，引导农民消费，促使农村生产力不断发展，推动农村经济结构战略性调整，确保农民和农村经济稳定增长，统筹城镇和农村经济社会的协调发展，完善社会主义经济体制具有非常重要的意义。

当前我国为了保护保护农民利益，确保国家粮食安全，维护农民市场秩序，出台了涉及主要农资的生产、经营和进口管理等方面的一系列法律规范，同时，各地在实践发展中，结合地方需要也出台了一批地方性法律法规，从而形成从中央到地方的农业市场管理法律法规体系。但是随着智慧农业建设进程的不断发展，人们对农村生产与生活资料的需要日益增加，农村的商品市场得以蓬勃发展，同时商品市场的建设和发展也成为智慧农业经济发展中的热点问题，相应的农业市场管理法律制度显得尤为重要。

智慧农业市场管理法律制度是指根据我国农业和农村经济发展情况和农业市场体系的实际要求，制定专门的法律法规，规范农产品市场和农资市场的开办目的、市场规划、市场准入交易规则、关联从业人员职责、政府管理机构设置与职能、责罚等行为，把智慧农业市场体系建设纳入规范化、制度化的轨道，使其在法律保障下正常有序地开展工作。智慧农业市场管理法律制度具有追求公平、效率、秩序的法的价值，遵循监管法定、公平、绩效、适度的原则等一般市场管理法律制度的特征，还具有公益性、多样性、长期性等自己独特的特点。

我国应在认真总结当下农产品和农资市场体系建设和发展实践的基础上，加快农业生产管理制度立法工作，以规范政府的管理行为、市场主体的行为和市场交易行为，把智慧农业市场体系的建设与运行纳入法制轨道。智慧农业市场设计包括多个方面，如物流、产品质量、消费者权益、休闲农业等。因此，为健全市场管理和农业产品物流创造良好的法律制度环境，应尽快制定农产品批发市场、农产品运销和监管等方面的法律法规及配套措施。为加强农产品质量安全管理提供制度保障和操作规范，尽快完善农产品质量法律法规，建立健全涉及农产品质量安全标准体系、检验检疫体系方面的法律法规。为休闲农业健康有序发展，制定休闲农业主体、监管、行为准则的相关法律制度。

（1）智慧农业物流法律制度。农业物流作为解决农村市场流通不畅，带动农业经济增长的关键所在，是实现社会主义新农村建设，加快农村第三产业发展的重要途径。智慧农业物流是指通过运输、储存、加工、包装、装卸、配送等活动，以最便捷的方式，最经济的价格，将物资转移至目的地的过程。农业物流涉及农业、商务、粮食、供销、邮政、交通运输等系统，必然需要整体规划和合理布局，物流业的发展是乡村振兴建设的重要推动力量。但目前，与城市比较而言，农村物流发展缓慢、不均衡，农业物流需求分散，供给能力不足，物流专业人才缺乏，物流基础设施和技术装备落后。农业产品的自然属性增加了经营风险，提高了运营成本，加上涉及农业物流的政策不到位，导致农业物流缺乏活力。从我国当前的经济体制以及物流发展的实际情况来看，建立适应市场经济体制的智慧农业物流法律体系应注意以下几点：

第一，确立物流主体资格，明确物流主体权利义务的法律规范。通过采取建立智慧农业物流产业发展领导小组，明确相关部门的职能，建立协调机制的方式，加强对智慧农业物流的集中管理。同时，提高农民的组织化程度，通过鼓励农民发展自己的合作组织，即农协，连接农业生产与市场，引导农产品顺利进入市场。另外，通过完善农业物流行业协会组织，承担政府部分管理职能，发挥民间组织的协调功能。

第二，健全物流主体从事物流活动的法律规范，即物流行为法。国家应出台相关法律，规范农业物流的组织行为。加快乡村道路的建设、电信基础设施的建设、网络设施设备的建设，促进农产品物流体系的建成。

第三，制定调整国家与物流主体及物流主体之间的特殊市场关系的法律规范，即农业物流政府调控法。政府应加强对物流工作的指导、引导、监督和管理。地方尽快建立符合本地农业物流的规划方案和实施办法，加大农业物流设施投入。

第四，健全与国际技术和管理标准体系接轨的物流技术与管理标准法规，即制定物流标准法。物流领域的标准化程度必然影响物流产业的快速发展，尤其在发展智慧农业建设背景下，农业物流发挥着重要的作用，在此基础上制定和完善与国际接轨的且符合乡村实际的国家标准，可以使物流发展趋于合理化和现代化。

（2）智慧农业农产品质量法律制度。农产品质量安全不仅涉及人类身体健康、生命安全，也关系国家经济发展、社会稳定，各国政府都非常重视农产品质量安全问题。随着生活品质的提高，消费者对农产品质量安全的重视程度越来越高，消费需求日趋高质量和多样化，消费者更加注重营养和卫生安全。

根据《中华人民共和国农产品质量安全法》，农产品是指来源于农业的初级产品，即在农业活动中获得的植物、动物、微生物及其产品。智慧农业农产品是指农业活动生产的农产品，包括初级农产品也包括各种加工产品。农产品质量安全问题是一个与人类生存密切相关的问题，涉及资源配置、环境保护和社会福利改善等方面，是我国农业持续发展的重要环节，农产品质量安全体系建设是目前非常重要的任务。

我国正处在传统农业向智慧农业的转型期，农产品质量安全隐患依旧存在。我国农产品质量安全法律制度建设起步较晚，2006 年出台了《中华人民共和国农产品质量安全法》，但相关规定仍不够完善，很多规定基本上是原则性的，缺乏具体的实施细则和司法解释。同时，存在农产品质量安全监管主体不清晰的问题。当前我国农产品质量安全监管部门主要有农业农村部、工信部和国家市场监督管理总局，监管主体太多容易造成监管职能的交叉和职能的重叠，导致监管不力等问题。同时，农产品质量安全标准有待进一步完善。我国当前农产品质量标准散见于各种农产品质量法规中，大多数农产品质量安全标准具有强制性，但并没有明确各个部门的职能和责任范围，且标准的制定脱离了社会的实际。农产品质量安全监督检查方面存在不足。当前，我国农产品质量安全检测机构和人员较少，无法满足社会需求。此外，监管机构的技术落后，检测方法单一，检测效率低，造成我国市场准入制度不完善等问题。基于此，智慧农业农产品法律制度的完善应注意以下几点：

①完善农产品质量安全法律法规。《中华人民共和国农产品质量安全法》是保护农产品质量安全，维护公众身体健康、生命安全，促进农村与农业经济发展的法律保障。应在该法中确定惩罚性原则，增加违法成本，遏制农产品质量安全问题高发态势，以保障农产品质量安全。此外，各级政府应制定相应的地方性法规，将原则性的规定细致化，使其具有可操作性，增强法律的针对性和执行力。

②明确监管主体，划分责任范围。根据《中华人民共和国农产品质量安全法》的规定，我国对农产品的质量监管采取多部门责任制。在多部门承担农产品质量安全管理的基础上，对可能存在的问题进行分析，可在如下两方面加以改进。一是构建多层次管理体系。以国家行政部门为主导的多层次农产品质量安全监管体系在省、自治区、直辖市范围内专门建立相关机构，理清上下级关系。二是建立监管部门间沟通共享机制。农产品质量安全管理由生产、加工、包装等一系列过程组成，仅仅依靠单方面的资料是无法进行精确评估的，所以，各级政府要构建农产品质量安全信息交流机制，建立信息交流平台，促进各部门沟通，避免信息检索不成功或者重复。

③规范农产品质量安全标准。完善农产品质量安全标准应明确农产品质量安全标准的原则和依据，加快制定和完善农产品质量安全标准。应制定标准范围，提高标准要求。针对我国当前的农产品质量安全标准要求较低，并且有强制性的标准范围的情况，应借鉴世界发达国家的标准并根据我国发展实际，调整和完善现有的标准规范。同时增强标准的透明性，提高相关企业的参与度。

④完善农产品质量安全监督检查。完善农产品质量安全监督检查主要有两种途径：一是农产品质量安全监管制度的完善，二是农产品市场准入制度的完善。针对当前农产品质量安全监测机构不能做到满足社会实际需求的情况，应通过对审计机构的控制，确保监察机关根据实际增加财政投入，购置监测设备，培训监测机构工作人员，提高执法水平。在此基础上，保证监测设备资质认证严格、监测标准统一，以增强检测能力，提高检测效率。此外，由于农产品市场准入制度是保证农产品质量的重要工具，是农业健康有序发展的坚实的基础，因此农业经济管理部门要对进入市场的农产品质量进行检验，并根据农产品质量安全风险评估活动评定农产品质量安全等级。

⑤加强农产品质量安全的社会监督。积极发挥媒体、大众、各种社会组织等社会监督主体的作用。相关部门应及时向社会发布农产品质量安全信息，使广大群众了解农产品质量安全状况，参与监督管理。同时，政府也应对群众反映的问题及时处理。同时，把结果公之于众，使公众充分认识到自己在农产品质量安全监督工作中的地位，更好地调动群众的积极性，让更多的人参与社会监督，形成农产品质量安全管理的良性循环，促进我国农产品质量安全事业的发展。

综上所述，我国目前存在着农业产品质量安全状况与社会需求不相适应的问题。因此，应借鉴发达国家成功的管理经验，结合我国国情，以制定和修订农产品质量安全法为核心，建立农产品生产、加工、运输等各环节的质量安全法律制度，健全和完善我国农产品质量安全管理体系，有效提高农产品质量安全，提高农产品的国际竞争力。

（3）智慧休闲农业法律制度。休闲农业是农业与旅游、生产与消费的有机结合，具有第三方产业的服务性质。关于休闲农业，1989 年台湾学者将其内涵概括为：农业与旅游结合在一起，利用农业景观和农村空间，吸引游客前来观赏、游览、品尝、休闲、劳作、体验、参与、购物的一种新兴农业。

智慧休闲农业是一个特殊的服务领域，主要利用农村人文地理环境，开展乡村休闲度假旅游，为消费者提供服务的同时销售农产品的一种方式。发展智慧休闲农业是开发现代农业生活功能的表现形式，经济发展规律表明，休闲农业的发展不仅可以拉动 GDP 的增长，还可以促进社会主义新农村建设，促进农业就业、创业，增进城乡交流等。

休闲农业是将农业和旅游业结合的一种新型交叉产业，这就决定了休闲农业法律多头关系的复杂性：既存在农业法律关系，又存在旅游法律关系，还可能存在两者交叉型的法律关系。我国当前的农业法律制度中没有统一的涉及休闲农业的法律规范，导致休闲农业在发展的过程中出现的新问题无法得到有效解决。没有统一的法规，就难以管理，也难以保证其健康有序发展。与此同时，还缺乏对休闲农业旅游资源开发和利用的相关法律规范。休闲农业旅游资源包括农业自然资源和农村民俗文化资源。在我国休闲农业的发展过程中，由于缺乏统一的法律法规，在休闲农业的经营过程中农业旅游资源的过度开发和利用，造成了对农村自然环境的破坏和民俗文化资源的损坏，村民的生活秩序受到一定程度的影响。另外，发展休闲农业虽以农业资源和农业生产为基础，但基础设施建设需要大量的资金投入。休闲农业是建立在科技进步基础上并以科技创新为主要驱动力的经济形态，它与知识经济是紧密结合在一起的。要激励科技创新与应用需要有良好的财政金融投入。然而，由于休闲农业的政府扶持措施没有法律依据，导致地方政府对休闲农业的扶持资金和政策不到位，影响了地方休闲农业的发展。我国政府投资少而且相关政策落实不到位，已经成为制约休闲农业经济发展的一大瓶颈。针对当前我国休闲农业法律制度存在的问题，应从以下几点着手完善。

第一，明确智慧休闲农业法律制度的根基本原则。发展休闲农业应基于一定目的和宗旨，且这一根本宗旨通常通过休闲农业产业法律规范确定下来。智慧休闲农业法律制度应遵循以下基本原则：有利于本地区农业发展原则，坚持高起点、高标准的原则，坚持可持续发展的原则，坚持因地制宜原则，坚持特色与创新结合原则。

第二，明确各类休闲农业经营者的行为准则。通过法律手段规范休闲农业经营者的行为是为了加强对休闲农业经营者的管理，从而确定休闲农业经营者的权利和义务。其权利和义务主要表现在两个方面：一是在法律允许的范围内享有经营自主权；二是遵守等价有偿、诚实信用、自愿平等的原则，积极履行各项义务。

第三，明确国家对休闲农业的相关扶持措施。发展休闲农业经济应大力开发环境保护、资源节约的农业技术产业。这就要求政府相关部门建立健全财政支农机制，加大对休闲农业的财政支持力度，加大对生态环境治理以及技术研发的补贴。与此同时，政府应明确休闲农业的创业和技术扶持。应调动社会各界力量，建立健全休闲农业服务体系，提高休闲农业发展能力。积极创造条件，提供必要的信息和咨询服务，合理安排必要的场地和设施，支持创办休闲农业。创建留任人才、吸纳人才的用人机制，实现用人才凝聚、事业兴旺。加强与科研机构、高等院校的合作，促进科技成果的转化，积极发展智慧休闲农业。

第五章　科技兴农与农业农村教育的法治保障

发展科技兴农战略，是促进乡村实现可持续发展、推动农业农村现代化的重要举措。科技兴则民族兴，科技强则国家强，科技创新水平体现了一个国家的核心竞争力。随着农业科技创新的不断发展，科技强农与科技兴农的号角正在逐渐吹响。坚持实施创新驱动发展战略，全产业链支撑现代农业，以及实行科技创新与体制机制创新的“双轮驱动”都是农业科技发展的必然要求。首先，完善农业科技知识产权保障，赋予农业知识产权拥有者在商业利用上的合法独占权，保护知识产权成果，激发他人对农业科技创新的动力。其次，农业科技成果转化对促进农业科技成果由潜在的、知识形态的生产力转为现实的、物质形态的生产力起到了重要的推动作用。最后，加强农村科技人才队伍建设，构建良好的农村科技人才教育培养体系，为农村产业发展的法治建设保驾护航。

一、强农兴农，科技先行

党的二十大报告强调，必须坚持科技是第一生产力、人才是第一资源、创新是第一动力，深入实施科教兴国战略、人才强国战略、创新驱动发展战略，开辟发展新领域、新赛道，不断塑造发展新动能、新优势。随着我国农业农村现代化进程的推进，解决好农民日益增长的美好生活需要和农村发展不平衡不充分之间的矛盾日益迫切。党的十九大报告提出实施乡村振兴战略，主战场在农村，把“三农”问题放在了十分重要的高度，乡村振兴迫切需要科技支撑引领。科技是第一生产力，科技对解决“三农”问题的支撑引领作用显得格外重要，而科技兴农就是运用科技手段助力农业发展，促进农民增收。发展科技兴农战略，是促进乡村实现可持续发展、推动农业农村现代化的重要举措。在乡村振兴战略背景下，研究科技兴农战略实施的问题及对策，既有利于促进政策落地的实效性，又顺应了新时代农业农村现代化发展的需求。

（一）科技创新的地位

当前，科技革命和产业变革蓬勃兴起，全球创新链、产业链布局发生深度融合，科学技术不断取得历史性成就。人工智能、工业互联网、5G等新兴技术正在引领全球信息技术革命，以极快的速度渗透至经济、社会、文化、医疗、教育等关乎国家发展的方方面面，使全球创新格局发生了深刻变化。科技创新发展程度对综合国力的提升越来越重要，掌握具有战略意义上的核心技术将成为国家发展壮大的关键。这是充满挑战的时代，但更是我们提升国际地位的最好时机。我们要把握国际科技发展大势，在核心技术上争取新的突破，培育新业态，发展新动能，推动科学技术改革，助力科技创新发展。只有抓住战略机遇期，加快技术迭代，发展原创性技术，把握科技创新主动权，才不会被时代的浪潮所淹没，才能在国际竞争日益激烈的今天争取到一席之地。

科技兴则民族兴，科技强则国家强，科技创新水平体现了一个国家的核心竞争力。在我国发展的各个历史时期，特别是改革开放以来，高度重视科技事业的发展，科学技术的进步对于一个国家的发展来说有着十分重要的地位，同时也发挥着十分重要的战略作用。科技也越来越影响到人们的日常生活，我们也可以看到国际社会对我国的一些技术封锁，导致我们不得不快速进步，提高水平，强大我们的国家。党的十九大以来，我们把科技在农业农村发展中的地位进一步提高，坚持科技兴农，全面促进农业农村现代化进程。2021年2月，在全国脱贫攻坚总结表彰大会上，习近平总书记庄严宣布，我国脱贫攻坚战取得了全面胜利，现行标准下9 899万农村贫困人口全部脱贫，832个贫困县全部摘帽，12.8万个贫困村全部出列①，科技对脱贫攻坚成果贡献了不可代替的作用。脱贫攻坚与乡村振兴相衔接的背景下，对科技助力乡村振兴提出了更高要求。而在党的二十大报告中针对科学技术发展问题，也同时提出了要深刻认识到科技的重要地位，抢占先机实施创新驱动发展战略，同时也要在科技体制改革中紧紧扭住“硬骨头”攻坚克难。并强调，农业科技进步与生产手段改进程度相适应，与农业社会化服务水平提高相适应。

（二）科技强农的号角吹响

近十年，全国农业科技进步贡献率突破61%、全国农作物耕种收综合机械化率超过72%、农作物良种覆盖率稳定在96%以上……一连串耀眼的成果和数据，勾勒出党的十八大以来我国农业科技创新发展的历史性、格局性、整

① 习近平．在全国脱贫攻坚总结表彰大会上的讲话[J]，求知，2021（3）：4-10.

体性重大变化：我国农业科技整体实力进入世界前列①。

当前，有必要总结基层政府科技兴农战略的具体做法，分析研究科技兴农问题，更好服务乡村振兴，让科技之光更好服务经济发展，提高人民群众的幸福感。科技兴农是一项服务“三农”的民生工程，是一项长久坚持的工作。用科技手段，加强农业发展、提高农民收入、提升农民获得感，是为了让科技成果真正转化并且落地见效，是加快推进现代化国家进程的有效方式。

1. 大力实施创新驱动发展战略，推动我国农业科技水平整体进入世界前列

围绕农业科技中存在的主要问题，《关于深化农业科技体制机制改革加快实施创新驱动发展战略的意见》《农业部关于促进企业开展农业科技创新的意见》《关于加强农业科技社会化服务体系建设的若干意见》等一系列政策先后出台，为我国农业科技创新事业作出战略性、全局性规划。国家高度重视农业科技工作。上至中央，下至地方，农业科技发展得到空前有力的推动，创新驱动新引擎全速启动。国家高度重视农业科技工作，把提高自主创新能力作为“十二五”时期农业农村经济发展的重要着力点。我国农业科技的整体水平正在加快提高，基础研究与战略高技术取得突破，获得了一大批处于世界先进水平的重大创新成果。

国家重点研发计划系统部署了“7大农作物育种”“智能农机装备等”“蓝色粮仓，科技创新”等重点项目。经过多年努力，我国已成为全球最大的转基因植物生产大国，转基因技术也广泛应用于食品加工、饲料添加剂、农药及医药、纺织服装等多个领域。得到转基因生物新品种培育等重大项目的资助，我国在转基因研发方面已经取得一批具有标志性的重大成果，转基因的研发水平已跃居全球前列。值得一提的是，我国的农业基因组研究已经实现“弯道超车”，我国在小麦方面率先完成基因组测定，同时完成了谷子及其他粮食作物，棉花、油菜、烟草、马铃薯、番茄、甘蓝及其他主要经济作物和园艺作物的基因组测定，确立了我国农业基因组研究的国际领先地位。此外，我国还拥有大量具有全球领先优势的农业种质资源和遗传育种材料。《2021中国农业科学重大进展》显示，我国在农业基础研究领域获得了引领性和开拓性的发展，作物、园艺、兽医等学科领域已经占据领跑地位，促进我国农业科技从局部创新到“自主基因、技术、品种、产品”的整体性飞跃。

2. 全产业链支撑现代农业，农业科技让生活更美好

国家现代农业产业技术体系历经十余年的构建，已经趋于稳定和成熟，每个行业都拥有为实现国家目标服务的科技队伍，遍布行业各环节及主要产区。

① 李丽颖．这十年，农业科技创新力量磅礴［J］．中国农业文摘：农业工程，2022，34（6）：3-6.

该体系是我国第一个国家级农业科技创新平台，也是世界上唯一一个以作物为对象开展研究的科研基地，拥有国内一流的实验室和设备设施以及完善的服务体系。

为满足我国城乡居民日益增长、不断丰富的农产品消费需求，我国对农业科技力量的配置进行了持续优化和调整，极大地丰富和加强了果蔬、畜禽的生产，为水产及其他优质农产品的生产及精深加工提供了科技力量并产出了科技成果。

面对农业和农村经济社会发展主战场，我们的基层农技推广体系网越织越密，切实促进了新品种开发、新农艺生根发芽，在现代农业发展“最后的一公里”奔跑，跨入了“一主多元”融合发展的新时期。全国近 55 万家推广机构的工作人员，一群“土专家”“田秀才”躬身于乡野，将实用的技术、周到的服务送进田间地头。

高素质农民是农业先进技术的实践者。2014 年以来，国家已累计投资 159.9 亿元，培养高素质农民 700 万余人，坚持“需求导向、产业主线、分层实施、全程培育”，技能培训和学历教育相互配合，对接延伸服务，不断壮大高素质农民队伍，为实现乡村振兴的整体目标、加快推进农业农村现代化提供强大人才支撑。

3. 科技创新与体制机制创新“双轮驱动”，形成创新发展的强大合力

农业科技曾面临着科研和经济“两张皮”的难题，一大批科技成果不能由实验室进入企业、进入市场。在新时代，要突破这一瓶颈，必须进行体制机制变革，破除障碍、拆除“藩篱”，为科技创新和经济社会发展开辟渠道，改革是必然的。农业农村部认真落实党中央决策部署，着力于农业科技体制改革与机制创新，使机构、人员、设备、经费、工程和其他因素全面激活，在创新发展中形成巨大合力。

为了促进更多的农业科技成果生根、发芽、开花，“全国农业科技成果转移服务中心”2015 年启动运行，成立了国家农业技术转移与成果转化一体化服务组织。该中心以科技创新与市场对接为核心任务，通过组织专家团队开展项目申报立项、成果评价推广、成果展示交流等活动，实现了农业科技成果向生产领域快速有效地转移应用。至 2021 年底，中心网站发布通告的交易成果共 225 件，合同价值 5.06 亿元，大量的新技术、新模式实现了落地转化。

在组织和实施农业重点核心技术攻关项目时，探索建立适应农业科研特点和产业规律的科研组织新模式，推进分类实施“揭榜挂帅”和“赛马”工作、“择优委托”的体制等。

农业科技加强成果导向，让科研机构、科研人员有了更多的自主权、决策权，真正做到放“权”于天下，让科研人员有更多选择空间。国家重点研究开发专项中，包括转基因重大专项在内的300余项工程，做到了三个“自主”：在研究方向没有改变，考核指标不降低的情况下，科研人员可自主调整研究方案及技术路线，独立自主形成科研团队，对有关预算科目自主调剂。

体制机制等方面的改革和创新，调动了科技人才队伍干事创业的积极性。新时期，农业科技人才队伍作为推动科技进步和促进农村经济发展的重要力量，是实现全面建成小康社会目标的有力保障。党的十八大召开后，中国农业科技人才队伍的结构得到了进一步改善，逐步建设起4支适应现代农业发展要求的农业科技队伍：一批深怀爱国之心的人，具有较深科学素养的战略科学家担纲牵头，承担着国家重大科技使命；一批具有奉献精神的人、创新团队的科技领军人才，为破解“保供、解卡、防风险、实现绿色转型”等产业难题贡献力量；一批“三农”情怀深厚、创新潜力凸显的青年科技人才队伍，在农业科技重大项目中、创新平台建设中、产业技术体系中勇挑头筹；一批农技推广人才扎根基层，高素质农民、乡土人才在乡村振兴的大舞台上大放异彩。在这十年中，农业科技人才队伍不断发展壮大，我国农业科技创新实力正经历着从数量积累到质量跨越的过程。

（三）乡村振兴战略下的科技兴农

《乡村振兴战略规划（2018—2022年）》是习近平总书记在2017年10月党的十九大上提出的。这一重大战略部署对新时期推进农业农村现代化具有重要意义。通过乡村振兴战略的实施，改变中国经济社会发展的方向，解决国内城镇化建设进程中存在较大城乡发展差距的问题、发展不平衡矛盾突出问题等。

全面落实乡村振兴战略，有利于农村内需潜力的释放，对稳定国内经济社会发展全局起到“稳压器”作用、“压舱石”功能。乡村振兴战略旨在构建与乡村发展相适应的制度保障，破解乡村发展不平衡的问题、不够完善的问题，平衡区域发展，减少城乡差距，做到城乡统筹、农业一体持续发展，建立新型的城乡关系、工农关系。

提高农业科技创新水平，需要培养适应现代农业发展需要的创新主体，建立各创新主体协调互动、创新要素有效配置的国家农业科技创新体系。加快建立以企业为主导、产学研相结合的技术创新体系，完善知识产权保护制度。加强农业基础研究，取得前瞻性的基础研究，取得原创性的重大成果。加大对重大共性技术和前沿技术攻关力度，推动农业科技进步。加大种业创新，加强现代食品和农机装备创新、农业污染防治、农村环境整治以及其他科研工作。完善农业科技成果转化机制，推进农业技术市场健康发展，加快构建以企业为主导，产学研相结合的技术创新体系，健全农产品质量安全检测与监管体系。深入推进农业科技体制改革，完善科研项目评审、人才评价与机构评估，建立差别化的评价制度。完善国家粮食安全保障政策体系，推进粮食生产安全战略行动，加快转变传统发展方式，促进资源节约集约利用。进一步推进现代种业提升工程，实施良种重大科研联合攻关等，培育国际竞争力种业龙头企业，推进种业科技强国建设等。

加速农业科技成果转化应用的需求和对高校、科研院所的激励，组建若干专业化技术转移机构，为企业提供技术服务网络。通过研发合作、技术转让、技术许可、作价投资等各种形式，实现科技成果的市场价值。完善省、市、县科技成果转化工作网络，扶持各地发展技术交易市场。强化科技支撑作用，推动产、学、研、用深度融合。针对绿色兴农的主要要求，增加绿色技术供给，加大集成应用与示范推广力度。建立健全国家和省级农产品质量安全检测与标准实验室体系，开展农作物品种审定制度改革试点工作。完善基层农业技术推广制度，创新公益性农技推广服务，扶持社会各方面力量参与农技推广工作，全面推行农技推广服务特聘计划，强化农业重大技术的协同推广。推进农业标准化生产，实施农产品质量安全可追溯制度，促进农民持续增收。完善农业科技领域的分配政策等，贯彻执行科研成果转化和农业科技创新激励的有关政策。

强农兴农、科技为先。从农业科技创新的长远规划出发，构筑农业科技创新制度四梁八柱，进而提出一系列激发科技创新潜能的措施。我国农业科技创新的活力正在迸发，一个接一个的收获，夯实了国家粮食安全与经济社会发展的基座，使农业现代化的征途行稳致远，铿锵前行。

二、完善农业科技知识产权保障

《国家知识产权战略纲要》于2008年发布实施后，我国已把保护知识产权上升为国家战略，创新型国家发展之路就成了今后的必由之路。我国在实施“科教兴国”和“人才强国”等重大战略决策过程当中，也越来越重视知识产权保护问题，并取得了一定成效。2009年《农业知识产权战略纲要》面世，强调了为健全农业知识产权保护制度、培植农业科技创新主体、完善农业市场的知识产权环境，加强知识产权服务是关键，扎实开展农业知识产权植物新品种权保护工作、农产品地理标志保护工作，为农业和农村经济又快又好发展提供了持续有力的科技支撑[①]。

① 农业部《农业知识产权战略纲要》，2009年。

（一）基本概念界定

1. 知识产权

我国法学界曾经长期运用智力成果权对知识产权进行归纳。随着改革开放的深入和社会主义市场经济体系的建立，知识产权作为独立的法律概念出现了。“知识产权”这一术语是在1986年全国人大制定的《中华人民共和国民法通则》中正式使用的，并且获得了法学界的认可。此后，随着社会经济文化发展水平的提高，人们对知识产权的认识也逐渐深化。我国版权制度建设的主要奠基人之一，“中国知识产权第一人”郑成思在其著作《知识产权法教程》中提出：“知识产权是任何人的智力成果有关的权利”。他把知识产权的对象视为所有智力成果，商业标志也不例外①。

2. 农业知识产权

（1）农业知识产权基本概念。由于知识产权诞生之时正值工业时代的迅猛发展时期，人们也常常把知识产权叫作“工业知识产权”，主要指在工商业发展中所创造的创新型智慧成果和商业标志所拥有的独占性权利。在经济全球化趋势下，世界各国之间的贸易往来日益频繁，而知识产权作为国际贸易中最基本的要素之一，其重要性日益凸显出来。随着科技的进步，科学技术领域在农业领域中大范围运用，农业知识产权由此产生，它很快就成为发展农业不可缺少的国际重要战略资源。

根据目前已有的相关文献资料，有关学者和专家就农业知识产权问题均提出了各自的若干观点，没有形成具有科学依据的统一定义。结合十多年来我国农业知识产权指数的报告等，本书认为：农业知识产权是指人处于正当状态，在社会农业技术生产方面有自己创造性科技成果，凭借该项农业科技成果，可享受有关该项科技创新成果等经济权利。农业知识产权包括农业科学技术知识产权、农业技术发明专利权、农业著作权、农业外观设计专利权人的专有权以及农业商标专用权等。农业知识产权以植物新品种权为主，涉农专利、农产品地理标志、农业商业秘密及其他某些权利等为辅，换言之，农业知识产权就是从事农业生产领域中任何一项科技创新成果的私人化权利。保护农业知识产权有利于推动农业的持续健康发展。因此，对于我国农业来说，加强农业知识产权保护显得尤为重要②。

（2）农业知识产权的种类。根据我国各年的农业知识产权指数报告，并结合众多专家学者对于农业知识产权与传统工业知识产权的理解与分类，可大致得出农业知识产权主要集中在植物新品种权、涉农专利、农产品地理标志、农

① 郑成思．知识产权法教程［M］．南京：南京大学出版社，1993.

② 宋敏．农业知识产权［M］．北京：中国农业出版社，2010.

业商业秘密、农业传统知识与遗传资源及其他种类，涉农性的特征非常突出。

①植物新品种权。在遵守有关法规的前提下，理性地研究和开发野生植物和一些人工培育植物，使之在某种程度上有新颖性、特异性等，并且能够用合适的名称制作、出售和利用这一物种进行繁育的专有权。随着世界经济全球化进程的加快和知识经济时代的到来，植物新品种权已经逐渐受到各国政府、企业及个人的高度重视。

②涉农专利。是指除某些动植物品种外，对于农业生产技术或者方法以及农业生物种类所拥有的专有权。在某种程度上，也就是农业专利的意思，涉及种植业、林业、畜牧业、渔业及其他农业产业，也包括产前、产中农业生产，产后服务专利。它以与农业有关的科学技术为主要对象，研究农业科技成果[①]。

③农产品地理标志。是指农产品起源于某一地域的指标，产品品质及其相关特性主要由自然生态环境与历史人文因素决定，是用地域名称命名的独特农产品标志。

④其他种类的农业知识产权。除上述几类最为常见的农业知识产权外，还包括与农业生产有关或者与动植物生产和繁殖有关的方法、工艺流程、有关的数据信息和其他专有权利以及农业商业秘密、农业传统知识等。

（3）农业知识产权的基本特征。农业知识产权除具备与知识产权同样的一些基本特征外，还具有在农业领域专有的一些重要特征。

第一，涉农性。即必须是农业生产、流通领域内的知识产权，一般直接或者间接与农业生产活动或农产品有关。

第二，载体的生物特性。相当一部分农业知识产权客体的载体是生物体，具有生物活性，能够自我复制。

第三，易受侵犯性。由于农业科研新成果、新技术一般在野外进行示范推广，权利主体往往难以对其实施严密而有效的控制，他人可以轻易地获取或者非法使用。

第四，价值标准的不确定性。农业生产过程是一个自然再生产与经济再生产相交织的过程，在这样一个过程中形成的农业知识产权难以用一定的标准去衡量[②]。

第五，自然风险性。农业科学研究不同于一般的科研工作，它除了受研究人员水平、技术、资金等人为因素的影响，还与季节、气候、地域、土壤等自然因素密切相关[③]。

① 宋敏．农业知识产权［M］．北京：中国农业出版社，2010.

② 李燕凌．农村科技服务与管理［M］．北京：高等教育出版社，2011.

③ 宋敏，赵云芬．农业知识产权［M］．2版．北京：中国农业出版社，2018.

（二）农业知识产权与农业科技创新的关系

1. 农业知识产权保护对农业科技创新具有基本保障作用

由于农业知识产权在我国的发展历史不长，大众对农业知识产权保护的认识不足，在交易成本、趋利避害等理念下，农业知识产权侵权案件频发，对农业科技创新市场造成诸多不协调。随着我国经济水平的不断提升和国家综合国力的增强，人们对于农产品质量安全提出越来越高的要求，而农业知识产权是农产品质量安全的重要内容之一，直接关系人民群众的切身利益。因此，强化农业知识产权保护，可以为农业科技创新提供一些法律或者体制方面的保障。一方面，提高农业知识产权侵权的成本，规范农业知识产权和科技创新工作，保障农业知识产权和科技创新成果转化工作、应用与推广，保证农业科技创新研究者能够从自身科技创新成果中获益，保证农业生产研发人员对农业科技创新的积极性。另一方面，为农业科研成果产业化提供有效支持，使之顺利进入产业领域，并带动其他相关产业快速发展。同时，以行政执法与司法保护相结合的方式来维护农业知识产权，打击侵权和其他违法犯罪行为，确保农业科研人员的知识产权、科技成果免受侵害，仍能创造较好的社会效益，为社会农业科技创新创造良好环境，吸引社会资本增加，智力成果增加，推动农业科技持续创新。

2. 农业知识产权保护促进农业科技创新成果的公开与交流

随着经济全球化进程的加快以及知识经济时代的来临，国家和社会对于人才的需求不断提高，因此，需要更加重视农业领域的知识产权保护工作。我国已出台一系列有关法律法规，对农业知识产权保护问题进行规制，但因我国尚未建立起完备的知识产权法律制度，目前还存在着很多的问题，在这些问题中，最重要的是农业知识产权保护乏力。农业知识产权具有很高的商业价值和社会价值，但其本身又不具备透明性、公开性及实用性，这就导致农业知识产权无法得到充分开发。以发明专利为例，发明专利很明显是一种相对透明、开放的产品，全世界每年都能从地方专利文献上获得95%以上的发明成果。所以，保障农业知识产权，能有效避免农业知识产权侵权纠纷，农业知识产权与知识成果均能透明化、公开化、信息化同步发展。农业科技人员从世界农业中学习最新的农业科技成果，研究专利等信息，把握最新的科技发展水平与趋势，让自己处于更高的位置，开展农业科技创新，加强对自身农业科技创新能力的培养。

在我国农业科技活动中，专利是一个非常重要的组成部分，是国家或地区鼓励和支持农业科技创新的一种手段，也是衡量一个单位农业综合实力强弱的一项重要依据。对农业知识产权的保护有利于农业科技工作者积极性的发挥，有助于促进农业科技进步，推动了我国农村经济的快速、平稳发展。因此，农业科技工作者应当提高知识产权的保护意识。在科技立项阶段，时刻注重农业科技的创新和技术进步，跟踪农业专利信息，及时确定或调整研究的方向和计划，争取尽快取得农业科技创新专利权。项目实施阶段，必须强化对农业科技创新进程的管理和控制，预防滥用知识产权。农业知识产权保护是一项系统工程，需要从国家层面到地方政府、相关部门、科研院所乃至农民个人都参与其中。对农业知识产权的保护，也会给农业科技从业者带来制度上的保障，使广大农业科技从业者和农业企业、科研单位等能够全身心投入农业科技创新研发阶段，加快农业科技的创新。

农业科技创新成果由于其在市场与农业上具有高效益，在各地竞相研究与开发的同时也形成了推动力量，农业知识产权保护则可对农业科技成果的转化和推广产生激励与保障作用。农业知识产权保护能够促进农业科技成果向生产力转化，并通过农业科技成果转化和推广推动农业现代化进程。农业科技创新具有系统性，就是包含农业科学技术的发明构思、研发、测试、验证、商业市场化的系列发展历程，农业科技成果转化和推广，离不开农业知识产权保护的“保驾护航”。因此，只有建立一套完整的制度来规范、约束与管理农业科技创新成果及其转化与推广才能确保我国农业科技水平的稳步提高。农业科技成果的转化推广，就是由知识的数据状态向物质状态转化的过程。农业知识产权保护能够保证农业科技成果转化的质量，促进农业科技成果向现实生产力转换，从而实现农民增收和农村经济增长。与此同时，农业知识产权的保护也为农业科技推广人员打好“强心剂”，农业知识产权制度是在知识财产的产权界定与配置上采取市场机制的方式，所以，农业知识产权可以作为商品在市场上进行物物交换。由于知识产权是一种特殊的财产权，具有一定的排他性，并且具有较高的垄断性，因此农业知识产权的所有者往往不会轻易地放弃对它的占有。反之，若农业知识产权保护力度不够，无论是农业科技从业者还是农业企业等，都将从市场竞争角度出发，获取其智力成果、科技成果及其他知识产权，由此造成某些推动农业科技发展的信息扩散受阻，不利于智力成果普及和扩散。此外，农业知识产权保护还有利于促进农民增收，提高农民收入是解决我国“三农”问题最重要的措施之一，而增加农民收入离不开科学技术进步，而科技进步的基础在于创新。所以农业知识产权的保护可以使农业科技成果产权化，通过明晰与认证产权，给予有偿使用农业科技成果、普及与转让的体制与法律保障，在市场知识产权机制不断完善的今天，有利于推动农业科技成果大面积普及。

（三）植物新品种的创新保护

植物新品种保护是实施国家知识产权和科教兴农战略的重要组成部分，是农业科技创新的重要原动力。

1. 中国农业植物品种保护名录的数量

农业农村部已经审定公布了《农业植物新品种保护名录》，申请品种权所需植物新品种，必须是保护名录所列植物所属或品种。其中包括国家重点保护野生植物和濒危野生动植物物种等重要种类。现已公布了 11 批次，共包括 191 个农业植物属（种），随着育种者、申请人知识产权保护意识日益提高，品种权申请量呈快速增长态势。2019 年农业农村部令第 1 号发布第 11 批《农业植物新品种保护名录》，涉及中草药 11 种、观赏植物 10 种、菌类 9 种、蔬菜 7 种、牧草作物 7 种、大田作物 5 种、果树 4 种①，为更多的农业植物纳入保护范畴提供了平台。目前，我国自主选育品种种植面积占比已达到 95%，五大主要农作物（水稻、玉米、小麦、棉花、大豆）72%的主导品种都申请了品种保护，推广面积占总推广面积的 78%②。全社会保护品种权的意识越来越强，统计显示，到 2016 年末，农业植物新品种权申请总量超过 18 000 件，授权量总量突破 8 000 项，2016 年度申请量达 2 523 项，每年的申请量在国际植物新品种保护联盟成员国中名列前茅③。

2. 中国农业植物新品种保护的成效

我国《植物新品种保护条例》颁布后，我国的植物新品种综合行政执法体系已逐步确立，为促进现代种业创新发展提供了有力支持。自 1999 年加入《国际植物新品种保护公约》以来，我国主动履行 UPOV 各成员国的各项义务，接受植物新品种权的数量连续多年位居世界首位，2020 年首次成为授权量最多的成员，2022 年中文正式成为 UPOV 工作语言④。伴随着我国植物新品种保护国际合作不断深入，我国种业国际贸易迅猛发展，国外在华公司申请植物新品种也越来越多。农业农村部科技发展中心植物新品种保护处处长崔野韩于 2020 年任职 UPOV 理事会副主席，中国植物新品种保护走向国际，植物新品种保护领域国际地位日益提高。近年来，我国对植物新品种保护工作高度重视，先后制定出台了一系列法律法规，为推进植物育种创新提供制度支撑和政策支持。在有力司法保障与执法监管之下，2020 年，品种侵权案件较 2011

① 农业农村部．农业农村部发布第十一批农业植物品种保护名录［J］．种业导刊，2019（3）：1.

② 胡璐．农业部：我国自主选育农作物品种占主导［J］．种子科技，2017，35（10）：1.

③ 中华人民共和国农业农村部科技发展中心．《植物新品种保护条例》颁布 20 周年［EB/OL］．［2022－10－12］．http：//www.nybkjfzzx.cn/Detail.aspx? T＝AT&I＝292&N＝22&ID＝5a7087db－9756－4fa1－ab5f－8858cabbb01a.

④ 郑怀国，赵静娟，秦晓婧，等．全球作物种业发展概况及对我国种业发展的战略思考［J］．中国工程科学，2021，23（4）：45－55.

年下降 36%[①]。第 2 届全国农作物授权品种展示及品种权交易会在成都召开，新品种转让经费超过 5 000 万元，几年授权品种的累计推广面积达 4 270 万公顷，粮食增产了 5 632 万吨，实施单位收益 19.7 亿元，新增社会经济效益 223.7 亿元[②]。通过赋予新品种权，对玉米“郑单 958”、水稻“Y 两优 1 号”、小麦“济麦 22”等大量具有自主知识产权的优良植物新品种实行保护，良种对农业科技贡献率超过 45%[③]，为我国现代种业发展奠定了坚实的基础。

3. 我国农业植物新品种保护存在的问题

（1）农业植物新品种保护意识淡薄。我国植物品种保护制度建立较晚，有的农业管理和科研单位、育种单位和个人对于植物新种保护的重要性认识不足，主要表现在两个方面。一是没有充分了解我国现行的有关法律、法规，导致在实际工作中不能依法实施保护。首先是缺乏植物新品种保护方面的专业知识，仅仅知道有新品种保护，但是对《植物新品种保护条例》和《中华人民共和国种子法》中有关法律、法规的重点内容和内涵，没有认真学习，对我国植物新品种保护制度尚不熟悉。很多人认为植物品种是一种知识产权，是一种财产权，因此没有足够的保护意识，不懂法律知识。在植物新品种权被侵害的情况下，缺乏切实运用法律手段保障其合法品种权的经验等。同时也没有充分掌握申请植物品种权过程中需要注意的事项，导致申请失败或者被拒绝。二是对品种审定与品种权保护之间的差异认识不清，一些种子企业狠抓品种审定工作，忽视了品种权申请与保护。由于通过鉴定即可投放市场，他们认为已通过鉴定的物种理所当然地受品种权保护。一些企业为了获得国家或地方政府的科研立项，不惜代价去申请品种权。目前的成果奖励体制对科研单位与高校专业技术职务任职资格审查条件及职称评定管理办法产生了一定的影响，科研人员一般看重论文、获奖、成果转化应用和其他晋升职称的必要条件，对植物品种权应用认识不足，植物新品种权并未被视为一项重要的知识产权，植物新品种权申请与保护积极性不高。

（2）农业植物新品种维权成本高、困难大。据统计，2016—2020 年全国各级人民法院审结的民事案件中，涉及植物新品种权纠纷的共 781 件，其中 85%以上涉及侵害植物新品种权，主要涉及水稻、小麦和玉米等主要农作物。此外品种权人的维权意识也良莠不齐。如何认定侵犯品种权行为，是一个比较复杂的问题，常常要耗费许多人力和物力。规模比较大的公司，维权意识较

---

① 祖祎祎．为品种创新保驾护航：全国农业植物新品种保护先进典型群像扫描［J］．种子科技，2020，38（8）：2-3.

② 高玲，龙开意，杨坤，等．海南农业植物新品种保护现状及对策［J］．热带农业科学，2010，30（11）：57-61.

③ 新华网．我国农业植物新品种权年申请量居世界第一［J］．种业导刊，2019（5）：32.

强，会主动求证，常以法律诉讼的方式维权。小企业维权热情不高，普遍经不起长时间打假，精力与资金的耗费让他们不得不弃之不用。

(3) 农业执法队伍任务不明确、执法取证难。因各省（市、自治区）农委、省种子管理部门及农业综合执法大队受到人员、资金、交通和其他条件限制，不能适应品种权人需求，植物新品种保护权维权、护权工作任务更加繁重。目前我国已经初步建立起一个以省级为主、地（州）市为辅的植物新品种保护管理体系，但还不能完全适应新时期的要求，基层的工作情况不容乐观。就体系建设而言，新一轮机构改革之后，行业管理与综合执法相结合的监管体系初步形成，但各地区在行业管理方面、综合执法联系还不够顺畅，执法人员的综合素质、能力不符合要求。在技术层面上，各地区之间没有建立起有效的联系机制，缺乏统一的技术标准，造成部分地方的品种保护工作难以开展。在执行层面上，种子市场秩序和质量状况虽然有了明显的改善，但是产权假冒却成了突出问题，虽然政府的打击力度越来越大，但仍然存在套牌、人们对于仿冒侵权的危害性认识不足、打假不到位等问题，这些问题已成为制约种业发展与创新的主要问题。

因此，要加强对套牌、伪劣商品种子的查处力度，严厉打击套牌、制售假劣种子行为。套牌货种具有隐蔽性强、不易鉴别的特点，给案件查处带来一定困难。首先，执法部门的鉴定技术受到限制，有些地方的种子执法部门既无DNA指纹图谱技术，也不存在基因比对手段，难以及时鉴别、确定套牌种子。有些地方的种子管理部门还缺乏相应的检验设备。部分具有资质的农作物种子质量检验机构，由于技术不够强、业务量大及其他原因，无法及时鉴定品种的真实性。同时由于基层农业技术推广人员和农民群众知识水平低，难以掌握品种真实性鉴别技术，造成错判、漏判现象严重。另外，检测周期长，种植鉴定至少要经过一个作物生长循环周期，并在适当的季节鉴定，不可能在任何时候进行，增加了时间跨度。目前我国尚无统一的玉米品种真实性评价体系和标准，难以保证玉米生产用种质量安全。我国现行品种权行政执法仍显薄弱，行政保护责任主体不够明确，存在跨部门的问题、跨地区行政协作机制缺失等，特别是品种真实性快速鉴定机制不健全，侵权鉴定比较困难，再加上部分执法人员认识模糊，将品种权视为私权，认为对社会公共利益的影响不大，导致执法积极性不高，相关案件久未侦破。

(4) 农业植物新品种保护的机制不完善。我国是植物新品种大国，但维权机制还不顺畅。目前UPOV已有72个成员国及组织，其中实施UPOV公约（1991年文本）的就有52个，且成员国数量日趋增加①。我国执行UPOV公

① 朱晋宇，李瑞云．加入UPOV公约91文本对我国蔬菜种业的影响［J］．中国蔬菜，2014(9)：1-4.

约（1978 年文本），无论是保护范围、保护力度还是保护水平等都明显低于 1991 年的文本[①]。目前，我国已有《植物新品种保护条例》《中华人民共和国种子法》《中华人民共和国专利法》《中华人民共和国民法典》等 4 种法律法规对农业植物新品种进行了保护，但是《植物新品种保护条例》在立法层次上效力等级不高，法律位阶比专门法保护的地位低，无强制执行力行政法规，并且与《中华人民共和国专利法》《中华人民共和国民法典》《中华人民共和国种子法》缺乏有机的联系。因此，有必要通过完善《中华人民共和国种子法》以及其他法律法规来构建一套完整有效的植物新品种保护体系。

（5）申请保护的数量仍较低且分布不平衡。国内虽有不少农业植物新品种的申请与授权，但品种结构过于简单，分布很不均匀，地区分布也不均匀。从应用主体上看，种子企业育种投入的积极性日益高涨，申请量快速增长，成了农业植物新品种研发与运用的主力军，国外申请人和国内科研院所、高等院校申请者的积极性不高，申请和授权量小。在品种构成方面，申请许可品种结构太简单，分布极不均匀，公司、科研机构及高等院校仍以经济作物及粮食作物为研究主体，水稻、小麦、玉米和其他主要农作物在申请总数中占 90%以上，蔬菜、花卉等高附加值的农作物申请数量较小，应用比例不足一成等，这和发达国家恰恰相反，在发达国家，蔬菜、花卉应用比例显著高于大田作物[②]。

4. 我国农业植物新品种保护的发展建议

（1）健全法律体系，完善农业植物新品种保护制度。植物新品种权确立的初衷是为了刺激育种者进行研究和开发，培育更多更好的植物新品种，维护植物新品种权，涉及专利、商标、不正当竞争等方面相关法律的规定，为促进我国现代种业的迅速发展，农业植物新品种保护体系需要进一步完善。随着时代的不断发展，人们越来越重视农作物品种的重要性，加强农业植物新品种保护势在必行。本研究通过对国内外种业知识产权保护现状进行分析，提出完善农业植物新品种知识产权保护模式。一是要加强立法，二是要加大执法力度，三是要重视司法救济，四是要提高公众维权意识。在有效总结我国农业植物新品种保护工作成效和问题的情况下，加强种业知识产权立法，加快《中华人民共和国种子法》《中华人民共和国专利法》《植物新品种保护条例》等相关法律法规的修订，加快完善有关种业知识产权保护的法律法规体系，为我国植物新品种权保护提供强有力的法制保障。同时要积极借鉴国际经验，通过制定专门的

① 孙洪武，周明月．对我国加入 UPOV 公约 1991 年文本的思考［J］．农业科技管理，2008，27（6）：1－4．

② 孙炜琳，蒋和平．农业植物新品种保护的基本现状与对策措施［J］．知识产权，2004（2）：18－21．

农业植物新品种保护法规来规范和指导国内种业发展，并逐步与其他领域的知识产权保护相衔接，形成统一完整的农业植物新品种保护模式。探索建立实质派生品种制度，对于单纯的修饰性选育、商业化行为进行约束，加强对原始创新的保护，提升保护水平与效益。通过开展品种权示范试点，探索实施种子生产许可证管理办法，促进种子产业健康发展。在“十四五”规划编制工作的机遇下，把加强品种权保护列入地方“十四五”种业规划，推动市场监管工作，保护品种权。通过开展品种权登记备案管理，明确权利人主体责任，健全种子经营许可管理制度，规范经营秩序，提升服务水平。设立 EDV，鼓励自主创新和原始创新，强化品种权保护，加强对品种审定等级的监督，构建企业失信机制，达到系统管控的目的。同时加强与国际条约及国际惯例接轨，在国内立法中明确植物新品种保护范围、实施主体及其权利边界。完善植物新品种的司法鉴定机制等，加快修订植物新品种保护条例，种业市场主体应当加强原始育种和修饰性品种创新，监管机构和社会组织需要联合运用法律、行政等多种方式，应从审查授权、仲裁调解、行政执法、司法保护以及个人诚信、行业自律等方面完善保护保障体系。

（2）构建种业市场监管体系，提升监管能力。加强种业市场监管，坚持源头治理与治标治本相结合，逐步构建有效的监管与治理体系，加快监管能力提升，加快推进执法联动协同机制建设。加强知识产权执法和保护，是促进中国种业创新发展的重要途径。一是建设知识产权跨部门、跨区域的联动保护和管理、司法合作保护机制，形成“行业管理＋综合执法＋行业协会”的模式，汇聚体系合力，建设属地为主、部门配合、区域联动机制及社会参与的监管模式。加快落实权责明确的行为规范，使监督行之有效，建设完善的农业行政综合执法体系，提升侵权案件审理和执行效率。探索种子质量分级制度，进行种子检验，加强对假劣种子不法行为的治理。二是制定种业市场监管方案，加强种子基地建设，研究制定侵犯植物新品种权维权指导意见，推进搭建全国统一的侵权案件协查联办平台。进一步规范与完善种子市场准入制度，加强种子生产许可的审核，严格依法办理备案手续，完善种子质量追溯系统，保证种子质量的安全性、稳定性和可控性，切实保障农民权益，推进现代农业发展。加强审定品种监管，促进登记品种清理，研究完善农作物品种标准样品管理制度，推动品种管理水平提升，使审定、登记和保护样品统一管理，建立品种标准样品库，构建 DNA 指纹数据库，利用信息技术、生物技术等，实施全程精准监管，推动全流程可追溯管理。

（3）加强综合行政执法，严厉打击侵权假冒行为。保护植物新品种，就是净化种业市场，为加快种业发展提供了重要保证。近年来，我国在植物新品种知识产权保护方面取得了显著成绩，但还存在不少问题，如品种审定周期过长、侵权成本低、农民保护意识不强、维权手段单一等。植物新品种的保护工作是一个系统工程，要求包括农业农村部、最高人民法院在内的多个部门共同发挥作用。本书就如何推进我国植物新品种保护工作谈几点看法。一是强化植物新品种权保护组织领导，强化种子市场监管，为种业振兴创造良好的环境，组织打假维权工作，加强部门协作，上下结合，构建跨区域执法联动应对机制，严肃查处生产、销售假劣种子的行为、无证生产经营及其他违法违规行为。同时，要进一步完善种子质量检测体系建设，推动实施国家统一的检验检疫标准和标识制度，加快制定地方种子法配套规章，切实保障农民权益。二是鉴于种子市场上无标签种子的生产和经营现象日益严重，应努力整顿种子市场秩序，加强品种权的监管和执法，鼓励举报违法线索，提高行政执法水平，强化对违法侵权的处罚，打击套牌侵权和其他违法违规行为。同时要进一步完善配套制度建设，为打击侵犯新品种权犯罪保驾护航。三是针对“白袋”现象，从源头上杜绝种子质量隐患，加强对种子经营者的培训教育，建立完善的种子市场准入制度，切实维护广大人民群众的根本利益。

（4）加大宣传力度，提升农业植物新品种保护意识。植物新品种保护权侵权，往往是生产经营者法律意识薄弱造成的，不清楚侵权行为所造成的伤害，是存在侥幸心理的违法行为。植物品种保护作为知识产权制度中重要的组成部分，在维护国家经济利益以及促进农业生产方面发挥着不可替代的作用。我国越来越关注植物新品种保护权问题，对有关侵权行为的打击力度也越来越严厉，一些违法企业侵权空间必然日益缩小。依法办事、诚信经营，才是商家生存之本。因此，必须从以下方面着手强化对植物新品种保护的意识。

第一，要加大宣传和普及有关植物新品种的保护知识，要采取多种形式，让更多群众了解和掌握有关植物新品种保护的法律政策及知识要点，积极向社会各界传播植物新品种保护知识，为广大农民朋友提供技术支撑和服务。

第二，增加植物新品种保护人员的培训，进行有关法规、专业知识的学习、案例分析以及其他培训交流与人才培养活动。同时，要建立专门的植物检疫机构来监督实施植物新品种保护，确保其合法有效。进行多形式宣传，例如，可在世界知识产权日、科技进步活动月等类似重要的时间段，借助新闻媒体，或可通过实地走访调研及其他途径与方法，宣传保护植物新品种的意义与作用，提高广大群众保护植物新品种的自觉性。同时积极组织有关专家到基层进行现场授课，帮助农民群众了解植物新品种保护的基本内容以及具体要求，使广大农民朋友真正做到知法、懂法、守法、用法。

第三，高等农业院校开设植物新品种保护课程也是可行的，从宣传对象来看，综合运用多种手段，使宣传工作收到了较好的效果。同时也要注意做好植物保护与种子产业发展之间的衔接，使之成为推动种子产业化的有效支撑力量。充分利用报刊、广播、电视等媒体以及网络与新媒体、新技术，广泛深入地开展种业知识产权保护专项整治活动，强化工作经验做法、典型案件的宣传等。推动彼此的学习、借鉴、改进，不断增强全社会尤其是种业企业的产权保护意识，鼓励权利人依法保护权利。

（5）加强原始创新，建立实质性派生品种制度。实质性派生品种往往依赖于原始品种的改良和创新育种的成果，随着育种技术不断提高，品种创新的鉴别技术亦在不断改进，实质派生品种制度亟待确立。从我国现行《中华人民共和国农业法》相关条款来看，我国没有明确地规定“实质性派生品种”这一概念，也缺乏相应的配套法律法规支持。实质性派生品种可适用于植物新品种权的授权，确立“实质上的派生品种”管理制度对于规范种子选育者与生产经营者利益关系、保护品种原始创新、增强国家种业安全意义重大。本书分析了我国目前实施实质性派生品种制度面临的困境，提出相应对策建议。首先，强化原始创新，实行实质派生品种制度，预防生物剽窃，激发育种原始创新、种质资源开发者同种质资源的后续使用人、生物技术发明人之间的商业使用利益共享机制。在现有法律规定基础上，通过修改《中华人民共和国农作物种子法》及配套法规进一步完善种子立法，明确实质性派生品种的范围以及实施程序，使之更加符合我国国情。其次，应区分保护创新程度不等的育种成果（原始品种和实质派生品种），将育种者对原始品种的权益延伸至该原始品种派生的实质性派生品种，从源头上解决种子同质化严重的问题。鼓励育种的原始创新，推动农业科技进步，做到良种良法配套。要对品种选育、种子生产经营管理等行为进行规范，保障植物新品种权，杜绝“模仿育种”现象、“修饰性育种”等不良行为，刺激育种原始创新，增加生物育种技术研究，提高种子质量，维护利益相关方的合法利益，充分调动育种者的积极性，推动种业高质量发展，保障国家粮食安全。

（6）加强与植物品种权保护国际组织和其他国家的合作交流。目前我国对植物新品种保护已经有了较为成熟的法律体系和较完备的管理制度，但是在植物新品种权国际保护方面仍然存在很多不足。加大对育种创新成果的保护力度，需从以下几方面着手。一是全面借鉴世界先进植物品种权保护技术，建设区域性测试指南和测试报告的国际合作与互惠共享机制，促进我国品种权保护工作得到更好发展、更快与国际接轨。通过建立区域植物品种权试验方法的标准及试验指南，促进国内种子企业区域试验的发展，做到“国一地”一体化经营。二是要加强 UPOV 植物新品种权申请的保护和宣传，进一步加强与 UPOV、世界知识产权组织与其他国际组织的合作，并且在国际组织中扮演成员国所应扮演的角色，希望能为我国种业的知识产权保护发展提供帮助，为保障粮食安全做出新的贡献。同时，应重视我国农业领域植物育种者的宣传工作，提高对种子重要性的认识。三是以植物新品种保护制度为架构，从国外引进优良新品种，对于我国的种植结构、种质资源多元化提供有效的补充，有利于我国优势品种在国外更好地生产和栽培，从国际市场中找到值得信赖的伙伴，为 UPOV 公约（1991 年文本）在植物新品种保护中的实施提供依据①。

（7）探索建设种业知识产权特区。从顶层设计层面对种子产业进行探索实践。第一，制定自由贸易港法规，包括授权机制和审批时限、执法体制的变革、植物新品种权的保护环节和范围、派生品种制度同国际规则接轨等内容。同时，探索与国家及地方立法相结合的模式，构建符合《中华人民共和国种子法》规定的知识产权管理法律体系。第二，加快培育具有自主创新能力和国际竞争力的新型种业企业，推动育种技术创新体系改革创新，提升种业核心竞争能力，促进种子产业转型升级和可持续发展，实现种业强国梦。在知识产权政策制度上树立高地，把建设南繁硅谷作为一个机遇，从加强种业知识产权保护出发，借力与国际最高保护水平相衔接，建立种业知识产权保护制度。进一步加强对育种者、生产者以及消费者权益的保障，实现从传统到现代的转变。第二，探索设立如海南自由贸易港植物品种权交易所或交易中心一样的知识产权特区，并且构建跨部门合作新模式，建设与高水平自由贸易港建设相适应的知识产权保护体系。

（四）农村地理标志的创新保护

1. 地理标志的基本概念

最早关于地理标志的概念出现于 19 世纪的《保护工业产权巴黎公约》中。其后，伴随着各区域人文历史的发展，这一理念便显得十分多元化了。此后在《保护原产地名称及其国际注册里斯本协定》中，对“原产地名称”这一概念进行了表述，消费者所购买的产品究竟来源于哪一地区，由标示区域的自然环境来决定，不仅包括自然环境因素，还包括人为等其他因素。直到 20 世纪末，《TRIPS 协议》才对地理标志的定义进行了明确。依据中国商标法，它所界定的重点是这一区域的独特要素，不管这一要素是在地理方面，还是在人文方面，都具有特殊性。值得一提的是，我国商标法以地理标志为对象，对其含义进行了界定，基本上和国际接轨②。内蒙古地区地理标志农产品资源十分丰富，所以内蒙古地区要注重地理标志发展、使用与保护工作，响应国家乡村振兴战略，实施知识产权发展战略，增加了内蒙古地区广大

---

① 周华强，王永志，殷明郁，等．中国农业品种供给侧结构性改革的主要问题和思路［J］．中国软科学，2017（11）：18－27.

② 王太平，姚鹤徽．商标法学［M］．北京：中国人民大学出版社，2020.

人民群众收入，推动了内蒙古地区经济、文化等各方面发展①。

2. 我国地理标志法律保护制度

同世界各国相比，我国在该领域的保护程度稍显落后。这也就造成了在我国许多行业中都存在着知识产权被侵犯现象，严重影响了经济发展。特别是我国对知识产权保护的法律法规尚不健全，因此造成了部分企业的不重视，使我国在知识产权保护方面的力度变小。从历史来看，我国的知识产权制度建立于改革开放初期，并一直延续至今。关于知识产权的处罚或保护，最早是因为社会现实需要，但是苦于没有相关的法律法规，都是国家行政机关根据具体情况采取相应措施。直到改革开放以来，才逐渐将知识产权保护纳入国家经济政策中去。随着我国市场经济发展水平日益提升，知识产权保护问题开始受到关注。在这种情况下，国家也逐渐加强了对知识产权的立法工作。促使我国进行知识产权保护的动机，也与世纪之初我国加入世贸组织不无关联。就我国当前而言，商标侵权案件的焦点是地理标志。这是因为地理标志是一种特殊商品，具有区别于其他商品的特征和优势，因而其价值巨大。在我国商标法不断修改完善的今天，第一次明确提出了地理标志的概念，在保护措施等方面都有明确规定。在此背景下，许多地方政府纷纷制定地方性法规或条例来加强对地理标志的保护工作。另外，国家质量监督检验检疫总局在 21 世纪初期还颁布了一系列法规，如《原产地标记管理规定》《原产地标记管理规定实施办法》《地理标志产品保护规定》，农业部于 2007 年颁布了《农产品地理标志管理办法》。至此，地理标志成为我国农业发展中一项重要的知识产权保护制度。

（1）商标法地理标志保护。纵观我国将地理标志作为标的法律发展历史可以看出，开始的时候，我国尚无对地理标志进行直接保护的法律。随着商品经济发展和国际贸易范围扩大，人们越来越认识到保护地理标志的重要性，逐渐有了对商标的专门立法——商标法。在改革开放初期，由于缺乏对商标专用权进行专门立法，导致许多商标被抢注，甚至被假冒，严重损害了商标所有者的利益，直到 1994 年国家工商行政管理总局才制定了《集体商标、证明商标注册和管理办法》，而地理标志在我国知识产权法律制度中仅仅是作为一种货物产品的来源地。在这之前，由于对地理标志没有明确的界定标准，使得我国地理标志的立法工作举步维艰，导致很多地方政府将其视为“土特产品”予以禁止或者限制。集体商标、证明商标是一种地理标志，已被申请登记，既可作为本地理标志标注区域名称，还可能是标明某种商品来自本区域的其他可视性标

① 张术麟. 地理标志战略与西部大开发 [J]. 法学论坛，2007 (6)：70-74.

志，而且地区名称不需要和区域内现有行政区划名称相对应、范围完全吻合[①]。商标法上地理标志等主要通过商标来表现。在商标权制度下，可以通过对特定地域内的生产要素进行组合形成新的区域品牌。集体商标如上所述，在一定区域内，生产者与经营者把自己有特点的物品申请加入商标。这种商标不仅能够使消费者对该地区的生产企业有更深的了解，使区域内产品对外形条件更有辨识度，而且通过这种形式，能够使消费者对该地区的品牌产生认同感与归属感，进而提高当地经济发展水平。另外，还可以在法律层面上较好地维护区域内商业利益。所以地理标志是一种非常重要的知识产权形式。地理标志最早是以商标形式产生，在实践过程最为普遍，可以通过保护地理标志商标的形式达到保护商品来源以及地域特色的目的。地理标志从其他方面来说太抽象了，且国家法律很难对其进行保护，但保护商标可以做到清晰而准确。因此，通过商标法对地理标志予以保护，是我国最适宜的保护方式之一。

（2）地理标志产品保护。对于如何对地理标志进行保护的问题，除以上商标法律保护外，还存在对其地理标志产品的直接保护方式，主要以原国家质量监督检验检疫总局颁布的《地理标志产品保护规定》（以下简称《保护规定》）为依据实行专门保护。《保护规定》中提到，对地理标志实施保护的主体为省级以上人民政府有关行政主管部门和其他依法设立的具有独立法人资格的组织。开展地理标志产品保护工作，尽管惩罚的视角是在其身上，但是，我国设有专门的部门对产品的质量进行监控，质检站可以通过监测来判断是否存在不符合地理标志要求的情况。因此，若地理标志受质检站的保护就不尽合理。质检局对质量的监控，不可避免地要接受所有为保护地理标志而提供的资料，所以由这个部门来保护是有道理的。目前我国有很多地区已经成立了自己的质检机构来负责地理标志产品质量的监督工作。

此外，我国对地理标志产品监管实行分级别管理。目前对地理标志产品的保护主要集中在省级行政区域范围之内，并且不同区域的保护方式也不相同。首先，每个地方都有权为其行政领域的产品建立有关机构来监督。其次，对地理标志产品实施国家监督抽检。但要较好地维护产品权利人有关权益，国家级别行政机关随时有权抽查复检。对于一些特殊的商品来说，国家则需要对该地区的地理标志产品进行重点管理。地方部门考察时，保证产品生产地和包装、生产日期等一切有关质量、地理标志等资料是非常重要的。所以说，国家对产品进行严格监管的同时也需要加大对产品质量方面的监督检测力度。尤其对于食物产品而言，由于关系人们饮食安全，它的生产环境及安全程度是至关重

① 王笑冰．地理标志法律保护新论：以中欧对比为视角［M］．北京：中国政法大学出版社，2013.

要的。

（3）农产品地理标志保护。我国发展农业历史悠久，是一个农业出口大国，我国逐渐开始重视对农业产品的研究和开发工作，并且将其作为国家重点发展项目之一。《中华人民共和国商标法》和《中华人民共和国专利法》对于农产品地理标志的保护方式有所不同，为更好地保护农产品地理标志，我国还制定了地理标志专项保护法和农产品地理标志保护法，其中最重要的就是关于农产品地理标志保护立法的相关规定。为与《农产品地理标志管理办法》相配套，农业部2008年相继颁布了《农产品地理标志登记程序》和《农产品地理标志使用规范》。从此，初步建立起一套农产品地理标志登记管理体系。

事实上，我国以地理标志为对象的保护已经反映到了我国各种产品上。人们生活水平逐渐提高，对农产品质量也提出了更高的要求，而农产品中最重要的一个组成部分就是农产品的外包装。很多消费者买农产品时会发现，许多食品的包装都注明了它们的来源。这种情况表明，我国对地理标志的保护意识已经逐渐加强，且很多时候，不同地区的标志会有所差别，其原因在于这种地理标志属于专有标志，为国家特许保护的符号。所以，这些食品的原产地往往都有一定程度的证明和认可。但从我国国情出发，这类地理标志保护源于国内不同政府组织，有的属于工商部门，有的属于农业部门。由于它们之间存在着职能重叠的情况，导致相关的法律制度不健全和管理措施不合理。造成这一局面，还是因为我国行政部门不断改革，不断合并、分立。从我国的实际情况来看，农业是比较容易管理的行业，而对于农产品来说就不太方便了，因为农产品本身就是一种特殊产品，并且其具有很强的地域性特点。

为配合我国地理标志保护工作，我国其他法律也同样作出了有关规定，包括《中华人民共和国民法典》及《中华人民共和国反不正当竞争法》等。地理标志的相关规定在我国法律中逐步健全还说明，我国希望系统保护地理标志。

3. 乡村振兴视角下地理标志知识产权运用的特殊性

（1）乡村振兴视角对知识产权运用提出更高的要求。乡村振兴视角就是从乡村振兴战略环境出发，对知识产权的运用目的和运用手段进行研究。在知识产权运用的目的上，不但要求带动经济发展，还要助力文化、生态、人才和组织发展；在知识产权运用模式上，要充分运用与乡村振兴战略内容相关的资源，在运用的同时达到全面发展的目的。乡村振兴战略是国家战略，从国家到地方，各级政府陆续出台了许多促进乡村振兴战略实施的政策，从乡村振兴视角来研究知识产权的运用，可以有效地与有关政策衔接起来，更精准地促进知识产权的运用，取得更好的成效。

（2）乡村振兴视角下地理标志知识产权运用的新使命。使用地理标志可以促进产业集聚式发展。地理标志是区域品牌，使用地理标志的企业荣辱与共。

一是要全面提高企业对地理标志的运用水平，形成合力，共同推广，同时又要防止个别企业出现的失误或错误从而影响整个地理标志品牌的形象；二是促进形成以地理标志品牌为要素的文化内涵，形成区域的特色共识；三是地理标志应秉承环保绿色理念，推动产业化发展的同时，兼顾绿色生态诉求，提倡可持续发展模式；四是培养一批地理标志知识产权运用的创富带头人和专业化服务人才，在推动地理标志知识产权运用的同时，优化本地区乡村振兴事业发展的人力资源供给结构；五是引入第三方服务机构，从组织振兴的角度完善东西部协作机制和进行组织创新，助力地理标志区域实现综合发展。

三、农业科技成果转化的法律保障

（一）相关概念

1. 农业科技成果

对农业科技成果这一概念，学者们认识不一，就农业科技成果的内容而言，有的学者认为，农业科技成果就是为了解决某一农业科学问题所获得的有一定新意的成果，具有先进性、实用性。张雨认为农业科技成果就是科技成果在农业领域的应用，是有利于农业发展的新理论、新技术及其在生产上的运用与实施，以及所带来的收益等创造性劳动成果。具有类似见解的学者还包括李光谱，根据李光谱的观点，农业科技成果就是指农业各领域中，通过调研、实验、推广应用，可以促进农业科学技术进步，经济效益、社会效益显著，以及通过识别或者由市场机制验证的材料、方法或者计划。张雨、李光谱二人的看法偏向从农业发展应用的角度认识农业科技成果，具有一定说服力。也有学者站在应用价值和学术意义上对这一概念进行界定，具有代表性的学者有赵敏，他把农业科技成果看作农业科技人员运用科学理论、思路与方法，借助先进手段，所研究的内容是科学的并具有先进性与系统性，推动农业科技进步和经济发展，并通过评审，鉴定或确认的新理论、新方法、新技术和新产品①。

2. 农业科技成果转化

（1）概念的提出。1996 年 9 月 15 日，第八届全国人民代表大会常务委员会第十九次会议通过的《中华人民共和国促进科技成果转化法》将科技成果转化定义为："为提高生产力水平而对科学研究与技术开发所产生的具有实用价值的科技成果所进行的后续试验、开发、应用、推广直至形成新产品、新工艺、新材料，发展新产业等活动。"据此可以看出，在我国现行法律体系下，科技成果转化是一个非常重要的法律术语。根据这一定义，农业科技成果的转

---

① 黄钢，徐疾平．农业科技价值链系统创新论［M］．北京：中国农业科学技术出版社，2007.

化有广义和狭义之分。从狭义上讲，转化仅包括这个概念所蕴涵的东西，也就是对结果进行发现和发明。

本书所讨论的农业科技成果转化是指广义的农业科技成果转化问题。从广义上讲，农业科技成果转化是农业科技成果在科技部门内、科技部门间、科技领域向生产领域转化的过程。从广义上讲，凡是能产生直接或间接经济效益并可为人类所用的农业科学技术成果都可以称为农业科技成果。从狭义上讲，转化就是有实用价值农业科技成果的后续实验、研制、运用和推广，直到达到节约的目的或提高社会效益和生态效益。我国农业科技成果转化尚处在起步阶段，面临的困难集中表现为技术成果脱离市场和科技成果转化率不高。要解决这些问题就必须对传统的观念和模式加以变革，建立一套适应市场经济需要的新型运行机制，以促进农业科技成果尽快进入现实生产力的发展轨道。

（2）农业科技成果转化的特征。农业科技成果大体上可以分为基础性研究、成果的应用研究与发展。其中，应用研究是指对农业生产具有直接指导作用或有一定实用价值的技术措施、方法及产品的试验推广工作。基础性研究成果集中在农业科学对客观自然现象实质的论述，机理及其生物体在物质、能量交换过程中与周围环境之间的规律方面。应用性科研成果则侧重于解决生产实践问题，具有一定的实用性。这样的结果基本上停留在理论研究的水平上，它以探索自然规律为主。应用性研究成果是为了达到一定的实用目的而产生的，利用基础性成果等原则，研究某些可以预见应用前景的方面，开拓科学技术新途径，有效地采用新技术、新品种、新方法、新工艺等。这类科研成果一般具有明显的实用性。这样的结果不仅隐含着对自然的理解成分，还具有潜在的改造自然功能，它是理论与实践相结合、承上启下的一座桥梁，对生产实践起到了非常大的促进作用。开发性研究成果是一种应用性研究成果的追求清晰、特定技术开发活动。它与基础性成果相比具有更大的开发潜力和更强的实用性。从以上分类可以看出，这几类成果形态各有差异，转化为现实生产力的难易程度和速度也不尽相同，但其转化过程具有共同的特点[①]。具体体现在以下四个方面：

一是转化条件是有选择的。在科技创新过程中必须重视“送出去”和“请进来”两种形式。除了基础性研究成果，应用研究性成果与开发研究性成果，基本上产生于实验室或者实验基地，它是小区域、小规模研究，必然具有区域性，受地区自然条件制约，不一定能够在大范围和不同的地区取得成功，是否会出现规模效应，还需要进一步试验与实践，即便试验与实践取得成功，亦仅

① 朱玉春，霍学春．我国农业科技成果转化的制约因素及对策研究［J］．农业技术经济，1999（3）：19-22.

在本区域取得结果，不一定能够向其他地区转换和扩展。在科技创新过程中必须考虑其对经济发展的推动作用，是因为农业科技成果的转化和推广应用不仅受自然环境的制约，也受社会环境所限，资源条件的具备与否亦是一个不可忽视的因素，各种效应的范围以及强弱均为农业科技成果转化提供了条件。

二是改造的动因受制于市场。这就要求农业技术成果必须有较高的科技含量，同时也离不开市场需求和相应的政策扶持。在农业现代化发展过程中，我国农业经济受到市场经济的冲击日益增强，在市场经济中，农业科技成果转化动力也离不开市场经济规律制约，一项农业科技成果能否向现实生产力转化，唯一的衡量标准是其能否创造经济价值，具体地讲，就是某项科技成果的商品或劳务能否出售，能不能卖得又快又好，能产生多少经济效益。换言之，市场决定着这一农业科技成果是否能得到社会的承认、接受，是否能达到快速转化和普及的目的。

三是转化时间长。目前我国在农业领域所做的大量工作都是围绕着如何缩短科技成果从实验室向现实生产力转变时间这一核心问题进行的。农业属于弱势产业，受到自然的极大影响，生产周期长这一特点，本身就决定与之相联系的科技成果必然会有一个较长的发展历程。在实际工作中，农业科技成果转化周期长，它的历程充满了艰难险阻。其中任何一个环节都不能出现失误或遗漏，否则将直接导致科研成果失败，甚至造成无法估量的损失。内容包括多个阶段：首先是农业科技项目的筛选和认定，其次是对课题进行调研和试验，得出初级成果，进而对结果进行中试及鉴定，最后是转化和推广成果，使其发挥规模效益等。无数实践表明：对农业科技成果来说，完成整个过程，往往需要十多年甚至更长时间。

四是转化过程繁杂。在转化的整个周期内，有很多影响因素会对农业科研成果转化产生不同程度的作用。农业科技成果转化周期较长，这是由于转化过程比较复杂。农业科技成果转化不仅具有一般科技创新活动的特点，同时还带有自己特殊的属性，即农业科技成果的特殊性。仅对农业科技成果转化过程中涉及的因素与环节进行剖析，它的转化过程同样极为复杂。本书试图通过对影响农业科技成果转化率的几个主要因素的具体分析，揭示出这些因素及其相互关系。由于农业生产经营方式不同，导致农业科技成果的使用范围不同。就农业科技成果产生的经济和社会条件而言，农业生产经营方式极大地影响着农业科技成果的转化。这种模式下的小农户，其生产方式相对落后，生产力水平低下，无法满足现代农业发展的需求，因此，农业科技成果的推广必须走规模化、集约化、专业化道路，才能有效促进农业科技进步。我国农业的生产经营方式多种多样，改革开放初期，我国农村推行了家庭联产承包责任制，即几户作为一个单元，具有小农经济特征，所划分土地亦为分散地块，没有足够劳动力，经济力量零散，弱小，亦无科技意识，对科技投入缺乏认识与理念，不能形成规模经营。在农业现代化不断推进的今天，农业在产业化方面已取得可观进展，涉农企业不断增加，在国家政策支持下，农业科技成果转化过程在某种程度上有所缩短，但是农业的产业化不涉及农村，农业科技成果转化所需的大型综合农业技术应用，目前还只能是在已形成工业化的地区才能完成，特别是涉农企业承包土地时，同农民利益分配之间存在着矛盾，以及经营方本身经营权的不稳定等，均对农业科技成果的转化产生了影响。

（3）农业科技成果转化的条件。农业科技成果转化，是关系农业科学技术为农村经济建设服务的关键性问题。我国现阶段农业科技转化率低，主要原因之一就是不具备农业科技成果转化的条件，而制约因素则在于缺乏必要的市场和政策环境。农业科技成果转化以科技成果有一定开发价值和潜在市场需求为前提。也就是说农业科技成果对经济的发展起能动作用，是农业科技成果转化的前提条件之一①。一方面，农业科技成果是通过实验室或者试验田获得的，而它也仅仅是一个小面积或小范围的成功，它与较大面积或大面积生产截然不同，转化和推广应用的面积较大或规模较大，其工艺远比实验室和试验田要复杂，有自然生态环境方面的因素，还受到资源条件、人为因素及其他社会环境的制约，能否实现理想的农业科技成果转化则显得难以预料。因此，对农业科技成果转化的不确定性进行分析是十分必要的。另一方面，农业科技成果从研究开发到推广应用，经历了几个阶段和多个环节，并与自然有关，受社会和其他影响因素限制。因此，要想使之达到预期目标，必须对这些转化进行有效管理和调控，以保证成果顺利转化为现实生产力。它的改造必然是复杂的，转化的成功只能在各方面条件具备的情况下才能实现，并且取得经济效益。所以要使农业科技成果顺利地转化成生产力，必须具备一定的条件。具体而言，应具备下列条件：

一是在成果质量上的需求。这就意味着，只有高质量的成果才能满足农业科研与推广部门的需求，才有可能得到广大农民群众的认可，从而取得较好的社会效益。农业科技成果提供方应提供优质科技成果。其内容要有较强的实用性和可操作性。具体地讲，高质量成果须有如下特点：①成果有新意，这一结果在过去并不存在，并可解决已经普及的原利用成果生产中出现的实际问题，如更科学、先进的手段与方式。②结果的成熟性，即农业科技成果得以成功转化，并有效地推广应用到生产上。有些科技成果即使经过多年试验验证也难以推广应用，其原因主要在于这些科技项目缺乏市场价值或社会效应。不像有些科技成果那样要通过推广人员的不懈努力和运用示范、训练与推广等方式，才

① 吴敬华．农业科研单位科技产业工作探讨［J］．农业科技管理，2006（1）．

能够吸引使用者注意并采用；相反，如果没有一定数量和质量的研究成果来支撑，其作用也会大打折扣，最终导致农业科研成果的无效或低效运用。甚至某些科技成果无论怎么宣传推广都无法激发群众接受并采纳的兴趣。实用性是指农业科技创新的结果对社会经济发展具有直接或间接作用。③结果可以产生收益。也就是说，在相同条件下，新的科技成果比旧的更具有竞争力和生命力。效益性是指采用农业科技成果具有明显优势，至少与原同类成果相比是超前了，能够转化为现实生产力，或产生重大经济效益。从我国现有的情况来看，许多农业科技成果已经在全国范围内得到了推广应用，并且将继续得到广泛的应用。④结果适应性较广。即它是一种“大众”的科技成果。由此可见，农业新科技成果并非贵族产品，能在不同地区、不同时期进行推广普及，对空间要求不高，能够适应各种自然生态环境，同时，对于不同运作技术具有较强的适应性，而且新技术的操作环节单一，易操作，易使人感兴趣，可以迅速普及，甚至实现不推自广。新的农业科技成果与传统农业相比，具有投入少、产出高和使用价值稳定等优点。具有上述特征的新型农业科技成果，其转化可以达到预期社会效益，还将达到预期经济效益。

二是对生产者的有效需求。农业科技成果的接受者主要是农民，农业科技成果也主要是为农业和农民服务的，作为生产经营者，农户使用农业资源，不断脱离自然环境的制约，还必须摆脱社会环境的影响，在实际生产中必须考虑具体情况，根据具体情况因地制宜、因时制宜发展生产，对新型农业科技成果的筛选应非常谨慎。相反，如果没有被采纳的新农业科技成果，则会给自己带来巨大经济损失，甚至造成重大生命财产损失。由于选择不当，会误收一年，直接关系生活质量，甚至会影响到来年发展。新农业科技成果只有被广大农户接受后才有推广价值。农民的认可接纳与采用是新农业科技成果的生命线和“免死金牌”。因此，对新农业科技成果进行筛选评价时，要充分考虑到它能否满足农业生产实际需要、是否适合当地农业生产环境、是否具有推广价值、是否有市场前景。这意味着，凡是新的农业科技成果，都要经过精心的项目选择，然后才能进行开发和研究，而非为出科研成果而随意选择，如果不顾现实的需求，最终会遭遇无市场、无人力、无物力的尴尬，财力全部白白流失。因此，对农业科研成果转化过程中出现的问题进行分析探讨具有重要意义。在研究项目的选择上，要重视农业的实际需要和具体条件，考虑农民的文化背景和思想观念、技术能力以及具备的基础条件等各个方面因素，研究实用、接地气的农业科技成果，真正做到服务于农业、农村发展的需要。

三是建设完整的农业科技成果转化体系。在这个过程中，需要不断地进行创新和探索，最终形成一套完整的科技管理体系，包括科研、教学、推广、管理等各方面内容。农业科技成果自立项至推广普及，会经历一系列发展阶段，在立项研究阶段，初级成果以潜在生产力形式出现，在成果鉴定及中试阶段，科技成果是预期的，科技成果的转化与普及才是生产力实现的阶段。因此，在我国农业科技成果转化过程中，必须重视科研力量对农业科技成果转化的支撑作用。这些阶段都不是单独的系统，它是一个系统中的各个阶段，建设完整的农业科技成果转化体系，是整个系统中至关重要的一个环节，整个环节在前期开发研究与后期推广应用之间起到了桥梁作用，需要农业科技成果供给者与需求者之间的密切联系。所以要想使科研成果顺利地得到应用，就需要加强对科研人员的培养与培训，科研人员自身素质起着至关重要作用。这些是构建完善农业科技成果转化服务体系的必要条件。在我国目前情况下，提高农业科研成果的转化率和农民接受新技术的积极性，关键取决于广大科技人员的素质。例如，科研人员具有许多行之有效的科技宣传和推广知识的能力，把握市场供需信息等技能，科技普及的意识观念较强，并且能够积极主动地为农业科技成果转化和推广工作提供服务。既要建立起包括政府、高校、科研院所以及农民等在内的多层次农业科技成果转化推广网络，又要建设高效的转化和推广体系。

此外，政府支持是农业科技成果转化的重要条件。在中国农业现代化进程中，依靠市场配置资源，构建转化体系，运用市场价值规律进行杠杆调节等，而不是通过政策手段干预来实现农业科技成果的转化和推广。目前，由于多种原因，导致部分地区和部门对农业科技成果转化推广工作重视不够，投入不足，管理不到位，严重影响农业科技创新成果转化率。在此背景下，构建完善的农业科技成果转化推广体系，使其适应市场经济的规律，为农业科技成果顺利转化奠定坚实的基础。我国的农业科研工作起步较晚，但由于国家高度重视，各级政府也出台了很多支持和鼓励农业科技成果转化的政策。政策和资金为农业科技成果转化提供了坚强保证。我国现有的一些法律法规也在一定程度上支持和促进了农业科技成果的转化推广工作。有利、合理的方针，为农业科技成果转化提供适宜的环境，才能达到成功转化推广的目的，与有关法律、法规及相关政策提供的保障密不可分。

（二）农业科技成果转化的必要性及紧迫性

“十二五”时期强调转变我国的发展方式，出台了一系列富农、惠农政策，加速了社会主义新农村建设。充分实现这一目标，迫切要求农业科技成果向现实生产力转化，真正实现新型生产方式与行业结合，才能有助于经济发展方式的根本转变。目前我国正处于工业化快速推进阶段，资源短缺和环境污染问题已经成为制约国民经济可持续发展的主要障碍。农业科技成果高效转化是促进现代农业发展、提高农民生活水平的重要途径之一。农业科技成果的高效转化，能够有力地缓解资源紧张所造成的紧张局面，破解农业发展困境。同时还能有效促进现代农业技术与其他相关行业的融合，从而形成一个完整的产业链，推动整个国民经济持续稳定地增长。还可以有效地应对多种自然灾害带来的不良影响。当前，全球气候变化加剧，生态环境不断恶化，世界范围内粮食供求形势不容乐观，人类生存与健康受到严重威胁。在这一国内语境中，确保粮食安全、增强农业综合生产能力、加速农业科技成果转化是当务之急。与此同时，由于受到2008年美国金融风暴冲击，中国农业经济发展到今天，建设农业现代化遇到了空前严峻的考验，比如粮食安全、环境保护、耕地保护等一系列战略性问题，无不检验了中国特色社会主义制度是否具有优越性。我们必须高度重视农业科技创新体系的构建，以促进农业科技进步与经济社会协调可持续发展。加快推进农业发展方式转变，大力发展现代农业，密集而高效地利用农业科技成果就成了一个关键环节。因此，加强农业科研与推广工作显得尤为重要。随着我国农业科研投入的增加，科研院校高新技术成果日益增加，迫切地呼唤着一大批农业科技成果向现实生产力转变。

我国经济体制改革中，一个很重要的方面，就是要调整和优化产业结构。农业产业结构的调整和优化，是我国农业经济体改革中一个不可忽视的方面，关系现在及未来农业发展问题。农业结构调整的目的就是通过结构的合理化、现代化来促进农村经济增长方式从粗放型向集约型转变。调整和优化程度与科技进步密切相关。农业科学技术进步是促进农业结构调整和优化的关键因素之一。在当今经济全球化背景下，我国在全球竞争中，要走出农业领域的困境，加快农业产业结构的优化刻不容缓。首先，农业结构调整存在问题，缺乏足够的资金投入。我国原农业产业结构以追求产量为主，而且过分注重农产品质量，忽视优质农产品与相关农业科技的开发，这由中国经济发展时代需要与现实情况所决定。因此，我们必须重新审视农业结构调整和优化问题。在国家经济发展缓慢的情况下，国家财政在农业方面的投资远远不够，技术底蕴淡薄，科技成果转化应用低效，在解决温饱为第一要务的年代，没有能力重视优质农产品的开发。因此，农业产业结构不合理已经成了制约我国农业持续稳定健康发展的瓶颈问题。时代在进步，我国经济实力日新月异，而且农产品也逐渐向优质化方向发展，有关技术支持是发展中存在的短板。目前世界各国都把发展高新技术产业作为增强综合国力和国际竞争力的重要战略之一，而其中农业科技的发展又是重中之重。与国际竞争接轨、同步，农业产业结构的调整与优化已不可避免，加快农业科技发展，才是上策。其次，农业科技进步能够有效地推动农业产业结构调整升级。大力加强农业科技成果开发与研究，加快农业科技成果转化，千方百计推广与农业产业结构升级相匹配的现代农业科学技术，既可增加农产品产出，又能促进农产品优质率提高，同时推动农产品的多样化。本书通过对目前我国农业科技体制存在问题及原因进行分析，提出了完善农业科技体制的建议。市场经济中，我国农业经营已经不以自给为宗旨，但求效益最大化，我国原来的农产品生产从结构上看是大路产品，低档产品、普通产品与初级产品占绝对优势，与整个社会小康生活高品质目标不相匹配，也不能达到发展农业市场经济的要求。所以必须进行农业产业结构调整才能保证农业经济持续稳定健康发展。在人民生活水平不断提高和多样化发展的今天，优质化消费需求，引领市场走向，强化农业科技成果快速转化与推广，正是适应这一市场需求的可行之路，而农业产业结构的优化调整，则是推动与加速农业科技成果转化工作的重点。通过对当前我国农业产业结构进行分析，可以看出我国现行农业产业结构存在诸多问题。所以，对农业产业结构进行优化调整是实现农业现代化的当务之急，更是中国农业参与国际竞争，获取优势的重要一步。

（三）我国农业科技成果转化的瓶颈

1. 农业科技成果转化的需求瓶颈

农业科技成果能否顺利转化，受市场需求的制约，当农业科技成果转化的市场动力不足时：其一，说明对于产品能否实现预期的经济价值，使用主体还存在怀疑；其二，也反映了农户对科技的接受程度。虽然有的研究已经有了结果，但是结果却无法适销对路，无法为农民所接受，这类科技成果转化，自然是困难重重。这也说明农业技术市场的运行机制还有待完善。农业科技成果转化以潜在市场需求为前提，农业技术市场运作仅靠供求双方的利益驱动是不够的，农业技术研发和利用具有区别于其他商品的特点，这种特殊性质，决定了农业技术的供给和需求动力都不足。因此，要想促进农业科技成果转化必须从这一现实出发。

农业科技成果采用主体影响科技成果转化需要。从微观上看，不同的采用方式对农业技术成果转化率具有较大的差异。我国农业生产在这一阶段虽已取得一定程度产业化发展，而以农户为主的家庭经营依然是其主要表现形式，因此，农业科技成果采用者仍是农户。目前我国农村科技服务体系建设还不完善，在很大程度上阻碍了我国农业科技成果的推广应用。农户分散经营，难以实现规模经营，而且农业风险高，农民科学文化素质低也成了限制因素。这就决定了我国目前农业科技创新的重点应放在提高农户素质上。首先是分散经营，我国地广人稀，农户经营规模小，户均耕地只有 0.65 公顷，并散布成许多小块，由于没有达到一定规模水平，对新技术成果应用缺乏热情。其次在当前的市场条件下，农户对技术进步与经济增长的要求越来越迫切。为数不少的农业科技成果由于综合性强，要求系列配套及产业化推广技巧，所以，分散经营不利于农业科技成果转化。另外，农民受传统思想的束缚较多，接受新生事物能力差，导致农业科技成果转化率低，无法发挥其应有作用。农业科技创新活动本身具有很大不确定性，它需要有一个稳定的外部环境来支持。

2. 农业科技成果转化的环节瓶颈

农业科技成果转化，是一个包含诸多环节，具有内在联系的体系，认真抓好转化中的各个环节，是实现农业科技成果从潜在生产力向现实生产力转化的关键所在。其中一个重要环节就是农业科技项目的选择与实施，其目的在于使科技成果尽快地转化成生产力。农业科技成果转化最重要的环节是调研、中间推广应用。其中，中间推广又可分为成果需求与成果供应两个方面。从研究环节的阶段来看，农业科研究院所、高校担负农业科技成果开发与研究任务，也就是科技成果的提供。在中间推广环节，则是将科研成果通过试验示范或培训教育等方式向广大农民传播，使其成为他们生产技术上的指导依据。农业科技项目具有多学科性特征，因此农业科技成果的供给必须要有多个部门参与。农业科研机构各行政等级间的隶属关系、职责任务、协调配合和利益分配将为农业科技成果立项选题、开发研究效率与进度带来影响。因此，本书将农业科技项目的选择作为切入点来探讨农业科研单位的职能与角色问题。在农业科研的分类上，农业科学研究通常有基础研究、应用研究与开发研究之分，这些研究阶段又有前后联系的若干不同的环节，每个阶段所完成的科研项目具有各自特定的特点。在不同的内容和阶段，产生了与之相适应的科研成果。一个项目的成功实施，不仅要依赖技术层面上的支持，还需要有一定程度的资金支持。农业科技成果转化的过程，是“基础—运用—发展”不断循环的过程。基础研究是就应用研究和开发研究而言的，确定应用研究和开发研究发展趋向是显而易见的，农业科技成果质量，主要由科研立项选题的恰当性和准确性决定，农业科技成果的产业化进程中需要有针对性地进行基础性工作，以确保农业科技创新能够为产业提供技术支撑。研究阶段是农业科技成果转化过程中的第一个重要环节。因此，在项目实施过程中，应加强对第一个环节——技术选择的管理与监控。

在中间环节上，亦即农业科技成果转化的推广环节，农业科技人员、推广人员与农业推广中介机构一起完成转化推广。因此，农业技术推广体系的建立与运行直接影响农业科技成果的应用效果，进而决定着整个农业科技进步水平的高低。当前我国农业科技推广应用工作主要依靠国家财政拨款完成，它的经费来自农业科研机构和科研单位财政转移支付。这种方式虽然可以弥补经费短缺的不足，但它却难以满足现代农业发展需要，更谈不上形成完整的技术推广系统。由于我国农业科技推广体系尚不健全，一直是由政府采取行政手段进行宣传，运作机制弹性不足，完全处于上令下达的状态，缺乏横向联系，单元之间不能有效协调，甚至互相推诿，上下信息传递为单向直线传递，相关信息反馈不足，也无法根据这一情况对政策进行适时的调整，政策和实际推广工作产生差异，不能切实指导具体实践，推广体系内部上下级之间信息闭塞。同时，目前农村地区普遍存在着农技人员不愿从事技术推广工作，农业生产者不愿意接受新技术或新成果的情况。所以，农业科技人员难以发挥作用，推广人员和农业推广中介机构工作热情不足。同时由于农业科研机构与其他部门相比存在较大差距，其成果推广往往难以得到应有的重视，易造成农业科技人员和推广人员、农业科技推广中介的工作与农业生产的现实需求相脱节，使得推广工作难以取得理想效果，同时也影响农民对新技术的接受与利用。

从农业科技成果的应用环节看，还存在制约瓶颈，即农业科技成果转化过程中的障碍因素。农业科技成果实施运用主体以农户为主，在应用环节，瓶颈主要源于农户。目前我国农民中存在着许多与农业科技知识相脱节的问题。许多农民受教育水平、风俗习惯、传统经验及宗教信仰等因素影响，对科技的态度、对科技成果的采纳程度，往往会出现不一样的心理障碍，如传统守旧心理、求稳心理、易知足心理、从众心理、急功近利心理、自卑心理等，这些心理障碍严重影响了农民采纳科技的效益，妨碍了农业科技成果的转化。首先，农民因对技术缺乏了解或不能很好地掌握，从而导致他们不能顺利使用科技成果。农民由于文化和科技素质不高，限制了他们对新科技成果的接受和采用，使新的科技成果无法进入生产。其次，农民因未掌握先进科学技术知识和技能，操作辛苦，付出多，获益少，很难适应生活改善之后多元化生活需要，留下来的人大多年老体弱、疾病缠身，仍在坚持农业生产经营。农民因长期处于贫困状态，对科技缺乏了解，其经营方式、经济承受能力也限制了农民对新科技成果的接受程度和采用投产的可能性。因此，要想实现农业增产增效，必须依靠科技进步，加快农村劳动力转移，增加农民收入，这就要求有大量的科技人员投入农业科技推广中去。主客观条件均限制了农户增加科技投入的内在动力；由于历史原因形成的“大而全”“小而专”的组织结构，使农村专业技术人员缺乏必要的知识储备，无法及时掌握新的农业科学技术。

农业科技成果管理部门是一个相对独立的组织机构，其职能也应体现为对农业科研、推广及成果生产过程中各个环节的监督管理，以促进农业科技向现实生产力转变。我国农业科技成果管理体制经过改革，仍带有强烈的计划经济色彩，由于缺乏健全宏观调控机制，平行农业部门与各有关单位及不同区域之间缺少有效的衔接与交流，各行其是，相互间缺乏协调和配合，一些机构及有关单位甚至重复设置严重，有些工作反复布置落实于不同的部门，是浑然不知的，导致人力、物力、财力极大浪费，流失严重。这种状况不利于发挥各部门之间的整体优势，也影响到国家整体科研布局的科学性。而且有些工作因为各自为政，执行不力，例如，科技中长期规划和年度计划，在目标的制定上还未得到足够的具体实施、深入调查，仅仅是粗线条地以市场为参照来做规划。因此，目前存在着许多“短平快”的科研项目。有些项目因资金困难，无法按计划进行，只好搁置一边。因此，要解决这个问题就必须加强宏观管理，建立起统一协调机制，形成一个完整的体系。

(四) 促进我国农业科技成果转化的对策措施

1. 调整农业科研项目立项方向

党的十九大报告明确提出要“深化科技体制改革，建立以企业为主体、市场为导向、产学研深度融合的技术创新体系，加强对中小企业创新的支持，促进科技成果转化”。通过创新体制机制，以市场为导向、以产业发展需求为导向，构建农业科研项目立项机制，推动农业科研立项从“建立课题到取得研究成果到再一次建立课题”的老模式逐步向“市场建设，并对其成果进行研究”的新模式转变，把“目标导向”和“问题导向”有效统筹，倡导产学研合作，以需求为导向，调节供给，将科研项目立项过程与市场相结合、紧密结合农业生产实际需求。

2. 加快农业科技成果转化体系建设

2017 年中央 1 号文件指出“要发展面向市场的新型农业技术研发、成果转化和产业孵化机构”。以孵化机构、中介服务平台等为主要支撑，促进农业科技成果的转化。鼓励各类农业专业化中介服务机构发展，为农业科技成果转化提供代理、评估、考核和财务方面的服务、保险等。强化对农民合作社及其他中介组织的管理与指导，规范他们的经营行为，提高农民的组织化程度。搭建农业科技成果信息交汇发布平台等，各涉农高校、科研院所、推广单位要建立健全科技成果信息交汇机制，国家秘密和商业秘密不泄露，定期发布农业科技成果和相关知识产权信息，提供农业科技成果信息查询、甄别、信息对接及其他操作。

3. 加大农业科技成果转化人才培养和宣传力度

强化农业科技成果转化专业人才的培养，建设农业科研人员的流动机制，鼓励科研人员在企业兼职，参与农业科技成果转化，也可离职经商，实施农业科技成果转化人才奖励政策，有关涉农高校、科研院所要加快农业科技成果转化评价机制的建设，建立具有可操作性的成果转化收益分配规则，健全科技人员职称评价和晋升体系。健全农村实用人才队伍建设制度，建立和完善农业科技成果转化资金的管理措施，加大财政对农业科技成果转化投入力度。扶持企业科技人才到涉农高校工作，到科研院所兼职研究，鼓励产学研结合，使科技研发和成果转化紧密融合，加速农业科技成果的转化。健全农业科研成果转化评价标准，建立科学有效的农业科技成果转化率评估指标体系，为提高我国农业科技成果转化效率提供依据和保障。建立和完善农业科技成果转化激励机制，强化农业科研创新人员、管理人员培训教育，促使其综合素质的持续提高。增加政府投入，完善农技推广服务体系，提高农民的组织化程度，加强技术推广能力建设，完善农业科技成果转化的技术支撑。加强对农业科研院校及科研机构的改革与创新，通过多种方式提升其自主创新能力，增强其核心竞争力。加强专业人才的培养，建设专业化的农业科技成果转化队伍。通过建立农业科技成果转化服务平台，加强与农户间沟通联系，促进农业科技成果快速高效地应用于生产生活之中。并以此为基础建立和完善政府主导型、多主体共同参与农业科技成果转化的运行机制，形成多层次、多元化投入机制。加大对涉农企业及科研单位的扶持力度，完善科技金融支持体系，促进科研成果向现实生产力转化。同时，加大农业科技成果转化培训宣传力度，确保有关成果转化政策有效落地，组织开展相关专题培训，在农业科技成果转化方面推广可复制的好经验、好做法，对于可推广的经验和做法，及时总结，多渠道宣传推广，营造良好的农业科技成果转化氛围。

四、培育高素质农民队伍法治保障

（一）相关概念

1. 科技人才

随着社会的发展，对科技人才的定义也在不断地丰富、变化。借鉴不同时期、不同群体对于科技人才界定的研究，本研究所指的科技人才应具有的主要特点可以概括如下：第一，具有专业知识或职业能力；第二，具有科学思维和一定层次的创新能力；第三，在科学或技术领域，为社会或科技事业作出某种贡献；第四，具有良好的品德和作风以及高尚的情操。

2. 农村科技人才队伍

农村科技人才这一概念，直译过来，就是科技人才前加上“农村”两个字作为定语。实际上，这是一种对农村人才资源进行界定和划分的方法，即依据不同地区的经济条件以及社会文化状况来确定农村科技人才的数量和质量。农村科技人才队伍是指具有专业知识或者专门技能的人才队伍，从事“三农”相关工作的，从事的相关科学或技术能改善农村生产生活方式，推动农村经济社会发展。从我国当前实际情况看，加强和改进农村科技人才队伍建设是实现新时期“三农”战略任务的重要保障。农村科技人才队伍的特点可以概括为：第一，服务对象是“三农”，或者是从事“三农”相关工作；第二，有专业知识或者专门技能；第三，有科学的思维和创新能力；第四，多依靠科技活动为农村经济和社会的发展做出一定的贡献。

根据国家统计局2021年5月发布的第七次全国人口普查报告，目前我国50 979万人口生活在乡村地区，占总人口的36.11%。这是一个人口大国向人口强国转变过程中出现的新情况，也是一个关系亿万农户生活质量和发展水平的重要指标。站在国家战略的高度，我们的国家应该实现社会主义现代化，以农村工作为本，以农业工作为保证，以农民问题为本。2021年2月中共中央办公厅、国务院办公厅出台《关于加强推进乡村人才振兴的意见》，提出了乡村振兴的关键是人。乡村振兴离不开高素质的农村人才队伍和农村基层组织的引领作用。当前和今后一个时期，必须把培养造就一支数量足够、素质优良的高素质农民队伍作为一项重要任务抓紧、抓实、抓好。农村科技人才队伍建设则是基础工程，其主要任务就是培养造就一批懂农业、爱农民、会经营、善管理、能服务的高素质农民。目前，我国已经初步形成了一支数量充足、结构优化的农业科技队伍。但现有农村科技人才队伍离乡村振兴战略的要求仍有很大差距。随着我国进入新时代，如何更好地发挥农村科技人才对推动乡村经济发展和促进农民增收等方面的作用具有十分重要的意义。

新中国成立以来，我国对人才的培养与利用经历了许多波折，由于经济条件所限，教育事业发展缓慢，导致大量优秀人才不能得到有效开发与利用，严重制约了我国经济社会快速健康发展。在改革开放的今天，经济与社会不断进步与发展，人们普遍注意到了人才的重要性。党和国家高度重视对各类人才特别是科技人才的培养和使用。近年来，伴随着乡村振兴战略全面纵深发展，科技在农村中的发展也渐渐引起了人们的普遍关注。在新时代，如何加强农村基层科技人才的队伍建设，成为我国广大农业工作者共同关心的话题。

农村科技人才队伍的建设使涉农产业的竞争力不断增强，促进了农业产业结构调整，新型涉农产业快速发展、农业科技水平得到提高。建设社会主义新农村是全面建成小康社会的重要内容和关键环节，也是实施科教兴国战略、人才强国战略、可持续发展战略和创新驱动发展战略的重大举措。我国属于农业大国，“三农”问题直接关系我国国民经济和社会的稳定。因此，如何培养和造就一支数量足够、结构合理、素质优良，能够适应现代农业要求，具有较高综合能力，并能有效推动农村经济社会全面协调可持续发展的农村科技队伍成为当务之急。

2021年2月23日，中共中央、国务院办公厅发布的《关于加快推进乡村人才振兴的意见》中提到，乡村振兴的关键是人，加快农业和农村科技人才培养势在必行，要把人才摆在乡村振兴的首要位置。《关于加快推进乡村人才振兴的意见》的出台，给农村科技人才的培养指明了前进方向，各地开始关注农村科技人才队伍的建设。农村科技人才建设存在的问题是：人才数量短缺、质量不高、结构失衡、成效发挥不明显等。归结起来，就是基层环境对科技人才的吸引力弱、重视程度不够、激励政策作用不明显、农村科技人才流动机制不够完善等。加强农村科技人才队伍建设，必须提出加强农村科技人才队伍建设的中长期方案，构建完善的农村科技人才培养体系，健全农村科技人才流动制度，加大农村科技人才队伍建设投入，完善农村科技人才激励机制，改善农村科技人才工作、居住环境。

（二）农村科技人才队伍建设存在问题的根源

1. 基层环境对农村科技人才吸引力弱

（1）经济环境薄弱。我国农村发展进程比较慢，发展动力不足，农业基础设施相对薄弱，农民经济收益总体不高，特别在中国西部，如位于中国西北部的延安市，尽管地质矿产资源比较丰富，而矿产资源收益对于大多数农户带动效益不足，牵涉范围小，农户生产、经济收入仍处于低水平，在地质矿产资源缺乏的其他地区，农村经济环境相对滞后。

（2）生产环境薄弱。随着社会的进步和科技的快速发展，国家越来越重视对农业生产技术及相关设备的投入。从目前国内大部分农村的发展情况看，要提高农民收入，改善生活是主渠道。但由于我国长期以来实施工业兴国的发展战略，政策更多关注工业化、城镇化发展，出台的惠农政策受益面受到限制，使得我国农业虽为基础产业，但发展进程慢，机械化生产水平低。产业链中不具备议价能力，使人们从农业生产中获得的经济利润在一定程度上受到制约，进而导致愿意务农的人数下降。

（3）生活环境薄弱。与此同时，伴随着城镇化的加速发展，农村人口集中在城镇的趋势日益显著。历经脱贫攻坚阶段，我国已达到农村有安全饮水、安全住房，通村道路均已改建成水泥路或柏油路，农村的各种基础设施得到明显改善，极大地提高了农村基础设施水平，使得居住在农村的居民，其生活的很多方面都能够获得需求的基本保障。而当前农村基础设施建设水平与城市基础设施水平相比还存在很大差距，发展进程还无法满足农民的生活需求。

（4）农村教育环境薄弱。广大农村地区人口数量大，但是相对于城市教育而言，农村教育有诸多不足。随着城镇化进程不断加快和人民群众对优质教育需求日益增加，仍然有部分落后地区出现了学生辍学或失学问题。我国走上了优先发展城镇、城镇反哺农村的道路，使大批农产品以低廉价格流入市区，大量农村户口的人涌入城市，城乡差距既反映在经济、生活水平、人口结构、人口素质等方面，也表现为教育资源分配的不均。另外，许多家庭为了给孩子提供更好的学习环境和条件，不惜代价让子女到城市就读。这也是由于优秀师生向大城市聚集，优秀教师偏爱在城市学校任职，学生家长追着城市的高教育水平跑，导致近几年“寒门难生贵子”现象日益严重。一方面，农村学生普遍文化素质低下、身体素质差，这直接影响他们以后学习能力和就业竞争力的提升，进而影响整个民族整体素质的提高。另一方面，则体现为教育投资力度的极端失衡，农村教育投入经费、人力、硬件和软件设施等方面与城市教育有很大的差距。在城市学校中普遍开展的几种体育运动、课余活动，农村学生在校期间很难接触到，而农村教学内容大多集中在文化知识传授上，农村学校在学生德、智、体、美综合素质上显然不够重视。

（5）医疗环境薄弱。政府投入不足，造成农村卫生人力资源缺乏。随着社会的进步和科学技术的迅猛发展，大家对于健康问题越来越重视，而就医观念的转变也使患者更愿意到三甲医院就诊，这就导致城乡之间、区域之间以及人群内部的差距不断拉大。医疗卫生资源分配缺乏公平性，长期以来，医疗卫生资源参差不齐，不尽合理。由于国家政策倾斜，很多地方政府都将一些有价值、需要解决的问题交由当地公立医院来承担。当前，城市大医院普遍存在“人满为患”的问题，优秀专家号可谓“一票难求”，与之相比，基层医疗机构却是“门可罗雀”“无人问津”。从城乡卫生资源配置看，虽然我国城乡人民群众享有基本医疗卫生服务的机会相同，但由于各方面原因造成城乡差距过大。而这种医疗资源分配不均的现状，不只存在于城市与农村的关系中，东南沿海城市与中西部地区之间，各行业、各领域间亦有。

2. 农村科技人才队伍建设并未被充分重视

当前我国有相当数量的发达地区因其经济基础较强、财政收入更高，政府部门与社会民众对人才的重视程度明显高于经济欠发达的其他区域，优待人才和其他政策举措，也远超欠发达地区。因此，这些地方纷纷将本地人才资源开发作为一项重要工作来抓，并取得一定成效。就延安市而言，近年来虽有一些人才引进方面的具体办法，但针对本土人才的优惠政策相对欠缺，且出台的政策针对性、指导性不强。这不仅导致人才流失严重，而且不利于本地人才资源开发与利用，影响区域经济社会可持续发展。在出台引进人才具体政策文件后，未对被引回国人才进行专门培养管理和利用。这些都导致当地人才政策难以发挥出应有作用。此外，从政府已颁布的政策具体内容中也不难看出，关注的焦点多集中于高层次人才，对与农村生产实际有关的科技人才缺乏足够的关注。

3. 农村科技人才激励政策发挥效用不明显

如今，上至政府，下至企业，都已经意识到人才的重要性，纷纷以人才引进为目标，以培训、评估和其他政策为手段，不断进行人才激励。可以说，人才激励政策的整体水平已经有了很大的进步，但是也存在着制度化水平不高、激励政策的公开透明性不够的问题。在此背景下，本书通过建立网络信息平台，设计并开发了一个基于大数据的地方党政机构人员考核系统。在实践中大多流于形式，止步于出台阶段，对于人才的培养没有达到预期的目的，对于农村的生活和生产缺乏指导性，而对于农村科技人才，目前尚未出台专门的激励政策，造成了干的、不干的、干得多、干得少，结果都一样的状态，在人才队伍建设方面拉动效果不显著。

一些地区为了吸引和留住人才纷纷制定各种政策，采取了一系列措施。许多地方政府都推出了优惠政策，争取“抢人大战”的先机。许多企业也积极采取措施吸引人才，并取得了较好效果。但对于引进人才多数“束之高阁”，存在才不能尽其用、人力资源浪费等问题。因此，如何吸引和留住优秀的专业人才是一个值得思考和解决的问题。对于人才的培养，应该确立“请进、请出”原则，但现在重引进、轻培养、没有沟通的情况是常见的。这与现行户籍管理体制有关。户籍与就业和社保是不同性质的概念，这就使得城镇户口人员难以享受相应的待遇。同时随着经济发展和社会进步，人们的生活水平不断提高，人才需求呈现多元化趋势，这使得原有的人事制度越来越不适应新形势需要。尤其是户籍和人事档案这两个与人才相关的最重要因素更是相互脱节。而我国目前所形成的干部人事管理制度，也正是以“编制”作为标杆而确立起来的，这一体制又是人才跨部门、跨单位发展的障碍。同时由于户籍管理存在漏洞，导致许多人无法获得与之相应的社会保障待遇。因此，要想留住优秀人才，必须先解决人员的合理流动问题。由于人员一旦选择转移，原先所享有的种种福利，都无法继续沿用。所以，当前人才流动性较大，特别是那些具有创新创业意识的人才，往往会选择跳槽来寻求更广阔的工作平台和更好的发展前景。

（三）乡村振兴战略背景下农村科技人才队伍建设的主要对策

本书通过研究农村科技人才队伍建设中所涉及的理论，并以延安市为例，展开调研，目的是推动我国农村科技人才队伍建设，推动我国农业和农村现代化尽早实现。本书从农村科技人才概念入手，介绍了目前农村科技人才建设存在的问题，并针对这些问题提出相关建议。

1. 加强农村科技人才队伍建设中长期规划

《国家中长期人才发展规划纲要（2010—2020年）》及《农村实用人才和农业科技人才队伍建设中长期规划（2010—2020年）》的发布，为发展现代农业、构建社会主义新农村，促进农业和农村人才队伍建设需求打下基础。要使人才规划真正发挥作用，就必须建立起科学有效的工作机制。各地区正在进行人才队伍建设的规划，除了以国家颁布的各类科技人才队伍发展规划要求为规划导向外，也要因地制宜，充分调动当地干部群众的积极性，激发基层创造性，参与规划制定，完全针对当地具体情况，出台相关人才规划政策。

（1）做好现有人才的规划。对现有农村科技人才来说，制订计划的着眼点可集中在如何保留现有人才、提高现有人才的综合素质方面。目前我国已经出台了一系列关于农村人才队伍建设和培养的政策文件，但是这些政策大多集中于对现有人员的管理，忽视了对未来发展中具有重要意义的高素质农民的培养与引进。政府编制计划时，可充分听取现有人才相关建议。可采取定期召开座谈会、研讨会等形式，通过不定时印发意见征求书或调查问卷等方式，或者以常态化方式建立专用邮箱或意见箱，搜集已有人才的生活需要、工作困境、职业规划和其他意见或建议。以此为编制农村科技人才队伍建设长期规划提供基础参考。

（2）做好外来人才的规划。各地政府在制定长期的人才规划时，对于事关“三农”发展的急紧缺专业来说，可以采用人才引进、人才培养等措施。可以从长远的角度来推行人才引进，将人才引进偏向急紧缺的专业，对于缺口较大的职业来说，可以通过制定方案、分批引进等方式进行。对引进人才要有一个清晰的目标定位和具体明确的政策引导，避免盲目追求短期效果。对引进人才，应充分考虑外来人才利用和后续开发，并预先列入人才长期计划中加以管理。

（3）做好未来人才的规划。对地方紧缺人才来说，可考虑在当地培养人才，可瞄准初中、高中毕业生群体。初中、高中毕业生择业时，可采取政府宣讲宣传进学校的形式，为初中、高中毕业生提供地方需要的急紧缺专业类型和人才需求情况，指导初中、高中生选好本地需要的急紧缺专业。通过对高校招生计划进行调整和完善，提高地方高校的办学水平，为当地社会经济建设提供更多高素质专业人才。各地可以设立一定规模定向生或者公费生，入学前签订有关协定，明确定向生招录资格、入学优惠政策、就业优待政策等方式。对需要长期留在家乡工作的人才，可制定相应的保障措施。把这些将来人才选回家乡就业以后，用好他们，开发其他优待政策，顾及人才的中长期计划。

2. 构建良好的农村科技人才教育培养体系

乡村振兴战略下构建新型乡村对科技人才提出了更高的要求，各级政府应在社会经济、文化、发展教育等多方面入手，建设全面、完善的、具有可操作性的农村科技人才培养体系，以培养能够推动农村发展的科技人才。

（1）强化农村科技人才专业教育。在科技革命和产业变革中，培养具有创新能力的人才是实现国家战略目标的重要支撑。随着经济发展和社会进步，农村对人才的需求越来越迫切，而高等教育作为人才培养的主要渠道之一，也逐渐成为推动科技创新的重要力量。要加大对农村科技企业和大学生创业创新活动的扶持力度，以提高农村科技人才的社会地位。农村科技人才供需库可在全国范围内构建，各区政府牵头，查清所辖区域内农村科技人才需求量和急紧缺专业类别，接受各类大专院校的认领和训练，主动与各地方政府进行对接协调，可对各地认领高校招生情况进行广泛传播，鼓励当地学生从事急紧缺专业的申请工作。

（2）推行农村科技人才继续教育。关于农村科技人才继续教育的实施，主要面向已从事与农村科技有关的工作者。一是要切实整合教育培训资源，强化大专院校以及学生和企业的管理、农村科技人才交流与合作等，与大专院校合作，为基层技术人员继续教育的开展提供专业场所，开展培训工作，提高继续教育质量。同时积极引进高校和科研院所中具有丰富经验的科技人员参与到农村科技发展当中去。二是引进大专院校到本地，采取建立教学点或开办培训班等方式，进行农村科技人才培训与教育，提升农村科技人才专业知识水平。

（3）组建专业化机构培训农村科技人才。可以在各地级市人民政府、组织部、科技局的领导下进行，农业农村局等单位参与、党校等相关单位协助，调动与整合社会培训资源，建立专业化机构，对农村科技人才实行分类、分级培养，由专门机构统筹市域人才的培养需求，实施具体培训计划等。同时加强政策引导和组织保障，建立科学有效的考核评价机制，使各类培训工作真正落到实处。针对不同年龄阶段、受教育层次、行业类型、专业需求的人才，分级分类设培训班次。在此基础上制定科学有效的培养方案，明确各级各类人员的培养目标和学习年限，并将其纳入考核体系中。在培训内容方面，必须贴近人才需求，根据受训对象基本信息获取知识、技能和其他预期目标，针对性制定培训内容。同时，注重实践能力培养，以解决当前农业科技人才培养过程中存在的问题为目的，增强实用性和可操作性。选配授课师资，可向大中专院校的专家、教授或行业创新创业领军人才学习。同时注重引进企业一线员工担任主讲教师，以保证课程教学与实践效果结合。

3. 优化农村科技人才流动体制机制

（1）破除人才流动体制机制障碍。近年来，我国政府出台了许多政策，深入促进人才有效合理流动，但是阻碍人才流动的主要因素依然存在，以户籍、学历、身份等为主，还有地域和其他因素。人才需求强烈的地方，考虑循序渐进地放开户籍限制，杜绝地域歧视，用人不仅仅靠文凭、学历，更注重个体的实践能力，倡导公平、择优用才思想等。人才需求较少之处，要通过构建统一开放的人才市场，采取分类指导、分级管理的方式。不断加快人事档案管理服务信息化建设已势在必行，完善不同地区、不同行业之间人才流动的社会保险关系的转移接续方法，便于人才流动，畅通人才流通渠道。

（2）引导鼓励科技人才返乡下乡。“科技特派员制度等”现已在不少地方实施，指派一些涉农科技人员到县（区）进行科技知识的宣传，但是现在，这种科技知识普及还停留在“走读”阶段，没有真正深入农村，实施科技帮扶效果不明显，更有效地推动人才流动的制度有待探索与落实。研发涉农应用技术，对于技术推广等紧贴、服务“三农”者，将基层的服务经验、实绩作为职称评审的重要参考指标，服务基层人才在评职称时不受原单位名额限制，名额下放到他所工作的乡。在基层事业单位中适当提升高级专业技术岗位比例，根据服务基层科技人才的数量，名额动态增减。建立多元化的国家公务员选人机制，从根本上解决农村干部匮乏的难题。对招考录用人才到农村任职，准入门槛可适当下调，可放宽学历、年龄等因素的限制。

（3）完善科技人才交流挂职机制。不断拓展科技人才挂职锻炼渠道，严格遵循“公开、互惠、竞争、择优录取”的原则。要加强交流沟通和信息反馈，不断提高干部队伍素质，使之更好地适应新形势发展需要。重视组织的优势，通过各种形式的活动，吸引优秀人才挂职工作。加强制度建设，完善相关政策和措施，为科技人员提供更多、更好的成长发展空间。根据科技人才的专业背景、工作经历、挂职意向，主动联系接收单位，确定挂职岗位，确保挂职人才挂在岗位上、担在责任上、干在实处，实现精准培养，人尽其才，物尽其用。进一步完善制度建设和政策保障措施。以问题为导向，探索各种人才培养活动。创新方式方法，提高培训实效，增强教育吸引力。探索建立“双向挂职锻炼”的机制，加强党政机关建设、企事业单位、社会各方面人才高效流动问题等。注重实践创新，不断提高干部队伍整体素质。通过各种交流活动、开办培训班和建立交流平台，提高干部队伍素质。创新方式方法，加强与企业的合作交流。采取多种形式对基层工作进行调研，了解基层实际需求，并制定针对性强的培训计划，为下届领导班子配备一批业务骨干。同时，重视地方政府对人员的作用，在培养上发挥作用，向基层一线提供优秀的科技人才队伍。通过对我国西部地区农业科技人员现状进行分析，发现存在着一些不足和问题，主要是缺乏有效的流动渠道、激励机制不健全等原因造成的。畅通双向挂职锻炼机制，不仅可以弥补一些地区科技人才缺乏的缺陷，还能带动当地急需紧缺专业人才的培养，填补人才助农的空白。

4. 加大对农村科技人才队伍建设投入力度

（1）政府要提高农村科技人才队伍建设的重视程度。实现乡村振兴，人才是重点工作，只有依靠科技人才，农业和农村才会走向现代化。当前我国农业和农村经济已经进入新常态阶段，加快农村科技人才队伍建设对于推动现代农业快速健康可持续发展具有重要意义。政府应该加强对农村科技人才队伍建设状况的关注，严格考核，将农村科技人才队伍建设纳入对有关单位的年度绩效考核。同时还需要完善激励和保障机制，建立健全人才引进机制，强化人才使用管理等措施，促进人才脱颖而出，留住优秀人才。此外，要注重发挥基层党组织和党员先锋模范作用，提高广大农民群众参与意识，积极调动他们投身到科技事业中来。要求各职能部门参与科技人才队伍建设，设立专项工作专班，成立领导小组或者对应的工作机构，厘清工作职责范畴，通过不断开展人才问题专题会议，及时破解上述难题。

（2）成立专门机构服务农村科技人才队伍。以农村科技人才为对象，组织部门牵头，乡村振兴局、人社局、农业农村局、科学技术局等单位配合，组建成立科技人才服务中心，做好科技人才和技术需求组织沟通中枢。在服务过程中，通过建立信息服务平台、开展培训活动以及设立奖励基金等方式，为农村人才提供更多更好的支持和帮助。以科技人才服务中心为龙头，建立农村科技人才标准，适时对外公布和推广，按照所定标准，广泛吸收企事业单位优秀科技人才参加。同时建立完善的人才信息平台，通过互联网及时发布有关科技人才情况以及相关政策和建议。此外，科技人才服务中心还应开展各种业务，如职称评定的申报、代缴五险一金等，为科技人才排忧解难。

（3）汇聚多方资金支持农村科技人才队伍建设。科技人才队伍的建设离不开经费的扶持，农村科技人才队伍建设中的关键是增加经费投入，实施落细帮扶举措。目前省财政投入不足是制约农村科技人才队伍建设发展的瓶颈。可由省财政协调财政收入，在吸收社会资本流入的过程，建立农村科技人才队伍的建设、培养专项用经费，以专项资金夯实农村科技人才队伍建设后盾与保障。其具体方式可采取直接投资、委托贷款、有偿服务等多种形式。着重用于农村科技人才培养，能够为农村经济、对生产起重要推动作用的给予物质奖励，如农村岗位特贴的分发，农业技术员、科技特派员及其他人员生活、交通补助和补贴。对于没有能力承担这些项目经费的人员也可由地方政府或相关部门予以解决，以保证其基本工作需要。所设专项资金应加强管理、规范使用，杜绝资金挪用流失。

（4）完善农村科技人才激励机制。在科技创新中，人才发展至关重要。当前我国农业科技体制改革正处于攻坚阶段，建立适应社会主义市场经济条件下的新的人才流动机制成为当务之急。良好完善的农村科技人才激励机制是重中之重，给人才以动力，人才才会充满活力。良好的激励体系，能够激发科技人才潜能，发挥科技人才的主动性、积极性与创造性。目前我国的一些地区还存在着对农村科技人才缺乏吸引力、激励不到位等问题，影响当地的经济发展。增强农村科技人才的活力和理性，公正激励机制必不可少，只有具备良好的氛围，才能做到灵活、完善，在有效的激励机制下，给人才足够的发展空间和机会，才能使各类人才的能力得到高效率的发挥，提高当地科技总体水平。

①建立合理有效的薪酬激励体系。完善农村科技人才的激励机制。一是构建以物质奖励为主、精神奖励为辅的激励体系势在必行。将人才的评价考核和

奖励挂钩，绩效评估要发挥激励约束和导向作用。二是建立和完善科学高效的人才管理机制。建立合理的薪酬体系，服务基层科技人才，可以按服务年限、帮扶成效计算等，从基本工资和津补贴上予以倾斜，正确、充分地运用好薪酬管理制度，建立人才工作奖励和荣誉制度。在强化政策引导的同时，激励科技工作者扎根农村，创新创业，为乡村振兴献智献策。政府应加大财政投入力度，拿出专项资金，及时提供资金奖励，通过物质激励，调动农业科技人才的积极性、创造性。鼓励科技人员到企业参与科技创新活动，为企业发展提供智力支持，还要加强对科技人员的培训和引导。对于优秀科技人才，通过媒体主动予以报道，以荣誉奖励的方式拓宽宣传面，塑造全社会尊重人才、从人才的事迹中吸取经验的好风气。同时要注意发挥科技特派员制度作用，使其成为科技人员与企业之间的桥梁与纽带。

②对农民技术人员进行职称评定。在职称晋升方面，优化职称晋升的标准等，以服务“三农”者为对象，拟订有关职称晋升及管理办法，适当增加评选指标，放宽科研硬性要求，重视田间地头实践技术培训，普及重要技术，并给予惠农政策倾斜，培养和健全“三农”科技人才服务体系。为了发挥“土专家”“田秀才”等科技人才对乡村振兴战略的促进作用，应注重和突破本土人才职业发展“天花板”问题。建立农民技术职称认定机制。组织专人下乡调研，倾听各方面的意见建议，举行农民技术人员职称评定专题会议，提出申报评审要求，对标准、范围等可作出明确的规定。同时根据专业技术职务聘任工作特点及评聘程序制定《关于开展农技员职称评审试点工作的通知》。对农村生产一线种养业、农副产品加工业等行业的农民技术人员纳入考核范围。同时根据不同岗位特点制定相应的评价内容和评分表。根据国家、省制定的各项基本要求，根据当地实际，制定具体的考核指标及考核办法。同时建立以岗位责任制为基础的管理制度。参考专业技术人才的职称评定标准，分为初级、中级、高级三种职称等级，与在编在职人员共同参加职称评审。建立符合当地经济社会发展水平的农业科技人才队伍建设规划。经过层层筛选，认定一批有条件的农村技术骨干成为乡、村两级农技推广体系建设带头人。同时，建立一套以岗位责任制为核心的激励机制，打破逐级申报原则，在对农村生产有突出贡献的人员进行整理、人事部门统一布置以后，高级职称的申报可直接进行。

（5）改善农村科技人才工作生活环境。

①改善农村科技人才的工作环境。伴随着我国经济发展、社会进步，人们由过去努力工作来充饥，到如今无须担心温饱，把人生的追求转向非物质追求。例如，人在择业时，工作环境就是一个很重要的衡量指标，并且工作人员的积极性也与工作环境的好坏成正相关。所以，良好的工作环境对于企业来说尤为重要。一个好的工作环境，不仅能吸引优秀人才，还能使人才放心、乐

活。反之，工作环境恶劣，不但影响工作积极性，而且是人才入职的障碍，造成人才流失。农村科技人才的培养也是如此。农村科技人才作为我国科技创新体系和农业生产的主力军，对推动农村经济发展起着举足轻重的作用。所以在保留、吸引农村科技人才时，为他们提供一个好的工作环境非常关键。有一个好的工作环境，才能让其专心致志地投入工作，投身农村发展建设，能安心扎实地到农村去工作，助力农村现代化建设。

②改善农村科技人才的生活环境。乡村振兴战略需要从生活状况、产业、生态、地方风俗等方面进行研究，走出一条积极建设的城乡一体化发展之路，构建行之有效的政策体系与体制机制，加速农村经济的发展，促进农业和农村现代化发展。一方面，有效地推动本土人才的培养，让他们能够选择留在家乡，助力家乡发展，而非背井离乡，蜂拥进城，背负巨额生活成本，为了生计而奔走。另一方面，改善基础设施、建设公共服务体系是吸引科技人才入住的根本，只有这样，才会拥有源源不断的科技人才，产出先进科学技术，才能创造出更多的社会财富，服务于人民群众的需求，从而带动整个地区经济社会快速发展。

③营造尊重人才的良好社会环境。改革开放 40 多年来，国内农村特别是中西部落后地区的农村发展进程较慢、发展水平较低、现代化进程大大滞后于城镇。农村作为人们赖以生存和发展的环境，其人文内涵非常丰富，不仅有物质层面上的文化建设，还有精神层面上的精神文明建设。这里面有很多影响因素，但是，不容忽视的要素就是人文环境的作用。我国农村的人文环境建设相对滞后于城市。地区人文环境贯穿于经济、生产和生活的各个方面，它对于地区发展有着不可忽视的作用。因此要想改变这种状况，就必须改善和优化农村的人文环境。农村人文环境与城市存在很大差距，大多数农民的观念还远不能满足市场经济对他们的要求，农民主动性、创造性未能发挥。因此，必须加大对农村科技人才队伍建设的支持力度，建立一支稳定的高素质人才队伍，使之能够承担起推动我国农业现代化进程的重任。

第六章　农村生态振兴的法治保障

环境保护长久以来一直都我国的一项基本国策①。环境立法生来具有浓厚的政策性，我国的环境立法在环境保护基本国策以及环境保护其他政策推动下有了长足的发展与进步②。自 1979 年改革开放以来，我国高度重视环境保护立法，1979 年制定了《中华人民共和国环境保护法（试行）》，1989 年第七届全国人民代表大会常务委员会第十一次会议正式通过了《中华人民共和国环境保护法》，2014 年该法再次修订。在我国环境保护政策及《中华人民共和国环境法》的影响之下，我国环境保护的法律体系日趋完善，先后制定了《中华人民共和国大气污染防治法》《中华人民共和国水污染防治法》《中华人民共和国固体废物污染防治法》等。不容否认的是，我国环境立法及管理的初衷是为了解决城市和工业的点源环境污染问题，维护生态平衡，保护和改善城市生活环境和生态环境，基于对环境管理的狭义理解而建立起来的，是一种政府主导型的环境管理模式③。这种管理模式对于城市和工业中的点源污染管理比较有效，特别是能够很好地对污染企业进行有效的监控，在世界绝大多数国家中，政府环境管理体制和模式得到普遍实践④。但是其对治理我国农村的面源环境污染却存在很大局限，以至完全失灵，因为我国农村环境污染与城市和工业的环境污染不同，其特点是污染源小而多、污染面广而散。生态环境是人类赖以生存和发展的基本条件，农村生态环境是农村社会持续发展的

① 我国现有的七项基本国策包括计划生育、男女平等、十分珍惜、合理利用土地和切实保护耕地、对外开放、环境保护、水土保持、节约资源。参见：苏杨，尹德挺．我国基本国策的实施机制：面临问题及政策建议［J］．改革，2008（2）：7-9.

② 周珂．我国环境立法价值与功能之方法论研究：兼论彭真环境立法方法论［J］．政法论丛，2019（5）：116.

③ 胡双发，王国平．政府环境管理模式与农村环境保护的不兼容性分析［J］．贵州社会科学，2008（5）：91.

④ 毛薇，王贤．农村生态环境治理模式及推进策略研究［J］．生产力研究，2021（7）：48.

基础[①]。农业发展、农村繁荣、农民富裕，都离不开良好生态环境的支撑[②]。从环境立法的角度看，环境立法包括污染防治立法与生态环境保护立法，农村生态环境保护离不开对于环境污染的治理。随着我国新农村建设进程的推进，农村城市化进程的加快，产业链布局不仅仅在城市进行也开始向农村扩展，农村同样面临着诸多环境问题。这是本章节的写作背景，本章的主要目的在于通过剖析农村生态环境保护的特殊性与必要性，分析农村环境保护中的典型问题，探究乡村振兴过程中环境保护如何与乡村发展协调，不至掣肘乡村发展。

一、建设美丽中国与农村生态环境振兴

随着我国经济的不断发展，农村地区旧貌换新颜，农村经济规模不断扩大，由此也引发了农村地区的环境污染问题。自 2004 年起，中央 1 号文件中每年均提及农村环境治理问题。2022 年中央 1 号文件中提到"推进农业农村绿色发展。加强农业面源污染综合治理，深入推进农业投入品减量化，加强畜禽粪污资源化利用，推进农膜科学使用回收，支持秸秆综合利用……"不容否认的是，农村地区的生态环境治理关乎着国家整体层面上的环境治理。农村地区环境治理是建设美丽中国的关键一环。

美丽中国这一理念最早在党的十八大提出，强调把生态文明建设放在突出地位，融入经济建设、政治建设、文化建设、社会建设各方面和全过程。2015 年 10 月召开的党的十八届五中全会提出"创新发展、协调发展、绿色发展、开放发展、共享发展"五大理念，首次提出形成人与自然和谐发展现代化建设新格局，并把美丽中国建设作为"十三五"规划的核心目标，为中国未来五年乃至更长一段时期的发展指明了方向。[③] 党的十九大报告指出，加快生态文明体制改革，建设美丽中国。2021 年习近平总书记在庆祝中国共产党成立 100 周年大会上的重要讲话中强调，坚持人与自然和谐共生，协同推进人民富裕、

① 在此需要分析"生态环境保护"与"环境保护"之间的关系，环境是人类生存的空间及其中可以直接或间接影响人类生活和发展的各种自然因素。生态通常是指生物的生活状态，指生物在一定的自然环境下生存和发展的状态，也指生物的生理特性和生活习性。陕西师范大学延军平教授提出了"有人环境，无人生态"的说法。"生态环境保护"侧重于"生态保护"，但离不开"环境保护"，囿于篇幅原因，本章不具体阐释这些概念间的界分，本章所分析的农村生态环境保护包括了农村的污染防治中的法律问题。

② 胡振通．农村生态环境建设的五个着力点［R］．https：//theory.gmw.cn/2022-07/06/content_35863893.htm［2022-8-10］．

③ 余敏江，章静．美丽中国建设中的包容性民主构建研究［J］．公共管理与政策评论，2015（4）：15.

国家强盛、中国美丽。在新征程上，要着眼中华民族永续发展，紧紧围绕立足新发展阶段、贯彻新发展理念、构建新发展格局、推动高质量发展，以生态环境高水平保护推动经济社会发展全面绿色转型，努力建设人与自然和谐共生的美丽中国。美丽中国理念是我国发展到新阶段对生态环境保护所提出的科学论断。建设美丽中国包含了美化乡村环境，我国当前的乡村振兴包括了生态环境振兴，二者相互兼容、协调。

（一）建设美丽中国的内涵分析

建设美丽中国被认为是一个科学、系统的体系。美丽中国中所指称的"美丽"，首先具有丰富的层次性，其次也是内外结合的有机统一体。不容否认的是，建设美丽中国并不仅仅是要追求视觉上的环境优美，更为重要的是，美丽中国应当是超越自然环境之外的，追求社会、经济、环境协调的中国。

1. 自然环境：优美宜居

优美宜居的自然环境是建设美丽中国的首要任务。自然环境的改善是最能为人们所感知、察觉到的变化。建设美丽中国要充分贯彻绿水青山就是金山银山的理念，实现山清水秀。不容否认的是，美丽中国的建设要体现人与自然的和谐。然而，长久以来，自然环境的污染与破坏很大程度上都是由于人类不合理的开发和利用行为所致，人类在满足了自身对于自然环境需求的本能利用之外，过度进行了开发利用，超过了环境承载容量，以致自然环境污染和破坏的出现。因此，建设美丽中国要追求人与自然的和谐，但是从根本上说，更要追求人与自身的和谐，减少自身对于环境毫无节制且不合理的开发利用，在很大程度上能够保护自然环境被污染和破坏不再加剧。正如马克思提出的："人本身是自然界的产物，是在自己所处的环境中并且和这个环境一起发展起来的[①]"。从人类与自然环境的关系来看，自然环境是人类赖以存在和发展的物质前提，人类的生产、生活甚至是文化需要，都离不开对于自然环境的依赖。从这一点来看，马克思提出了自然环境是"人的无机的身体"[②]。因此，人类对于自然环境的保护从根本上看，也是对于自身的保护，人类的长久生存与发展离不开人类与自然环境之间关系的和谐与稳定。但是人类社会的进步又需要经济发展提供物质条件，而经济发展过程中的负外部性难以避免地对自然环境产生不良影响。历史上罗马俱乐部曾经提出了《增长的极限》，经过理论模型推演，尝试探索人类社会发展与

①② 马克思，恩格斯．马克思恩格斯选集（第三卷）[M]．北京：人民出版社，1995.

环境保护之间协调的路径①。在自然环境尚未持续恶化之前，人类通过发挥主观能动性，创制了诸多保护自然环境的制度，这一过程中，体现了人类尊重自然、顺应自然。

纵观中国改革开放30多年的实践，中国社会的发展在追求着速度与效益。一个需要直面的事实是，中国以脆弱的生态系统支撑着世界上最多的人口并遭受着最强的经济发展压力。当今世界正处于百年未有之大变局，中国经济发展正经历转型期，如何减少过分对于自然资源的依赖，以实现对自然环境的保护，是助推自然环境优美的重要方式。每一名中国老百姓都享受到了经济高速发展带来的生活条件上的改善，就目前来看，除了生活条件的改善之外，还应当要有生活环境的改变，而其中最为直观、最能让人感受到的即为自然环境的变化。因此建设美丽中国，就自然环境而言，应当是优美宜居的。

2. 人文环境：至善至美

人文环境不同于自然环境，人文环境的形成充斥着人类活动，人文环境的产生适应了人类社会文明进步的需要。但不能否认的是，自然环境与人文环境二者之间具有的紧密联系，优美的自然环境有助于良好的人文环境的形成，反之，自然环境较差会影响人文环境的形成。有学者曾指出："人也是自然的一部分，对自然的剥夺也是一部分人对另一部分人的剥夺，环境恶化也是人际关系的恶化②。"这一观点反映出了人与自然之间的紧密关系，凸显了自然环境与人文环境之间的互动。因此，美丽中国追求的不仅仅是自然环境的优美，更重要的是要实现人文环境的至善至美，这一过程强调的是老百姓内心的美，进而去发现美丽的自然。

就目前而言，中国社会正处于发展的转型期，各种问题凸显，较为典型的如道德、诚信、人际关系等，来自人的本性所产生的美不再耀眼。这也是为什么国家近些年来大力倡导社会主义核心价值观，通过外围的引导，试图去恢复人内心的美，从而构建至善至美的人文环境。不容否认的是，良好的人文环境是社会可持续发展的重要一环，社会的可持续发展不仅仅要求自然环境优美，自然资源的可持续，更要求发自人内心认可的可持续观念，而人文环境的质量就是衡量来自人内心对于社会可持续观念认可的标尺之一。试想每一个人都在道德上自律，恪守诚信，拥有良好的人际关系，那么全社会将形成良好的人文环境，这样才会有助于自然环境与人文环境之间的协调互动。自然环

① 乔根·兰德斯．极限之上：《增长的极限》40年后的再思考［J］．王小钢，译．探索与争鸣，2016（10）：4.

② RICOVERI G. Culture of the left and green culture［J］. Nature，1993（3）：116－117.

境彰显的是外在的美，而人文环境更多体现的是内在的美，对于美丽中国而言，不仅要有美好的自然环境，而且要让社会中的所有人拥有良好的精神面貌，每个人相互尊重、团结友善，凸显人性的光辉。这是建设美丽中国对每一个人的要求。

3. 社会环境：文明和谐

人具有社会性，美丽中国的建设既要依赖于人的贡献，又反作用于人，每一个人都要形成良好的行为习惯。因此说，人不仅生活在自然界之中，而且生活在人类社会之中①。人的生存离不开自然环境，美好的自然环境、人文环境，促进人的发展。因此，为了人的更好的发展，必须不断推进构建美好的自然环境与健康的人文环境。由人和人形成的社会关系也产生了社会环境，美丽中国建设，除了需要优美的自然环境，健康的人文环境之外，更无法脱离由人与人不断交互作用而形成的社会环境。可以说，自然环境、人文环境、社会环境，三者之间是一个有机统一的整体，自然环境是外围，人文环境是内在，而社会环境则是社会运行中形成的人际关系，是根植于外围的自然环境，依赖于内在的人文环境的一种特殊的环境。建设美丽中国，离不开良好的社会环境，只有社会环境不断优化，人与人之间的关系持久和谐稳定，每个人的道德水平不断进步，才能推进人文环境健康发展。更加重要的是，每个人道德观念提升过程中，也会关注与人之外的周遭的自然环境，关注自然、爱护自然、保护自然，进而增强对于自然环境的保护。因此，建设美丽中国是一个系统性工程，自然环境、人文环境以及社会环境，三者之间环环相扣，相互促进。

在中国经济高速发展，社会不断变革的今天，良好的社会环境要求文明与和谐。文明是对于人的一种内在要求，要求人形成良好的行为习惯，这样会推进人文环境的改善。在具备了良好的行为习惯后，在一定程度上会减少对于自然环境的破坏。因此，美丽中国必然是社会不断朝着文明迈进的。建设美丽中国要求多方面的和谐，如人际和谐、社会和谐以及人与社会之间的和谐。党的十八大指出："必须坚持促进社会和谐。社会和谐是中国特色社会主义的本质属性。"社会和谐，首先表现为社会经济不断发展同人口增长、资源环境保护之间的协调，实现代际公平；其次，社会和谐也包含着不同人之间的平等与尊重。当然和谐也需要有人与自然环境之间的良好关系。诚然，社会环境应当是体现和谐的。良好的社会环境需要人际和谐，人与社会的和谐，通过不同环节的和谐推进良好社会环境的形成。建设美丽中国这一理念的提出，从根本上来看，就是要解决人为了获得发展，如何利用自然环境的问题，如何既能够使人获得发展，但同时又不损害自然环境，这是一种美好的追求，但是这也是能够

① 马克思，恩格斯．马克思恩格斯选集（第四卷）[M]．北京：人民出版社，1995.

实现的。

（二）建设美丽中国的特点阐释

美丽中国蕴含着从城市到农村的优美环境，这一理念是我国发展到新阶段的一种包容性的环境观，也同样体现了我们党以人民为中心的理念。良好的生态环境是最普惠的民生福祉，保护生态环境关系最广大人民的根本利益。党的十八大以来，在习近平生态文明思想的科学指引下，我们坚决向污染宣战，“十三五”规划纲要确定的9项生态环境约束性指标均圆满完成。2020年，全国地级及以上城市空气质量优良天数比例为87%，比2015年上升5.8个百分点；细颗粒物（PM2.5）未达标地级及以上城市平均浓度比2015年下降28.8%。全国地表水优良水质断面比例从2015年的66%提高到2020年的83.4%。人民群众生态环境获得感显著增强，厚植了全面建成小康社会的绿色底色和质量成色[①]。理解美丽中国理念的科学内涵有助于科学把握建设美丽中国与农村生态环境振兴之间的关系。

1. 科学性：建设美丽中国是习近平生态文明思想的具体化

党的十八大以来，以习近平同志为核心的党中央从中华民族永续发展的高度出发，深刻把握生态文明建设在习近平新时代中国特色社会主义事业中的重要地位和战略意义，大力推动生态文明理论创新、实践创新、制度创新，创造性地提出一系列富有中国特色、体现时代精神、引领人类文明发展进步的新理念、新思想、新战略，形成了习近平生态文明思想，高高举起了新时代生态文明建设的思想旗帜，为新时代我国生态文明建设提供了根本遵循和行动指南。具体而言，习近平生态文明思想包含三大理念，即绿水青山就是金山银山的理念，尊重自然、顺应自然、保护自然的理念以及绿色发展、循环发展、低碳发展的理念。诚然美丽中国应当是满目绿水青山的，建设美丽中国应当重视自然规律，尊重自然、顺应自然、保护自然，人不负青山，青山定不负人。这是一种科学的生态环境观，只有尊重、保护自然环境，自然环境才会造福于人。建设美丽中国同样离不开经济发展，习近平生态文明思想同样揭示了科学的绿色发展观，保护生态环境并不是要让社会、经济发展停滞不前，而是要找准环境保护与经济发展之间的平衡点，这样才能在推动经济发展的同时获得优美的环境。如果经济停滞不前，将无法为人提供保护环境所需的成本。因此，美丽中国是习近平生态文明思想的具体化，是实现习近平生态文明思想的重要举措。

---

① 钱勇．在新征程上建设美丽中国［R］．http：//www.qstheory.cn/qshyjx/2021－08/04/c_1127729439.htm［2022－08－10］．

2. 协同性：建设美丽中国追求经济、社会、环境保护的协调

建设美丽中国是在我国经济社会发展的转型期提出的新的要求，美丽中国当然是在一定的物质条件基础之上追求美好的生态环境，因此建设美丽中国追求经济、社会与环境保护三者之间的协调。我国环境法理论中的协同发展原则就是建设美丽中国中经济发展与环境保护间协调的理论基础。协同发展原则强调了经济、社会、环境三者之间的关系，三者应当是共同发展、协调一致的，不应顾此失彼①。有学者认为协同发展原则是环境法各项原则之首②，预防原则是从对环境的利用行为方法上贯彻落实协同发展原则，公众参与原则是从社会监督的角度实现协同发展原则的，但从根本上说，协同发展原则体现了经济、社会、环境三者之间的辩证关系。对于协同发展原则的研究，理论上产生了“重心论”及“平衡论”。“重心论”认为协同发展并非没有重心的发展，我国社会在不同的时期，都是有所侧重的，为了推进社会的发展，应当在协调的基础上侧重于重心的发展；而“平衡论”认为“重心论”机械地采用了矛盾发展的不平衡理论，忽视了人类的主观能动性，因此，在人类社会的发展过程中，经济、社会、环境之间应当是平衡的，而不应突出重心③。

诚然，美丽中国要寻求的是经济发展、社会进步以及环境优美，三者之间应当是动态平衡的关系。如前文所述，美丽中国建设贯彻了绿水青山就是金山银山的理论，这一理念中本身就体现了环境保护与经济发展之间的平等，这也从一个侧面反映了建设美丽中国本身就是体现了协调性的。

3. 包容性：建设美丽中国要求城市与农村都有美好的生态环境

建设美丽中国具有包容性，美丽中国充分考虑到中国城乡二元结构的划分，不仅仅要求建设城市的美好环境，更要求打造农村的美好环境。这样的包容性发展不仅仅体现了我国经济社会全面发展的要求，更体现了城市、农村合理差异的公平正义。

从我国经济发展的历程来看，我国城市地区发展快于农村地区，两者发展存在不协调的问题④。我国在 20 世纪 80 年代提出了“三步走”战略，不容否认的是，这一战略对于我国的发展起到了极大的推动作用，其充分考虑到了我国地域面积广阔，很难实现齐步走式的发展的现实，因而采用先富带后富，分主次的发展方式⑤。但是这一战略极大推进我国经济发展的同时，引发的问题

---

① 汪劲．环境法学［M］．4 版．北京：北京大学出版社，2019.

② 王继恒．环境法协调发展原则新论［J］．暨南学报（哲学社会科学版），2010（1）：47.

③ 李艳芳．对我国环境法“协调发展”原则重心的思考［J］．中州学刊，2022（3）：183.

④ 马历，龙花楼等．中国农区城乡协同发展与乡村振兴途径［J］．经济地理，2018（4）：38.

⑤ 杨企玉．中华民族实现腾飞的宏伟蓝图：学习邓小平关于我国现代化建设分三步走的发展战略思想［J］．理论探索，1993（2）：50.

就是城乡发展的差距。更为重要的是，随着城市地区发展规模的不断扩大，为了减少城市地区人口过分聚集以及环境污染等城市发展过程中的突出问题，城市人口及产业开始向乡村转移。我国的环境立法从1979年改革开放以来取得了长足的进步，以大气污染防治立法为例，历次立法修订所重点关注的是如何治理工业活动引发的大气污染、交通工具带来的大气污染等。然而这些问题是城市在工业化进程中所面对的，所以环境立法更多是聚焦于城市环境污染。但是近年来随着农业生产技术的不断提高，农业机械、农药化肥等农用物资的种类及使用规模不断扩大，由此引发的一个问题就是农业环境污染，这是发生在农村的典型环境污染问题①。然而目前的环境立法中，并非全部涉及了发生在农村地区的环境污染问题。

自党的十八大以来，随着美丽中国理念的提出及落实，美丽中国建设进程不断加快。作为一项顶层设计，我国相应的环境立法、环境政策也在随之改变，环境保护也不再仅仅关注城市地区，而更多的是开始同时关注城市地区与农村地区的环境保护。尽管二者在问题表现、成因以及治理方面存在一些差异，但是值得肯定的是，美丽中国理念所具有的包容性，促使城市地区环境治理与农村地区环境治理协同，只有二者处于相对的同等地位，才能有效推进建设美丽中国。

（三）乡村振兴中的生态振兴解读

2017年党的十九大报告提出了乡村振兴战略。党的十九大报告指出，“三农”问题是关系国计民生的根本性问题，必须始终把解决好“三农”问题作为全党工作的重中之重，实施乡村振兴战略。实施乡村振兴战略，是从乡村的主要特征出发，即乡村是自然、社会、经济等特征的综合地域，同时具备了生产、生活、生态、文化等不同功能，乡村与城镇相互促进，共同构成人类活动的主要空间。乡村兴则国家兴，乡村衰则国家衰。我国人民日益增长的美好生活需要和不平衡不充分的发展之间的矛盾在乡村最为突出，我国仍处于并将长期处于社会主义初级阶段，它的特征很大程度上表现在乡村。全面建成小康社会和全面建成社会主义现代化强国，最艰巨最繁重的任务在农村，最广泛最深厚的基础在农村，最大的潜力和后劲也在农村。乡村振兴是一项复杂的综合体，需要在乡村进行多项改革，具体而言，包括产业振兴、人才振兴、文化振兴、生态振兴、组织振兴的全面振兴②。就乡村生态振兴而言，如何推进农业

① 甘黎黎，吴仁平．我国农村环境污染防治政策演进研究［J］．江西社会科学，2021（3）：210.

② 周林洁．以产业振兴推动乡村振兴［R］．http：//www.news.cn/politics/20220905/404ff1c41-ad241a49ecc8604674ac0ac/c.html［2022－09－08］.

农村改革，是实现绿色发展的重要环节。生态振兴，要坚持与自然和谐共生，由此凸显了生态振兴的过程是协调人为了自身延续而发生经济与如何保护自然环境之间的关系。

1. 生态振兴的内涵

2020 年 6 月，生态环境部、农业农村部、国务院扶贫办公室联合发布了《关于以生态振兴巩固脱贫攻坚成果进一步推进乡村振兴的指导意见》（以下简称《意见》），《意见》强调了进一步发挥生态环境保护和生态振兴在脱贫攻坚和乡村振兴中的作用。从根本上看，生态振兴是在乡村振兴语境下生态环境保护的新提法，生态振兴是在新时代、新背景下对于我国乡村生态环境工作提出的更高的要求。

《意见》作为我国在 2020 年至 2022 年推进生态振兴过程中的重要指导，是理解生态振兴内涵的重要依据。《意见》在第二部分提出了生态振兴的基本原则，其中包括四项基本原则：第一，生态优先，绿色发展；第二，统筹兼顾，协同推进；第三，改革创新，示范引领；第四，因地制宜，精准施策。同时，《意见》中指明了这一阶段生态振兴要实现的目标：首先，巩固脱贫成果，打造生态宜居美丽乡村；其次，培育生态资源优势，发展乡村生态经济；再次，弘扬乡村生态文化，推动践行绿色生活方式；最后，健全乡村生态环境监管体系，推进乡村环境治理能力水平。正确、充分、全面地理解生态振兴的内涵离不开对于生态振兴基本原则以及具体目标的解读，结合上述内容可以看出，生态振兴是在我国取得全面脱贫攻坚胜利后，对于经济基础薄弱的乡村地区发展提出的新要求，要在巩固脱贫成果的基础上，实现自然环境的改善。在此基础上，要协调自然环境保护与经济发展间的关系，践行绿水青山就是金山银山的理论。生态振兴并不仅仅强调自然环境的保护，同时也要关注人文环境，改变乡村老百姓的生活方式，由内而外，能够更好地推进自然环境的保护。因此，概括而言，生态振兴强调的是稳住经济发展，保住自然环境，因地制宜发展经济，改善乡村生活。由此可以看出，生态振兴并非独立于乡村振兴的大背景，其作为乡村振兴中的一个环节，依托于乡村振兴，是对于乡村振兴发展路径的内在质量要求。

2. 生态振兴的内容

事物的发展不是一蹴而就的，生态振兴作为乡村振兴的重要环节，需要循序渐进。《意见》就生态振兴的内容设定了五项具体的目标，每一目标相互促进，有机统一。

第一，生态振兴要求巩固脱贫成果，打造生态宜居美丽乡村。这一内容体现了生态振兴与产业振兴甚至是发展乡村经济之间的关系。保护乡村自然环境离不开资金、技术的投入，而对于经济水平薄弱的乡村地区，需要巩固脱贫成果，这样才能为保护自然环境提供物质条件，不至于顾此失彼。生态振兴最直接的体现就是生态宜居的美丽乡村。《意见》在这一项内容中还提及了具体的生态环境目标任务，涉及如乡村的饮用水安全问题及土壤污染控制问题。更为重要的是，在巩固脱贫成果中，要正视部分乡村地区仍然存在突出的生态环境问题。如乡村如厕难，致使村容较差，因而要推进农村厕所革命。可以说一间小小的厕所不仅仅关乎乡村生态环境的改善，更为重要的是这是对于乡村居民生活条件的改善，是改善其生存权、住房权的重要举措①。另外，《意见》也指出了要持续巩固提升乡村生态环境优势。

第二，认识自然、尊重自然、利用自然，依托地区生态资源优势，推进地方经济发展。《意见》认识到了经济发展与环境保护间的关系，二者应当协调、同步，不致顾此失彼。保护生态环境意味着要在严格的制度保障下，充分发挥人的主观能动性，实现人与自然的和谐。因此，首先，要严格推进环境法治建设，乡村产业发展过程中必须严格环境执法，落实环境准入，建立乡村产业环境准入负面清单及绿色发展分类综合评价标准，制定相应的激励政策。其次，严格环境执法并不意味着阻碍乡村经济发展，乡村经济发展需要与地方生态环境相协调，发展地方生态产业，如引导乡村生态旅游、文化、健康等产业的融合。

第三，生态振兴不仅要关注外在的自然环境，更要注重于内在的人文环境。乡村地区生态环境保护离不开村民的参与，因此要弘扬乡村生态文明，践行绿色生活方式。内在人文环境的建设，要求更新村民的观念，挖掘乡村生态文明底蕴，培育生态道德，使生态文明成为共识。在这一过程中，需要重视文化宣传，使村民形成尊重自然、顺应自然、保护自然的理念。加强村民内在生态文明建设的同时，更要通过倡导绿色低碳生活方式，使村民在形成生态文明意识的同时，用实际行动推进乡村生态文明建设。

第四，强化制度建设，健全乡村生态环境监管体系，推进乡村环境治理能力现代化。乡村环境治理能建设需要从以下一些方面入手。首先，强化环境污染治理能力，推进乡村大气、水源、土壤污染的防治，针对乡村地区典型的污染源，如露天焚烧秸秆等进行严格控制。其次，制度建设离不开法治保障，由此凸显了乡村地区的环境监督执法，推进网格化管理，落实河长、林长等具体有效的举措②。再次，重视生态环境监管能力建设，加强乡村生态环境执法队

① 于法稳，胡梅梅，王广梁．面相 2035 年远景目标的农村人居环境整治提升路径及对策研究［J］．中国软科学，2022（7）：19.

② 唐学军，陈晓霞．乡村振兴背景下秦巴山区农村居民对河长制的认知情况研究：基于川东北 B 市 2 区 3 县调查数据［C］．2019（第七届）中国水利信息化技术论坛论文集．

伍建设，完善人员配备等，并积极引导群众参与环境治理。

第五，生态振兴是乡村振兴的一个方面，重视脱贫攻坚与乡村振兴的衔接。首先，要坚持党的领导，进一步发挥基层党组织的战斗堡垒作用。加强生态环境部门、农业农村部门等之间的协作，建立乡村振兴工作的协调机制，使其有序推进。其次，财权与事权相协调，在推进乡村振兴过程中，加大财政资金扶持力度，建立乡村地区间、流域上下游之间横向生态保护补偿机制，配合协调国家碳市场建设。最后，重视技术支撑，不断推进技术创新，积极促进有利于乡村振兴的技术成果转化，同时重视人才队伍建设，实现人才支援保障。

（四）建设美丽中国与乡村生态振兴的交互关系

根据上文对建设美丽中国及乡村振兴尤其是生态振兴内容的解读，可以发现二者间存在互为表里、相互促进的紧密关系。

1. 建设美丽中国要求乡村生态振兴

美丽中国要求城市与乡村均实现生态环境的改善。建设美丽中国是一项分阶段、分步骤的发展规划，如果要求城市与乡村以同一标准、同一进度发展，难度大，实现可能性低。因此，一种理性的方式是使城市与乡村在相同指导原则的基础下，因地制宜，制定不同的发展策略。可以说，乡村生态振兴就是建设美丽中国发展到一定阶段后的必然要求，乡村生态环境的改善是建设美丽中国的应有之意。

建设美丽中国要求乡村生态振兴，体现了我国在新的发展阶段，对于如何统筹、协调城乡发展作出的新的认识。我国国土面积幅员辽阔，广大的乡村地区长期以来存在发展规模、速度落后于城市的问题，如何在充分认识城乡差异的基础上，制定切实有效的乡村发展战略关乎乡村地区的长久发展①。建设美丽中国具有科学性、协同性与包容性，是在充分把握城乡差异的基础上，就国家经济发展与生态环境保护间关系如何协调作出的科学方略。乡村生态振兴不仅仅影响着乡村地区生态环境保护状况，更是建设美丽中国的关键一环。我国长期以来侧重于城市地区的生态环境保护，而缺少对于乡村地区予以同等关注②。这样二元化的生态环境保护方式不利于美丽中国建设，因而美丽中国必然包含着美丽乡村，乡村地区生态环境的改善是建设美丽中国的要求与内容。

---

① 国家统计局．农村经济持续发展　乡村振兴迈出大步：新中国成立 70 周年经济社会发展成就系列报告之十三［R］．http：//www.stats.gov.cn/tjsj/zxfb/201908/t20190807_1689636.html［2022-09-12］．

② 陈放．基于生态文明理念下化解城乡生态环境二元化的路径选择［J］．生态经济，2015（2）：172．

2. 乡村生态振兴推进建设美丽中国

乡村生态振兴是在我国全面取得脱贫攻坚胜利后，在乡村振兴背景下就如何推进乡村地区经济发展的同时协调生态环境保护提出的新的必然的要求。不容否认的是，生态环境的保护依赖于经济发展，经济发展为生态环境保护提供了物质条件，二者间存在动态均衡的关系[①]。环境保护在一定程度上为经济发展提供了外在的约束，经济发展反过来为环境保护提供了物质条件。乡村振兴是在我国全面取得脱贫攻坚胜利后，对于乡村地区发展提出的新的要求。乡村地区经济获得了一定程度的发展，因为需要在产业、生态、人才等不同维度，有机统一，形成合力，共同促进乡村地区的发展。值得肯定的是，乡村振兴是在乡村地区经济发展到一定程度后提出的，乡村生态振兴是对乡村经济发展提出的新的更好的要求，乡村地区经济的发展已经不再仅仅关注发展速度，更多从实质出发，关注发展的质量以及发展过程中如何协调与产业、生态、人才等的关系。乡村生态振兴是实现乡村生态环境改善的重要举措，乡村生态环境改善有助于推进美丽中国建设。

二、农村推进生态振兴中的困境及成因

环境问题的产生在很大程度上是由于经济活动的负外部性所致。农村地区经历了脱贫攻坚建设，经济发展在规模与速度上有了很大的提升，但不容否认的是，其生态环境也遭受了一定程度的恶化[②]。这一方面是由于农村地区本身的发展所致，包括农业活动以及农村地区的经济活动，但另外一方面也来源于城市产业的转移所引发的环境污染与破坏。

（一）农村生态环境保护的困境分析

农村生态环境所面临的问题不亚于城市环境问题，其表现为生态环境问题多样、环境治理能力有待提升、环境保护规则针对性不足、经费投入不足、村民生态环境保护意识及参与不够等多个方面。

1. 农村生态环境问题表现多样

农村生态环境污染与破坏的来源不同于城市，其在表现上具有多样性以及一些区别于城市环境问题的显著特点。

首先，农村地区大量的环境污染与破坏来源于日常生活，主要表现为生活污水与生活垃圾。我国城市地区基础设施完善，生活污水排放后会经过专门的

---

① 陈曦．论经济发展与环境保护的动态均衡［J］．江西社会科学，2009（10）：92.

② 洪世勤．农村城镇化的外部性分析与思考［J］．产业与科技论坛，2007（10）：140.

无害化处理，而农村地区由于基础设施建设不足，资金投入不够，导致农村缺乏完善的排水及污水处理系统。这也从一个侧面反映了为什么《意见》中专门将农村饮用水水质提升列为一项专门的工作。农村生活污水长期随意排放，房前屋后甚至村落周边水体通常为主要的排放场所，这也就使得水污染成为农村地区的一项主要环境污染问题。同时，农村地区缺乏专门的生活垃圾处理机制，长期的随意丢弃导致农村生活垃圾污染严重①。

其次，随着工业活动布局向农村地区转移，工业活动给农村地区带来了大气、水源、土壤、噪声等多重污染。不容否认的是，工业活动向农村地区转移确实推动了农村地区的发展，提高了农民的收入。然而，部分农村为了吸引企业投资，监管宽松，环境监管力度不足。

再次，农村地区长期的农业活动同样导致了大量的环境污染与破坏。第一，农业活动长期大量使用农药、化肥。农药单位面积使用量远高于世界平均水平，致使耕地质量下降。我国农作物农药使用量为 10.3 千克/公顷，日本农作物农药使用量为 3.72 千克/公顷，法国农作物农药使用量为 3.69 千克/公顷②。长期大量使用农药、化肥会导致土壤板结、酸化等一系列问题。第二，农膜广泛使用同样引发环境污染问题。农用薄膜是应用于农业生产的塑料薄膜的总称，对于播种时期的保湿、保温有非常重要的作用。随着科学技术的进步，对农用薄膜的要求越来越高，各种新型薄膜不断出现，目前主要有轻薄型薄膜、多用途薄膜、长寿薄膜、防虫薄膜、防病薄膜、除草薄膜、降解薄膜等类型③。国家统计局数据显示，2019 年我国塑料薄膜产量为 1 594.6 万吨，其中农用薄膜产量为 85.2 万吨；2020 年前三季度我国塑料薄膜产量为 1 060.1 万吨，其中农用塑料薄膜产量为 56.3 万吨。由于农民环保意识淡薄，使用农膜后不会对其妥善处理，常常是丢弃在自然环境中使其自然风化，从而引发了白色污染。第三，禽畜粪便污染问题。我国近年来农村禽畜养殖业发展迅速，这也同时导致禽畜粪便污染问题日益严重④。尽管禽畜粪

① 白莉，赵可．我国农村环境问题现状及其治理对策［J］．建设科技，2021（7）：37.

② 全球及中国农作物化肥施用量、农药使用量对比情况［R］．https：//data.chinabaogao.com/huagong/2021/0335342122021.html［2022－09－12］.

③ 中国农村统计年鉴．2020 年中国农用塑料薄膜产量及使用量分析：产量及使用量均呈下降态势［R］．https：//www.sohu.com/a/448402313_225946［2022－09－13］.

④ 从我国今年禽畜养殖业的发展规模来看，我国禽畜养殖业处于稳定发展期。2013—2019 年，中国禽肉产量整体呈上升趋势。2019 年，我国禽肉产量为 2 239 万吨，较 2018 年增加了 342 万吨，增长 17.15%；我国禽蛋产量为 3 309 万吨，较 2018 年增加了 245 万吨，增长 12.29%。2020 年，禽肉产量 2 361 万吨，增长 5.5%；禽蛋产量 3 468 万吨，增长 4.8%。参见《2020 年中国养殖业市场现状及发展趋势分析　畜肉、水产品产量大幅下滑》，https：//www.qianzhan.com/analyst/detail/220/210219－538e9178.html［2022－09－13］.

便可以经处理作为肥料，但其转化及使用率明显不足。禽畜粪便长期露天堆放，挥发出大量有毒有害气体，同时也会引发水体污染。第四，秸秆焚烧问题。我国每年产生的秸秆达8亿多吨，占世界秸秆年产量的20%～30%[①]。但存在的问题是，我国目前秸秆的有效利用率低，经常存在露天焚烧的问题，加重了大气污染。

2. 农村环境治理能力不足

农村环境治理能力事关农村地区生态环境保护的进展。长期以来，我国环境保护中存在"城市中心主义"立法倾向，缺乏对于农村地区应有的关注，导致农村地区环境治理能力有待提高[②]。

第一，农村地区缺乏专门的生态环境保护主管机关。根据《中华人民共和国环境保护法》之规定，国务院环境保护主管部门对全国环境保护工作实施统一监督管理；县级以上地方人民政府环境保护主管部门，对本行政区域环境保护工作实施统一监督管理。县级以上人民政府有关部门和军队环境保护部门，依照有关法律的规定对资源保护和污染防治等环境保护工作实施监督管理[③]。这一条文的规定主要体现了我国行政机关中承担生态环境保护职能的是县级以上人民政府的生态环境保护部门。因此，生态环境保护部门最低一级为县生态环境保护局，而到了乡镇甚至村一级，并没有专门的生态环境保护部门。乡镇以及村的生态环境保护工作主要由乡镇政府以及村委会承担。以乡镇一级为例，乡镇政府所需处理的工作范围广，在县一级由专门机关处理的事务，均由乡镇政府处理，这就导致了乡一级生态环境保护工作缺乏专门的机构以及工作人员，这一方面会影响具体生态环境保护工作的展开，另外一方面也反映了基层环境治理能力欠佳与行政机关设置有关的。

第二，农村生态环境保护经费投入有限。从经济实力上来看，资金匮乏是乡村环境治理所遇到的通病。一方面，乡镇一级人民政府财政支出不够。乡镇一级人民政府财政本身并不充裕，产业聚集化带来的治污设施需求增加更加剧了乡镇一级人民政府的财政压力。另一方面，经营者资金投入较少。经营者出

---

① 周庆翔．中国农村环境污染现状、原因和治理对策研究［J］．理论研究，2018（1）：71.

② "城市中心主义"立法倾向是指在进行环境立法时，其立法目标、基本原则和制度、具体法律规范的设计呈现出"为城市立法、为工业立法"的偏向，通过对立法时序、规制强度、规制重点、管制标准等的差异性安排人为制造出"城市"与"农村"两套法制体系，并通过非均衡的权义安排使社会资源配置整体上向城市和工业环境保护倾斜，致使农村和农业环境法制被边缘化。参见：李奇伟．城市中心主义环境立法倾向及其矫正［J］．求索，2018（6）：123－124.

③ 《环境法》第10条：国务院环境保护主管部门，对全国环境保护工作实施统一监督管理；县级以上地方人民政府环境保护主管部门，对本行政区域环境保护工作实施统一监督管理。县级以上人民政府有关部门和军队环境保护部门，依照有关法律的规定对资源保护和污染防治等环境保护工作实施监督管理。

于自身立场考虑，同样没有太多的资金投入到生产技术、生产设备以及人员培训中，也鲜有积极主动采用先进技术和工艺设备的经营者，这增加了环境损害的风险[①]。由于乡镇一级政府财力有限，因而在招商引资的过程中，就会在合法的限度内放宽一定的审批权限，其中就包括了环境审批，这样的做法是符合当前优化营商环境的要求的，然而在合法的限度内放宽审批，推动了经济发展的同时，经济活动的负外部性也是不容忽视的，是否会加剧环境问题是值得思考的。

第三，农村生态环境保护规则不足。受“城市中心主义”立法倾向的影响，我国环境保护的法律法规主要是以城市地区的环境问题为对象制定了相应的规则，缺乏专门针对农村生态环境问题的规则。不容否认的是，近些年我国的环境立法中开始关注农村地区的环境问题，但是其力度远远不够。如2015年修订通过的《中华人民共和国大气污染防治法》（以下简称《大气污染防治法》），在大气污染的防治措施一章中，专门规定了对于五类大气污染的治理，如燃煤和其他能源污染、工业污染、机动车船污染、扬尘污染以及农业和其他污染。从立法编排的顺序就可以看出，我国大气污染防治的重点不是也不可能是农业污染，这一方面是考虑到农业活动对于大气污染的贡献是小于其他几类污染源的，另一方面，城市地区的大气污染状况比农村地区严重，因而凸显了重点关注城市地区大气污染的必要性。纵观《大气污染防治法》与农村大气污染有关的条文，其规定大多为原则性规定，缺乏针对性，未能充分体现农村地区大气污染的地方特征（表6-1）。

表6-1　《大气污染防治法》中与农业、农村有关的条文

编号	内　容
第七十三条	地方各级人民政府应当推动转变农业生产方式，发展农业循环经济，加大对废弃物综合处理的支持力度，加强对农业生产经营活动排放大气污染物的控制
第七十四条	农业生产经营者应当改进施肥方式，科学合理施用化肥并按照国家有关规定使用农药，减少氨、挥发性有机物等大气污染物的排放。 禁止在人口集中地区对树木、花草喷洒剧毒、高毒农药
第七十五条	畜禽养殖场、养殖小区应当及时对污水、畜禽粪便和尸体等进行收集、贮存、清运和无害化处理，防止排放恶臭气体

① 王江，李楠．乡村振兴战略下乡村环境治理的新挑战及其破解［J］．环境保护，2022（10）：58.

（续）

编号	内　容
第七十六条	各级人民政府及其农业行政等有关部门应当鼓励和支持采用先进适用技术，对秸秆、落叶等进行肥料化、饲料化、能源化、工业原料化、食用菌基料化等综合利用，加大对秸秆还田、收集一体化农业机械的财政补贴力度。 县级人民政府应当组织建立秸秆收集、贮存、运输和综合利用服务体系，采用财政补贴等措施支持农村集体经济组织、农民专业合作经济组织、企业等开展秸秆收集、贮存、运输和综合利用服务
第七十七条	省、自治区、直辖市人民政府应当划定区域，禁止露天焚烧秸秆、落叶等产生烟尘污染的物质

除了国家层面环境立法未能体现农村地区环境问题特点外，在 2015 年修改的《中华人民共和国立法法》中赋予了设区的市制定地方环境立法的权利①。然而，设区的市在制定地方环境立法时更多是从地方全局出发制定相应的规则，无法仅仅针对农村地区制定一部立法。这也就使得农村地区环境治理中缺少了切实有效的规则。

3. 农村居民生态环境保护意识薄弱

生态环境保护意识会影响人如何认识环境、如何利用环境、如何保护环境。我国近些年提出并大力倡导的“绿水青山就是金山银山”“山水林田湖草沙”等理念在很大程度上揭示了人与自然之间的关系，强调人与自然的和谐相处。诚然，生态环境保护意识影响人的环境利用行为，直接决定了人对于生态环境保护的参与程度②。长期以来，我国城市人口的受教育程度高于农村人口③。生

① 《中华人民共和国立法法》第七十二条部分内容节选。第七十二条：省、自治区、直辖市的人民代表大会及其常务委员会根据本行政区域的具体情况和实际需要，在不同宪法、法律、行政法规相抵触的前提下，可以制定地方性法规。设区的市的人民代表大会及其常务委员会根据本市的具体情况和实际需要，在不同宪法、法律、行政法规和本省、自治区的地方性法规相抵触的前提下，可以对城乡建设与管理、环境保护、历史文化保护等方面的事项制定地方性法规，法律对设区的市制定地方性法规的事项另有规定的，从其规定。设区的市的地方性法规须报省、自治区的人民代表大会常务委员会批准后施行。省、自治区的人民代表大会常务委员会对报请批准的地方性法规，应当对其合法性进行审查，同宪法、法律、行政法规和本省、自治区的地方性法规不抵触的，应当在四个月内予以批准。

② 吴上进，张蕾．公众环境意识和参与环境保护现状的调查报告［J］．兰州学刊，2004（3）：198.

③ 根据 2021 年公布的第七次全国人口普查的结果，全国人口中，拥有大学（指大专及以上）文化程度的人口为 218 360 767 人；拥有高中（含中专）文化程度的人口为 213 005 258 人；拥有初中文化程度的人口为 487 163 489 人；拥有小学文化程度的人口为 349 658 828 人（以上各种受教育程度的人包括各类学校的毕业生、肄业生和在校生）。而就分口分布来看，城市人口目前多于农村人口，因而也反映了城市地区的受教育程度高于农村地区。数据来源：国家统计局．第七次全国人口普查公告（第六号）［R］．http：//www.stats.gov.cn/tjsj/zxfb/202105/t20210510_1817182.html［2022－09－15］.

态环境保护意识在一定程度上是与受教育程度相关的。村民对环境的认识、对环境的利用及保护很大程度上是与其受教育程度相关的[①]。农村居民生态环境保护意识及参与中表现出的问题主要为：首先，受农村居民受教育程度影响，农村居民对于环境的认识不全面、不充分。这一方面体现为农村居民在人与环境的关系上受长期从事农业活动影响，更多表现为对环境的利用与索取，缺乏应有的保护，另一方面，农村居民对于环境问题缺乏忧患意识，缺少责任意识[②]。其次，农村居民的生态环境保护意识缺位，影响了其正确、合理地利用自然环境，充分、有效地应对环境问题。农民在长期的农业活动中，是否有对于自然环境的正确认识会影响其如何利用自然环境。在农业活动中，如果农民为了获得更高的产出，可能大量使用农药、化肥，由此可能会引发如土地板结、土地酸化、盐碱化等诸多问题，这一方面会使得农业活动受到影响，但另外一方面从根本上来看会使得自然环境受到污染和破坏。另外，除了农业活动中的环境污染与破坏外，农民长期的生活习惯，如随意丢弃垃圾、倾倒废水等，同样会引发环境问题。最后，农村居民对于参与环境治理不积极，一方面是没有正确认识人与自然环境的关系，另外一方面是受到功利主义影响，不能从长远的角度看待自己参与环境治理对于自己以及子孙后代的意义[③]。因此如何调动农民的积极性使其参与到农村环境治理之中会影响农村环境保护的进程[④]。

（二）农村生态环境困境的成因分析

上文从三个方面分析了当前农村生态环境保护面对的困境，主要涉及环境污染与破坏的来源多且广、农村环境治理能力欠佳、农村居民生态环境保护意识薄弱且参与不足。

1. “城市中心主义”环境立法缺少了对于农村的关注

自 1979 年改革开放实施以来，我国的环境立法有了较快的发展，但是不容否认的是，我国的环境立法存在“城市中心主义”的立法倾向，缺少对于农村地区的应有的关注。以《大气污染防治法》为例，自 1987 年制定以来，经

---

① 漆春梅．农村居民环境保护意识调查研究：基于甘肃省有关农村的调查分析．河南农业，2021（26）：58.

② 林香．新时代我国农民生态意识研究：以山西省朔州市为例［D］．西安：西安工业大学，2021.

③ 曾睿．农村环境保护和农民参与的关联度［J］．重庆社会科学，2017（2）：62－63.

④ 于水，鲁光敏，任莹．从政府管控到农民参与：农村环境治理的逻辑转换与路径优化［J］．农业经济问题，2022（8）：34－35.

历了 1995 年第一次修正、2000 年第一次修订、2015 年第二次修订及 2018 年第二次修正，主要的变化体现在了对于大气污染防治措施的细化上面。但是直到 2015 年的《大气污染防治法》才开始规定了部分与农村、农业有关的大气污染防治问题。

从表 6－2 可以看出，我国大气污染防治立法对于农村地区的大气污染关注较晚，但是这并不是说农村地区的大气污染产生较晚。我国的大气污染防治立法在制定时最初关注的就是发生在城市地区的大气污染，主要为防治燃煤产生的大气污染、防治机动车产生的大气污染等。这样的“城市中心主义”立法倾向导致了环境法律规则在农村地区的适用性较差，不利于农村地区的生态环境保护[①]。

表 6－2　历次《大气污染防治法》体例对比

版　本	内　容
1987 年版（41 条）	第一章　总则 第二章　大气污染防治的监督管理 第三章　防治烟尘污染 第四章　防治废气、粉尘和恶臭污染 第五章　法律责任 第六章　附则
1995 年版（50 条）	第一章　总则 第二章　大气污染防治的监督管理 第三章　防治燃煤产生的大气污染 第四章　防治废气、粉尘和恶臭污染 第五章　法律责任 第六章　附则
2000 年版（66 条）	第一章　总则 第二章　大气污染防治的监督管理 第三章　防治燃煤产生的大气污染 第四章　防治机动车船排放污染 第五章　防治废气、尘和恶臭污染 第六章　法律责任 第七章　附则

① 黄锡生，段小兵．社会主义新农村建设与环境法律制度创新研究［J］．重庆大学学报（社会科学版），2010（1）：125－126.

（续）

版本	内容
2015 年版 （129 条）	第一章　总则 第二章　大气污染防治标准和限期达标规划 第三章　大气污染防治的监督管理 第四章　大气污染防治措施 　第一节　燃煤和其他能源污染防治 　第二节　工业污染防治 　第三节　机动车船等污染防治 　第四节　扬尘污染防治 　第五节　农业和其他污染防治 第五章　重点区域大气污染联合防治 第六章　重污染天气应对 第七章　法律责任 第八章　附则

自 2015 年《中华人民共和国立法法》修订以来，地方环境立法有了很大的发展。但是同样存在的问题是，设区的市在制定本地方的环境保护法规时，需要从地方全局出发，无法仅仅着眼于农村地区，这也同样会使得规则的适用性较差。而且不容否认的是地方环境立法长期存在着重复上位法甚至相互“抄袭”等问题，这都影响了地方环境立法的适用性①。

农村生态环境问题多样，来源广。部分环境问题是不同于城市环境问题的，尤其是不合理使用农药、化肥、农膜等引发的环境污染与破坏，这些问题在城市发生的可能性低。然而目前的环境立法中所预设的问题大部分均发生在城市中，“城市中心主义”的环境立法缺少了对于农村地区应有的关注。同样，2015 年后发展迅猛的地方环境立法尽管更具地方性，但是并不能有效反映农村地区的所有环境问题，导致农村地区多样的环境问题缺少了应有的规则为其提供支撑。

2. 组织建制缺位导致农村环境治理能力弱

我国目前对于行政机关的组织建制仅限于县级以上，县级以下的乡镇乃至村一级都没有专门的行政机关来处理具体的事务，均由政府内设的机构来处理。这一方面会影响特定事务的处理效率，另一方面会影响事务处理的专业性。对于生态环境保护而言，县一级设置生态环境局，到了乡镇为政府内设的一个科室来负责生态环境保护工作。乡镇以及村没有专门处理生态环境保护的独立行政机构在一定程度上影响了基层的环境治理能力。

① 李依林．地方环境立法的科学性辨析［J］．政法论丛，2022（4）：152.

自1979年改革开放以来，我国已经进行了八次大规模的行政机构改革[①]。行政机构设置不断趋于科学、合理。以生态环境保护为例，我国在专门的行政机构建置上设置了中央、省、市、县四级机构，对于县以下的乡镇一级没有设置专门的机构，主要的原因在于：首先，基层政府的规模相对较小，人员配备少，这样就无法满足建置一个独立的专门的机构；其次，乡镇基层政府公务人员的工资主要由地方财政承担，乡镇一级财政收入有限，如乡镇公务人员较多，会对地方财政会构成一定的压力；最后，乡镇一级未设置生态环境保护机构，但是配置了专门的人员来处理相关的工作，上一级人民政府以及生态环境保护部门均可以对乡镇一级生态环境保护工作的开展提供指导并进行监督。就我国目前的行政机构建置来看，乡镇一级不设置如生态环境保护的独立行政机构是具有一定的合理性的。然而，在肯定这样安排合理性的同时，也需要指出这样的安排在很大程度上导致乡镇、农村环境治理能力弱，存在知识悬浮，影响了乡镇、农村生态环境保护的推进[②]。

3. 农村居民的生态环境保护意识有待提高

农村居民生态环境保护意识不足制约了农村生态环境保护工作的开展。农

① 第1次政府机构改革（1982—1986年）。1982年，为促进经济发展，我国启动了改革开放之后的第1次政府机构改革。这次改革是在全面开创现代化建设新局面的历史条件下提出的。1982年的政府机构改革以精兵简政为目标，强调计划经济为主，市场调节为辅。第2次政府机构改革（1988年启动）。从1988年4月开始，国务院开启了新一轮机构改革，这次机构改革以七届全国人大一次会议通过的《国务院机构改革方案》为标志，以政府职能转变为中心。这次改革在转变政府职能的推动下，政府部门和企事业单位之间的关系更加明晰，各部门之间的职能关系得到理顺，职责分工更加明确，同时，组建综合性的行业管理部门，探索机构改革、转变职能的途径，为实行国家公务员制度打下了基础。这次改革采取自上而下的方式，先中央政府后地方政府，分步实施，逐级推进。第3次政府机构改革（1993—1995年）。1992年10月，党的十四大作出了“下决心进行行政管理体制和机构改革，切实做到转变职能、理顺关系、精兵简政、提高效率”的决策，进一步明确“确立社会主义市场经济体制的改革目标”，将社会主义市场经济确定为我国经济体制的主要形式，并提出三年内完成机构改革、精兵简政的任务。第4次政府机构改革（1998—2002年）。1998年2月，党的十五届二中全会审议通过了《国务院机构改革方案》，标志着第4次机构改革正式开始，改革目标主要围绕制度建设和干部队伍建设进行。第5次政府机构改革（2003年启动）。随着经济体制改革的不断深入，政府机构表现出诸多不适，这就需要通过机构改革以适应市场经济发展的需要，进而不断推进行政管理体制改革。第6次政府机构改革（2008年启动），这次改革通过加快行政管理体制改革来推进服务型政府建设，行政管理体制改革以转变政府职能、理顺部门关系为主要任务，以形成决策、执行、监管“三位一体”的行政管理体制为目标，同时探索大部门体制改革。第7次政府机构改革（2013年启动），这次机构改革强调要处理好政府和市场、政府和社会、中央和地方的关系，深化行政审批制度改革。第8次政府机构改革（2018年启动），这次改革是全面推进国家治理体系和治理能力现代化的迫切需要，政府机构改革以推进党和国家机构职能优化协同高效为着力点，着眼于转变政府职能，推进重点领域和关键环节的机构职能优化和调整。

② 韩玉祥．乡村振兴战略下农村基层治理新困境及其突围：以农村人居环境整治为例［J］．云南民族大学学报（哲学社会科学版），2021（2）：49－50.

村居民的生态环境保护意识反映在农村生态环境保护的现实状况之中，农村居民的生态环境保护意识直接影响农村生态环境的改善。农村居民生态环境保护意识不足的原因主要归为以下三点。第一，农村居民的受教育程度影响其生态环境保护意识。根据 2020 年第七次全国人口普查的数据，全国人口共计 141 178 万人，其中居住在城镇的人口为 90 199 万人，占 63.89%；居住在乡村的人口为 50 979 万人，占 36.11%[①]。就受教育程度而言，全国人口中，拥有大学（指大专及以上）文化程度的人口为 218 360 767 人；拥有高中（含中专）文化程度的人口为 213 005 258 人；拥有初中文化程度的人口为 487 163 489 人；拥有小学文化程度的人口为 349 658 828 人[②]。根据这些数据可以得知，全国接受过教育的人口中，农村居民中拥有大学文化程度人口为 78 609 876，拥有高中文化程度人口为 76 681 892，拥有初中及小学文化程度人口为 301 256 034。可以看出，农村居民中拥有初中及小学文化程度人口居多，受教育程度会影响生态环境保护意识，由于农村居民的受教育程度整体不高，使得农村居民的生态环境保护意识低。第二，农村居民的生产、生活习惯会影响其生态环境保护意识。由于农村居民生态环境保护意识低，其在日常的生产、生活实践之中习惯了随意使用农药、化肥、农膜，任意丢弃生活垃圾、排放污水等，这一方面是由于其缺乏应有的生态环境保护意识，另一方面是由于其不能正确认识自身行为的性质，以致长期重复类似的行为，形成一种不良的生产、生活习惯[③]。第三，农村居民参与生态环境保护不积极，缺乏激励机制。农村居民不积极参与生态环境保护一方面是由于前两点提及的受教育程度、生产生活习惯的影响所致，另一方面也涉及了农村居民彼此之间的模仿。类似公地悲论，如果一个或者部分农村居民重视生态环境保护，而另外一部分不重视，就会影响这些重视生态环境保护居民的积极性。重视生态环境保护能够带来的正向激励并不一定是当时就能够被享受到的，农村居民会认为不使用或减少使用农药、化肥等一方面影响了产出，另外一方面并没有立竿见影的生态环境改善的效果，因而阻碍了其积极性。值得肯定的是，近年来在农村地区推广的各种激励政策，如良种补贴、农药补贴以及农作物收购等，这些激励对于改善农村生态环境起到了

① 安徽日报（农村版）. 第七次全国人口普查结果公布！乡村人口占 36.11%，10 年减少 16 436 万人！[N]. https://view.inews.qq.com/k/20210511A091AJ00?web_channel=wap&openApp=false [2022-09-16].

② 国家统计局. 第七次全国人口普查公报（第六号）[R]. http://www.stats.gov.cn/tjsj/zxfb/202105/t20210510_1817182.html [2022-09-16].

③ 王山珊. 农村环境整治中参与主体的行为研究：以关中 Y 村为例 [D]. 咸阳：西北农林科技大学，2020.

一定的作用[①]。但是从根本上来看，如何提高农村居民生态环境保护意识，使其真正认识到良好的生态环境对于自己以及子孙后代的深远意义，才会激励他们真正投身于农村生态环境保护的行列之中。

三、农村推进生态振兴的典型问题及治理

持续改善农村人居环境，是实施乡村振兴战略的一项重要任务，事关广大农民根本福祉。党中央、国务院高度重视改善农村人居环境工作，党的十九大明确要求开展农村人居环境整治行动。习近平总书记多次强调，农村环境整治这个事，不管是发达地区还是欠发达地区都要搞，标准可以有高有低，但最起码要给农民一个干净整洁的生活环境[②]。无论是建设美丽中国这样的宏远目标，还是实现乡村振兴，农村生态环境的改善都是其中重要的环节。2018 年中共中央办公厅、国务院办公厅印发了《农村人居环境整治三年行动方案》，其中明确提及了农村人居环境长期存在“脏乱差”的问题，尤其明确了农村生活垃圾随意丢弃引发的固体废物污染防治、厕所粪污污染、禽畜粪污污染等。经过三年的整治，农村生态环境有了一定改善，但是问题依然存在[③]。从 2018 年开始的三年攻坚整治之后，2021 年 12 月中共中央办公厅、国务院办公厅再次印发了《农村人居环境整治提升五年行动方案（2021—2025 年）》。从两次文件的名称中可以看出，经过了 2018—2021 年三年整治，农村人居环境有了较大改善，将从 2021 年开始通过五年时间对农村人居环境治理进行整治与提升。不容否认的是，农村生态环境污染问题与城市生态环境污染一样，同样存在不同表现形式的大气污染、土壤污染、水污染、固体废物污染等。鉴于本章行文，仅选取农村生态环境问题中典型突出的三项问题进行分析，即由秸秆焚烧、粪污等引发的大气污染问题，由不合理使用农药化肥等引发的土壤污染问题以及由于生活垃圾随意丢弃引发的固体废物污染问题。本章拟针对典型的农

---

① 吴杨．乡村振兴背景下村民参与环境治理的激励机制研究［D］．无锡：江南大学，2021.

② 人民日报．聚焦农村环境污染和“脏乱差”问题［N］．http：//www.gov.cn/xinwen/2018-02/06/content_5264146.htm［2022-09-17］.

③ 有实证研究调查了《农村人居环境整治三年行动方案》的实施效果，研究认为近年来，农村人居环境取得较大改善。具体表现为：卫生厕所使用率快速增加，生活垃圾集中化处理快速普及，生活污水集中化处理有所提升。人居环境整治行动（改厕项目、垃圾治理和污水治理）是农村人居环境改善的重要推动力量。实证分析表明，这些村庄层面的整治措施有效激励了农户参与人居环境整治，并得到了农村居民的普遍认可。但在农村人居环境整体改观、整治行动总体奏效的局面之下，部分人居环境领域的治理不充分、区域间治理不均衡等现实问题依然存在。参见：李冬青，侯玲玲，闵师，等．农村人居环境的现状、整治效果及政策建设［R］．https：//www.thepaper.cn/newsDetail_forward_15886495［2022-09-17］.

村生态环境污染问题进行成因分析，并提出如何治理的建议。选取大气污染问题，在于大气污染对人身体健康影响的无形性；选取土壤污染是由于土地资源是重要的农业生产资料，土壤环境好坏影响农业活动产出，事关农民收入；选取固体废物污染在于这是一种由日常生活中不文明、不合理的生产、生活习惯所致的污染类型，对于乡村生态振兴、村容村貌整洁至关重要。

（一）农村大气污染问题治理

大气污染在农村地区同样是一种突出的环境污染问题。目前，中国的农村，尤其是西北、西南、东北和华北地区农村，仍在大量使用原始生物质燃料或者燃煤来做饭和取暖。根据第二次全国污染源普查的农村能源调查数据，做饭、取暖产生的 $PM_{2.5}$ 排放量占总排放的 1/3，这一方面会影响室外空气质量，更直接导致室内空气质量变差①。然而，广大农村地区的民众意识不到室内空气污染，认识不到其来源和对健康造成的危害。

1. 农村大气污染的成因分析

农村大气污染的产生可以归咎为农村居民在日常生活中的一些行为，如散煤燃烧、露天焚烧秸秆、粪污等，同时也涉及农村居民生态环境保护意识差。关于农村居民生态环境保护意识的问题在前文第二章中已进行论述，本章对于农村生态环境保护中存在的典型问题成因从行为角度入手，就其中较为典型的原因进行分析。

第一，农村地区散煤燃烧，因燃烧效率低、缺少末端烟气净化、排放难以监管等原因，成为大气污染中重要的污染源。散煤燃烧是指除了在电力、钢铁等大工业生产用煤之外，城乡居民生活、农业生产、餐饮行业、“小散乱污”企业等用煤形式的总称②。北方秋冬季空气质量改善，在很大程度上取决于冬季取暖清洁化改造的进度，农村散煤治理则是影响其进度的关键。农村地区近年来由于散煤燃烧导致了严重的大气污染，出现了“农村包围城市”之势③。究其原因，主要在于农村居民长期的生活习惯，燃烧散煤用于生活起居，并且改用新能源政策推行有难度。农村地区已经在推行“煤改电”，但政策实行的效果难以保证。随着经济不断发展，大部分农村中的青壮年会选择进城务工，农村中居住的大多为老年人。“煤改电”政策对于老年人群体推行难度大一方

① 陶澍．要重视治理农村室内空气污染［R］．http：//health.people.com.cn/n1/2019/0729/c14739-31261015.html［2022-09-20］．

② 你知道吗？燃煤散烧危害大！［R］．https：//new.qq.com/rain/a/20211113A08CC300［2022-09-21］．

③ 巩志宏．大气污染“农村包围城市”散煤燃烧成重要因素［R］．https：//news.fjsen.com/2015-10/26/content_16798292.htm［2022-09-21］．

面是老年人长时间在家需要不断取暖，而用电供暖如采用电锅炉供暖或空调供暖，会因为电费过高或取暖效果差而不被老年人所接受；另一方面，燃烧散煤供暖还可以用于生活，如烧水、做饭等①。为了推进农村地区“煤改电”等政策的实施，地方政府会提供补贴，严格控制煤炭买卖，严禁无照经营煤炭。然而，提供补贴并不能全面推广，这需要地方财政能够支撑这样一大笔支出，而且如何制定补贴政策，能使农村居民接受也存在较大的难度。农民的生产生活秩序是在长期与当地环境或者说村庄环境的互动过程中结合自身经验总结和摸索出来的，甚至成为当地习惯和文化的一部分，具有较长的历史和较强的惯性。因此，要通过对农民生活方式的有效改变实现生态环境保护，需要转变农民与之相关的但早已根深蒂固了的观念、习惯和文化。这意味着农村生态环境保护必然是整体性和长期的治理过程。

第二，农村地区露天焚烧秸秆，由于秸秆中含有氮、磷、钾、碳、氢元素及有机硫等，特别是刚收割的秸秆尚未干透，经不完全燃烧会产生大量氮氧化物、二氧化硫、碳氢化合物及烟尘，在阳光作用下还可能产生二次污染物臭氧等。农作物秸秆是农业生产过程中的主要副产品。环境科学研究表明，秸秆焚烧与空气污染呈正相关关系②。我国已成为目前世界上雾霾天气最严重的国家之一，据估计，我国每年农业秸秆产生量约为 8.65 亿吨，焚烧比例约为 50%③。焚烧秸秆不仅仅会严重污染大气，也会影响身心健康，秸秆焚烧产生的烟雾中含有大量的氮氧化物、光化学氧化剂和悬浮颗粒等物质。当可吸入颗粒物浓度达到一定程度时，对人的眼睛、鼻子和咽喉含有黏膜的部分刺激较大，轻则造成咳嗽、胸闷、流泪，严重时可能导致支气管炎发生。秸秆焚烧区域、时段均相对集中，大量烟雾对中老年、儿童及患有呼吸道疾病的人造成很大影响。探究农村地区露天焚烧秸秆的原因，其背后不仅仅涉及了生态环境保护本身，更涉及了社会、文化相关的问题④。首先，生态环境保护的科学知识会存在与地方性知识相悖的情形。如秸秆还田技术，避免了秸秆焚烧，是一种有效利用秸秆的方式，可以改善土壤物质性状，降低土壤容重⑤。当前的农业

---

① 罗茜．不让烧煤炭、又没钱用电，北方农村如何过冬？[R]. https://www.thepaper.cn/newsDetail_forward_16031674 [2022-09-22].

② 朱彬，苏继锋，韩志伟，等．秸秆焚烧导致南京及周边地区依次严重空气污染过程分析 [J]. 中国环境科学，2010 (5)：585.

③ 张晓庆，王梓凡，参木友，等．中国农作物秸秆产量及综合利用现状分析 [J]. 中国农业大学学报，2021 (9)：31.

④ 高新宇，曹泽远，王名哲．农村秸秆焚烧现象的环境社会学阐释：基于 H 村的田野调查 [J]. 干旱区资源与环境，2016 (9)：38.

⑤ 江永红，宇振荣，马永良．秸秆还田对农田生态系统及作物生长的影响 [J]. 土壤通报，2001 (5)：209.

技术推广中，对于农作物秸秆还田的技术，如水稻留茬还田技术、玉米秸秆粉碎还田技术、麦草秸秆还田技术。这些技术基本都是要将一定高度的秸秆保留在农田之中，由其腐化沤肥，提高土壤养分，改善耕地品质①。然而，受制于农村的实际情况，有时收割机无法充分发挥其功能，如使用水稻留茬还田技术，会导致留茬过高，难以将秸秆埋入土中，给农民后期种植带来不必要的负担。科学知识体现了人们对于特定事物的科学的看法，但是地方性知识，尤其是具有地方特色的生态环境知识，是很难被替代的②。其次，农村地区长期存在的生产生活方式以及农民的生态环境保护意识都会影响秸秆的处理。在农村长期的生产生活实践中，秸秆经常被用于建筑、燃料等③。尽管现在农村地区在推广新型建筑材料、新型能源等，传统的秸秆利用方式依然存在，这一方面是由于长期的生产生活习惯所致，另一方面是由于使用秸秆在经济上更实惠。最后，农村劳动力外流。据相关统计，2020 年中国农民工总量为 2.86 亿人，其中外出农民工 1.7 亿人，这些外出农民工大多数是有生产经营能力的青壮年农民④。青壮年劳动力的外流，导致农村出现空心化、老龄化和非农化。留在农村的年老体弱者，或者女性劳动力，在处理农作物秸秆时，面临较大的压力，焚烧成为农民的理性行动⑤。

第三，农村禽畜养殖粪污污染同样引发了大气污染。每年我国农村畜禽养殖产生的粪便量达 38 亿吨左右，结合《全国第二次污染源普查公报》中的数据，畜禽养殖业水污染物排放的化学需氧量为 604.83 万吨，在农业源排放总量中占比达到 56%之多，总氮、总磷的排放量分别达到 37 万吨、8.04 万吨，在农业源排放总量中分别占 26%、37%左右。从统计的数据中可以看出，当前禽畜养殖业对于生态环境保护的影响不容忽视。从禽畜养殖业选址来看，农村地区具有天然的区位优势，不论是地价还是劳动力成本，都是禽畜养殖业的最佳选择，这也就使得禽畜养殖业对农村地区的生态环境带来了不良的影响。禽畜粪便长期堆积发酵后，会产生氨、硫化氢、甲基硫醇等有害气体，严重影响空气质量，引发了恶臭气体带来的大气污染。究其原因，首先，禽畜养殖业引发的大气污染在于从事禽畜养殖的农户防污意识不强。农户在养殖活动中更

---

① 李文浩．农作物秸秆还田技术推广简析［J］．农业开发与装备，2022（7）：76.

② 江帆．地方性知识中的生态伦理与生存智慧［J］．山东社会科学，2012（11）：84.

③ 刘趁．秸秆高值化利用："生态包袱"变"绿色财富"：双碳背景下秸秆高值化利用先进技术成果发布会综述［N］．农民日报，2022-8-16（7）.

④ 王亚华，苏毅清，舒全峰．劳动力外流、农村集体行动与乡村振兴［J］．清华大学学报（哲学社会科学版），2022（3）：173.

⑤ 丁焕峰，孙小哲．禁烧政策真的有效吗：基于农户与政府秸秆露天焚烧问题的演化博弈分析［J］．农业技术经济，2017（10）：81.

加关注如何做好养殖，获得更大的经济效益，忽视了生态环境保护，对禽畜粪便随意堆放，导致恶臭气体浓度超标，空气污浊。其次，防污制度需要加强。2001 年时国家环境保护总局通过了《畜禽养殖污染防治管理办法》，对生猪存栏 500 头以上、鸡 3 万羽以上、牛 100 头以上的畜禽养殖场粪便污染防治工作提出了要求。但由于该规定仅仅为部委规章，位阶较低，且其内容大多为原则性规定，对于农村地区畜禽养殖规范化的作用有限。2013 年 10 月 8 日国务院通过了《畜禽规模养殖污染防治条例》（以下简称《畜禽污染防治条例》）。《畜禽污染防治条例》于 2014 年生效，其在内容上较 2001 年的办法有了很大的完善，如对于畜禽养殖中的粪便处理，提出了综合利用、就近利用等一系列具体的管理规定。随着我国 2020 年全面建成小康社会，脱贫攻坚取得全面胜利，我国开启了乡村振兴的道路，农村的生产生活环境有了较大的变化，更加凸显了相关规则及时修订跟进的必要性。

2. 农村大气污染的治理路径

上文分析了当前农村地区导致大气污染的部分原因，现针对农村地区大气污染的治理路径进行分析。

第一，农村地区散煤燃烧治理难度大，可逐步减少散煤使用，减量提质，并推广新型能源方式。首先，逐步减少散煤使用，做好减量工作。控制散煤使用需要从市场入手，关注散煤生产、流通、使用等环节。对于生产环节，严格审批煤炭资源的勘探、开采许可证审核发放，对于获得开采许可证的煤炭企业，限制煤炭开采量，由此减少市场上煤炭的流通量。对于流通环节，协调相关部门间的管理，避免出现相互推诿，导致管理缺失。同时需要关注市场上流通的煤炭的品质，对于劣质散煤禁止在市场上流通，对违反规定的经营者，可以通过批评教育、罚款、没收等方式处罚。其次，减少散煤流通量的同时，可推行集中供热。我国近年来农村城市化进程加快，主要的方式涉及就地型城市化和迁移型城市化①。在规模较大的村庄，可以采用集中供热的方式，一方面减少了农民燃烧散煤因燃烧效率低引发的污染问题，另外一方面也可以提升供热效率，改善农村生态环境。对于尚不具备集中供热条件的地区，可以通过电价补贴等方式，促使农民采用电或者天然气代替散煤，推进“煤改电”“煤改气”②。最后，提升燃煤品质，实现减污降碳，协同增效。减少市场上流通的劣质煤炭，鼓励煤炭企业研发清洁型煤炭，通过提升燃煤品质，减少大气

---

① 刘华芹．社区资本与农村城市化的实现路径：以七个农村社区为例［J］．云南民族大学学报（哲学社会科学版），2018（4）：111.

② 卢亚灵，周思，王建童，等．北方试点地区农村散煤治理的政策回顾与展望［J］．环境与可持续发展，2020（3）：40－41.

污染。在我国实现“双碳”目标的过程中，改变能源结构，减少燃煤产生的二氧化碳对于实现“双碳”目标至关重要[①]。从目前农村地区的生产生活实践来看，使用散煤具有经济上的合理性，而且除了可供热外，还可以用于其他生活起居之功能，这些优势是电、天然气等不具备的，因而在农村地区强推新能源不具有可行性。提升燃煤品质以减少大气污染是可以考虑的一种策略。毕竟“双碳”目标是在肯定碳排放的前提下提出的，不同的人类活动减少碳排放的难度是不一致的，有些活动可以实现净零排放，但是有些活动是难以实现的。

第二，农村地区焚烧秸秆的治理需要平衡科学知识与地方性知识、生态环境保护要求与农业生产实践等之间的矛盾。首先对于科学知识与地方性知识之间的矛盾，需要肯定的是生态环境保护的地方性知识是一定时期生产生活实践经验的总结，是蕴含着生态智慧的，对于生态环境保护会提供重要的方法论指导[②]。农民长期通过焚烧的方式处理秸秆一方面可以减轻其劳动量，另一方面也是其长期不断重复的生产行为，虽然对于生态环境保护带来了负外部性，但是只要注重在农村地区的科学知识普及，传播科学、正确的生态环境保护知识，露天焚烧秸秆的行为还是可以纠正的。其次，因地制宜，根据农村地区的实际推广农业机械。农业机械化能够推进秸秆综合利用，秸秆还田技术需要借助于农业机械[③]。在乡村振兴的过程中，农村地区的经济水平有了一定的发展，全国农业机械化水平不断提高，截至“十三五”末，国家农机总动力达到10.56亿千瓦，农作物耕种收综合机械化率达到71.25%[④]。推进农业机械化不仅可以推进秸秆治理问题的有效解决，更能够促进农村地区农业整体的发展。再次，针对农村青壮年劳动力外流引发的农村空心化、老龄化问题，在推进乡村振兴的过程中，强化以工业促进农业，以城市化带动乡村发展，实现城乡协调发展，推动产业发展，创造就业机会，使人口回流[⑤]。农村青壮年是乡村振兴的主力军，因此也需要强化其主人翁意识，使其认识到自身对于乡村振兴，对于农村发展的意义，使其主动回流，而非被动回流。从这一点来看，促进人才流回，一方面可以解决农业生产活动劳动力不足的问题，避免由于农业活动中的不当行为引发的农村生态环境污染；另一方

① 周天舒，迟东训，艾明晔．双碳背景下可再生能源面临的挑战及对策建议［J］．宏观经济管理，2022（7）：59．

② 曹叶军．地方性知识的生态维度转向：述评与探索［J］．内蒙古社会科学，2022（5）：204．

③ 崔波．大力发展农业机械化促进秸秆综合利用［J］．农业装备技术，2022（1）：7-8．

④ 安邦．乡村发展重基础 农机强农促振兴：农业机械化在乡村振兴实践中的一些启示［J］．当代农机，2022（6）：12．

⑤ 杨世圆．乡村振兴下农村空心化应对策略［J］．当代县域经济，2022（4）：57-58．

面，人才回流同样有助于实现乡村振兴中的人才振兴。人才振兴并不仅仅是指引入受过高等教育的人群助力乡村建设，立足于农村原有的青壮年劳动力，推进其在农村发展中发挥应有的作用，同样是实现人才振兴的应有之意①。

第三，农村地区畜禽养殖粪污污染的治理不仅仅需要完善相关法律规则，更需要加强管理，提高技术，促使其高效利用，变废为宝。首先，由于《畜禽污染防治条例》在2013年制定，制定时间较早，其中一些内容不一定符合当前实际，因而有必要开展实地调研，对于其中不合时宜的内容进行及时的修订。同时，要正确认识畜禽养殖污染治理，其并不仅仅是要求如在大气污染防治、水污染防治中的达标排放。《畜禽污染防治条例》明确将综合利用作为治理畜禽污染的根本途径，同时对配备相应的设施在第十三条做出了明确规定："畜禽养殖场、养殖小区应当根据养殖规模和污染防治需要，建设相应的畜禽粪便、污水与雨水分流设施，畜禽粪便、污水的贮存设施，粪污厌氧消化和堆沤、有机肥加工、制取沼气、沼渣沼液分离和输送、污水处理、畜禽尸体处理等综合利用和无害化处理设施。"本条所述"根据养殖规模和污染防治需要"意思就是所述的各种设施都属于"综合利用和无害化处理设施"，且这类设施都是根据"需要"配备，并非强制要求必须配备某种设施，如污水处理设施。换句话说，只要能实现废弃物无害化处理和综合利用，具体建设什么设施，要视"需要"而定。其次，强化管理，推进畜禽粪污资源化利用。《畜禽污染防治条例》在第十五条规定"国家鼓励和支持采取粪肥还田、制取沼气、制造有机肥等方法，对畜禽养殖废弃物进行综合利用"，在第十六条规定"国家鼓励和支持采取种植和养殖相结合的方式消纳利用畜禽养殖废弃物，促进畜禽粪便、污水等废弃物就地就近利用"，明确了废弃物综合利用的导向就是通过"种养结合"实现"就地就近"的"还田"等"综合利用"。但需要注意的是，合理利用应当避免过度，导致土壤质量受影响，需要科学计算土地的粪污承载力，使养殖规模与农田承载力相匹配②。最后，引进畜禽粪污资源化利用技术，变废为宝，既可有效解决畜禽养殖中的粪污污染，又可以用于农业生产。没有什么东西天生是污染物，污染物是放错了地方的资源。畜禽粪便等废弃物如果处理利用得当，是非常宝贵的生物质资源，对于土壤有机质的提升、土地生态状况的保护和改善以及农作物生产的保障，都有不可替代的作用。只有得不到合理的处理和恰当的利用并对环境产生了可以测定的污染效果的时候，才可以判定污染物的性质和数量，而不是只要是看起来外观不洁就可以被直接定

① 张海波．人才振兴，防范农村空心化［J］．人力资源，2022（16）：81－82.

② 刘春青，魏海峰，王勇，等．浅谈畜禽粪污资源化利用［J］．中国畜禽种业，2022（7）：177.

义为污染物[①]。目前相对成熟的污染物利用技术涉及好氧堆肥、沼气工程等[②]。对于《畜禽污染防治条例》而言，在修订完善中仍需考虑的问题是，《畜禽污染防治条例》涉及的是畜禽规模养殖，而对于规模以下的畜禽养殖目前如何使用《畜禽污染防治条例》以及其他相关立法存在一定的立法漏洞[③]。

（二）农村土壤污染问题治理

土壤系统是人类赖以生存和发展的主要生态系统之一。近年来，工业活动以及长期的大气沉降致使重金属浓度在土壤中持续增加，土壤重金属污染在我国日益严重和普遍。土壤污染已经成为危害人类身体健康以及环境安全的重大问题，是制约美丽中国目标实现的因素。我国在 21 世纪初才开始进行土壤治理工作，在管控机制、法律体系、技术、市场等方面同水和大气污染防治相比都较为薄弱，比如我国的土壤修复工作和重金属污染管理工作等还处于起步阶段，相关研究的发展空间很大。就农村地区的土壤污染问题而言，一方面由于农村地区经济发展速度加快，污染源种类增多，直接或间接影响了土壤；另外一方面，由于为了获得较高的农业产出，农民不合理使用了农药、化肥，直接影响了土壤的质量。土壤污染物不是直接进入人体危及健康，而是间接地影响人体健康，土壤中的污染物可以通过粮食、蔬菜、水果、奶、蛋、肉等进入人体，引发各种疾病，危害人体健康。同时，土壤污染直接影响土壤生态系统的结构和功能，将对生态安全构成威胁[④]。

1. 农村土壤污染的成因分析

对农业土壤造成危害的污染源主要有：化肥农药的过量与不合理使用，“工业三废”和农村生活污水不适当排放，大气中有毒雨水和气体溶胶的侵蚀以及不可降解塑料制品的白色污染等。其后果有土壤板结、盐碱化、养分流失，严重影响农业土壤的生产力，使农作物产量与品质下降。另外，有毒物质进入食物链后，也对人体带来危害。

第一，农村地区不合理使用农药、化肥直接引发了土壤污染。为了提高农业生产产出，一个有效的办法就是使用农药、化肥[⑤]。我国是农药生产和使用

① 孔源．解读《畜禽规模养殖污染防治条例》：养殖污染防治有三大误解［R］．https：//huanbao. bjx. com. cn/news/20161219/797816. shtml［2022-09-25］.

② 彭思毅，蒲施桦，等．规模养殖场粪污资源化利用技术研究进展［J］．中国畜牧杂志，2022（7）．https：//doi. org/10. 19556/j. 0258-7033. 20211125-05.

③ 深圳市生态环境局．对规模以下畜禽养殖场该如何加强监管？［R］．http：//www. sz. gov. cn/hdjl/ywzsk/hjbhj/flfg/content/post_9007987. html［2022-09-25］.

④ 陈卫平，杨阳，谢天，等．中国农田土壤重金属污染防治挑战与对策［J］．土壤学报，2018（2）：263-266.

⑤ 杨齐星．我国农村土壤污染防治的法律法规分析［J］．资源节约与环保，2021（11）：137.

大国，约有80%的农药直接进入环境，每年使用农药的土地面积在2.8亿公顷以上。农药品种有120余种，大多为有机农药。另外，大气中的残留农药及喷洒附着在作物上的农药，经雨水淋洗也将落入土壤中，污水灌溉和地表径流也是造成土壤农药污染的原因。我国平均每公顷农田施用农药13.9千克，比发达国家高约1倍，利用率不足30%，造成土壤大面积污染①。土壤污染的治理难度不同于其他类型的污染。土壤只是环境中的要素之一，环境是统一的整体，各种要素互相影响，而这些污染物最终都会渗到土壤里。土壤一旦受到污染，则会因其污染来源复杂、隐蔽性与累积性强等特点，导致修复治理难度大、周期长、投入多②。深究农村地区不当使用农药、化肥引发土壤污染的原因，首先是农民的生态环境保护意识差，缺乏相应的病虫害综合防治和农药安全使用知识，在生产中擅自扩大农药使用范围，不严格按照农药标签上法定登记农作物和用量使用，滥用、乱用农药现象较为普遍。同时，在经济利益驱动下，一些农民单纯追求杀虫、杀菌、除草效果，违反农药使用的有关规定，擅自提高使用浓度、增加用药次数，违规使用“两高”农药。有些地方甚至使用国家禁止使用的剧毒农药，农产品中农药残留严重超标，人、畜中毒事件时有发生。其次，农药品种结构不合理，生产工艺落后。我国农药产品结构同发达国家相比差距较大。世界农药产业在整体上已经呈现了高效、高选择性、低毒和低残留的发展趋势，而我国农药产品仍然是以高毒产品为主，高毒、剧毒农药占很大一部分，高效低毒品种相对较少。我国农药剂型的开发与国外也有很大差距。国外一种原药可加工10～15种剂型，有的可达30种，以无溶剂、水基、固体化为主。而我国只有1∶5左右的加工比例，且仍以乳油、粉剂、可湿性粉剂和颗粒剂为主，由于这类剂型易对环境造成污染，很多产品在国外已趋淘汰。同时，我国农药生产企业的生产工艺落后、企业小而分散，农药质量还不能令人满意③。最后，农药使用量大，管理薄弱。我国农民常常为了追求杀虫效果而过量使用农药，尤其是过量使用具有高毒和“三致性”的杀虫剂及国家已禁用的甲胺磷，进而造成农药污染严重。与发达国家相比，我国单位面积的施药量平均高出2～3倍，且平均每年以10%以上的速度增长④。目前，虽然我国已颁布、实施了一些农药管理条例与法规，但并未真正对农药生产、

---

① 张文祥．浅论我国农业土壤污染现状［R］．https：//huanbao.bjx.com.cn/news/20160905/769581.shtml［2022-09-25］．

② 中国工程院院士：被化肥农药毁掉的土壤，触目惊心！［R］．https：//www.sohu.com/a/409241311_736883［2022-09-26］．

③ 尹伟华．农药污染对我国生态环境的影响及对策研究［R］．http：//www.sic.gov.cn/News/455/6990.htm［2022-09-27］．

④ 杨巧云，方梦荧．化肥农药过量使用与农业面源污染防治［J］．农家参谋，2021（24）：66.

经营、使用进行有效的监督管理，对其危害也缺乏系统、科学的研究和相应的管理、控制、监督措施，乱用、滥用农药问题日趋严重。

第二，农村工业活动引发的土壤污染。农村工业的发展在20世纪90年代到21世纪初曾作为研究的热点被学界广泛关注，这是当时乡镇企业蓬勃发展的直接结果。然而，随着乡镇企业的转型和“退场”，学术界对农村工业的研究也逐步减少。事实上，中国的农村工业发展从未间断，乡镇企业退出后城市工业快速发展尽管“遮盖”了农村工业发展的成绩，但从农民进入工业领域的内源发展和城市化扩散的外源效应看，农村工业在不同阶段表现出形式上的差异，但始终保持良好的发展态势，并成为解决贫困问题、推动共同富裕的重要动力①。不容否认的是，工业向农村扩展极大地促进的农村地区的经济发展，为农村地区创造了就业机会，也同时推进了农村地区的城市化发展。但是工业活动向农村扩展带来的负外部性问题就是环境污染，其中包括大气污染、水污染、噪声污染以及土壤污染等，本章内容重点关注农村工业活动引发的土壤污染。农村工业活动引发的土壤污染主要表现为工业活动中的废水、废气、废渣的排放而引发的污染。农村工业活动引发土壤污染的原因主要可归结于以下几点：首先，企业经营活动的重点在于获得利润。一方面农村为了促进本地区经济发展，会以优惠的条件吸引企业投资；另一方面企业进驻农村地区后，为了追逐利益，往往忽视对于生态环境的保护。企业对于生态环境保护的认识有时存在误区，认为不超标即合法，但是环境问题往往具有长期性和累积性，尽管企业的排污行为符合相关法律的规定，但是长期来看，依然会对农村地区的生态环境带来污染与破坏。其次，地方政府对于企业经营行为监管不足。这主要体现在乡镇一级不设生态环境保护部门，乡镇政府工作人员有限，对于生态环境保护工作的能力不足②。而且，政府招商引资引来企业后，从事生态环境保护工作的人员是否可以有效规制这些企业是存在疑问的。同时，如前文分析，我国当前的生态环境立法存在城市中心主义的立法倾向，对于农村地区的生态环境问题缺少应有的关注，由此也使得基层政府在进行环境执法时缺少有针对性的法律规范。再次，农村居民的生态环境保护意识尤其是参与意识不强，一方面受到农民自身受教育水平的影响，使其无法充分、准确地认识生态环境保护的重要性，进而影响了其积极参与环境治理的意愿；另外一方面一些农民也会认为生态环境保护是政府的职责与自身无关，从而不会主动参与到环境治理之中。这样引发的问题就是工业活动转移到农村地区缺少了应有的外部监督，

① 李先军，杨梅．中国乡村工业百年发展历程：成就、经验与未来［J］．齐鲁学刊，2021（6）：110－111.

② 张伟，常艳萍．农村工业污染及协同防治研究［J］．环境保护与循环经济，2022（4）：2.

如果由于工业活动引发了严重的环境污染，可能引发邻避冲突①。

第三，农村生活污水的不当排放同样导致了土壤污染。在我国广大农村，生活污水处置一直是人居环境整治的突出短板。国务院农村人居环境检查组曾在全国多地现场检查发现，一些村镇黑臭水体问题突出，部分村镇小作坊、畜禽养殖污水违规排放时有发生，污水治理未与农村改厕同步衔接致大量污水直排等问题亟待解决②。农村生活污水治理存在一定的难度，主要表现在以下方面：首先，环境污染对农村居民生产生活的影响远远低于城市居民，农村居民环保意识相对薄弱。居民对农村生活污水习惯于直接排放，固有观念尚未扭转，甚至认为处理过的水不利于浇灌庄稼。农村污水排放实际上处于长期随意排放的状态。其次，农村人口居住相对分散，建设污水管网投资较大，导致大部分农村地区缺乏配套的污水处理设施，且没有完善的排水管网，部分地区的村镇虽然通过国家补助资金建设了污水处理设施，但缺少资金建设配套的排水管网，也没有资金和技术承担运营工作，形成所谓的"晒太阳工程"③。由于农村生活污水治理本身的公益性，投资和运营成本最终还是由地方政府承担。最后，污水水量小，水量不稳定。目前，农村人口居住分散，实际常住人口少，导致污水排放量相对较小。此外，受村民起居生活习惯影响，农村生活污水排放存在早、中、晚三个高峰期，而午夜到凌晨时段污水排放量很少甚至断流；农村生活污水排放量受季节及人口流动规律影响，呈现明显季节性和阶段性激增变化规律。这些特征均为农村污水治理项目有效运营带来了较大困难。

2. 农村土壤污染的治理路径

2018 年 8 月 31 日第十三届全国人民代表大会常务委员会第五次会议通过了《中华人民共和国土壤污染防治法》，自 2019 年 1 月 1 日起施行，该法是我国制定的首部专门关于土壤污染防治的立法，规定了专门的土壤保护与污染预防条款、防治的具体措施与制度，对于我国土壤污染防治起到了积极的作用。2022 年 1 月生态环境部等五部委印发了《农业农村污染治理攻坚战行动方案(2021—2025)》(以下简称《行动方案》)，其中明确细化了农村污染治理的阶

① 刘海龙．环境权的内在紧张：邻避冲突的深层诱因及其纾解路径探析［J］．领导科学，2022(7)：135.

② 新华社．农村生活污水何处去：农村污水治理"梗阻"现象调查［R］．http：//www.gov.cn/xinwen/2019-12/03/content_5458126.htm［2022-09-28］.

③ 《人民日报》2017 年 5 月 24 日第 05 版刊文就何谓"晒太阳"工程进行了短评。我国城镇污水处理及再生利用设施建设取得了不俗成绩，但城镇污水管网配套不足、建设滞后仍旧是各地面临的"老大难"问题。由此导致部分新建成的污水处理厂"吃不饱"，无法充分发挥效益，尤其是一批新建的乡镇污水处理厂，往往沦为"晒太阳"工程。这正是：管脉不畅断炊烟，望污难及壁上观。百城千镇景如画，何时地下绿意染？参见：中国共产党新闻网，http：//theory.people.com.cn/n1/2017/0524/c40531-29296199.html［2022-09-26］.

段性目标即到2025年，农村环境整治水平显著提升，农业面源污染得到初步管控，农村生态环境持续改善。新增完成8万个行政村环境整治，农村生活污水治理率达到40%，基本消除较大面积农村黑臭水体；化肥农药使用量持续减少，主要农作物化肥、农药利用率均达到43%，农膜回收率达到85%；畜禽粪污综合利用率达到80%以上。具体结合《中华人民共和国土壤污染防治法》及《行动方案》中的目标，针对上文述及的问题，本书提出的治理路径如下。

第一，针对农村不当使用农药、化肥造成的土壤污染，《行动方案》提出了深入推进化肥减量增效以及持续推进农药减量控害。首先，需要在农村地区不断加强宣传培训，强化农民的生态环境保护意识。大多数农民还没有意识到农药对生态环境和人体健康造成的潜在危害，因此提高农民对这一问题的认识，使他们能够正确、科学、合理地使用农药是解决农药污染问题的基础①。《中华人民共和国土壤污染防治法》第二十七条规定，地方人民政府农业农村、林业草原主管部门应当开展农用地土壤污染防治宣传和技术培训活动，扶持农业生产专业化服务，指导农业生产者合理使用农药、兽药、肥料、饲料、农用薄膜等农业投入品，控制农药、兽药、化肥等的使用量。根据立法精神，地方政府应当采取多种行之有效的措施，普及农药使用知识，提高群众和管理人员的环保意识，使人们充分意识到农药污染的严重性，调动广大农民参与农药污染治理，做到对症、适量用药，并严格遵守施药安全间隔期，确保产品的农药残留符合标准，不断弱化农药对生态环境的负面影响，从源头上控制农药污染。其次，强化对于农药、化肥生产销售环节以及流通使用环节的管理。对农药生产、销售、使用全过程进行有效管理，禁止生产销售高毒、禁用农药。建立农药和农产品监管体系，对违反规定，制造、销售假冒伪劣农药的行为，依照有关法律法规进行处罚。制定农药使用管理标准，规定农药标签中必须注明农药的使用对象、方法、剂量和安全间隔期，并加强宣传、培训和引导。加强高活性、高安全性、高选择性、低残留农药的引进和示范推广，引导农药使用向安全、高效、环保方向发展。最后，改进农药、化肥生产工艺，加强生物源农药研发。农药生产要改进生产工艺，加快无废或少废生产工艺的开发研究，更新落后的生产工艺和设备，对农药生产过程中产生的废气、废水和废渣做到达标排放。生物源农药的研制和开发是农药发展的必然趋势，也是农药可持续发展的方向，在害虫防治研究中，植物源农药已经成为人们研究的热点②。政府要加大资金投入，重点扶持大型农药企业，加快新产品尤其是生物源农药的

① 祁梦菲．新时期化肥农药减量增效的路径研究［J］．新农业，2022（3）：20.

② 袁杨，杨红艳．我国生物农业发展历程及应用展望［J］．南方农业，2022（11）：60.

研制和开发，逐步实现大型化、集中化生产，促进我国农药产品的结构调整。

第二，对于农村工业活动引发的土壤污染，应当强化政府部门监管、企业自我约束以及农民参与监督等方式加以应对。首先，《中华人民共和国土壤污染防治法》第五条规定了地方各级人民政府应当对本行政区域土壤污染防治和安全利用负责。乡镇政府甚至村委会都要对农村地区的工业活动可能引起的土壤污染进行监督与管理。充分履行《中华人民共和国环境影响评价法》及《中华人民共和国土壤污染防治法》中规定的环境影响评价制度，在工业选址问题上，要求进行全面环境影响评估，预防可能发生的土壤污染。这一方面是由于土地资源是农村重要的生产资料，另外一方面是因为土壤污染具有累积性和长期性，治理难度大，因而凸显了环境影响评估的重要性。对于可能引发土壤污染问题的，要积极预防。另外需要指出的是，地方政府同时承担了发展经济以及保护环境的责任，二者从表面上看很难兼容，然而，保护生态环境并不意味着停止发展经济，"绿水青山就是金山银山"科学地揭示了经济发展与生态环境保护之间的关系，二者是可以协调的。因而地方政府既要引进工业企业又要监管工业企业，防止其不当的经营行为引发生态环境污染。其次，强化企业的自我约束，企业应当在经营活动中重视遵守《中华人民共和国大气污染防治法》《中华人民共和国水污染防治法》《中华人民共和国土壤污染防治法》等相关规定中关于排放污染物的规定，同时，企业应当认识到土壤污染不同于其他类型的污染，其具有累积性和长期性，因而并不能狭隘地认为依照相关法律和环境标准排污即做到了生态环境保护的要求。近年来尤其是2006年《中华人民共和国公司法》修订后，将企业社会责任（Corporate Social Responsibility，CSR）纳入立法之中，开启了我国企业社会责任法治化的道路[①]。生态环境保护是企业社会责任的重要内容，企业除了为社会创造价值外，还应当重视其对于社会应当履行的其他义务[②]。因此，工业企业入驻农村地区后，更应当注重农村地区的生态环境保护，减少由于其不当经营行为引起的土壤污染问题。最后，提高农民生态环境保护意识，加强农民的参与。农村生态环境污染最直接的受害者即为农民，农村土地被污染后直接受影响的也是农民，因而农民应当充分认识土地资源、土壤污染对于自身的重要性，积极参与到农村生态环境治理之中。2015年我国《中华人民共和国环境保护法》修订后就在第五条环境法的原则中规定了公众参与的相关要求，并在第五章专章规定了信息公开与公

---

① 2006年《中华人民共和国公司法》修订时，在第五条中明确规定了，公司从事经营活动，必须遵守法律、行政法规，遵守社会公德、商业道德，诚实守信，接受政府和社会公众的监督，承担社会责任。该条中所提及的"社会责任"即企业社会责任。

② 苏婷．基于环境保护视角的企业社会责任［J］．WTO经济导刊，2012（5）：43.

众参与。对于入驻农村的工业企业而言，更应当重视信息公开。工业企业主动公开可能对环境产生影响的经营信息，一方面有利于在产生土壤污染时进行溯源，另一方面也有助于农民对企业进行监督。

第三，对于农村生活污水排放引发的土壤污染，应当科学决策，综合管理，因地制宜。首先，大部分农村地区居民环保意识仍然比较薄弱，在这类地区推行农村生活污水治理项目，必须通过《中华人民共和国环境保护法》《中华人民共和国土壤污染防治法》《中华人民共和国水污染防治法》等的实施，加强环境保护概念的宣传，提高公众的环境保护意识。应充分发挥公众的积极性、主动性和创造性，使公众成为我国环境保护的主力军，扩大公众对环境保护的参与度。推广农村生活污水治理项目应充分评估项目建设的必要性，项目建设后的有效性以及地区经济发展的可承载度。虽然国家政策要求推广项目时要加强规划引导，然而部分地区在推广项目时，依然在做华而不实、劳民伤财的“形象工程”。这需要地方政府领导合理决策、谨慎决策、科学决策。决策前要充分调研不同地区和项目，结合地方经济发展情况和农村人口分布情况、地域地貌，积极采纳不同部门、不同行业、不同领域相关人员的意见。在选择合适的区域推行农村生活污水治理项目后，需要合理安排建设时序。尤其是在项目建设投资资金有限的条件下，需要根据地区地貌类型合理安排建设时序，不能一蹴而就。其次，目前，全国范围内农村生活污水治理项目中比较成熟的项目管理模式主要包括 PPP、EPCO 等①。PPP 模式下，通过招标确定社会资本方并由其与政府方共同成立项目公司，由项目公司作为项目实施主体，负责项目的投资、建设、运营等。目前在市政、交通、生态、教育、水利、医疗、文化旅游、体育科技等行业都有采用。EPCO 模式即设计、采购、施工及运营一体化的总承包模式，是在 EPC 总承包模式基础上向后端运营环节的延伸。在可研、方案设计或者初步设计完成后，对设计、施工、采购、运营进行统一招标，选择总承包单位。主要适用于资金充足、专业性强、技术含量高、结构工艺较为复杂、前期工作扎实且注重后期运营的项目②。最后，因地制宜，选择适宜于农村地方特点的生活污水治理模式。目前，农村生活污水治理的处理

---

① PPP 即 public private partnership，译为公私合营，即对于农村生活污水处理，不仅仅依靠于政府，也允许社会资本参与，以提升治理效果。EPCO 是 EPC（Engineering，procurement and construction 即“工程总承包”）和 OM（Operate and maintenance 即“委托运营”）的打捆，是把项目的设计—采购—施工—运营等阶段整合后由一个承包商负责实施，而项目的决策和融资仍然由业主负责的项目建设管理模式，这种模式并非创新，与 DBO 模式（Design-Build-Operate，即“设计—建设—运营”）本质上是一致的，而 DBO 在污水处理等领域早有实施。

② 张晨晖，佟彤，丁孟达，等．农村生活污水治理总承包项目研究：以新干县项目为例［J］．农村经济与科技，2022（14）：70.

模式主要包括纳管式处理、集中式处理和分散式处理。纳管式处理是指纳管至市政管网的处理模式，即将距离市政污水管网、城镇污水处理厂较近，且具备施工条件的农村生活污水接入污水收集管网系统统一管理的模式，利用城镇污水处理厂统一治理①。该模式主要针对距离城镇污水厂比较近的区域。纳管式处理具有治污彻底、投资少、施工周期短、见效快、统一管理方便等特点。纳管后污水交由城镇污水处理厂一并处理，具有良好的污水处理效果以及运行管理保障。对于不同地形地貌、乡土人情、经济发展情况，需要选择最符合项目特点的处理模式，不能千篇一律。对于人口相对密集以及距离城区比较近的村镇，采用集中式处理或纳管式模式处理比较适合；对于人口相对分散地区或者山区，采用分散式处理模式比较适合。

（三）农村固体废物污染问题治理

我国农业固体废物具有量大面广、性质复杂的特性，是固体废物的重要组成部分。2019 年，全国畜禽粪污产生量 30.5 亿吨、农作物秸秆产生量 8.7 亿吨、农膜使用量 246.5 万吨、废弃农药包装物约 35 亿件。当前，一些地区农业面源污染严重，农业固体废物防治短板依然突出，给乡村生态环境治理和农业高质量发展造成较大压力。农业农村部在 2021 年推进实施《中华人民共和国固体废物污染防治法》（以下简称《固废法》）的通知中指出了立足新发展阶段、贯彻新发展理念、构建新发展格局，聚焦畜禽粪污、农作物秸秆、废弃农用薄膜、农药包装废弃物四类农业固体废物，坚持减量化、资源化、无害化的原则，采取政府支持、市场运作、社会参与、因地制宜、分类实施的方式，强化农业固体废物的源头治理、综合利用、安全处置，建立完善政策保障、科技支撑和监测评估体系，加快形成资源节约、环境友好、绿色低碳的农业生产方式和空间格局，为全面推进乡村振兴、加快农业农村现代化提供有力支撑。本部分聚焦农村固体废物污染的成因及治理路径。

1. 农村固体废物污染的成因分析

诚然，引发农村固体废物污染的来源有很多，本章仅选取其中典型的方面进行分析，主要围绕畜禽粪污、农作物秸秆以及农膜、农药包装废弃物三个方面进行分析。

第一，农村畜禽粪污成因主要可以归结于养殖过程中的不合理行为。首先，目前农村畜禽养殖方式落后，而且农民生态环境保护意识薄弱。粗放式的农村畜禽方式导致农户对粪便等污染物的处理比较随意，不注重对生态环境的保护。目前，农村畜禽养殖中多为家庭式的分散养殖模式，养殖户在养殖时都

① 李立军，杨瑞．农村污水治理存在的问题及对策［J］．环境工程设计，2022（9）：148.

是靠自己的经验，缺乏先进饲养技术的指导；为了提高经济效益，有的养殖户在畜禽饮食中过量添加饲料、添加剂等；产生的粪便等随意排放，当总量超出了生态环境的最大承载力时便会凸显出各种生态问题。其次，畜禽养殖场布局不合理。从当前我国农村畜禽养殖的情况看，在养殖场的布局、粪便的排放等方面都存在规划不合理等问题：很多养殖场与居住区、水源地紧邻；养殖区域内的饲料、消毒药水、粪便等随意堆放，未严格地规划好，一方面污染了环境，另一方面增加了疫病发生的概率。目前，随着农村地区畜禽养殖规模的扩大，越来越多的粪便等污染物未经过无害化处理直接排入村庄的河流中，对环境产生了极大的影响。最后，畜禽养殖技术水平不高。农村地区不少畜禽养殖以家庭为单位，为了降低成本，加上养殖户的认识有限，其在养殖前未投入资金建设畜禽粪便的无害化处理设施，不能实现粪便、雨水分流以及粪便的存储。粪便随意丢弃，或简单地堆沤作为有机肥，未充分发挥出畜禽垃圾的附加值，导致资源的利用效率大大降低。

第二，农作物秸秆处置不当不仅会带来严重的大气污染，而且会导致严重的固体废物污染。农作物秸秆是农作物收获经济部分以后在田间的剩余副产物，如水稻秸秆、油菜秸秆、小麦秸秆、玉米秸秆、高粱秸秆等，是一种来源广泛、用途多样的生物质资源，可以用作肥料、能源物质、食用菌基料、粗饲料以及工业原料等。农作物秸秆引发固体废物污染的原因可以归结为以下几点：首先，近年来随着《中华人民共和国大气污染防治法》的严格落实，各地相应制定了本地方的大气污染防治条例或实施办法，明令禁止焚烧农作物秸秆，轻则警告，重则罚款①。由于畏惧焚烧秸秆的违法后果，导致秸秆大量堆放、闲置，未能实现有效的资源化利用。尽管在《中华人民共和国大气污染防治法》中规定了建立秸秆处置机制，加大对秸秆处理的财政补贴等，但不同地方财政收入水平不同，无法保证对于秸秆处理财政补贴的一致性。并且，就环保部门而言，呼吁加大财政补贴妥善处理秸秆问题，环保部门享有相应的事权，但是并不具备相应的财权，财权与事权不一致，也导致秸秆处理财政补贴无法有效落实。其次，《中华人民共和国大气污染防治法》第七十六条规定，各级人民政府及其农业行政等有关部门应当鼓励和支持采用先进适用技术，对秸秆、落叶等进行肥料化、饲料化、能源化、工业原料化、食用菌基料化等综合利用，加大对秸秆还田、收集一体化农业机械的财政补贴力度。县级人民政

① 《中华人民共和国大气污染防治法》第七十六条规定了推进秸秆的资源化利用，加大财政补贴力度，以及建立专门的秸秆处理机制。第七十七条规定省、自治区、直辖市人民政府应当划定区域，禁止露天焚烧秸秆、落叶等产生烟尘污染的物质。就地方层面，以内蒙古自治区为例，内蒙古自治区人大常委会于2018年12月通过了《内蒙古自治区大气污染防治条例》并专章规定了秸秆焚烧污染防治。

府应当组织建立秸秆收集、贮存、运输和综合利用服务体系，采用财政补贴等措施支持农村集体经济组织、农民专业合作经济组织、企业等开展秸秆收集、贮存、运输和综合利用服务。该条的要求在于要建立秸秆综合利用处理机制，尤其是县级政府，应当建立秸秆利用服务体系。可以说《中华人民共和国大气污染防治法》的规定是为了推进秸秆问题的有效治理，但是对于农村地区而言，目前这样的机制、制度并不存在或并不健全。一方面由于环保机关的建制仅仅到了县一级，乡镇一级政府承担了较多的职能，其中就包括了生态环境保护，这样就影响了乡镇乃至村一级的生态环境保护治理能力；另一方面受地方财政水平的影响，也导致了这样的机制、制度的建立或者是有效性都会受到很大的影响。再次，农村青壮年劳动力的流失也影响了农作物秸秆的有效处理。如前文分析，2020 年中国农民工总量为 2.86 亿人，其中外出农民工 1.7 亿人，这些外出农民工大多数是有生产经营能力的青壮年农民。由于青壮年劳动力的外流使得农村地区生态环境保护缺少了人力保障。最后，农作物秸秆固体废物污染产生还有重要的经济原因，农作物秸秆处理成本高，但是收益低。秸秆还田是处置秸秆资源最直接有效的途径，然而秸秆还田需要大量劳动力或者额外的机械动力，每亩增加动力成本 30 元以上，增加了农民种田成本。在“双抢”季节，农村劳动力资源短缺，每个劳动力工资可以达到 100 元/天；一般而言一亩田除去人工、农资（种子、化肥、农药）等投入，纯收益在 1 000 元左右；外出务工每天收益在 150 元以上，对比而言，种田效益较低，农民不愿意额外增加支出；外出打工收益远远大于种田收益①。当前农业的增产往往是通过使用大量的化肥，而秸秆还田产生的直接效益不明显，农民看不到产生的直接效益，主观认为秸秆还田对作物没有影响，一烧了之，但秸秆焚烧存在严格管制，致使出现大量农作物秸秆的固体废物。

第三，农膜、农药化肥包装同样在农村地区引起了严重的固体废物污染，2019 年全国畜禽粪污产生量 30.5 亿吨、农作物秸秆产生量 8.7 亿吨、农膜使用量 246.5 万吨、废弃农药包装物约 35 亿件②。一些地区农业面源污染严重，农业固体废物防治短板依然突出，给乡村生态环境治理和农业高质量发展造成较大压力。就农膜、农药化肥包装导致的固体废物污染而言，受地域特点、经济发展、当地人们生活方式及政策措施等因素影响差异显著，具有产量巨大、面积广、治理难、环境风险大等特点。关于农村地区农膜、农药化肥包装引发

① 湖北省农业农村厅．农作物秸秆焚烧危害、成因及对策浅析［R］. http：//nyt.hubei.gov.cn/bmdt/ztzl/wqzt/snlt/201910/t20191029_107274.shtml［2022-09-29］.

② 农业农村部．到“十四五”末农膜回收率将达到 85%以上［R］. http：//finance.people.com.cn/n1/2021/0831/c1004-32213032.html［2022-09-29］.

固体废物污染的原因主要归结为以下几点。首先，农村地区农膜、农药化肥包装固体废物污染治理相关的立法缺失，政策多。2020 年修订通过的《固废法》在第五章中对建筑垃圾、农业固体废物等作出了规定，但仅有 2 个条文与农业固体废物相关，其中第六十四条规定县级以上人民政府农业农村主管部门负责指导农业固体废物回收利用体系建设，鼓励和引导有关单位和其他生产经营者依法收集、贮存、运输、利用、处置农业固体废物，加强监督管理，防止污染环境。该条内容主要规定了农村固体废物污染的主管机关及其职权。第六十五条涉及秸秆、农膜、畜禽粪污等农村地区固体废物的处置，但大多为原则性规定①。其中针对农膜规定了国家鼓励研究开发、生产、销售、使用在环境中可降解且无害的农用薄膜。但纵观《固废法》中与农业固体废物污染相关的条文，对于农村固体废物处置、新型农膜研发等均使用了“鼓励”这样的表述，导致这样的法律规范不具有强制力，仅仅具有建议的性质。在应对农膜、农药化肥包装固体废物污染问题上，存在更多的政策，较为典型的是如前文提及的 2021 年农业农村部引发的《关于贯彻实施〈中华人民共和国固体废物污染环境防治法〉的意见》，其中具体阐释了农村固体废物处置的意义，总体目标及重点任务。环境政策被认为是国家政策的一部分，是党和国家根据国家经济、社会发展的需要，为了保护和改善环境而制定并实施的工作方针、路线、原则等的总称②。环境政策之所以在环境治理中大量存在，一方面是因为政策更具有灵活性，尤其是在制定方式上；另一方面是因为法律具有模糊性，政策是为了更好地解读法律、落实法律的③。但是环境政策是否能够真的推进农村固体废物污染的减少，更多的是在于如何因地制宜，结合地方实际落实政策④。其次，农民的生态环境保护意识低，如前文所述，这一方面是由于农村地区受教育程度整体不高所致，另一方面受到农民长期的生产生活实践中形成的地方性知识所影响。农民对生态环境保护的参与意识不强，认为生态环境保护是政府的责任，同时农民在长期的生产生活实践中形成了随意丢弃使用过的农膜、农药化肥包装的习惯。最后，农村地区缺少对于固体废物污染防治的宣传及监督机制。早在 2020 年《固废法》修订通过之前，上海市就开始了实施生活垃圾

① 《固废法》第 65 条产生秸秆、废弃农用薄膜、农药包装废弃物等农业固体废物的单位和其他生产经营者，应当采取回收利用和其他防止污染环境的措施。从事畜禽规模养殖应当及时收集、贮存、利用或者处置养殖过程中产生的畜禽粪污等固体废物，避免造成环境污染。禁止在人口集中地区、机场周围、交通干线附近以及当地人民政府划定的其他区域露天焚烧秸秆。国家鼓励研究开发、生产、销售、使用在环境中可降解且无害的农用薄膜。

② 蔡守秋．论中国的环境政策 [M]. 武汉：武汉大学出版社，1997：7.

③ 罗理恒，张希栋，曹超．中国环境政策 40 年历史演进及启示 [J]. 环境保护科学，2022 (8)：34.

④ 刘丽，孙炜琳，姜茜，等．环境政策对畜禽养殖污染排放的影响及机制 [J]. 资源科学，2022 (5)：1062.

强制分类制度[①]。上海市最早于 2011 年开始推行生活垃圾分类制度，并于 2014 年将其规定在上海市的地方政府规章之中，直至 2019 年上海市通过针对生活垃圾治理的专门性地方立法，当时民众已经接受并习惯垃圾分类的做法。从时间上来看，我国于 2020 年宣布脱贫攻坚取得全面胜利，并随之开始了乡村振兴的伟大战略。对于农村地区“旧貌换新颜”的愿景不可能一蹴而就，农村地区的固体废物污染治理需要一个循序渐进的过程，首先应当强化宣传，进而关注于具体的治理机制，但是需要注意的是农村固体废物污染治理的机制是因地而异的。同时，农村地区还缺少了对固体废物污染的监督机制，即一方面依靠政府提供监督，另外一方面号召民众参与监督[②]。而就目前的农村治理来看，村委会承担了主要的治理工作，而人手不足、工作琐碎，就影响了农村固体废物污染治理的有效性[③]。

2. 农村固体废物污染的治理路径

第一，对于农村地区畜禽养殖导致的固体废物污染，应当加强引导，改变传统的养殖方式，在不影响农户畜禽养殖经济效益的同时，减少畜禽粪污固体废物污染。首先，提高农民生态环境保护意识，加强相关法律的实施，这主要涉及了《中华人民共和国大气污染防治法》以及《固废法》。《中华人民共和国大气污染防治法》第七十五条规定了畜禽养殖场、养殖小区应当及时对污水、畜禽粪便和尸体等进行收集、贮存、清运和无害化处理，防止排放恶臭气体。《中华人民共和国大气污染防治法》对于畜禽粪污的关注点在于其产生的恶臭气体污染，但是防治由畜禽粪污引发的恶臭气体污染，需要从源头上减少畜禽粪污，如只是考虑采用安装过滤设备、空气净化设施，并不能从根本上防治畜禽粪污恶臭气体的污染。我国环境法对于生态环境污染的防治更加关注于源头治理，源头治理相较于末端治理具有显著的优越性，如治理成本小、难度低等[④]。《固废法》第六十五条第二款规定了从事畜禽规模养殖应当及时收集、贮存、利用或者处置养殖过程中产生的畜禽粪污等固体废物，避免造成环境污染。该条规定为从事畜禽养殖的用户设定了全过程的行为规范，在畜禽养殖过程中应及时收集粪污，妥善贮存，合理利用或采取其他方式合理处置，不应当仅将其露天堆砌或单纯采取沤肥，这样

---

① 上海市于 2019 年 1 月 31 日在上海市十五届人大二次会议表决通过《上海市生活垃圾管理条例》，并于当年的 7 月 1 日开始实施。此举标志着，在推行 20 多年后，“垃圾分类”在申城纳入法治框架：个人混合投放垃圾，今后最高可罚 200 元；单位混装混运，最高则可罚 5 万元。上海市最早于 2011 年就开始了“垃圾分类”法治化。参见：李佳蔚，周航，邹娟．上海进入垃圾分类“强制时代”，7 月 1 日起正式实施［R］．https：//www.sohu.com/a/292733783_617374［2022－09－29］．

② 王文君．我国城市生活垃圾分类法律制度研究［D］．蚌埠：安徽财经大学，2021．

③ 谢明．论村委会职能的异化及其治理［J］．行政与法，2012（3）：92．

④ 彭广艳．生态环境保护的源头治理研究［J］．资源节约与环保，2020（12）：34．

不仅导致了固体废物污染，还会引发恶臭气体的大气污染①。其次，合理优化畜禽养殖布局，严格落实环境影响评价及环境审批许可制度。目前畜禽养殖的布局不合理问题影响了农村地区的生态宜居，引发了大气污染、水污染、固体废物污染等②。《中华人民共和国环境影响评价法》（以下简称《环评法》）第十六条就建设项目的环评作出了具体的规定，根据建设项目对环境可能产生的影响，分别规定了重大影响的编制环评报告书，轻度影响编制环评报告表，影响很小不需要进行环境影响评价的，填报环境影响评价登记表。根据农业农村部的数据，2019 年全国畜禽粪污产生量 30.5 亿吨，畜禽养殖业产生的污染物量大，而畜禽养殖业也是农村地区发展经济的重要方式。如前文分析畜禽养殖业会产生大气污染、水污染以及固体废物污染等，有必要对农村畜禽养殖进行严格审批，要求编制环境影响评价报告表，并针对场址选择、自然和环境质量现状、项目污染因子、养殖工艺及污染防治措施、水环境影响、大气环境影响、噪声环境影响、固体废物等方面进行预测与评价③。对于农村地区畜禽养殖项目的环境影响评价报告应当格外关注由畜禽粪污引发的生态环境污染问题，地方生态环境保护主管部门对于未进行环境影响评价的畜禽养殖项目，可依据《环评法》第三十一条之规定进行处理④。除《环评法》之外，地方生态环境主管部门应当严格依照《中华人民共和国行政许可法》的相关规定进行项目审批。最后，重视畜禽养殖技术提高，鼓励企业从事相关的研发活动，对于符合生态环境保护要求的研发项目予以补贴。《固废法》第六十四条规定了地方生态环境主管部门对于固体废物污染治理中的责任，在第六十五条中规定了从事规模畜禽养殖的主体应当及时收集、贮存、利用或者处置养殖过程中产生的畜禽粪污等固体废物，避免造成环境污染。但不容否认的是，《固废法》中的相关规定过于原则化，需要地方结合当地实际有针对性地制定实施办法。2013 年的《畜禽污染防治条例》有一些具体的预防畜禽粪污污染的防治、治理与利用的措施，且专门规定了激励措施，如通过奖励、补贴等具体方法促进从事规模畜禽养

① 刘忠．畜禽粪污处理和资源化利用问题探讨 [J]．今日畜牧兽医，2021（12）：78.

② 宋保胜，吴奇隆，宋嘉宁．畜牧业粪污治理防控与生态宜居现实诉求的对接路径研究：以河南省为例 [J]．河南工业大学学报（社会科学版），2021（2）：2.

③ 王智．规模化畜禽养殖项目环境影响评价技术体系构建及应用 [D]．辽宁大学，2014.

④ 《环评法》第 31 条建设单位未依法报批建设项目环境影响报告书、报告表，或者未依照本法第二十四条的规定重新报批或者报请重新审核环境影响报告书、报告表，擅自开工建设的，由县级以上生态环境主管部门责令停止建设，根据违法情节和危害后果，处建设项目总投资额百分之一以上百分之五以下的罚款，并可以责令恢复原状；对建设单位直接负责的主管人员和其他直接责任人员，依法给予行政处分。建设项目环境影响报告书、报告表未经批准或者未经原审批部门重新审核同意，建设单位擅自开工建设的，依照前款的规定处罚、处分。建设单位未依法备案建设项目环境影响登记表的，由县级以上生态环境主管部门责令备案，处五万元以下的罚款。

殖的企业主动畜禽粪污污染防治。《畜禽污染防治条例》中第二十六条规定了地方生态环境保护主管部门采取示范奖励等措施，扶持规模化、标准化畜禽养殖，支持畜禽养殖场、养殖小区进行标准化改造和污染防治设施建设与改造，鼓励分散饲养向集约饲养方式转变，并在后续的条文中规定了不同的奖励、补贴的方式。这些奖励、补贴政策对于畜禽粪污污染治理起到了积极的作用①。

第二，针对农作物秸秆导致的固体废物污染，应当严格落实《固废法》的相关规定，促进农作物秸秆的资源化与无害化处理与利用。首先，严格落实《中华人民共和国大气污染防治法》及地方环境立法中关于严谨秸秆露天焚烧的规定，鼓励采取资源化的方式高效利用农作物秸秆。如前文在防治露天焚烧秸秆引发大气污染部分的分析，目前对于秸秆的利用方式包括秸秆还田等，但是一个需要直面的问题是，治理秸秆引发的大气污染或是固体废物污染，法律的规定只是其中的一个方面，更重要的是要通过技术手段实现有效的治理。法律是通过强有力的方式为人们设定了行为规范，而除了行为规范之外，对于污染问题的解决还需要依赖于技术。其次，一个根本性的问题在于我国目前的生态环境保护机关只设置到了县一级，到了乡镇一级并没有专门的生态环境保护机关，生态环境保护的职能由乡镇政府享有，但如前文分析，这样的一种制度安排并不利于有效的生态环境保护目标的实现。有学者提出了构建乡镇综合执法机构，实现乡镇生态环境保护机关的专门化，但这样一种制度建议的落实有赖于国家、地方的行政机构改革②。最后，鼓励农村青壮年劳动力回流，建立人才回流机制，既可以有效解决农村秸秆处理中的劳动力短缺，又可以为农村地区的可持续发展提供人力保障。

第三，对于农膜、农药化肥包装导致的固体废物污染，需要完善现行的法律法规，加强宣传、引导，强化农民的生态环境保护意识并构建有效的外部监督机制。首先，依据《中华人民共和国大气污染防治法》《固废法》中的相关规定，对于涉及农膜、农药化肥包装引发的固体废物污染治理问题，大多采用了“鼓励”的建议性规范。这就意味着对于被建议的农民、农户、企业可以采纳也可以不采纳这样的建议，不采纳这样的建议并不构成违法行为。因而本研究认为除了依据现行立法通过“硬法”的方式实现生态环境治理之外，还应当通过法律之外的“软法”的方式实现有效的治理③。对于从事农业生产活动的

① 谭永风，徐戈，陆迁．“一揽子”补贴促进规模养殖户环境污染治理了吗？[J]．农村经济，2022（2）：70.

② 皮俊锋．论环境行政执法权的乡镇配置［D］．重庆：重庆大学，2021.

③ 汪杰．环境保护中软法之治研究［D］．泉州：华侨大学，2020.

农民而言，鼓励其积极参与生态环境保护，这不仅仅是普法教育，更多是提升生态环境治理的主人翁意识，农民需要正确、充分地认识人与自然之间的关系。“人不负青山，青山定不负人”，农民要在其道德观念中树立生态环境保护的意识。仅仅熟知环保法律法规，掌握环保科普知识，如果缺乏人与自然协调发展的环境道德观，就难以形成保护环境的内在动力[①]。除了依靠农民内在的生态环境保护道德约束外，农村地区也可以制定村民公约，以民主的方式将大家认可的生态环境保护行为以“君子协定”的方式形成一种外在的“软法”约束[②]。对于在农村从事生产经营活动的企业而言，可以强调企业的社会责任。企业的社会责任强调了企业在创造经济价值之外，应当关注于一些其他的方面，如环境保护，与社区的和谐等。其次，在农村地区加强对于《大气污染防治法》《固废法》等相关法律法规的宣传活动，可以采用集中讲解、张贴普法广告、入户宣传等不同方式，强化农民对于生态环境保护法律的认识，提高农民的生态环境保护意识。然而我国目前农村普法教育的责任压到了地方政府的身上，而政府的工作内容琐碎，普法教育并不会被列入其主要的工作任务之中。农村普法教育主体单一、动力不足且保障不到位等问题都制约着农村普法的有效性[③]。因而对于农村普法教育，需要拓宽主体，不仅仅由政府推进，可以通过政府购买、社会力量参与等手段实现农村有效的普法教育，从而有助于提高农民的生态环境保护意识。最后，农村生态环境治理应当是多元共治，参与治理的主体不应当仅仅是政府，还需要有农民、企业的有效参与。农村的农膜、农药化肥包装引发的固体废物污染与农民落后的生态环境保护观念及不恰当的生产生活方式紧密相关，因而如前两点述及的需要通过“软法”以及普法的方式，提升农民的生态环境保护意识，改变其对于环境资源利用的行为方式。同时，鼓励农民积极参与到农村的生态环境治理之中，构建有效的监督机制，人人相互监督，人人保护生态环境。此外，对于农村企业的生产经营行为，鼓励企业间的相互监督，同时农民也可以对企业的生产经营行为进行监督。有效的监督机制能够促进农村地区固体废物污染的治理[④]。

---

① 刘友宾．在人民网企业责任高峰论坛暨人民社会责任奖颁奖典礼上的讲话［R］．https：//www.mee.gov.cn/ywgz/xcjy/gzcy_27007/200804/t20080411_121016.shtml［2022－09－29］．

② 李天相．市民公约在城市生态环境治理中的运用［J］．社会科学战线，2021（11）：222－223．

③ 王杏，邹贵福．乡村振兴视角下农村普法教育新路径探讨［J］．上海农村经济，2022（4）：46．

④ 刘铁．乡村振兴视野下农村固体废物污染的法律规制［D］．新乡：河南师范大学，2020．40－41．

四、农村推进生态振兴的法治保障路径思考

法律以其确定性为公众设定了具有强制力的行为规范。法治的实现离不开法律，法治是围绕法律而展开的过程，涉及了立法、执法、司法甚至也有守法。法治要追求的是良法善治，农村推进生态振兴离不开法治的支撑[①]。本章着重分析农村生态振兴中的法治保障问题，前文重点关注农村推进生态振兴过程中的典型问题，剖析其成因，有针对性地提出应对策略。本章不囿于某一具体问题的应对，从宏观视角探究农村推进生态振兴中的法治保障路径。

（一）增改废释，多措并举，完善生态振兴法律体系

近年来，我国生态环境保护的立法活动频繁，尤其是在 2018 年生态文明入宪以来，生态环境保护的法律规则不断完善。除国家层面的生态环境保护立法之外，2015 年《立法法》修订，赋予了设区市制定生态环境保护地方立法的权力，更进一步推动了我国生态环境保护法律体系的完善。

然而受到我国生态环境立法中“城市中心主义”立法倾向的影响，我国目前的污染防治类立法中并没有过多关注农村生态环境污染问题。同时，我国 2021 年通过的《中华人民共和国乡村振兴促进法》（以下简称《乡村振兴促进法》）是一部综合性法律，其中有专章规定了乡村生态环境保护。从内容上看，该章的规定与我国现行的生态环境保护立法并无大异，通过整合，强调了这些问题在乡村振兴中更加重要。如《乡村振兴促进法》第三十四条规定国家健全重要生态系统保护制度和生态保护补偿机制，实施重要生态系统保护和修复工程，加强乡村生态保护和环境治理，绿化美化乡村环境，建设美丽乡村。其中提及的重要生态系统保护是对于《环境法》第二十九条的强调，生态保护补偿机制是对于《环境法》第三十一条的强调[②]。从如上的分析可以看出，不论是我国目前的生态环境保护立法还是乡村振兴专门立法中，对于农村生态环境保护的力度不足，有必要通过增改废释多种方式，完善生态振兴的法律规范。

---

① 卢志军．法治基础保障乡村生态振兴［J］．中国社会科学报，2022－03－09（5）．

② 《环境法》第 29 条国家在重点生态功能区、生态环境敏感区和脆弱区等区域划定生态保护红线，实行严格保护。各级人民政府对具有代表性的各种类型的自然生态系统区域，珍稀、濒危的野生动植物自然分布区域，重要的水源涵养区域，具有重大科学文化价值的地质构造、著名溶洞和化石分布区、冰川、火山、温泉等自然遗迹，以及人文遗迹、古树名木，应当采取措施予以保护，严禁破坏。《环境法》第 31 条国家建立、健全生态保护补偿制度。国家加大对生态保护地区的财政转移支付力度。有关地方人民政府应当落实生态保护补偿资金，确保其用于生态保护补偿。国家指导受益地区和生态保护地区人民政府通过协商或者按照市场规则进行生态保护补偿。

表 6-3　我国现行污染防治类立法中与农村生态环境污染有关规定的梳理

立法	条文数量	与农村生态环境污染有关的条文数量
《中华人民共和国大气污染防治法》	129	5
《中华人民共和国水污染防治法》	103	7
《中华人民共和国土壤污染防治法》	99	5
《中华人民共和国噪声污染防治法》	90	0
《中华人民共和国固体废物污染防治法》	126	2

首先，环境法学研究同样需要引入法教义学的视角，需要肯定现行环境立法体系的整体性与合理性①。"城市中心主义"立法倾向只是在环境立法制定的过程中在治理城市环境问题与农村环境问题上有了选择先后之分，并不是否认农村环境问题的客观性。然而同样客观存在的问题是，由于"城市中心主义"下城市与农村环境治理立法先后的选择安排下，导致农村环境治理过程中的规则不足，影响了农村环境治理的效果②。从建设美丽中国的整体性与协同性角度出发，城市和农村共同优美的生态环境才能推进美丽中国的建设。因而在环境立法中需要摈除"城市中心主义"的立法倾向，以统筹、全面、协同的立法思路，在环境立法中对城市与农村的环境问题予以关注，以使其得到妥善解决。就目前环境立法的条文数量来看，专门关注于农村环境问题的极少，这就导致农村环境治理中的规则供给不足，因而有必要理清为什么当前的环境立法存在"城市中心主义"的立法倾向。城市和农村的环境问题，二者本质上并无差异，只是发生的空间不同，最主要的差异体现在导致环境问题的原因不同，如大气污染，城市的大气污染由于工业活动、交通活动等导致，而农村的大气污染也会有工业活动、交通活动，但更具特色的是露天焚烧秸秆、畜禽粪污的恶臭气体等。而目前的环境立法内容上多为共性问题，缺少了对于个性问题应有的关注，导致由于制度规则失灵引发的环境问题③。"城市中心主义"的立法倾向是在我国发展过程中与经济发展分步走、抓重点相适应的历史产物，而在建设美丽中国，推进乡村生态振兴的背景之下，应当摒除这样的倾向，提倡统筹性立法。

其次，立法的修订并不是一蹴而就的，就目前我国的环境污染防治立法体

① 秦天宝．司法能动主义下环境司法之发展方向［J］．清华法学，2022（5）：158-159．

② 谢玲．从城市中心主义到统筹立法：饮用水安全保障立法理念的嬗变［J］．生态经济，2015（5）：139．

③ 蒋莉，白林．中国环保法律制度失灵现象分析及化解思考［J］．中共四川省委党校学报，2018（3）：102-104．

系而言，确实存在对于农村环境污染关注少的问题，作为乡村振兴的专门法，《乡村振兴促进法》中也未就农村环境保护作出特别的制度安排，整体上与先前的环境污染防治立法无异。因此就凸显了地方能动环境治理的重要性，享有环境立法权的地方应当依据上位法，结合地方实际，因地制宜，制定环境保护地方立法。第一，依据上位法制定地方环境立法，保证了地方环境立法的正确性，并不会存在与国家立法相悖的可能，也保证了国家环境治理规则的整体性；第二，结合地方实际，因地制宜，保证了地方环境立法更具针对性，能够反映出当地突出的环境问题；第三，重视地方的环境政策，对于不具备立法权限的地方，可以通过地方政府的通知、决定等规范性法律文件，灵活应对地方的环境污染问题。通过立法检索发现，目前通过地方立法、地方政府规章甚至地方政府规范性法律文件应对畜禽粪污污染的立法活动活跃。现行有效的地方法规有 1 315 件，2018 年受生态文明入宪影响，数量最多为 338 件。因此地方发挥立法主动性，在符合国家层面上位法的前提下制定地方规则，有助于矫正环境立法“城市中心主义”倾向，加强了农村畜禽粪污污染治理规则供给。

最后，理清生态振兴需要立法保障的原因，法律为人们的行为设定规范，并以国家强制力保障其实施。由于长期在环境立法中的“城市中心主义”倾向的存在，导致城市和农村环境保护规则存在差异，甚至出现了污染转移的现象①。因此并不是说要专门制定一部农村环境保护法，而是说要在现有的规则基础上，如何完善、优化其适用，使其能够更有效地应对农村环境问题，以实现乡村生态振兴。

（二）明晰权责，转变职能，优化生态振兴执法权配置

我国生态环境保护机关的设置为四级，即中央、省、市、县，到了乡镇一级并没有专门的生态环境保护机关，而是由乡镇政府统筹承担了生态环境保护的职能。乡镇政府面临的窘境是其需要承担多项职能，而又存在权力不足、动员能力缺乏的问题②。2021 年 1 月国家乡村振兴局取代了原先的国务院扶贫开发领导小组办公室，从国家机构的角度标志着我国由脱贫攻坚到乡村振兴的过度。其职能涉及驻村帮扶、老区建设、行业帮扶、易地搬迁后扶、金融合作、人才培训、考核评估、社会帮扶、国际交流合作、定点帮扶、东西部协作、乡村建设。可以看出乡村振兴局是一个综合性部门，并不仅仅处理农村生态环境保护问题，其承担的职能大多数是与乡村经济发展推进乡村振兴有关，其主管部门为农业农村部。由此可以看出乡村振兴局的工作重心在于乡村本身，会涉

① 李奇伟．城市中心主义环境立法倾向及其矫正［J］．求索，2018（6）：128－129.

② 皮俊锋．论环境行政执法权的乡镇配置［D］．重庆：重庆大学，2021.

及生态环境保护。因此可以说，就目前农村生态环境执法来说，是不存在专门的执法机关的，生态环境保护立法的执行同样是生态振兴法律保障中的重要一环。从执法角度推进乡村生态振兴可能的路径涉及如下几方面。

首先，明晰权责，压实责任，推动乡镇政府转变职能，强化生态环境保护职能。在乡村振兴的大背景之下，乡镇政府的职能不应仅仅停留在提供公共服务和进行社会管理，而应当顺应政策形势，扩大公共服务职能，完善社会管理，并且要强化生态环境保护职能①。但是一个需要直面的问题是，乡镇政府积极承担生态环境保护职能面临多种问题，如人手不足、经费不足、能力不足等。对于人手不足问题，需要不断通过地方公务员招考、政府购买服务等方式扩大乡镇政府工作人员数量②；对于经费不足问题，由于乡财县管现象的存在，因而需要强化预算、优化资金使用等③；对于乡镇政府环境治理能力不足，应当加强基层政府的环境治理能力建设④。

其次，优化生态振兴执法权配置。在人口环境资源监管领域的执法权配置当中，大多数执法权集中在县级，乡镇只在计生、城镇规划等领域拥有部分执法权，覆盖面小，同时执法权限也比较低。而在其他执法领域，虽然乡镇层面没有太多的执法权，乡镇部门却担负着大量与执法、监管相关的工作，比如林业行政执法当中，林业站要负责日常的林业监督⑤。依照我国目前生态环境保护执法权的配置，由县级以上生态环境保护主管部门行使执法权，对于乡镇政府而言，存在“责大权小”的现象。因此，推进乡村振兴，尤其涉及生态振兴时，需要优化生态环境保护执法权的配置，适度放权，使实际上处于基层生态环境保护一线的人员具有执法的权力。2021 年修订的《中华人民共和国行政处罚法》第十八条明确了在城市管理、市场监督、生态环境、文化等领域推行建立综合行政执法，相对集中行使处罚权。这样的一种制度安排，在一定程度上缓解了乡镇政府“责任大权力小”的窘境，有利于生态环境保护的基层执法活动，通过综合执法的方式优化了执法权配置。就综合执法而言，其并非仅仅是在不同的执法部门间的简单相加，而是要构建一体化、权威、高效的执法体制，需要整合不同层级的政府部门，也要鼓励行政相对人、利益相关人以及社会力量的参与。在农村畜禽粪污污染的治理中，首先，需要推进综合执法，乡

① 裴新伟．乡镇政府职能转变问题研究：基于乡村振兴战略背景的审思［J］．决策咨询，2018（5）：84－85.

② 李梦侠．当代中国基层行政执法能力研究［D］．武汉：中南财经政法大学，2019.

③ 王伟同，徐溶壑，周佳音．县乡财政体制改革：逻辑、现状与改革方向［J］．地方财政研究，2019（11）：13.

④ 张芬．乡镇政府生态环境治理能力现代化路径探析［J］．现代交际，2021（12）：221－222.

⑤ 陈柏峰．乡镇执法权的配置：现状与改革［J］．求索，2020（1）：90.

镇政府具有综合执法权，才可以有效处理农村畜禽养殖中的违法行为，实现及时执法，生态环境问题具有长期性和累积性，应较早制止不合理的环境利用行为，防止其持续恶化，增加治理成本；其次，鼓励行政相对人、利益相关人以及社会力量参与农村畜禽粪污污染治理并非赋予其执法权，而是强化其外部监督的职能，作为生态环境保护执法的补充。

（三）定纷止争，积极预防，充分发挥调解、诉讼等的作用

农村地区人情关系复杂，面对生态环境保护引发的争议，应当积极预防，注重发挥调解机制的功能，优先通过调解预防争议的扩大。如调解无法解决时，可诉诸环境司法模式。我国目前的环境司法主要包括了由于环境污染侵权而引发的环境私益诉讼和由于环境污染侵犯不特定人公共利益的环境公益诉讼。2016 年 6 月 2 日，最高人民法院发布了《关于充分发挥审判职能作用为推进生态文明建设和绿色发展提供司法服务和保障的意见》，不仅从环境资源审判专门化的角度提出了我国环境司法的发展方向，而且也明确了环境司法保障公众环境权益的重要价值①。在推进乡村生态振兴的背景下，需要关注农村生态环境争议的解决，定纷止争，积极预防。

首先，农村地区相较于城市地区人情关系更为复杂，因此在诉讼之前应当优先通过调解来解决争议。我国自古就有厌讼的传统，这是一种乡土中国的传统法治文化②。同时，通过调解的方式解决争议也体现了我国和为贵的思想理念。调解的方式能够维护农村和谐，乡村振兴是包含了和谐之义的。农村畜禽养殖可能引发的纠纷大多为民事纠纷，如粪污引发的水源污染、土壤污染、噪声污染等。目前农村依然具有人情社会的特点，在纠纷结果中应当重视调解的作用，既能够解决纠纷，又有助于维系人情关系。为充分发挥调解的功能，应由村委员或村民代表会议推选产生调解员，从而保证其公信力。依靠调解化解农村畜禽养殖中的纠纷一方面有助于维系邻里间的人情关系，另外一方面调解员在深入了解纠纷原因，充分听取双方诉求后作出调解方案，也可以及时化解纠纷。调解具有准司法的性质，也具有经济性，既可节约司法资源，又可以为产生纠纷的双方解决纠纷节约成本。但是调解绝非取代诉讼，应当肯定纠纷双方的诉权，如果对于调解结果仍不满意的，依然可以通过诉讼的方式来解决。

其次，对于无法通过调解解决的争议，应当通过司法途径解决。如果涉及的是侵犯特定人员生态环境权益的行为，应通过环境私益诉讼的方式解决，但

---

① 秦天宝．我国环境民事公益诉讼与私益诉讼的衔接［J］．人民司法，2016（19）：10.

② 王韬钦．传统政治文化语境下当代农村基层调解多重性叠加与联动之治［J］．青海民族研究，2022（2）：124.

是如果生态环境污染行为侵犯了不特定多数人的权益，应当通过环境公益诉讼的方式以维护公众的环境权益。但是在诉讼策略选择上的一个难题即如何判断到底是涉及了环境上的私益还是公益，生态环境污染行为仅仅是侵犯了不特定多数人的利益是否就可以认定为涉及了环境公益是值得研究的问题，因为环境具有整体性，而且公共利益本身也具有整体性①。

（四）多元共治，软硬兼施，提高农民生态环境保护意识

生态环境保护并非仅仅是政府的责任，需要形成多主体的多元共治，软法、硬法兼施，才能较大程度上推进生态振兴的进程。如前文分析，我国目前农民的生态环境保护意识不强，这一方面导致了其在利用生态环境的过程中存在不当行为导致了生态环境的污染与破坏，另一方面影响了参与生态环境治理的积极性。因此多元共治、软硬兼施，需要提高农民的生态环境保护意识，以实现其参与到生态振兴的过程之中。

首先，通过普法教育等方式，提高农民的生态环境保护意识。农村当前的普法教育主要由基层政府推进，基层政府又存在“责大权小”的困境，无法保障农村普法教育的有效性②。因此需要健全普法机制，扩大普法责任主体范围，如引入第三方培训机构，以社会化的方式实现对于农民的普法教育。

其次，软硬兼施，推进农村普法教育的同时，需要关注农民的自治与德治③。农民自治有助于提高其积极主动性，而德治是内在的约束，通过自治、德治以及法治的结合，有助于农民生态环境保护意识的提高，有利于推进生态振兴的实现。

① 丁国民，郭仕捷．环境侵权诉讼中公益私益界定难题及策略选择［J］．社会科学战线，2020（11）：207.

② 任丽静．农村普法教育面临的困境与对策［J］．农民致富之友，2017（11）：179.

③ 刘志刚，贾少涵．新时代农村普法教育要有大格局［J］．人民论坛，2018（11）：103.

第七章　农村社会治理现代化的法治保障

乡村治理现代化的重点在于乡村治理的法治化，为乡村振兴提供规范指引和法律保障、全面推进乡村振兴、加快农村社会治理汇聚更强大的力量。乡村社会治理是国家治理不可或缺的组成部分，乡村法治是全面实施依法治国的基石。加强乡村法治建设是农村社会治理现代化的重要保障，也是完善自治、法治、道德相衔接的现代农村治理体系的必然前提。

一、“法律明白人”

（一）“法律明白人”概念的产生

多年来，因为城市和农村的二元结构，使得很多老百姓法律意识淡薄、矛盾纠纷呈现，多种形式问题加剧。除此之外，因为我国的很多农村地区，法律资源和普及程度总体比较匮乏，导致老百姓“讲蛮不讲法、信访不信法、靠闹不靠法、找人不找法”的风气在一段时间内盛行①。

为了充分解决这些缺陷，实现乡村振兴和农村法治化建设，中国共产党全国人民代表大会第十九届会议公布了振兴农村地区的战略，“健全自治、法治、德治相结合的乡村治理体系”，进一步明确了法治在农村建设中的作用。2019年6月23日，中共中央办公厅、国务院办公厅印发了《关于加强和改进乡村治理的指导意见》，其中提出要实施农村“法律明白人”培养工程，将乡村振兴作为战略基点，为“法律明白人”培养工作的深入发展和完善提供了契机。

2021年11月8日，中宣部、司法部、民政部、农业农村部、国家乡村振兴局、全国普法办等部门联合颁布了《乡村“法律明白人”培养工作规范（试行）》的通知，为法治乡村建设提供人才保障。此工作规范明确，乡村“法律明白人”培养工作要以人民群众法治需求为导向，在群众中培养“法律明白

① 周欢秀．论农村“法律明白人”机制完善与基层社会治理法治化［J］．法制与社会，2020(30)：105-107.

人”、培养服务群众的“法律明白人”，聚焦解决村民日常生产生活中的法律问题，提升法治素养。该工作规范要求要把“法律明白人”培养工作纳入法治社会建设和乡村振兴总体规划，作为加快推进乡村人才振兴工作的重要内容。要把“法律明白人”培养工作情况作为加强基层普法工作队伍建设、健全精准有效普法工作体系的重要举措，纳入人才工作目标责任制考核。统筹整合各类资源力量，着力构建多部门协同配合、社会力量积极参与的“法律明白人”培养工作机制。根据该工作规范要求，到2025年，“法律明白人”培养工作要普遍开展，每个行政村至少培养3名“法律明白人”，基本形成培养机制规范、队伍结构合理、作用发挥明显的“法律明白人”工作体系，形成一支素质高、结构优、用得上的乡村“法律明白人”队伍。各地可根据本地乡村分布、农村人口数量等实际情况确立“法律明白人”培养数量目标，逐步实现村民小组“法律明白人”全覆盖。

培养一批受过专门训练的人才是农村复兴和发展的保证，“法律明白人”培养制度就是在这种时代需要的背景下产生的。他们可以参与到矛盾和纠纷的调解当中，化解矛盾和纠纷，随着冲突和纠纷的解决，人们会开始在内心强化自己的法律信仰，进而培养和表达法治精神。让法治精神得到灌输和表达，让老百姓习惯的“信访”行为变成“信法”，这样的群体是营造良好法治环境、建设法治农村的重要推动力量。

为有效化解农村纠纷、成就农村法治治理的新气象，成立农村“法律明白人”制度，培养“骨干法律明白人”和“一般法律明白人”，有利于增强村民法治意识，实现村民依法自治，成了打开基层法治治理新格局的必然要求。

（二）“法律明白人”的内涵

“法律明白人”，它并不仅仅是一个特殊群体的概念，这种称呼的定义是为了在实践中更容易表达出它的意思。“法律明白人”指一般情况下，农村地区对法治精神有强烈的信心和责任感、并在争端中常常保持清醒的人。

其中，主要以农村基层干部、人民监督员、人民调解员为重点带头人。他们能够帮助引导村民合法维权，推进“法律进农村”活动，促进农村平安法治和谐建设，实质性减少“信访不信法”现象。

“法律明白人”制度的提出是为了更好地服务群众，解决老百姓日常生活中的法律问题，把社会基层法治治理中的问题通过法律的途径进行解决。在乡村振兴的同时，不免会碰到涉及个人或者群体切身利益的事情，如果想要更好地解决这些问题，就需要利用法律，通过“法律明白人”发挥侧面的纠正作用，对妥善解决乡村振兴中出现的各种法律问题有很大的帮助。

（三）“法律明白人”的任职条件

按照《乡村“法律明白人”培养工作规范》中的要求，“法律明白人”大概有以下几种任职条件：第一，要拥护中国共产党的领导，拥护中华人民共和国宪法。第二，要坚定不移走中国特色社会主义法治道路，并且自觉崇尚法治、敬畏法律、遵守法律、具备较强的法治精神、具有良好的法治素养。第三，以个人作风积极践行社会主义核心价值观，有良好的道德品质和个人修养。第四，本人具有较强的责任心和奉献精神，热爱社会公益事业，能带动身边群众遵纪守法、学法用法。第五，语言表达能力和接受教育能力较强，有一定的受教育水平。

因此，在“法律明白人”等制度出台的新政策之下，我国各省份均开始了不同程度的分类培养。例如，划分为“骨干法律明白人”和“一般法律明白人”。其中“骨干法律明白人”，是指在“法律明白人”群体中对法治有强烈信仰、有很强法律实践能力、在公众中有良好领导声誉的人。最主要的教育对象是农村基层干部、退休人员、退伍军人、党员、教师、调解员。对这类人的培训的目标是引导村民办事依法、遇事找法、解决问题用法、化解矛盾靠法。对于“骨干法律明白人”的要求，除了要具备“一般法律明白人”的条件外，还需要坚决拥护党的方针政策、热爱自己的祖国和民族、有较高的政治觉悟、热爱公益，并在当地能够发挥领导力和影响力①。

“一般法律明白人”没有“骨干法律明白人”的特殊身份、职业的要求，它一般是指在基层农村法律意识较强，遵守法律、法治信仰的普通“法律明白人”，这类人的培养目标是让老百姓“心中有法、遇事找法”。对于“一般法律明白人”要求具备讲道理，明事理，自身在良好的家教氛围中成长，对自己有较高标准等条件，并且是完全民事行为能力人，遵守规则和法律，没有违法犯罪历史，或者在农村有一定的法律意识和文化。

（四）“法律明白人”的职责、作用

村里的“法律明白人”在实际工作中要找准角色定位，充分发挥了解情况、反应迅速的优势，在预防化解矛盾纠纷方面发挥重要作用。“法律明白人”依法指导村民工作，依靠法律解决矛盾，有事找法律解决问题。

1. 有助于建设基层法治，完善基层法治体系

中国自古以来就是一个以农业为主、农民占总人口比例比较大的国家，法

① 周欢秀．论农村“法律明白人”机制完善与基层社会治理法治化［J］．法制与社会，2020（30）：105－107.

治和乡村治理是新中国成立以来建设中的难点和痛点。然而，“没有法治精神，就没有整个中国的法治。”法治的基础和关键在于培育法治意识，强化公众支持，激活农村法治。而在乡村地区提出“法律明白人”政策，就是意在通过对老百姓进行法律常识的普及，提高他们的法治意识，让他们形成法律信仰，逐渐培养懂法、愿意用法和坚持信法的法律意识，提高农村地区的基层法治治理的发展进程。

“法律明白人”在基层法治治理中的重要作用主要体现在以下几个方面：

（1）群众依法办事和维护权益的意识明显提高。基层老百姓之间发生的一些矛盾和纠纷，通过“法律明白人”耐心的开导和调停，他们也不再通过“一闹”“二打”“三上访”等极端的方式去解决，普通人不再闷声接受非法侵犯，相反，他们开始用法律武器来保护自己，有时为了自己，有时也是为了其他村民，以便能够根据法律主张自己的权利并理性地保护自己的权利。他们不仅能带头学习和运用法律，而且带头依法办事，包括在处理其他平常的农村事务中，如交税、爱山护林、接受教育等方面，都能严格要求自己，对自己提出高要求。他们参与解决农村地区邻居之间的纠纷。在经济交往中，他们的存在不仅解决了许多冲突，而且还促进了农村地区的普遍法治，也促进了农村地区的精神文明建设①。

（2）“法律明白人”促进邻里纠纷妥善化解。“法律明白人”兼具群众性与专业性，“法律明白人”大多有群众基础，跟群众心理上更贴近，群众更容易理解和接受他们的意见。经过培训，“法律明白人”的法律素养也越来越高，他们在调解中普法，增加了调解的专业性、可靠性，纠纷发生后，群众更愿意让“法律明白人”参与到调解中，有效提高了调解质效。

2. 提升农村自治，完善基层民主

在农村法治环境中，一般来说，农村法治和村民自治两者是相辅相成的。农村法治是村民自治程度提升和发展的必然需求，而村民自治又是我国基层法治实现的重要基础条件，要增强人民的自主性，完善基层民主，更要提高他们的法律意识和主体意识。

村民自治要求村民具有一定程度的民主文化，因为没有特定的文化基础，人们很难感受到民主政策的公平性和法治精神。农民推动农村民主政治秩序，这比其他变革方法更有效。因此，在乡村地区发展“法律明白人”制度，是提升村民自治、完善基层民主的重要方法。

（1）为村民提供更多参与农村自治的机会。民主是村民自治的基本特征，

① 周欢秀．论农村“法律明白人”机制完善与基层社会治理法治化［J］．法制与社会，2020（30）：105-107.

在这种机制下，国家真正允许农民在广阔的乡村社会中行使“当家作主”的直接民主。民主是村民自治的基本特征。在我国农村，多数村民可以决定和他们利益直接相关的公共事务和公益事业。

让“法律明白人”参与农村事务管理，进行民主决策、民主管理，既能让更多的村民“参政、议政”，调动大家的积极性，扩大基层参与民主政治的范围，同时又能提高老百姓日常生产生活中的主体意识。

（2）完善村民自治。村民自治的基础是村民法治，法治是民主的制度保障，村民自治就应当是农村生活合法化的一种民主手段。村民自治需要在法治的框架内运行，通过法治的进程来保证村民的自治。因为“法律明白人”受过法治领域的训练，有一定的法律知识和信仰①，在农村“法律明白人”参与村民自治的过程，常常以是否合法作为评论案件是非、评判该不该的标准，这改变了人们以前“先入为主”的各说各有理的观念和状态，纠正了许多不合法、不合理的事情，从而影响基层民主自治的法治化。

3. “法律明白人”能够有效缓解司法工作压力

（1）“法律明白人”成为特殊人员的“监督员”“帮教员”。“法律明白人”在社区矫正、安置帮教工作中也发挥着重要作用。“法律明白人”来源于群众，分布在社区矫正对象、安置帮教对象身边。“法律明白人”与司法所之间建立特殊人员管理教育协作工作机制，有效加强了对特殊人员的动态监管和帮扶。“法律明白人”通过上门走访、主动服务等，能够帮助司法所更好地开展社区矫正和安置帮教工作，提升工作质量。对于社区矫正对象，“法律明白人”能够发挥人熟、地熟、事熟、面熟，因德高望重为乡亲所信任等优势，能够很好地协助基层司法所了解辖区服刑人员的思想、生活及活动范围、社会交往情况，并协助司法所及时监督，帮助司法所在社区矫正工作中把关，更好地为社区矫正对象定制矫正方案。对于安置帮教对象，“法律明白人”能够通过朋辈帮教等方式，政策上不轻视、思想上不抛弃、生活上不嫌弃，实现“一对一”的帮扶，促进他们重新设立信心，克服困难，顺利回归社会。

（2）有效帮助司法程序的顺利开展。在基层试点实施农村“法律明白人”培养工程，从基层官员、调解员中挑选政治觉悟高、领导力强的成员，从群众中挑选赢得很高声望的“老模范、老党员、老干部”，或者从农户、农村基层自治组织中大面积挑选一般“法律明白人”。同时再通过司法行政部门带头组织培训、包村政法干警结对帮扶，结合“谁执法谁普法”制度的责任制单位共同参与普法培育等方式，提升“法律明白人”法律素养和带领群众关注法治宣

① 周欢秀．论农村“法律明白人”机制完善与基层社会治理法治化［J］．法制与社会，2020（30）：105－107．

传、纠纷调处等，能够间接协助法院，将案件调解消化在基层。

（五）“法律明白人”在实践中的应用和普及程度

1. 支持参与基层社会依法治理活动

指导“法律明白人”在法治建设和秩序建设中更好地发挥作用，依法有条不紊地参与地方事务管理。将优秀的“法律明白人”招募到基层网格员、人民调解员中，收集关于矛盾和争端纠纷的公众意见、调解矛盾纠纷、引导法律服务、辅助基层社会治理、成为法律顾问，支持基层参与社会治理，建立法治。

2. 支持发挥示范引领作用

鼓励“法律明白人”模范遵守自治章程和村规民约，积极参与民主法治示范村和农村学法用法示范户的创建，支持他们在农村地区发挥示范引领作用。坚持以“结对帮扶”的方式引导群众参与法治实践。建立健全从公共法律服务到乡镇村法律顾问，再到“骨干法律明白人”“一般法律明白人”相互合作共建、联动的规范化工作模式，组织杰出司法工作人员，比如：法官、检察官、律师、法律顾问等与“骨干法律明白人”建立“结对帮扶”“一带一”等长期互动的关系，实施一对一帮扶，最后参与到法院法律文书协助送达、协助执行或调解等乡村法治实践工作中去①。

3. 促进和普及法治推广教育

鼓励“法律明白人”在国家宪法日、宪法宣传周、民法典宣传月、中国农民丰收节等重要时间节点，利用农贸会、集市、家庭聚会等场合，通过拜访农户等方式，积极宣传宪法法律知识和党的政策，分享身边的法治故事，组织大规模的法治文化活动。

4. 为“法律明白人”搭建实践服务平台业务指导

整合不同的公共法律服务资源，包括律师、基层法律服务、公证、司法鉴定、人民调解和法律援助等，为“法律明白人”搭建法治实践业务指导和帮助，并且提高“法律明白人”的法治水平。在农村地区，我们可以利用新时代文明实践中心、农村文化讲堂、农家书屋等场所，设立法律图书角，并不断更新法律书籍，以方便“法律明白人”查阅法律条文。此外，我们还可以依托村级综合服务设施、新时代文明实践中心、基层综治中心、人民调解室、公共法律服务工作站等资源，建立“法律明白人”法治实践工作站，为他们提供学习培训和履行职责所需的支持和保障。

自“法律明白人”制度实施以来，我国已有几个地区积极应对，目前如江

---

① 徐建云，江木根，吴云瑛．农村“法律明白人”参与乡村治理体系和治理能力现代化建设探析：以江西省抚州市实施“农村法律明白人”培养工程为视角［J］．中国司法，2020（9）：89－94.

西、安徽、湖南、珠海等地区都一个接一个地培训起了属于该地区的“法律明白人”。

(六)“法律明白人”应用中的不足

1.“法律明白人”培养效果不理想、培养经费保障不足

随着城市化、村庄弱化和人口老龄化趋势的加剧，大多数老人、残疾人、病人或者父母、儿童等农村留守群体居住在家中，他们普遍受教育程度不高，进而法律知识理解能力也比较差。同时，培训课程因为涉及的人群多、时间不固定，所以往往很难安排，导致培训效率不高。对“法律明白人”培训和教育的形式也不充分，培训的内容和形式缺乏实用性和简易性，难以激发农民积极学习和运用权利的积极性和热情，也不可能达到提高公民法治能力的最佳效果。

此外，在“法律明白人”培养中，印刷普法图书、打造普法联合基地、设置普法课程等方面的费用不能保证。如果没有专项资金的支持，任何让社区自付“法律明白人”培养工作的专项经费的方式本质上都是不可能的。总的来说，资金保障不足导致了这种情况，没有资金投入的情况下，很难维持“法律明白人”的培养。

2.“法律明白人”培养的重视度不够

毫无疑问，培训“法律明白人”对于实现传统法治和有效解决人们之间的冲突至关重要。但是就本项工作目前的发展力度来看，该工作重视程度不高。虽然“法律明白人”这项工作列入了县综治考评，但大概只占综治考评的2分，在综治考评中的比例太少，得不到乡镇足够的重视，所以乡镇基层往往也未当作一项重要工作来抓。

3.需要加强支持“法律明白人”参与法治活动的机制

《乡村“法律明白人”培养工作规范》的出台，解决了“法律明白人”在实际培养中的一些操作问题，然而，为了在农村地区开展工作并促进参与和实践“法律明白人”工作，需要进一步完善一些工作程序和机制，以确保工作的顺利进行①。

只有当法律作为一个庞大的概念被认可、被信仰、被实践，人们才能自觉遵守并习惯于遵守法律。因此，我们必须要把依法治国实践和法治宣传教育相结合，让依法治国全面实施，社会管理法治化水平提高，社会主义法治精神得到大力弘扬，全社会强化实施法治的积极性和主动性，强化法治机制，形成全

---

① 周欢秀.论农村“法律明白人”机制完善与基层社会治理法治化［J］.法制与社会，2020（30）：105-107.

民守法的形势，最后才能成就社会主义法治倡导者的社会氛围。培养农村“法律明白人”，虽然只是抓住了依法治理的一根、一角，但是由此能够起到杠杆作用，既起到了固本强基的作用，也为基层社会治理模式的创新创造了非常有利的条件。同样，在农村培养“法律明白人”面临着许多制度困惑和现实问题，但我们需要做的是在相关配套建设方面下功夫，保证“法律明白人”这个新提出的政策在法治治理中发挥更好的作用。

二、农村公共法律服务

随着乡村振兴战略的提出，我国农村的经济也得到了飞速发展。公共法律服务是保障和改善民生的重要举措，是一项服务保障工作。推进农村公共法律服务是促进中国经济发展、践行国家法治理念的重要途径。

习近平总书记强调：“要紧紧围绕经济社会发展的实际需要，努力做好公共法律服务体系建设。”2020 年中共中央印发《法治社会建设实施纲要（2020—2025 年）》，提出到 2022 年时，应建立一个现代公共法律体系，兼顾城市和农村地区，具有便捷、有效、平等和包容的制度，以确保向人民提供及时和有效的法律帮助。为深入贯彻落实党中央、国务院决策部署，推进法治乡村建设，为全面依法治国奠定坚实基础，为实现乡村振兴政策提供良好法治环境。

（一）农村公共法律服务的内涵

公共法律服务是政府职能的重要组成部分，既能体现法律实务的实践性，又能够体现法治治理的理论性。农村公共法律服务一般由政府主导，公众参与。它建立在一定社会共识基础上，其目的是保障农民群众及百姓各类组织基本权利和合法权益，对中国广大农民群众而言，实现基层法治社会的公平正义、和谐稳定，是改善和保障民生的重要举措。

在乡村振兴政策的指导下，对于广大基层农村而言，“农村公共法律服务”应当是建立在一定社会共识基础上，由当地政府引领、社会公众参与，是和基层社会经济发展水平相适应的。其目的应当是以保障基层群众和基层各类组织基本权利与合法权益为宗旨，以实现农村社会公平正义与和谐稳定为最终目标的一项公共法律扶持政策。

农村公共法律服务的主要特点有以下五点：

第一，农村公共法律服务的目的在于为农民群众的基本权益诉求提供基本的保障，维护农村公平正义与社会稳定和谐。

第二，农村公共法律服务的提供主体主要包括各地法律援助机构、人民调解组织、乡镇司法所、基层法律服务所等特定司法组织及其法律工作者，以及其他能够提供农村公益性法律服务的律师和各地法治队伍的力量。

第三，农村公共法律服务的服务对象主要是具有法律服务需求的基层农民群众和基层自治组织等各类组织。

第四，基础法律服务（其中包括公益性法律顾问、法律咨询、辩护与代理、公证、民事调解）、普法宣传教育、法治文化建设、法律援助等都是农村公共法律服务的主要服务内容。

第五，农村地区公共服务的提供，主要有政府直接面向农村提供和政府通过向市场和社会力量购买再提供到农村地区两种方式，此外还有其他主体自愿主动向农村提供的公益性法律服务方式。

（二）农村公共法律服务的现实意义

1. 针对农村基层社会矛盾纠纷有预防和化解作用

改革开放以来，在我国飞速的经济发展之下，广大农村群众受到现代化发展的影响，原有的信仰价值开始改变，新的理念和观点渐渐产生，农民的生活方式发生了深刻的变化，这些因素也使得农村的利益变得错综复杂。以农村社会秩序层面作比较，相比中国过去传统的乡土社会，群众对于土地的依赖性逐渐减弱，熟人社会陌生化现象变得越来越明显，在以往的传统社会中占据主要地位的道德礼制也开始瓦解，宗族、家族意识逐渐变弱，族内长者的话语权也开始变得很有限，约束性变得少之又少。加上现代社会背景之中，新的农村社会规范开始出现，由于经济发展不均衡、不充分的原因，在经济落后地区，农村社会呈现无序化状态，矛盾越来越多样和明显。

因此，要进一步明确中央政府与地方政府在农村社会治理法治化进程中的引领者和服务者的地位，进一步提高基层政府的服务质量，提升公共服务提供效率和质量。要保障基层群众在农村社会治理法治化进程中的主要地位。一方面积极调动基层群众参与公共法律服务工作的主动性，加强村民教育和培训，增强基层群众的表达能力和政治素养。另一方面，增强基层农民对文化、历史的认同感、归属感，地方政府应该明确自身乡村社会治理法治化进程中的功能和作用，争当农村社会矛盾中的“缓冲器”和“润滑剂”，充分发挥村委会和居委会的作用和功能，让矛盾解决在当时，解决在当地。

2. 引导农村群众学法、用法、守法，保持社会稳定和长久治安

加强普法，提高农民法律意识。“实现一种治理秩序，必然要求摒除独断意志，建立一种商讨的平台和稳定的预期。”这种法治化治理平台得以实现的重要基础是农民具有法律意识，农村普法的进程和内容，大致分为以下四个阶段。第一阶段：能够让农民重新认识法律，从农民认为法律只有处罚和惩罚等

功能的认识，到发现法律更多的是保障权利的功能，实现从义务本位观向权利本位观的观念转变。第二阶段：能让农民了解法律规则，让他们明白并不是占据事实方面的优势就一定能打赢官司，而诉讼主要看的是证据证明力。第三阶段：能够让基层百姓知晓法律程序，了解诉讼的过程。第四阶段：能够让基层群众养成守法的习惯，并形成法律信仰。在法治发展的诸多主体中，基层乡镇干部的角色最关键，因为他们处理矛盾的方式方法能够在各乡镇、各村中具有示范、带领的作用，所以农村普法首先应该从培训基层干部开始，进而影响越来越多的农村村民。

3. 有利于推动农村法治化发展，为“乡村振兴”提供强大有力的法治保障

法治化的农村社会文化是推进农村治理法治化建设的运行空间和背景空间。法治化的农村制度体系贯穿农村治理体系构建、制度建设和制度运行始终，是能有序融合各类农村主体、明确各类主体责任任务，体现各类主体地位，整合利用各方治理力量的高度结构化的运行体系，能够体现农村治理法治化的制度本色。

推进农村社会治理的法治建设，将使农村社会治理更加规范，从而改善我国社会治理的薄弱环节，使农村社会治理制度能够发挥作用，为解决农村社会问题做出重大贡献，是解决“三农”问题以及振兴农村的措施。农村社会法治的实施，有力推动了依法依宪治国进程，对实现全面依法治国具有重要意义。

（三）农村公共法律服务的现状

我国农村公共法律服务始于20世纪80年代，最初在广州、深圳、福建等发达地区、特区进行过试点探索，到90年代中期时，我国开始建立法律援助机构，公共法律服务在司法实践方面又得到了进一步的发展。

随着人民公社等政府制度退出我国历史，农村地区建立了乡政府，实行政社分开。地方政府从社会组织中退出，这在一定程度上影响了农村的社会秩序。在村民自治制度实施后，农村的秩序在一定程度上脱离了国家控制，基层政权的作用一定程度上显得比较薄弱，但同时在一些方面依然发挥着不可替代的作用。从1986年以来，政府主动开展普法活动“送法下乡”，强化农村法治氛围，实现国家法律对乡村社会的习俗、礼仪、道德价值的硬性干预。为推进乡村社会治理，20世纪初司法所、法律服务站、乡镇设立的巡回法庭等一系列专门的法律机构发展到了农村，派出法庭开展“送法下乡”活动，村委会设立人民调解委员会，开展人民调解工作等。那时的公共法律服务更多是在政府的领导下开展法律活动，用相对简单的方法并融入更多当地的特色，从而体现出法治渗透到乡村社会的使命，改变在《乡土中国》中描述的“在乡土社会中法律是无从发生的”等现象。

法治进一步深化了公共法律服务纳入农村治理的程度，法治遵循的是政府领导的法治模式，政府是农村公共法律服务最主要的提供者。

（四）现阶段农村公共法律服务的不足之处

1. 没有足够的社会力量参与，尚未满足群众需求

政府是农村地区公共服务的最大提供者，对农村治理采用家长式的服务方式使得社会参与力量不足。律师、法律顾问在农村基本没有生存土壤，村民在乡村秩序中更愿意接受自己熟悉的人的调解，而不愿意家丑外扬，对于国家主动普法、“送法下乡”等举措持有谨慎态度。当村民认可的调解机制达不到村民想要的结果，或者所争议事项无法调解时，可能出现上访、私了等局面。

2. 基层治理人员法律素养不高，农村法治、自治效果一般

执法人员的整体素质和能力是一个非常突出的问题，这也阻碍了我国农村法制的发展。其中的原因是我国农村地区一直缺少必要的法律工作人员，我国农村也一直处在长期缺少法律人才的困境中，改变该情形变得更加困难。地方执法工作人员的素质直接关系农村的执法效率，也直接影响基层农民对法律权利的认同。然而，农村地区法律领域的专门知识有限，执法人员的文化素质不是很高，执法能力不足。并且，农村地区长期存在法治与人治的界限不清，农村执法质量失衡，导致基层执法人员很容易受到相关法律环境的影响。甚至执法人员自己违法乱纪、违法起诉、执法失职、知法犯法等情况都存在，这些都严重影响法律的权威和公信力。同时，农村基层组织也是法治发展的直接机构，由于基层执法人员缺乏足够的法律知识，执法单位部门之间相互踢皮球和互相推诿的情况经常发生，这使得基层法治的自治效果不尽如人意，农村法治建设的其他良好作用得不到发挥。

3. 多数基层农民法治意识淡薄

在当前乡村治理的法治化进程中，法制工作的法制化进程有序发展，逐渐影响了农村落后的传统观念。目前，中国农村的许多人受教育程度低，法律维权意识薄弱。尽管许多农村地区已经开始对法治的建立给予充分的重视，但法律普及和宣传等活动并不多见。法律远没有普及，宣传活动和宣传效果也达不到预期的效果。此外，很多村民也不知道法律对他们生活的影响，这在很大程度上限制了提高法律宣传的有效性。普法宣传效果一般的情况下，农民群众法律意识、维权意识淡薄，无法运用法律手段积极维权。这给不法分子损害村民的合法权益提供了可乘之机，严重阻碍了农村法制的发展①。

我国历史上流传下来的一些“村规民约”“公序良俗”都被保存了下来。

① 王丽莉．当前我国农村法治化治理存在问题及对策［J］．乡村科技，2022，13（8）：31－34.

虽然其中大部分符合现行法律和规范，但仍有一些习俗和传统观念根深蒂固，如果直接适用于争端解决，不可避免地会与法律发生冲突，不利于农村地区开展法治化治理工作。对大多数农民来说，对冲突双方进行调解是解决争端最常见的手段。多数农民到目前都认为运用法律的手段解决纠纷是件不光彩的事，认为打官司是非不得已才会作出的选择。多数农村村民不懂得利用法律的武器保护自己，至今认为私了才是最佳的解决纠纷和争议的方式。

4. 社会治理法治化规范性建设不足

无论是在农村还是在城市，法治的建立都必须以健全的法律制度为基础。虽然我国目前的法律法规体系已经比较完善，涉及社会生活的各个方面，然而，我国城乡二元结构造成农村和城市发展的巨大差距，社会治理的法律能力也需要区分。

不论是立法质量还是立法数量上，当前专门针对农村地区的法律法规仍然较少，无法涉及农村社会治理的全面，甚至在某些情况下，它与农村社会的实际发展背道而驰，特别是在立法过程中过度强调法律的强制性，法律对农村社会价值观的影响与引导作用被忽视，不利于农村地区对于法律的执行，也不利于形成有效的法律公信力，其结果是，法律制度不能适应农村社会发展的需要，也不能发展现阶段的农村法治，更不能从根本上解决农村法治问题。

农村社会治理的法治化需要规范化，法律制度是其规范化结构的基础，是推进农村社会治理法治化的基本保障。但是，我国农村法律法规的实施和执行存在重大差距，法律缺乏规范性治理，具体来说表现在以下几个方面。首先，必须进一步完善农村基层的法律制度，一些地区忽视了农村的现实，不能真实反映农民的需求。在具体实施过程中，由于基层组织法律意识薄弱，很难有效实施法治，严重影响了基层治理的有效性。其次，由于法律制度存在缺陷，在确定乡村治理的主体地位和确定乡村治理的法律职责方面存在重大问题。因此，现有法律缺乏对治理的监督，损害了乡村治理的发展。最后，村规民约、公序良俗等内容不规范的差异也在一定程度上影响着乡村社会的治理效果。

5. 保障社会治理法治化的物质基础供应

首先，农民群众的收入水平单靠农业发展提高幅度有限，现有的收入基础已经很难满足他们的现实生活需要，到外地打工就成了不少农民增加收入的主要手段，农民参与法律培训和治理的时间变少。其次，地方政府的财政支持有限，也是法治化治理效果不理想的主要原因。最后，农村优势资源得不到充分利用也间接影响了资金的进入，缺乏融资渠道，没有足够的资金作保障，法治化治理、农村市场经济就会缺少发展基础。就目前来看，我国多数农村社会治理法治化建设不足和当地经济发展受限直接相关，农村社会法治化治理离不开相应的物质保障的支撑[①]。

（五）对现阶段农村公共法律服务存在的问题的改善建议

1. 应当提高农村基层治理人员整体法律素养

法律人才是农村法治化进程中最主要的发展动力。没有足够的法律人才，农村法治化各项工作无法保质保量地完成，农村法治化道路也有可能偏离依法治国的总体要求，影响基层农民群众对法律的信任。因此，健全农村法律人才的培养和发展机制，对当前农村法治建设结构具有重要的现实意义[②]。因此，需要快速建立农村法律人才培养机制，使得法律人才能够扎根基层，服务基层。

第一，农村地区应该建立、实施各种法律人才引进的政策。近几年，我国不断扩大法律专业人才的培养规模和发展力度，在一、二线城市出现了法律人才接近饱和的状态。因此，农村地区也可以通过经济补贴、政策扶持、人才引进等方式吸引法律专业人才到农村中去，从而重塑农村法治建设的“硬件”。

第二，提高基层干部的法律素养。农村法治化治理体系的建设不仅仅要依赖政策扶持的办法，而且还需要提高基层干部的法律素养。因为初次到农村的法律专业人才不一定能够对农村一些常见事务做出准确的判断，而基层干部作为农村的“本地人员”具有一定的农村生活经验，这对新进的法律人才判断农村事务能够起到一定的帮助。因此，基层干部作为一种解决农村纠纷的中间人，他们的司法能力水平将对农村事务的评估和问题解决的公正性产生重要影响。通过组织法律培训来提高基层干部的法律能力，对于农村法制的发展至关重要。

第三，增强村民“主人翁”意识。村民是农村法治化体系建设的主体和受益者。但是，就目前的情况来看，大多数村民文化水平不高，很难理解发展农村法制能给他们的生活带来怎样影响和改善。因此，基层村民对于农村法治化治理体系的建设存在一种观望的态度。为使村民深刻理解农村法治化建设的意义、精神，需要反反复复地做群众工作，让村民切实感到农村法治化治理体系的建设对于他们生活的改善作用，树立其在法治化治理中的“主人翁”意识。

2. 居民整体法律意识淡薄，需要重塑基层法治观念

农村基层治理过程中应该加大法治宣传力度，积极营造法治氛围。目

---

①② 王丽莉．当前我国农村法治化治理存在问题及对策［J］．乡村科技，2022，13（8）：31－34．

前，很多农村地区进行普法宣传时，大多采用散发传单和拉条幅等方式，由于该方法缺乏可理解性，导致村民对宣传内容不理解，甚至不感兴趣。这种法律宣传过于形式化，普法任务落实不到位、起不到实质的作用，农村地区普法宣传工作效果一直不太好。进行普法宣传时，需要明确公共宣传的方式和责任，如定期举办公益讲座、具体案例讨论等活动，以更直观、更直接的方式让村民了解法律的重要性，加强法制宣传的有效性。在人口比较集中的村庄，可以制作与法律内容相结合的文化作品，如歌曲、戏剧和电影，吸引更多村民参与其中，以扩大普法宣传的影响范围。与此同时，信息技术的快速发展使农村地区很容易变得人口密集。有关部门和机构可以利用电子平台宣传普法，既能引起居民的兴趣，又能为农村法治的有效实施奠定基础。

此外，为了获得理想的普法效果，相关部门还可以重点从以下几个方面着手：

首先，在实际开展宣传活动的过程中，要秉持“谁执法谁普法”的客观原则，确定负责宣传法律的倡导者，并开展宣传和倡导工作。面对村民日常法治工作中蕴含的矛盾纠纷，要充分利用法治宣传的契机，以真实案例解释法律，这样既能充分化解矛盾纠纷，又能提高村民的法律意识和素养，从而保证农村法律制度的有效实施。

其次，在农村初高中教学过程中，要强化对青少年的普法宣传，除了设置相应的法律基础知识课程外，还可定期安排与青少年有关的法律讲座，同时学校还可以组织观看法律有关电影等活动，为提高农村法治化治理水平奠定坚实的基础①。

最后，在农村设置普法宣传时，内容要注意结合民生生活。例如，相关普法宣传机构可以对外聘请律师，为基层村民普及一些他们关心的房屋拆迁、土地承包、婚姻家庭等方面的法律法规。公众只有认识到普及的法律与他们的利益息息相关，才能激发他们的学习热情，为提高农村的法治水平打下良好的基础。

3. 加强农村法治规范性建设

农村法治建设是建设法治新农村的前提，农村社会治理法治化建设离不开法律法规的支撑，没有相应的法律，法治化建设就如同没有根基的空谈，只有不断完善相关法律制度，才能实现农村社会治理法治化建设的目标，改变农村

① 王丽莉．当前我国农村法治化治理存在问题及对策［J］．乡村科技，2022，13（8）：31-34.

社会治理法治化建设规范性不足的问题①。

一方面，必须完善地方性法规来管理农村社会治理。面对农村地区人民代表选举不规范、村委会管理不透明和监督不力等问题，各地区要严格遵守相关法律法规，继续规范立法内容，使立法程序更加全面系统，建立相对完整的体系，确保法律的贯彻实施②。改进行政程序，反对行政程序不明确的执法作为，必须澄清它们各自的权限。解决治理主体不明确的问题，使治理主体明确各自职责③。

另一方面，法治社会除了法律的强制约束力外，还应当借助村规民约的柔性约束作用，利用村规民约来辅助农村社会法治化治理。村规民约的制定要符合国家法律法规，保证适当部门的参与，维护村民的集体利益。对于过时的、不符合当前社会发展的内容要及时进行表决修正。执行村规民约，必须严格执行程序，确保村民遵守村规民约④。

4. 解决物质后勤保障工作

法治乡村社会治理的构建需要长期的经济保障和物质援助。因此，要推进农村社会治理的法治化建设，就要保障物质基础的供应，为农村法治提供现实和后勤的支持。

第一，法治化治理离不开资金的保障。各地区可以让法治资金更多地向农村倾斜，加大农村法治资金的扶持力度，用于法治文化建设和法治人才的培养、法治宣传，在这些资金的帮助下，一个符合国家合法性理论的完整的法律和司法体系逐渐建立起来，并有效地帮助实现乡村社会治理的合法性⑤。农村建设的法治化进程不仅需要法律层面的完善与发展，还需要实现乡村经济、社会、文化、人才的协调发展以及解决乡村社会治理中的棘手问题，从而实现乡村民族的全面发展。确保乡村振兴战略的顺利实施，助推中国法治化建设。

第二，我们应该重点发展农村司法基础建设，在符合条件的地区建立司法所和法律援助中心，并扩大法律服务的范围，切实为农村法治化建设提供高效优质的服务。同时，农村地区法治基础差，要加强向农村提供法律服务的力度，积极为村民提供与其利益相关的法律援助服务，有效解决农民群众在现实生活中提出的法律问题，保护他们的合法权益。

三、非正式制度

乡村振兴战略是党的十九大为振兴乡村、发展乡村作出的关键决定和部

①②③④⑤ 郭晓娜．农村社会治理法治化问题研究［J］．农村・农业・农民（A版），2022（2）：36－37.

署。乡村治理有效是实现乡村振兴战略的基础，是国家治理体系和治理能力现代化的重要组成部分。从国家法治治理的角度看，乡村治理呈现出双重性特征，法治不仅是国家治理体系的一部分，也是自治经济在乡村公共事务中的基本表现，表现为农村公共事务的自我管理。乡村振兴战略的实施和发展不仅需要一些相关的正式制度，还需要其他非正式制度的协调和培育①。

（一）乡村振兴中的制度需要

乡村振兴要完善农村基本经营制度、改革农村集体建设用地制度、改革与完善乡村治理机制，与农业供给侧结构性改革相结合，发挥乡村的内生能力，整合村庄的内外部社会关系网络，防止农民基本保障领域的市场化，建立风险防范体系②。在乡村振兴战略中，提出了一些现有的农村机构改革要求。因此，在应对农村复兴的体制问题时，制度供给滞后是实施乡村振兴战略的最大障碍，乡村振兴需要完善农村产权制度和市场配置，改革农村土地制度、宅基地制度，建立现代农业制度，改善乡村治理，推动城乡同步发展③。

虽然实现乡村振兴需要改革农村地区土地、农村土地承包和其他正式制度，以实现农村复兴，但不能仅仅依靠对正式制度的改革。非正式制度的传染延续性，其约束力往往比正式制度更加明显。因此，在法律法规等正式制度相对不足的情况下，不应该忽视非正式制度的作用。

（二）非正式制度的概念

非正式制度是行为、价值、道德、意识形态等的不成文的规范，也是人们长期生活习惯的一部分。在以上特征中，非正式制度最为关键的特征是意识形态。换句话来说，非正式制度是人类长期的互动和实践中，在非官方的渠道产生、传播和让人们所共同遵守的社会规则，这些社会规则通常不以成文的方式来呈现，通常是不成文的规定，其中包含价值观念、文化习俗、习惯和意识、道德、伦理等。社会信任被认为是除人力资本和物质资本外，决定国家经济增长和社会进步的最重要的非正式制度。

（三）非正式制度在农村治理中的作用

非正式制度作为行动范围内人们普遍遵守的规范，其最重要的作用是让活动主体形成一个较为明确的预判，相当于一种社会共识，通过特定机制对社会客体产生相应的影响，调整社会客体的行为。非正式制度的这种协调作用降低

---

①②③　李娜．非正式制度：乡村振兴制度建设的应有范畴［J］．云梦学刊，2021，42（3）：119-124.

了行为者之间重复交易的成本、支付成本、违规处罚和信息分析等成本，并提高了行为个体之间的交易效率①。

此外，最近的一些研究从不同角度分析了非正式制度的作用：宏观管理框架可以影响经济转型国家的表现，支持经济增长，并对国家政治稳定构成具体风险。从微观方面来分析，非正式制度利用他们的暗示来影响参与者的心理预期、激励收获和行为模式。从非正式制度对正式制度的影响方面来说，在正式制度的塑造和规则的运行中，非正式制度扮演着非同小可的角色，是正式制度和规则失灵时的最佳互补规则，也是直接影响正式制度效率的关键因素。非正式制度会影响农村土地承包、经营制度。

（四）非正式制度与正式制度之间的区别

非正式和正式制度都是协调个人行为的标准。在个体行为协调的整个过程中，这两个制度差别最大的地方在于协调方式不同。虽然方法不一样，但是在协调个体行为的效果上有各自的优点。

正式制度对于奖励和惩罚，对禁止的、不禁止的以及鼓励的行为都有颁布的、明确的规定，因此，面对正式的制度约束，行为者清楚地知道不遵守规则的后果。正式制度的制定和实施还需要社会付诸大量的精力和成本。正式制度的协调作用作为一种外部规范力量，往往以“必须……否则……”“如果不……就会……”的成文形式出现。正式系统的作用是立竿见影的，但是一些正式制度会相对频繁地改变。

相比之下，非正式制度不仅需要更长的时间才能被接受，而且需要更长的时间才能产生影响。这是因为非正式制度是通过由内而外的力量来规范个体行为，同时非正式制度对于违反行为的惩罚手段相对容易，非正式制度违规行为造成的损害也难以衡量。例如，对老人的不尊重，对环境的漠视，更多时候是受到道德上的批判和批评，很难评估非正式制度造成的社会损害。而涉及公序良俗等传统，也是依靠人的内在开悟，需要行为主体自觉遵守。一旦行为主体打破了这种传统，再通过强制手段对其进行监管成本将会变得非常高。迄今为止的研究表明，正式制度和非正式制度通过相互作用来协调人类行为。

内生于中国乡土社会的农村非正式制度，经历了数千年的沉淀，融合了中国农村历史社会文化的乡土特点，至今仍在很大程度上约束着人类的行为选择。在农民政治参与方面，传统的非正式制度因素仍然有很大的影响。

第一，人们对农村中的非正式制度产生了信念，形成了深刻的文化意识，

① 李娜．非正式制度：乡村振兴制度建设的应有范畴［J］．云梦学刊，2021，42（3）：119-124.

影响着他们的行为选择和参与政治的意愿。

第二，非正式制度中的人际关系影响农村特有的个人活动领域和人际关系形式，限制农民的政治参与行为和意愿，并影响着政治参与的结果。

第三，非正式制度中的规则和实践在很大程度上固定了农村政治参与的正式制度和程序，因此农民的行为在有序和无序之间变化，时而偏离“应然”轨道。

（五）乡村振兴非正式制度建设的具体方式

1. 发挥引领作用，做好乡村振兴政策宣传与教育

意识形态是一种先入为主的视角，根植于人们的意识之中，是人类认识现实的基础。因此，在实施乡村振兴政策之前，首先要认真研究农村经济发展现状，足够了解农村居民对于乡村振兴的意见，征求农民群众对于乡村振兴政策的方案。进而思考这些方案的可操作性，真正开发农村居民对乡村振兴制度方面的需求，使得乡村振兴政策与农村居民形成善意的共识。其次应注意关于振兴农村地区的具体实施措施的政治宣传和教育，避免因为农民群众不够了解新政策，造成执行上的不顺畅，增加实施成本。在乡村振兴政策的实施过程中，对于农村土地承包经营权政策、农村社会保障政策、宅基地改革政策等关系农村群众实际利益的政策，需要充分接触农村群众，向他们解释新政策的重要思想，减少理解上的分歧。最后，在制定新政策时，要坚持实事求是，集思广益，克服形式主义和急功近利的思想。在乡村振兴政策的具体实施过程中，需要加强对乡村振兴政策的实际执行者基层乡镇干部的教育，通过教育沟通纠正他们对于新政策认识上的偏差。另外，要全程密切关注政策的执行效果，及时评估在执行政策过程中出现的差异，广泛吸收农民群众对于政策执行问题的观点，克服政策执行过程中的形式主义，拒绝急功近利的实施措施。

2. 加入乡村文化因素，实现文化振兴与乡村振兴战略的共鸣

乡村振兴最重要的内容是文化振兴，对于文化振兴要发掘乡村文化特色并赋予其时代意义，将社会主义核心价值观深入农村文化中，通过乡村文化其独有的教化功能和传承特点，实现乡村文化和乡村振兴战略制度的双重振兴。

乡村是一个很讲规矩和讲道理的社会，历来讲究礼节和礼仪，另外也很讲究“共患难”和互相帮助，乡土社会文化中包含着非常丰富的社会主义核心价值观的思想。因此，最先要找到包含在乡土社会文化中关于社会主义核心价值观的观点。而且，自古以来人们就有“修身、齐家、治国、平天下”的宏图大志，还有“天下兴亡，匹夫有责”的担当，同时还有对“大同社会”的执着追求，这些观念与社会主义核心价值观的价值目标有很多共同点。发现这些概念之后，需要将这些优秀的传统价值观、乡村文化与乡村振兴制度融为

一体。

可以通过保护乡村文化、学习乡村历史、发现乡村特色，把文化发展和经济建设结合起来，实现文化振兴与乡村振兴制度的真正共鸣。发展乡村文化与乡村振兴制度共振，并不能只是说说而已，要落实到实践中。此外，在宣传乡村振兴制度价值观念的过程中，树立榜样和积极宣传是一个很好的办法。同样值得研究的是，如何利用党员、基层干部和现代农村精英来发挥领导作用。

3. 借鉴风俗乡规，实现农村良好治理

俗话说，一个家庭中的老人是一个宝藏。中国农村的习俗和规则是农村管理中最古老的习惯，是值得重视和学习的无形资产。风俗习惯和村规民约是人们长期生活在一起时形成的一种不成文的或者成文的规范，中国自古以来就有支持村民自治的习惯，包括“乡约、保甲、社仓、社学”等。因此，随着乡村振兴制度的发展，乡村治理的实现仍然必须在习俗和乡规民约中发挥作用。

首先，基层治理不是“谁统治谁，谁治理谁”，而是地方政府和基层人民的集体努力，以实现农村的完美图景。因此，我们应该改变整个乡村治理的观念，进行自我审视。基层干部应自己先学习好新政策理念，并深刻了解农村的乡土风情、风俗习惯和当地的村规民约，充分听取农民的政治需求，在实践和学习中提高工作能力。相互了解是做好乡村善治的基础。

其次，为了满足乡村振兴的需要，有必要探索农民遵循的风俗习惯和村规民约的做法，并将乡村振兴政策与当地风俗习惯联系起来，通过农民群众的自我学习和教育，提高农民群众当家做主治理基层的能力。

再次，鼓励农民广泛参与乡村振兴的各种政策执行机制，完善农民的提问和意见，基层组织鼓励农民遵纪守法、自我组织管理，制定相应的规章制度，构建秩序稳定、充满活力的乡村。

最后，鉴于当地习俗和做法差异很大，正式制度的制定和推进应与农村地区的实际情况有效结合起来，在政策执行过程中，应根据当地实际情况对正式制度进行补充、调整和完善。在基层农村治理政策的制定上要尽量多体现本土化基因，使得非正式制度与正式制度能够协调和互补。

4. 发挥伦理道德的作用，促进农村文明建设

乡村文明是乡村振兴体系的重要组成部分，要充分发挥道德伦理的作用，促进农村法治精神的发展，建设优美的农村环境。首先，我们需要探索乡村文明的道德伦理基础，找到道德伦理框架的实践基础。关于良好的品格和操守，人们早有共识，但三纲五常和核心礼仪，不能完全限制一个人的行为。因此，过去的道德伦理建设也应当适时地与时俱进，将过时的道德观念丢掉，适应时代的特点，吸收、改造优良的道德传统。其次，农村道德建设需要政府和各种社会组织的积极宣传工作，不仅要给大家树立榜样，而且要公开先进事迹，发

挥各级党员和骨干队伍的带头作用。农村道德价值观的建设要建立奖惩机制，奖励行善者，惩罚作恶者。当然，我们不能只谈道德，而应该提倡道德，建设精神文明的农村，优化经济结构，使农村在物质上和精神上都富裕起来，才能使农村真正文明起来。

非正式制度是正式制度建立、运转和完善的基础和保障，是提升乡村环境治理效能不可忽视的重要因素。在现代化进程中，传统生态价值观、环境伦理、环境文化、风俗习惯、生态意识等非正式制度因素逐渐对农村环境治理产生一些负面影响，导致环境过度退化，人们缺乏环境保护意识和环境治理合作意愿。非正式制度因素在新时代乡村环境治理中有着规范人们的行为、推动环境治理协同参与、加快“三治”融合进程、支撑正式制度创新发展和有效运转的价值意蕴。为此，要以习近平新时代中国特色社会主义思想为指导，通过培育新时代生态文化、提供多种实践途径、重构乡村社会规范等方式，重新发挥非正式制度因素的重要作用。

在中国传统的农村关系社会中，每个人在决定行为时都不是独立的，情感、面子、信任等因素都会对其行为决策产生一定的影响。非正式制度被公认为是基于农民的日常生产、生活和长期交流自然形成的社会认可的制度，因而其能够唤起群众的共鸣，是农民积极参与的基础，也成为农村凝聚力的核心。这些规则引导农民的行为，从而有效避免搭便车的集体行为。在规范农户行为上的作用比环境规制更重要。此外，在农村基层治理中，作为主要行政权力中心和管理的基层，需要在原有组织体系的基础上，制定一系列以人际关系和信任为重点的非正式制度，来支持农村的治理。非正式制度可以通过乡村组织治理准则中的纪律监督等政策直接约束农民的行为，并可以引导农民进行行为决策。

四、农村家事

（一）家事案件的范围

确定家事案件范围是实施家事审判制度的核心。由于我国尚未形成较为完善的家事审判体系，综合国内学者们对家事审判的研究和其他国家家事审判相关的法律规定，家事案件范围存在三种划分方式：第一种是由希腊的家事审判制度代表的限定模式，限定模式的家事案件范围仅指婚姻纠纷案件、监护权纠纷案件及亲子案件。第二种是广义模式，这种模式几乎包括了离婚案件、抚养权纠纷案件、继承权纠纷案件等所有与家事身份关系有关的案件，也包括因前述案件衍生出的非诉讼案件和财产关系的案件。第三种是以澳大利亚的家事审判制度为代表的狭义模式，认为家事案件仅指婚姻纠纷案件。有学者认为，我国对于家事审判的范围确定应有两个标准：一是质上的标准，发生纠纷的主体必须有一定的近亲属关系，这种近亲属关系不仅应包括现行诉讼法的规定，必要时可以做一定的扩大解释，比如女婿与岳父岳母的关系、儿媳与公婆的关系。二是量上的标准，家事案件范围的确定必须符合我国的司法实践和法律传统，并在现行法律法规、司法解释的基础上，做一定的补充解释、补充规定。

（二）封建社会中家事案件的特点

封建社会中的司法制度与现代社会有很大不同。封建时期的儒家思想奉行无讼主义，讲究无讼是求，调处息争。儒家思想强调和谐、和平，主张以和为贵，这种理念深深地渗透到封建社会的各个领域。因为这种思想的影响，历代的统治者都追求“无讼”，即避免争端和纷争，以保持社会的稳定和安宁。在这种背景下，调解作为一种解决纠纷的方式也逐渐得到了重视和推广。因此，儒家“无讼”思想对封建社会的发展和进步产生了深远的影响①。

在封建社会时期，法律并没有成为社会治理的全部基础，反而更加注重家族本位，突出伦理法治的重要性。古代重刑轻民的司法特点下，没有太多相关法律的规制，但这也并没有出现治理上的空白区。相反，在这种环境下另一种“法”应运而生，以“家族”为基础的伦理法逐渐成为主导②。封建社会的道德法规规定，家族成员的行为由族长和家长来裁决。家长和族长有权决定家族的重要事务，比如晚辈的婚姻、家族的财产等大事都由家长掌控。封建的家长在家族内部拥有相当大的权力，包括惩罚叛逆的子女和解决家族内部的纠纷。人们通常会先请家长评理，而不是直接向官方机构求助。这种情况下，家长实际上成为家族内部的司法机构。家长的决定权很大，他们可以代替司法审判来处理家庭纠纷。如果家长已经评估过事情，那么官府就会立即执行他们的决定。许多家庭纠纷在送到官府之前就已经通过家族内部或者当地人的调解解决了，因此，当时真正需要官府解决的家事案件很少，实现了真正的无诉讼或少诉讼。对于那些诉至官府的家事案件中的一部分，官府通常会在正式审理之前采用调解方式来解决问题。调解被认为是优先的解决方式，只有在调解无法达成或者调解失败后，才会进入正式的审理程序。事实上，几乎没有不经过调解而直接进行审判的情况。直到清代，官方审判和民间调解相结合形成了一种民事调判制度。这种制度是由正式的以判决为主的官方系统和非正式的以调解为主的民间系统组成的。两种系统相互结合，形成了一种比较完备的民事调解

①② 范明玉．家事审判制度改革研究［D］．上海：华东政法大学，2018.

制度[①]。

（三）现行家事审判制度

在20世纪80年代初期，调解一直是解决家庭纠纷的主要方式，无论是《中华人民共和国婚姻法》还是《中华人民共和国民事诉讼法（试行）》，都强调以调解为原则。1980年《中华人民共和国婚姻法》第二十五条规定："男女一方要求离婚的，可由有关部门进行调解或直接向人民法院提出离婚诉讼。人民法院审理离婚案件，应当进行调解，如感情确已破裂，调解无效，应准予离婚。"1982年公布的《中华人民共和国民事诉讼法》第六条规定："人民法院审理民事案件，应当着重进行调解；调解无效的，应当及时判决。"20世纪80年代后期，审判工作逐步开始规范化，1989年最高法院要求基层法院"应当全面理解和正确执行'着重调解'的原则，对调解无效的，应当及时判决"。在20世纪90年代，法院审判方式经历了一次重大改革。这次改革强调了庭审的重要性，并且对审限做了严格的限制。然而，这也导致了民事案件的调解率大幅下降，同时家事案件的审判负荷也加重了。之后，由于审判负担过重，法院又开始寄希望于调解制度。为此，2003年颁布了《关于适用简易程序审理民事案件的若干规定》，其中强调了在处理婚姻家庭纠纷和继承纠纷时应先行调解。这一规定确立了在家事案件中优先使用调解方式解决纠纷的原则。2013年，新的《中华人民共和国民事诉讼法》开始实施，其中规定适合调解的案件应在立案前先行调解[②]。然而，由于调解热情已大为减退，这一原则性规定并未在全国形成相应的工作机制，因此在实际应用情况中并没有得到很好的体现。2015年开始实行立案登记制度以来，民事案件数量创下了历史新高，其中包括家事案件。这给家事纠纷的处理带来了新的压力，因此探索家事案件审判方式和工作机制改革成为一个新的需求。

（四）农村家事案件当前存在的困境

1. 情理作用趋微

处于持续转型中的中国农村已不复是60年前费孝通描述的乡土社会了，情理对于村民行为的规整作用趋微，适合陌生人关系的现代法律未觅得合适的落脚之地，因而法治力量尚不能彰显。基层司法在处理农村纠纷特别是家事纠纷时常常遭遇情、理、法摩擦的困境。在当前的背景下，破解农村基层司法情法困境的可行路径应当包括强化诉讼外调解效果和在诉讼中坚持法治原则。

作家费孝通先生对于中国乡村社会的描绘和分析堪称经典，他把当时的中

①② 范明玉．家事审判制度改革研究［D］．上海：华东政法大学，2018.

国乡村社会界定为“乡土中国”，深入探究了中国传统文化和价值观对于乡村社会的影响。费孝通先生在书中写道，“乡村里的人口似乎是附着在土上的，一代一代地下去，不太有变动”“这是一个‘熟悉’的社会，没有陌生的社会”。这“熟悉是从时间里、多方面、经常性的接触中所发生的亲密的感觉”。书中称这种静态的熟人社会的基本结构是“一根根私人联系所构成的网络，这网络的每个结都附着一种道德要素”。同时，在亲密的共同生活中，每个人相互依赖的层面很多，并且这种依赖是长期的。因此，人们需要更加注重彼此之间的交流和维系感情，以保持良好的关系①。

在这样的社会中，家长和族长的权威是维持社会秩序的主要手段，人们也会自觉地遵守风俗习惯和规矩。如果农民之间发生了纠纷，他们可以向长者寻求解决。通常情况下，长者会责骂双方，然后根据事实和双方的表现来判断是非曲直，并做出裁决，双方也会服从判决以息争端②。自新中国成立以来，农村体制已经经历了多次变革。这些变革不断冲击着农村社会的乡土性特点。在十多年前，村治研究者们发现，农村村民小组仍然属于熟人社会，而范围较大的行政村则只能算是“半熟人社会”。随着国家社会经济的发展，社会经济出现了分化特征，就业变得多样化，乡村社会流动性增加，农民的异质性也大为增加。这些变化导致了许多方面的变化，包括家庭间关系的私密化，村民之间的距离感增加，心理距离拉大。原先以家族本位为主的亲密群体正在逐渐解体，乡村自治过程中内生的家族权威不断遭到削弱，村民对乡村共同体的依赖和认同感逐渐变得越来越低。引起这些变化的原因是农村家庭的经济收入逐渐脱离了农村，转而依赖于外出务工等方式获得收入，导致乡邻乡亲之间的相互依赖关系逐渐解体，而乡土社会中的长者们也失去了权威，年轻人的宗族观念淡化，农村层面的熟人社会不断地陌生化。这些变化导致乡村社会的伦理色彩越来越淡化，交往规则也逐渐向以利益为目的的自由规则体系转化。总之，农民的价值观念、行为习惯和生产生活方式已经发生了质的变化，情理对他们的行为指导和影响作用已经大幅度下降③。

2. 法治观念未普及

在农村地区，法律的执行一直受到质疑和挑战，这导致农村地区被视为法律管辖的缺失之地。尽管在大多数农村人眼里，法院、检察院等司法机构具有很高的位置，但他们对司法部门的印象非常模糊，大多数农村的诉讼适用率长时间保持着零纪录，老百姓对于公安报案和法院立案常常不能加以区分，通过政府多年的法律宣传和媒体普及，老百姓对现代法律常识有了一定程度的了解，

①② 许红霞．转型期农村基层司法的情理法之困：以农村家事案件为例［J］．河南司法警官职业学院学报，2012，10（4）：74－76.

③ 范明玉．家事审判制度改革研究［D］．上海：华东政法大学，2018.

但老百姓觉得利用法律的手段进行维权，不仅费事费力，还觉得打官司就等同于撕破脸，导致长久维持的关系面临决裂，直接影响未来的可得利益。还有村民对司法力量的公信力和执行力心存怀疑，所以导致农民现实生活中不敢轻易涉诉。

家事纠纷与一般的民事纠纷有所不同，因为它们通常涉及更多的情感、道德和家庭关系等因素，这些因素在某种程度上反映了当地和民族的特点。虽然我们已经建立了现代化的民事法律制度，但是在处理家事案件以及将其纳入司法程序时，情感和法律之间仍然存在着矛盾和困难。

3. 家事审判观念滞后

随着我国审判制度的不断完善，我们的审判方式也逐渐注重当事人的主体地位，特别是在家事案件中更是如此。由于家事案件数量众多，法官在大部分情况下扮演的是一个中立的裁判者，而非积极介入的角色。家事案件在我国现阶段诉讼中，主要依靠当事人的举证查明案件事实，由于家事案件具有私密性的特点，法院很少主动依职权调查取证。这种过分突出当事人主义的裁判方式可能会导致裁决结果不公平或者不公正，进而使得一方当事人的合法权益受到损害。此外，法庭上的对抗式审理方式会将双方当事人对立起来，使得本来存在的矛盾更加明显，从而导致关系进一步恶化，甚至可能导致关系彻底破裂。当当事人将家事纠纷提交法院时，他们最基本的期望是得到公平公正的结果，如果能够在此基础上解决矛盾，则更为理想。如果矛盾得到解决，双方重拾和谐美好的家庭，法院的存在价值也得以彰显，社会和谐也将得到推进，这将是最好的结果，对当事人和法院都有益。

4. 家事案件处理方式缺点明显

家事案件处理方式需要与此相符的家庭本位裁判理念，但现实中的情况却是，法院受理案件数量呈爆炸式增长，结案率成为各基层法院考核的重要指标。法院因结案率等绩效考核的原因，往往牺牲家事案件处理效果。

根据民诉法的规定，法院适用普通程序审理的民事案件应当在六个月内审结，适用简易程序的民事案件应当在三个月内审结。对于上诉案件，应在三个月内审结，对于裁定的上诉案件，应当在三十日内作出终审裁定。在处理家庭纠纷的案件时，法官和其他工作人员通常会面临时间紧迫的压力，这意味着他们必须在短时间内做出决策。这种压力可能会导致他们无法充分了解案件的细节，特别是涉及未成年人的案件，他们可能无法充分考虑到未成年人的身心健康等方面的因素。此外，由于结案率的压力，法院可能会倾向于采取更加硬性的裁决，以尽快结束案件。

（五）化解农村家事案件的困境

费孝通先生的观点提醒我们，单纯地将现代的司法制度推行到农村，可能会破坏原有的乡土秩序。然而，随着社会转型的持续推进，农村的乡土性已经逐渐减弱，村民之间的熟悉程度也不如以前了。因此，现代法律及其运作的前提假设也逐渐适用于农村社会。在这样的背景下，国家法治的力量可以重新塑造乡村秩序，化解转型期农村基层司法所面对的情、理、法困境。

1. 强化调解效果

我国自古以来一直有着家事纠纷调解的传统，而现代也有多种形式的调解方式，如民间宗族调解、亲友调解、人民调解和法院调解等。然而，随着农村现代化的发展，农村共同体性质变弱，使得宗族调解、亲友调解等方式的效果也随之减弱。因此，我们需要重新建立村民自治的权威，使村委会调解这种民间性质的调解形式重新发挥作用，为基层农民提供近距离化解矛盾的方式和方法。为此，村民委员会需要自觉成为农民自我管理的自治组织，并得到政府的指导和支持，包括法治精神和法律规则、原则方面的培训。一旦村委会系统学习之后，其矛盾解决能力可大大增强，从而使得情、理、法的摩擦冲突降到最低，各种纠纷和矛盾也能够得到更好、更及时的解决。

2. 在诉讼中坚持法治原则

在农村社会中，对于一些无法通过内部调解解决的矛盾和纠纷，法院成为最后的裁决者。法官们需要尽力遵循法律规定，处理这些纠纷。随着社会的不断进步，法治已经成为我们最好的选择。在这个过程中，农村社会也需要不断地进步，选择现代化的法治道路。对于那些进入正式司法程序的农村纠纷，法官有责任宣示法治精神和法律规则，并代表国家做出正确的判断。这也是法律进入农村基层的前期表现。研究表明，即使是农村老人，他们对现代法律的接纳能力和支持程度也相当高。这表明在基层司法中贯彻法治原则有助于逐渐化解农村地区原有的情、理、法之困。

3. 司法机关设立专门的家事处理团队

家事纠纷的处理通常是非常棘手的，因此需要有经验丰富、具备生活经验和知识背景的法官来处理这些案件。在建设家庭事务法庭的审判队伍时，需要考虑各种因素，如年龄、工作经验、生活经历和知识背景等，以便找到最适合的人才来处理这些案件。这样一来，案件的处理效率将得到大幅提升，当事人也可以感受到来自法治力量的温暖。对于涉及家庭暴力案件的审理，可以设立专门的合议庭并由专人负责。虽然大多数法院都设有婚姻案件专门庭，但是这只是家庭事务案件的一部分①。因此，在扩大案件适用范围的前提下，还需要对司法机关的审判人员进行精细分类，普通案件和紧急案件分别进行专门的分类处理。此外，对于司法辅助人员的培养也非常重要，他们可以协助法官办

① 范明玉．家事审判制度改革研究［D］．上海：华东政法大学，2018.

案，积累家事案件审判经验，为家事法庭的持续发展提供保障。

4. 家事案件的审理与其他部门及专业机构合作

为了更好地解决家事纠纷，我们需要与政府部门、社会组织以及其他司法机构合作，共同努力解决问题。只有这样，我们才能在时间和效果上取得更好的成果，使家事案件得到更好的解决。

一方面，法院可以与当地的公安分局、民政局、司法局、妇联、团委等部门在家事纠纷中建立合作工作机制，积极调动妇联、教育部门、团委、街道社区等行政力量。例如，为了更好地解决家事纠纷，法院和当地司法局合作成立了一个诉讼和公证工作对接工作室①。这个工作室利用司法局下设的公证机关的专业取证功能，帮助当事人快速解决取证难题，尤其是在继承纠纷、离婚后财产分割纠纷等案件中。这个合作不仅有效降低了当事人的诉讼成本，还提高了解决纠纷的效率。另外，围绕司法程序的家事审判综合协作平台，法院、行政机关和社会力量联手合作，建立了家事审判综合协调解决机制，实现了“法院主导、多部门参与、综合协调”的发展合力②。

另一方面，为了更好地处理家事案件，我们可以发挥社会力量，如心理咨询机构、教育机构等的作用。可以建立家事辅导员制度，借鉴其他国家家事案件改革中的“程序辅助员制度”，法院可以与心理咨询机构、心理干预机构等合作，为当事人提供专业的咨询和心理辅导，从心理辅导等多角度协助家事审判工作。此外，还可以成立家事调查员制度，与相关单位合作，成立家事案件调查队伍，委托家事调查人员对特定事实问题进行调查，提高家事案件审判中事实还原能力和审判效率③。这些措施可以在家事案件审判中发挥积极的作用，为当事人提供更好的服务。

特别是在那些涉及家庭暴力和儿童保护的家事案件中，我们应该更加注重对妇女和未成年人的保护。例如，我们可以召集社区工作人员来陪伴受暴妇女，建立观察室和陪护室为少年儿童提供心理疏导，提供家事案件跟踪观察或救助庇护，以人性化、专业化的方式解决家庭暴力和儿童保护问题。同时，我们应该明确司法辅助人员的工作职责、流程和权利义务，并加强他们的专业培训，提高他们化解家事纠纷的业务能力④。

5. 设置家事法庭统一处理家事纠纷

现今，为了更好地解决家事纠纷和矛盾，许多国家和地区都设立了专门的家事审判机构，以便更加专业地处理这些案件。这些机构的建立不仅能够保护弱势群体的合法权益，还能够提高基层法院的审理效率和案件处理效果。例如，德国引进了大家事法院制度，日本的家事法院拥有家事审判和调停的管辖

①②③④　范明玉．家事审判制度改革研究［D］. 上海：华东政法大学，2018.

权。这些家事法庭为法官提供了更大的职权范围和更强的事实还原能力，从而更好地解决家庭纠纷和矛盾。

从现阶段我国司法环境的角度来看，专门设立家事法院的趋势并不明显。这是因为这样的改革需要涉及我国司法制度、编制、财政等多个方面的改革，短时间内难以实现。然而，我们可以考虑整合现有资源，设立专门的家事法庭，这不仅符合我国家事制度的实际情况，而且在制度结构上也有一定的实施可能性。因此，建立专门的家事法庭比较可行。在家事法庭的建制上，可以考虑与其他业务庭相平行，独立、专门地审理家事案件，并在人员配置充足的前提下，在立案庭或者诉前调解中心派驻一个家事案件合议庭，对收案过程中较为简易或者矛盾较轻的案件先行开展工作，争取将矛盾化解在诉讼前。这样做不仅可以提高家事案件的审理效率，还可以更好地保护当事人的权益①。

五、农村社会保障法治化的路径选择

随着城镇化的推进，我国农村基层社会的人员结构、观念和习惯也在不断变化。为了全面推进依法治国，我国进行了重大制度改革，这将为乡村基层社会治理提供强有力的制度保障。但是在一些经济、文化发展落后的地区，农村基层社会治理仍然面临着许多问题和挑战。

我国现如今面临的客观国情是仍有一半的人口生活在农村，正是由于这个原因，党和国家高度重视乡村工作，出台了一系列与“三农”有关的政策，以提高基层老百姓的整体生活质量和水平②。党的十九届四中全会审议通过的《中共中央关于坚持和完善中国特色社会主义制度　推进国家治理体系和治理能力现代化若干重大问题的决定》中提出“推动社会治理和服务重心向基层下移，把更多资源下发到基层，提供精准化、精细化的服务③。”因此，在当前的新时代背景下，农村基层治理已经成为我国社会治理政策的焦点。这意味着，政府和社会各界都将更加注重农村地区的治理工作，加强基层组织建设，提高农民的自治能力和参与度，推动农村社会的发展和进步。农村基层治理体系和能力现代化的水平直接关系社会主义现代化的质量，对于老百姓生活品质的提高也有着至关重要的作用。同时，农村基层治理体系和能力现代化的进步也是国家治理现代化水平的重要标志，决定着我国全面建成小康社会的成色，

---

① 范明玉．家事审判制度改革研究［D］．上海：华东政法大学，2018.

② 丁鹏，李明修．新时代背景下农村基层治理法治化路径研究［J］．农业经济，2020（5）：85-86.

③ 周欢秀．论农村“法律明白人”机制完善与基层社会治理法治化［J］．法制与社会，2020（30）：105-107.

也决定着老百姓在生活中能否有获得感和幸福感。要全面推进依法治理乡村，通过法治化的方式向前迈进，才能真正实现基层治理的现代化①。

（一）农村法治建设的社会意义

农村法治化建设是农村建设的基石，没有法治化建设的支持，农村现代化建设将难以持续和稳定发展。从宏观的角度来看，农村法治化建设是在农村地区具体实施依法治国基本方针的措施，这有助于确保我国依法治国战略的稳步实现，并且有利于国家对乡村地区的法治方面进行掌控②。此外，完成农村法治化治理体系还能够引领社会经济的发展③。从微观来讲，农村法治化建设带动农村地区的物质、文化的发展，有利于农村老百姓的生活和工作，最后使得农村与城市之间的法治差异变小。

其一，乡村法治治理是我国治理体系的关键组成部分之一，通过不断推进法治化进程和完善法治化结构，可以实现依法治国的目标。乡村法治治理的实施可以加强对农村地区的管理和服务，提高农民的法律意识和维权意识，促进乡村社会的和谐稳定发展。

其二，乡村法治治理也可以为城乡一体化发展提供有力支撑，推动全国治理体系和治理能力一体化。法律作为一种普遍适用的行为规范，对个体行为的选择具有调控的作用。近些年，由于某些原因，法律在农村基层的执行效果变得不如人意，无法发挥应有的作用。这可能会导致农村社会的一些问题无法得到妥善解决，也会影响法律的权威性和可信度。推进农村治理法治化的过程，需要将平等、公平等理念贯穿于农村治理法治化的全程，确保农村治理能够更加公正、透明和有效④。

（二）农村基层治理的法治化现状

1. 农村基层法治宣传应当贴近生活

目前大部分农村基层法治宣传方式较为单一且流于形式，基本是通过张贴法律宣传单或为老百姓发放法律宣传册的方式进行。因为基层老百姓文化程度较低，加上法律宣传工作不够生动有趣，无法吸引大部分老百姓了解普法知识。此外，普法宣传也不贴近生活，只是简单地印刷法律条文，无论是什么样的法律制度，都缺乏与农民日常生活相关的宣传内容，导致村民对学法的兴趣

① 丁鹏，李明修．新时代背景下农村基层治理法治化路径研究［J］．农业经济，2020（5）：85－86.

②③④ 李玮，刘维蓉．乡村振兴背景下农村法治化治理路径研究［J］．学理论，2021（3）：34－36.

不高。总的来看，现在的法律宣传只是形式上的，效果甚小①。

2. 村委会在基层治理中缺乏法治思维

《中华人民共和国村民委员会组织法》规定，事关农村发展的重大事务必须由村民大会审议通过。但是直到如今，现实中有不少农民从来没有参加过村民大会，对于基层治理表现出极大的冷漠②。在部分农村委员会中，一些干部存在着官本位思想和权力至上的思考方式，这种思维方式导致这些干部的工作作风和方法不够民主，村委会内部的议事流程和工作方法不够完善，这些问题都极大地降低了基层自治组织在百姓心中的公信力。村委会本是由广大村民选举产生，让其为农民服务的，选举权是宪法规定的赋予村民的基本权利，也是农民参与基层治理的直接途径③。但在农村村委会成员选举的过程中，有些地区存在一些不合法的操作，如拉票贿选和缺乏透明的选举程序等现象仍然很普遍。这些情况导致老百姓对参与农村自治的热情不高。

3. 基层农民缺乏法律信仰

目前，农村地区存在着普遍的法律公信力不高的问题。这意味着当老百姓遇到常见的纠纷或个人利益受损时，他们通常不会选择通过法律途径来解决问题，而是会寻求政府或者熟人的帮助，或者通过信访等方式来解决问题。这种情况反映出农村地区对于法律的信任度不高，需要加强法律宣传和教育，提高法律公信力，让老百姓能够更加信任和依赖法律来解决问题。

另外，村委会作为最直接接触村民生活的自治组织，在治理过程中维稳的心态远高于解决问题的心态，因此，许多村委会常常无视村民的合法权益，采用拖延和推卸责任的方式来处理问题，导致百姓之间的纠纷长期得不到解决。这种以权力代替法律、以拖延代替解决问题的处理方式，让百姓对法律的信任度更加降低。

（三）我国农村法治建设现阶段存在的问题

近年来，随着城乡二元化结构的加剧，我国农村的法治建设水平与城市相比明显滞后，这种差距导致一些地区出现了区域法治不平衡的情况，而且这种现象越来越严重。如果长期忽视这个问题，将会对我们国家的法治建设产生不利影响，特别是对农村地区而言。只有加强农村法治建设，才能够真正实现全国范围内的依法治国，促进我国社会主义法治治理体系的建设。因此，农村法

---

① 丁鹏，李明修．新时代背景下农村基层治理法治化路径研究［J］．农业经济，2020（5）：85-86.

②③ 李玮，刘维蓉．乡村振兴背景下农村法治化治理路径研究［J］．学理论，2021（3）：34-36.

治发展必须在短时间内加强建设，而乡村法治建设必须通过弥补农村相关法治规定的空白、解决农村的法律人才缺位、增强村民的法治观念等具体方式来进行完善。

1. 农村基层治理法律规定存在空位

目前我国在农村法治化建设方面的法律仍存在一些不完善的问题，这些问题主要包括三个方面：

第一，农村地区的法律法规存在不完整的问题，尤其在生态、经济、教育等方面的治理中。虽然我国已经有一些法律条文来支持农村某些领域的健康发展，但是还有很多领域缺乏相应的法律支持，或者虽然有规范性文件或部门条例，但是缺乏整体性的体系。此外，一些法律规定之间存在冲突，这削弱了法律实施的效力，也增加了实施成本。

第二，近年来，随着社会经济的快速发展，农村治理相关的法律已经开始滞后于乡村现实生活的发展。这些法律规定已经不能适应农村目前的新状态，导致法律条文处于一种搁置的状态。此外，以前的一些法律与百姓现实生活间的张力过大，这种情况也导致法律无法很好地规范村民的生活。

第三，如现行的《中华人民共和国土地承包法》对于土地流转的相关规定，涉农的法律规定过于笼统，缺少必要的严谨性与可操作性。同时，法律规定的宽泛性导致权利义务不明确，进而使不同地区和人群的操作方法不同。这种情况会破坏法律应有的公平公正的价值内涵，影响法律的稳定性和预测性，最终影响农村土地改革制度和农业现代化进程。

2. 农村法治建设主体不健全

长期以来，我国农村法治建设一直存在一个基础性问题，那就是缺乏法律人才。此外，农村居民对于与农村相关的法律问题了解不深，认为这些新制定的法律与自己无关。这种消极的思想往往成为农村法治建设的严重阻碍。在推行村务公开的过程中，很多农民对其中的法律保护和自身权利并不了解，因此缺乏对村委会工作的监督和参与。这种情况为一些“村官”提供了不法行为的空间，如在选举中进行违法操作、拉票贿选等行为，严重影响了选举的公正性和村民的利益。在农村地区，由于地理位置偏远，优秀的年轻法律人才不愿前往农村参与建设，这导致了农村法治化治理进程的缓慢发展。农村地区的法律专业人才流动性不足，这对于农村法治化治理体系的建设来说是不利的。然而，农村的法治建设不仅需要专业的法律人才，还需要村民的关注和支持。如果基层村民对于本村的法治建设参与度低，那么真正的“共商、共建、共享”的法治农村就无法实现。

3. 农民群众法治意识不强

由于大多数农民群众受教育程度不高，缺乏基本的法律意识，他们往往无法理解法律对他们的生活和社区的重要性。农村普法教育的力度不够，不能满足农村居民必要的法律知识和意识的培养。

此外，在农村地区，许多传统的社会习俗和文化传统对于整个社会的法治化治理体系的建设有着至关重要的影响。这些习俗和传统是由农村居民几代人的生活经验所积累的，它们不仅反映了当地人的文化信仰和生活方式，同时也是解决农村矛盾和纠纷的重要依据。其中不乏有一些习惯与我国现行法律相符，但在乡村社区中，许多传统封建思想仍然存在，如当地村民更倾向于采取调解方式解决纠纷，而不是通过法庭公开处理，认为去法庭是很“丢脸”的事情。这些传统观念对乡村本土文化的传承产生了影响，也对农村法治化治理进程带来了挑战。

(四) 农村社会保障法治化治理的方式选择

在乡村振兴的大背景下，实现高效的乡村治理是国家实现有效治理的基础，也是我国法治社会建设的重要组成部分。为了提高农村的法治化管理水平，我们应该采取多种方法，包括依靠自治、德治和法治三大机制的优点，实现乡村的善治。这些措施将有助于为乡村带来更好的发展和治理。

1. 建立专门的农村法律人才培养、输送机制

在农村法治化治理建设中，法律人才是不可或缺的要素。如果缺乏足够的法律人才，就很难按时完成各项法治化工作，也可能偏离依法治国的轨道，从而影响基层民众对法律的信任度。长期以来，我国农村地区一直面临着缺乏法律人才的问题，这个问题导致了法治建设进程的缓慢。因此，建立一个健全的农村法律人才培养和输送机制对于乡村振兴下的农村法治建设至关重要。

第一，基层干部在解决农村矛盾的过程中扮演着重要的角色，他们的法律素养和法律意识的水平直接关系他们对事实的判断能力和解决问题的公正性。因此，提高基层干部的法律素养对于维护农村稳定和促进发展至关重要。在建设和完善农村法治化治理体系时，需要采取多种方法，不仅要引进外部的法律专业人才，还需要提高当地基层干部的法律素养和治理水平。因为仅仅依靠外部人才的经验和知识，可能无法完全适应农村的实际情况，而当地基层干部对农村的实际情况有更深入的了解，可以更好地适应和解决当地的问题。因此，对基层干部进行全面的法律培训，提高其法律素养，是解决农村法律人才短缺问题的有效方法，对于构建农村法治化治理体系非常关键。

第二，贯彻落实好农村地区法律人才引进政策。我国一、二线城市中，法律人才已经开始呈现出饱和的趋势，但是我国目前还在不断扩大法律专业人才的培养规模，我国仍然有很大的法律人才需求空间。为了农村法治建

设，一些偏远地区可以采取经济补贴、政策扶持、人才引进以及支持落户安家等方式吸引法律专业人才到当地工作，以此来提升当地的法律硬件建设水平。

2. 创建新型农村法治治理格局

农村法治化治理中各基层组织、各群体的权利责任没有明确划分，这让农村法治化治理格局长期处于一种不明确的状态，而这种权责不明确的状态会导致基层管理组织上下级之间的政策落实不到位、工作衔接不适时等问题。构建新型农村法治治理格局，就是要改变以往的工作权责划分不明的问题，要打造一个协调各方的灵活的工作体制，在农村治理中，确保各级部门能够高效协作，共同打造农村法治治理新局面。

“法”在治理国家方面起着至关重要的作用。为了建立符合中国特色社会主义的法治体系，社会各方面、各阶层都需要共同创造和努力。农村法治化治理体系是中国特色社会主义治理体系的重要组成部分，应该与我国现行法律法规的发展变化相适应。在这个过程中，我们需要既不违反依法治国的要求，又要符合当地的法治文化和当地法治建设的现实情况。因此，为了不断推进农村法治化治理进程，需要将其融入中国依法治国的大政方针之中，并且全面完善农村法治化治理体系，从而为中国特色社会法律体系的建设奠定坚实的基础。

在我国人口众多的乡村地区，要打破以往不清楚的治理局面，建立“一元多级”的新型治理格局。在这新型治理格局中，加强对村集体组织的法治化治理是农村法治化治理程序中重要的一环。在农村治理法治化的过程中，在基层干部的引领下，秉持法律原则，有序、有力地完成上级指示的法治任务，并落实好相关工作。同时，在村民自治组织的带领下，基层居民积极响应法治治理的使命，形成稳固、可靠的农村法治治理新模式[①]。

3. 营造法治环境，加大法治治理宣传力度

在基层农民生活中，加大法治治理的宣传投入力度，通过法律宣传，提高基层群众的法律意识，让每一位农民都开始了解我国基本的法律，从而间接增强农民用法律的武器维护自身权益的意识。

对农民进行法治宣传教育时，面对现在全面信息化、现代化的农村现状，除了要创新法律知识普及的方式以外，还需要将宣传教育活动现实化。可以利用新兴的自媒体、微信公众号等方式，不定期推送与农民生活息息相关的案例、文章或者法律讲解小视频，进行日益积累的法治宣传。同样，在人数不多的农村，可以邀请律师或者当地的法律援助中心建立微信法律交流群，由几位

① 李玮，刘维蓉．乡村振兴背景下农村法治化治理路径研究［J］．学理论，2021（3）：34-36.

具备法律知识的专业人员担任管理员，对农民的问题进行解答。采取以上新型的法治普及工作，能够更好地解决农民群众对法律问题的困惑，也能在更大程度上为普法工作的开展提供方便[①]。

① 李玮，刘维蓉．乡村振兴背景下农村法治化治理路径研究［J］．学理论，2021（3）：34－36.

后记

在中国农业出版社的大力支持下，我们组织写作了这本《乡村振兴视域下农村法治建设研究》，全书主要是从乡村振兴的角度出发，以习近平法治思想为指导，研究了涉农法律制度及其完善。本着直接服务于乡村振兴战略，并贴近培养高素质农民的原则，本书以乡村“五大”振兴为基本脉络，有针对性地对不同农业法律部门分章节进行了论述。

本书的写作体例、内容安排都是经过写作组成员反复研讨并广泛征求有关专家意见后确定的，书中凝结着众人的智慧，体现了作者的合作精神。全书由内蒙古农业大学人文社会科学学院周红格、乌日韩统稿定稿，各章节撰稿人依次为：周红格（绪论，以习近平法治思想指导农村法治建设）；宝乐尔（第一章，农村产业振兴的法治保障）；姜爱茹（第二章，农村土地制度的改革与完善）；阿茹罕（第三章，农村文化振兴的法治保障）；乌日韩（第四章，智慧农业发展的法治保障）；齐彬言（第五章，科技兴农与农业农村教育的法治建设）；刘晓豹（第六章，农村生态振兴的法治保障）；珠勒花（第七章，农村社会治理现代化的法治保障）。

本书在撰写过程中，受到已有研究成果的重要启发，由于数量较多，恕不能全部列举，在此谨向这些资料和研究成果的作者表示感谢。

《乡村振兴视域下农村法治建设研究》为更好地推进乡村振兴，开展农村法治建设服务工作进行了初步探索。由于作者水平有限，书中不完善之处在所难免，敬请读者批评指正。

在此特别感谢中国农业出版社、内蒙古农业大学等相关单位对本书的指导、帮助和对作者的鼓励。

图书在版编目（CIP）数据

乡村振兴视域下农村法治建设研究 / 周红格等著. 北京 ：中国农业出版社，2024. 11. --（生态安全与社会治理丛书 / 张银花，李金华主编）. -- ISBN 978-7-109-32695-8

Ⅰ. D920.0

中国国家版本馆 CIP 数据核字第 2024H7P323 号

乡村振兴视域下农村法治建设研究

XIANGCUN ZHENXING SHIYU XIA NONGCUN FAZHI JIANSHE YANJIU

中国农业出版社出版

地址：北京市朝阳区麦子店街 18 号楼

邮编：100125

责任编辑：边　疆

版式设计：王　晨　　责任校对：周丽芳

印刷：北京中兴印刷有限公司

版次：2024 年 11 月第 1 版

印次：2024 年 11 月北京第 1 次印刷

发行：新华书店北京发行所

开本：700mm×1000mm　1/16

印张：17.25

字数：328 千字

定价：98.00 元
